VASCO DE MELLO

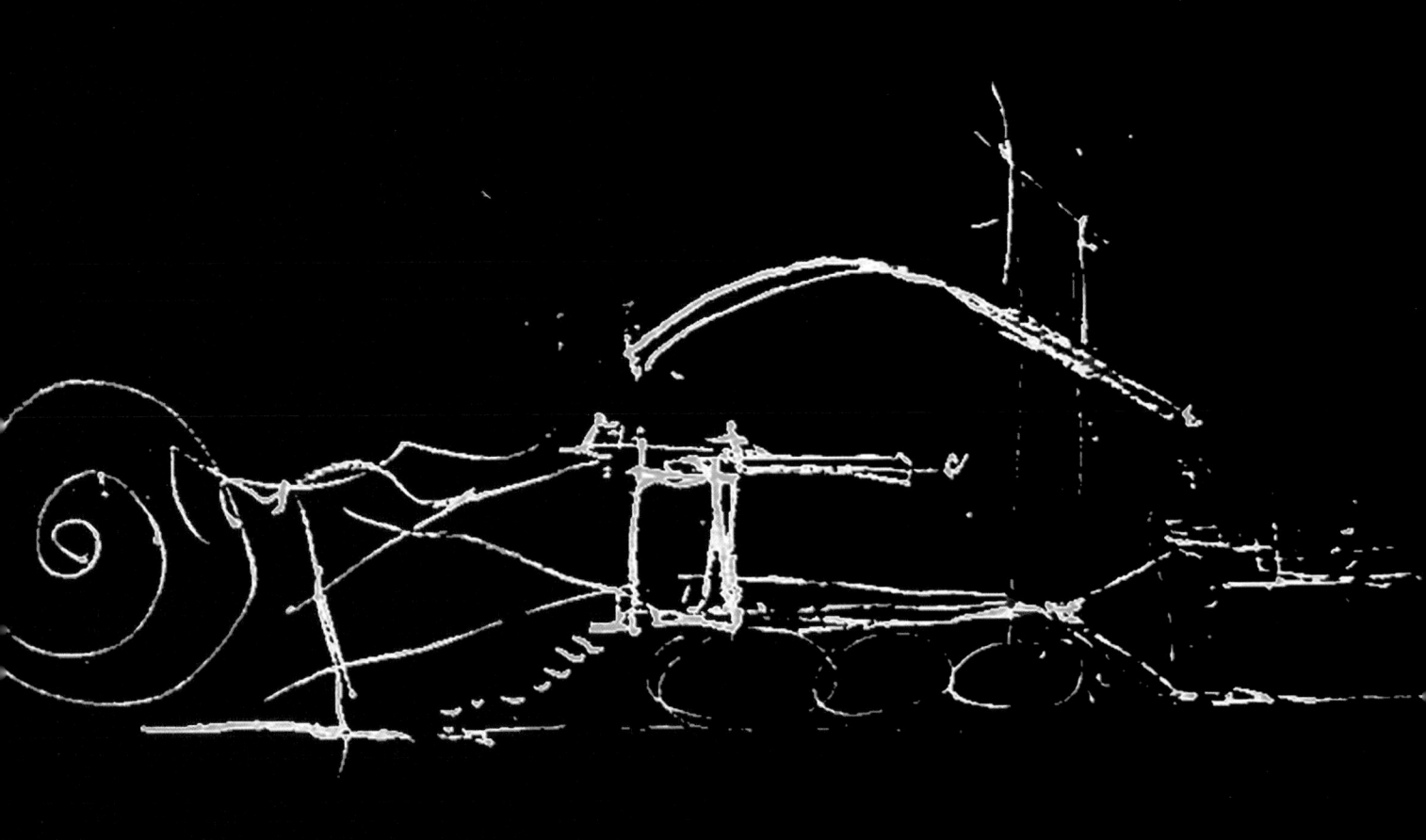

VASCO DE MELLO

SANDRA MAALOULI HAJLI

WILSON FLORIO

Editora Senac São Paulo – São Paulo – 2017

SUMÁRIO

9 | Nota do editor

13 | Agradecimentos | *Vasco de Mello*

14 | Prefácio | *Alberto Xavier*

18 | Apresentação | *Paulo A. Gomes Cardim*

20 | Retrospectiva: Os "Não Alinhados" | *Vicente Wissenbach*

24 | Vasco de Mello: reflexão sobre o conhecimento prático

    28 | Registro e reflexão sobre os cinquenta anos de intensa prática projetual

    31 | A pesquisa realizada

    33 | Os arquitetos "Não Alinhados" na arquitetura da pós-modernidade

    36 | O arquiteto como um artífice

    37 | Projetos não construídos: o valor das coisas incompletas

42 | Vasco de Mello: uma obra, várias formas

    53 | De uma forma ou de outra

57 | Percurso

241 | A hibridização das formas

    260 | De todas as formas

263 | Projetos e equipes de arquitetura

280 | Cronologia

285 | Bibliografia

287 | Sobre os autores

NOTA DO EDITOR

A memória está na pedra! O que significa também dizer: na arquitetura! Essa é nossa memória. Saber ler na pedra é poder resgatar uma cultura, que não para de se reinventar, mas que não deve deixar perder a sua história na erosão do simples descaso.

Na pedra edificada da cidade, os marcos de sua sociedade estão inscritos: sua concepção de vida, sua visão de mundo, sua estratificação social, sua inserção pelo poder ou sua opção pela cidadania. E essas imagens pulsam incessantes, produzindo questões que se mostram para quem tem olhos para ver e atenção suficiente para discernir...

A obra de Vasco de Mello não só reflete a oposição à arquitetura praticada nos anos de 1950 a 1960, em que imperavam a uniformidade e a simplicidade da chamada arquitetura moderna brasileira, como afirma a importância da pluralidade de experiências e a liberdade de expressão, próprias de uma renovada concepção do que é a arquitetura inserida no contexto social. Nas edificações de Vasco de Mello predominam a complexidade e a diversidade arquitetônicas, e o uso de materiais que vão muito além do concreto armado, como o aço e a madeira – sem nunca desconsiderar sua funcionalidade e os padrões estéticos.

Lançamento do Senac São Paulo, essa obra de Sandra Maalouli Hajli e Wilson Florio é de particular interesse tanto para arquitetos, urbanistas, historiadores e cientistas sociais – sejam estudantes, sejam professores da área – como também para todos os que amam sua cidade e buscam decifrar, em seus edifícios, sua cultura revestida pela linguagem das pedras.

AGRADECIMENTOS

VASCO DE MELLO

Este livro não poderia ser realizado sem a dedicação e a colaboração de muitas pessoas. Agradeço a todos os envolvidos pela generosidade e pelo entusiasmo. Estou muito emocionado por essa incrível homenagem.

Meus mais sinceros agradecimentos ao meu amigo Wolf Kos e à equipe do Instituto Olga Kos pelo empenho. Ao Conselho de Arquitetura e Urbanismo de São Paulo pela parceria e por considerar a minha obra relevante para o desenvolvimento da arquitetura e urbanismo. Aos meus amigos Abram Szajman, Luiz Francisco de Assis Salgado e à equipe da Editora Senac São Paulo pelo apoio e pelo carinho.

Este livro não seria tão rico sem o prefácio do meu amigo Alberto Xavier, foi muito bom poder reviver tantas histórias. Ao Paulo Cardim pelas valiosas considerações. Ao Vicente Wissenbach pela generosidade de recontar a história do Grupo dos "Não Alinhados" mais de trinta anos depois. Ao Wilson Florio, que foi meu aluno e por quem tenho muita admiração por sua competência, como arquiteto, professor, pesquisador, e agora um dos autores deste livro.

Agradeço duplamente a minha querida amiga, arquiteta colaboradora da VMAA, Sandra Maalouli Hajli, pelo lindo trabalho de mestrado sobre minha obra e agora como autora deste livro. Eu brinco que a Sandra é meu HD externo, ela sabe mais da minha vida do que eu. Obrigada por trazer à tona minha trajetória.

Acima de tudo gostaria de agradecer a todos os arquitetos e colaboradores que trabalharam ao longo dessas quase seis décadas para criar esse legado criativo e inspirador.

PREFÁCIO

ALBERTO XAVIER

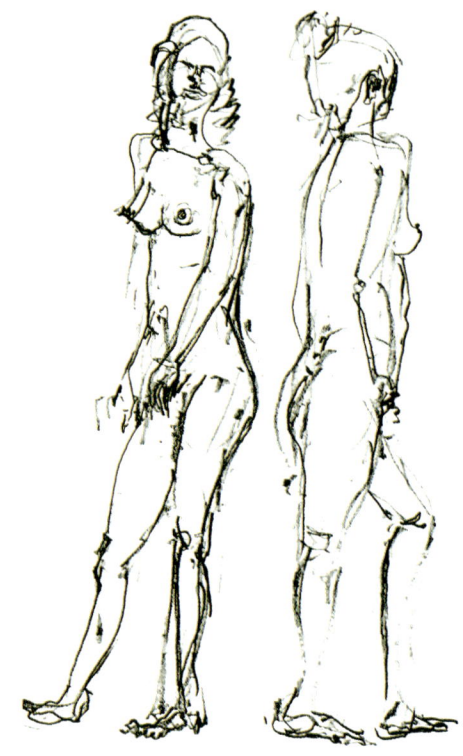

Escrever o prefácio desta importante e oportuna publicação é, certamente, um enorme prazer, mas também uma grande dose de responsabilidade. Prazer ao constatar que se faz justiça, ao se tornar pública a significativa contribuição de Vasco de Mello para nossa arquitetura. Responsabilidade, porquanto falo, aqui, de uma amizade de mais de cinquenta anos. E não é fácil falar de amigos sem se deixar envolver pelo coração.

Conheci Vasco de Mello em circunstâncias muito especiais. Era setembro de 1963, quando cerca de quatrocentos estudantes brasileiros e de países do Cone Sul se encontraram no Porto de Santos para participar do VII Congresso da União Internacional de Arquitetos. O clima de entusiasmo e de alegria contagiante tinha suas razões: a sede não era a de um país qualquer. Dirigíamo-nos a Cuba, na expectativa de tomar conhecimento dos efeitos da Revolução, deflagrada em 1959 sob a liderança de Fidel Castro e Che Guevara. Viajamos por treze longos dias a bordo do navio russo Nadezhda Krupskaya, velho e sonolento, marcados pelo congraçamento entre os participantes. Eu, vindo de Porto Alegre, e Vasco, de São Paulo, nos esbarramos no convés do navio, onde havia festas durante todo o dia. Lembro-me do contraste de personalidades: eu, mais retraído, e Vasco, com seu físico apolíneo e já muito charmoso e comunicativo, fazia grande sucesso. Apesar das diferenças de comportamento, sentimos grande empatia e afeto desde aquele momento.

Na ilha, esse clima se repetiu, e o convívio diário com seus habitantes provocava em todos nós um misto de fé e esperança. Ironia da história: mal poderíamos imaginar que apenas sete meses depois nosso país mergulharia numa realidade oposta – em lugar das grandes transformações sociais esperadas, instaurou-se uma ditadura militar que perdurou por longos vinte anos.

A proximidade entre nós, favorecida pela viagem, só voltou a acontecer no final dos anos 1960. A euforia de outrora foi substituída por um período obscuro de nossa história, caracterizado pelo cerceamento ao livre comércio de ideias, pela asfixia da produção intelectual e particularmente pelo desmanche das universidades, que culminou com a promulgação do Ato Institucional nº 5, em dezembro de 1968. Esse quadro colocou as universidades numa situação crítica, com cursos fechados por longo tempo. Foi nesse contexto que recebemos o convite para lecionar no Instituto

de Artes e Arquitetura da Universidade de Brasília (UnB), recompondo seu corpo docente, com arquitetos oriundos de diversos estados.

Formado há apenas seis anos pela Universidade Mackenzie, Vasco demonstrou de pronto sólida formação, em boa dose resultado de suas decisões quando ainda era estudante. Em lugar de seguir o caminho rotineiro da maioria, decidiu investir em sua formação, o que revela a importância desse período inicial. Assim, durante sua vida acadêmica, estagiou no escritório do arquiteto Fabio Penteado, um dos mais importantes profissionais na época, era um sistemático participante de concursos que em boa parte saía vencedor. Esse clima de sadia competição certamente exerceu grande influência no destino desse jovem, tanto que, logo que se formou, seguiu os passos do mestre, tornando-se presença assídua em concursos, ciente de sua importância, dado o espírito de liberdade que lhe é próprio.

Entre os cerca de trinta concursos e exposições do IAB-SP de que participou desde 1968, obteve o 1º lugar com os projetos Monumento aos Mortos do Atlântico Sul (Salvador, 1968), Biblioteca Central da Universidade Federal de Sergipe (Aracaju, 1977), Edifício Sede da Ferrostaal (São Paulo, 1996) e Colônia de Férias Satélite Esporte Clube do Banco do Brasil (Campos do Jordão, 1994).

Beneficiado pela experiência com o trabalho em equipe e a participação em concursos, decidiu galgar um terceiro degrau nesse início de carreira: a vivência com outras culturas. Assim, viajou para Paris, onde permaneceu cerca de dois anos trabalhando com Bernard Zehrfuss, nome de destaque na época.

Como nosso trabalho na UnB era em período integral apoiado numa estrutura peculiar, a atividade pedagógica era associada à de projeto. Os professores organizados em equipe trabalhavam para dotar o campus de diversos edifícios, porquanto sua ocupação era ainda bastante rarefeita. Foi nesse contexto que nosso convívio efetivamente se estreitou, graças a minha participação na equipe por ele liderada, para o projeto do Laboratório de Fisiologia Vegetal, com um programa bastante inusitado (deveria ser enterrado a um metro do solo), mas infelizmente não construído. Testemunhei sua intervenção clara e original: uma cúpula envidraçada no ambiente que permitia a entrada de luz e um conjunto de "cachimbos" que emergiam do solo. Tal solução, além de respeitar as peculiaridades do programa, permitiria o registro de sua presença.

O mais longo período de nossa convivência teve início há mais de vinte anos, graças ao meu ingresso no corpo docente do curso de arquitetura da Faculdade de Belas Artes de São Paulo, onde ele já lecionava havia duas décadas. Profissional já renomado aparecia em revistas de arquitetura que publicavam com frequência seus projetos e suas premiações concedidas nas exposições anuais do IAB-SP.

Um dos destaques de sua produção foi a implantação da Linha Norte-Sul do Metrô. O projeto foi elaborado em equipe dirigida por Marcello Fragelli no período 1967-1974 ao custo de 600 milhões de dólares, com 17 km de extensão. Oportunidade excepcional, pois tratava-se de uma intervenção radical na cidade, com grandes desafios de natureza técnica, além de programa arquitetônico nunca abordado no país. Suas 19 estações impunham-se pela forte presença na paisagem e pela linguagem, francamente dominada pelo emprego do concreto armado aparente.

Até hoje tenho a sorte de conviver com Vasco, numa rotina mais do que suficiente para admirar sua atividade acadêmica nos diferentes semestres da disciplina de projeto que compartilhamos e, especialmente, com seus orientandos de Trabalho Final de Graduação (TFG), sempre em número significativo, o que revela, em boa dose, sinais claros dos postulados por ele defendidos.

Ao longo do último quartel do século passado, o arquiteto exerceu sua atividade profissional em escritório próprio – a Central de Projetos. O ambicioso propósito inicial de dar-lhe um perfil multidisciplinar mostrou-se, com o tempo, inviável, dada a turbulência do período. No entanto, a inquietação desse pequeno grupo de contemporâneos de faculdade não pereceu. Manteve-se focado no debate sobre os caminhos da arquitetura brasileira e tornou-se público por meio de um debate publicado na revista *Projeto*, intitulado "Não Alinhados", opondo-se frontalmente ao movimento moderno hegemônico e propondo uma arquitetura alternativa.

A chamada arquitetura moderna brasileira foi, especialmente nas décadas de 1950 e 1960, objeto de considerável expressão, até mesmo no plano internacional, alavancada com a contrução de Brasília, que foi inaugurada em 1960. No entanto, foram suas virtudes – simplicidade e uniformidade – que, no início da década seguinte, motivaram as primeiras críticas, tais como seu repertório formal hegemônico, repetido à exaustão por mais de duas décadas. Os novos arquitetos propunham, por oposição, no plano formal, a complexidade e a diversidade, e, no plano dos materiais, o emprego do aço e da madeira, inadmissíveis pela corrente moderna, atrelada ao emprego integral do concreto armado.

As saudações efusivas, os abraços apertados, as gargalhadas e o permanente e singular otimismo de Vasco sempre marcaram suas relações com os colegas. Reforço esse juízo unânime lembrando que, nesses vinte anos de convívio, Vasco de Mello revelou sempre, nas mais diversas circunstâncias, uma verve cada vez mais rara – sua permanente alegria, traduzida pelo carinhoso nome com que todos nós o tratamos: Vascão.

APRESENTAÇÃO

PAULO A. GOMES CARDIM

Este livro – publicado pelo Senac São Paulo em parceria com o Conselho de Arquitetura e Urbanismo (CAU/SP), de autoria da mestre em arquitetura e urbanismo Sandra Maalouli Hajli, graduada na mesma área pela Faculdade de Belas Artes de São Paulo, e do doutor em arquitetura e urbanismo Wilson Florio, professor licenciado da Belas Artes e atuante na Universidade Mackenzie – resgata em definitivo a importante obra do arquiteto e urbanista Vasco de Mello, professor de projeto e membro da Academia dos Notáveis da Belas Artes.

O livro preenche uma relevante lacuna em direção ao conhecimento de muitos edifícios construídos na cidade de São Paulo que, com qualidade, comprometidos com o lugar e com o usuário, contribuem para a constituição de nossa paisagem urbana.

A publicação dessa produção arquitetônica de Vasco de Mello é inédita. Ela traz à luz sua obra como arquiteto e urbanista, uma contribuição original ao registro, à sistematização, à organização e à identificação das características de sua arquitetura.

O livro realça a relevância da pluralidade de experiências e a liberdade de expressão, características singulares da arquitetura de Vasco de Mello; desafia o lugar comum e supera constantemente a ideia de um padrão predefinido, incorporando noções antagônicas de operar e compor, sob uma direção primorosa.

Vasco de Mello – graduado pela Faculdade de Arquitetura Mackenzie e ligado à Faculdade de Belas Artes de São Paulo há anos, com excelente contribuição para o sucesso de nosso curso de Arquitetura e Urbanismo – pertence à primeira geração de arquitetos paulistas a contestar os rígidos dogmas da arquitetura moderna. O rigor técnico e a sensibilidade artística de Vasco de Mello são lições de arquitetura e urbanismo, que podem ser extraídas a partir de sua obra. Trata-se de uma contribuição extraordinária para o ensino da arquitetura e para aqueles que exercem essa desafiante profissão.

Temos a convicção de que esta obra terá uma significativa influência no ensino e no exercício da arquitetura e urbanismo no país.

Boa leitura!

RETROSPECTIVA: OS "NÃO ALINHADOS"

VICENTE WISSENBACH

Para comemorar os dez anos da revista *Projeto* + jornal *Arquiteto*, produzimos em 1982 uma edição especial sobre arquitetura brasileira. Essa edição histórica apresentou extenso retrato da arquitetura brasileira sob os mais diversos aspectos. Do ensino à produção de projetos. Da teoria à pratica profissional.

Em quase sessenta páginas, a crítica de arquitetura Ruth Verde Zein apresentou uma importante mostra da produção brasileira dos anos 1970 de edifícios de uso público em todas as áreas: desde conjuntos habitacionais até centros culturais, edifícios educacionais, estações de transporte, projetos industriais, etc. Uma completa e ampla seleção nacional de projetos de qualidade, das mais diversas escalas, produzidos naqueles anos.

Havia ainda um belíssimo ensaio de Luiz Carlos Daher sobre as tendências de arquitetura e formação do arquiteto; um brilhante trabalho de Miguel Alves Pereira sobre os problemas do ensino de arquitetura no Brasil. E ainda os resultados do II Inquérito Nacional de Arquitetura, mostrando o pensamento, os sonhos e as reivindicações dos arquitetos brasileiros.

E, para complementar aquela verdadeira radiografia da arquitetura brasileira, reunimos um grupo de sete arquitetos, que batizamos de "Não Alinhados", para um bate-papo quase informal sobre arquitetura. Foi um bate-papo sem grandes pretensões teóricas, mas extremamente rico, apresentando a visão condensada das ideias e dos conceitos defendidos pelos arquitetos Roberto Loeb, Tito Lívio Frascino, Eduardo Longo, Pitanga

do Amparo, Carlos Bratke, Vasco de Mello e Arthur Navarrette (aparecendo na mesma ordem, a partir da esquerda, com nosso editor, no desenho de Paulo Caruso).

Trabalhando isoladamente e sem um vínculo expresso e codificado, eles se reencontram, identificando os traços comuns em seu trabalho: na linguagem, na postura, no significado da obra ou até mesmo nos desejos de realização.

Grande parte da arquitetura produzida por esse grupo de arquitetos chegou, algumas vezes, a ser considerada "heresia" e, portanto, não reconhecida dentro dos padrões de uma (chamada na época) "arquitetura oficial".

Sua arquitetura seria, segundo opinião generalizada entre o grupo, não dogmática ou relativamente imune a princípios preestabelecidos e demasiado ascéticos. Consideravam, e ainda consideram, sua arquitetura mais espontânea ou mesmo híbrida, aliando a memória histórica, a experiência já digerida do modernismo, o contexto local onde a obra será executada, a diversificação espacial e expressiva. Também consideravam, ou consideram, fundamental a intensa coerência com a linguagem arquitetônica do autor em seu universo próprio e com o universo das condições econômicas e tecnológicas no momento e no local da produção.

Destacamos a seguir alguns dos trechos do artigo de Vasco de Mello publicado juntamente com a matéria sobre o encontro dos sete arquitetos.

ARQUITETOS, UNI-VOS
Vasco de Mello

A intenção dessas palavras é de se formular ideias e preocupações com a nossa profissão, em resposta à pergunta formulada pelo editor da revista *Projeto* sobre como a crítica de arquitetura vem sendo exercida no Brasil e qual sua relação com o trabalho dos arquitetos.

Acredito, atendendo às premissas iniciais, que, pela abrangência da questão, essa resposta atinge praticamente toda a nossa problemática.

Em primeiro lugar quero entender a "crítica de arquitetura" existindo não *só* sob os aspectos pontuais de um número limitado de pequenos escritórios, que projetam uma ínfima porcentagem da produção geral, e que certamente sustentam, através da pesquisa individual, os mais relevantes aspectos de nossa cultura, mas, sim, uma crítica que se desenvolva dentro de um enfoque de apropriação..., de conquista da profissão, em toda sua amplitude. Só assim ela poderia ser útil ao exercício profissional nos quatro cantos deste país. Portanto, já podemos deduzir a inexistência da mesma.

E então como fazê-la?

Não podemos continuar na tentativa fútil revivendo os padrões profissionais do passado e, com isso, perdendo a cada dia nossa credibilidade nas soluções parciais dos problemas afetados, numa silenciosa admissão do fracasso.

Lançamento da revista *Projeto*, 1982. Grupo dos "Não Alinhados", da esq. para a dir.: Carlos Bratke, Vasco de Mello, Eduardo Longo, Roberto Loeb, Tito Lívio Frascino e Pitanga do Amparo.

Assim, parece-nos oportuno investigar até que ponto nossa profissão é adequada às condições atuais e se existe consciência profissional da enorme mudança na tecnologia e nos métodos de produção. Nossa atitude contemplativa não é condizente com o período em que vivemos e por isso não podemos deixar de lado por mais tempo as inconveniências que nos afetam.

Temos que assumir a moralização do ensino de arquitetura no seu desenfreado caminho meramente especulativo (em todos os sentidos), criando, nas instituições de ensino, órgãos de controle e estruturação, representados pelas nossas mais altas entidades de classe, com o intuito de formar novas gerações, aptas a iniciarem, sem traumas, sua atuação profissional ampliada, pois, na sua formação, o leque de atividades exigirá

Encontro do Grupo dos "Não Alinhados", 2015.
Da esq. para a dir.: Pitanga do Amparo, Tito Lívio Frascino, Vasco de Mello, Eduardo Longo, Carlos Bratke e Roberto Loeb.

a participação muito mais direta na produção das obras, em contato com o mundo das empresas e indústrias.

(As novas gerações, dessa forma, vão assumir indubitavelmente um vazio que foi deixado por nossa culpa. Adquirir liberdade a partir do esforço próprio para agir em nosso atual ambiente, caótico e feio.)

Temos de atuar no controle das transformações urbanas constantemente e não tão somente para se atingir objetivos políticos imediatos.

E, finalmente, participar mais diretamente na produção da construção civil.

Esses apelos não podem ser compreendidos distintamente, mas, sim, unos, como uma disciplina geral. A conciliação sempre será através de um encaminhamento lento, porém nos obriga momentaneamente reciclarmos nossas habituais práticas com o intuito de: reconciliar a nossa classe interagindo tanto no projeto como na obra; sensibilizar a autoridade pública na criação de órgãos de pesquisas coletivos, visando melhorar a *performance* da legislação de uso e ocupação do solo, das transformações urbanas e das novas disposições territoriais.

Com isso, julgo estarmos iniciando a preparação de matéria criticável. Enaltecendo nosso trabalho e criando sem dúvida caminhos mais amplos para as novas e maciças gerações de arquitetos.

VASCO DE MELLO: REFLEXÃO SOBRE O CONHECIMENTO PRÁTICO

WILSON FLORIO

Há grandes desafios no estudo do conjunto da obra de importantes arquitetos. Entre eles, podemos enumerar pelo menos quatro: identificar, organizar e classificar as obras por meio de critérios claros e objetivos; revelar os conhecimentos implícitos nos projetos investigados; aproximar-se do contexto da realização dos projetos; tornar o conhecimento prático verdadeiras lições de arquitetura. Este texto põe em discussão esses desafios na apreciação da obra do arquiteto Vasco de Mello.

A última década testemunhou o desenvolvimento de pesquisas sobre a atuação profissional de arquitetos experientes em seu ambiente natural de trabalho. O denominado "*design cognition in the wild*", isto é, a aquisição de conhecimentos práticos advindos de atividades cotidianas tornou-se campo fértil para aprofundar a investigação sobre a *natureza* das atividades de profissionais ligados à área de projeto, como arquitetos e designers.

É fato que arquitetos experientes (*experts*) adquiriram amplos conhecimentos ao longo de suas carreiras, obtiveram ricas experiências em diferentes situações de projeto e desenvolveram habilidades que lhes permitiram avançar, com maior profundidade e melhor desempenho, na solução de problemas inerentes a cada tema de projeto. Contudo, a produção arquitetônica da geração de parte dos arquitetos formados na década de 1960, com forte atuação em São Paulo, ainda não foi devidamente estudada. É nesse contexto que este livro se propõe a divulgar, pela primeira vez, o conjunto da obra de um importante arquiteto paulista: Vasco de Mello.

Algumas pesquisas realizadas nos últimos cinquenta anos têm sido duramente criticadas, sobretudo em razão de três importantes fatores: o primeiro diz respeito ao distanciamento dos "acadêmicos" da prática cotidiana de projeto; o segundo, à multiplicação de teorias, às vezes

contraditórias ou artificiais; e o terceiro, aos poucos ensinamentos passíveis de serem aplicados no presente e no futuro, por serem demasiadamente analíticos sobre o passado. A fim de aproximar e estreitar a relação entre aquilo que o arquiteto produziu no âmbito profissional e os possíveis ensinamentos trazidos por esta prática para o âmbito acadêmico, este livro tem como objetivo revelar camadas de conhecimentos acumulados pela prática do arquiteto Vasco de Mello que possam servir às futuras gerações de arquitetos.

A dissertação de mestrado da arquiteta Sandra Maalouli Hajli, que deu origem a esta publicação, foi resultante de um grande esforço de registro sistemático do conjunto da obra do arquiteto durante cinco décadas de atuação profissional. Diante de centenas de projetos, realizados ou não, foi necessário estabelecer critérios claros e objetivos para identificar as obras mais significativas e representativas desta prática de projeto. Como arquiteta atuante no escritório VMAA, Hajli pôde observar a atuação do arquiteto de *dentro* do escritório. Contudo, a pesquisa não foi direcionada para aquilo que se denomina na atualidade de *research through design*,[1] isto é, pesquisa por meio da realização de um projeto. Na realidade, a pesquisa realizada pôde ser caracterizada como

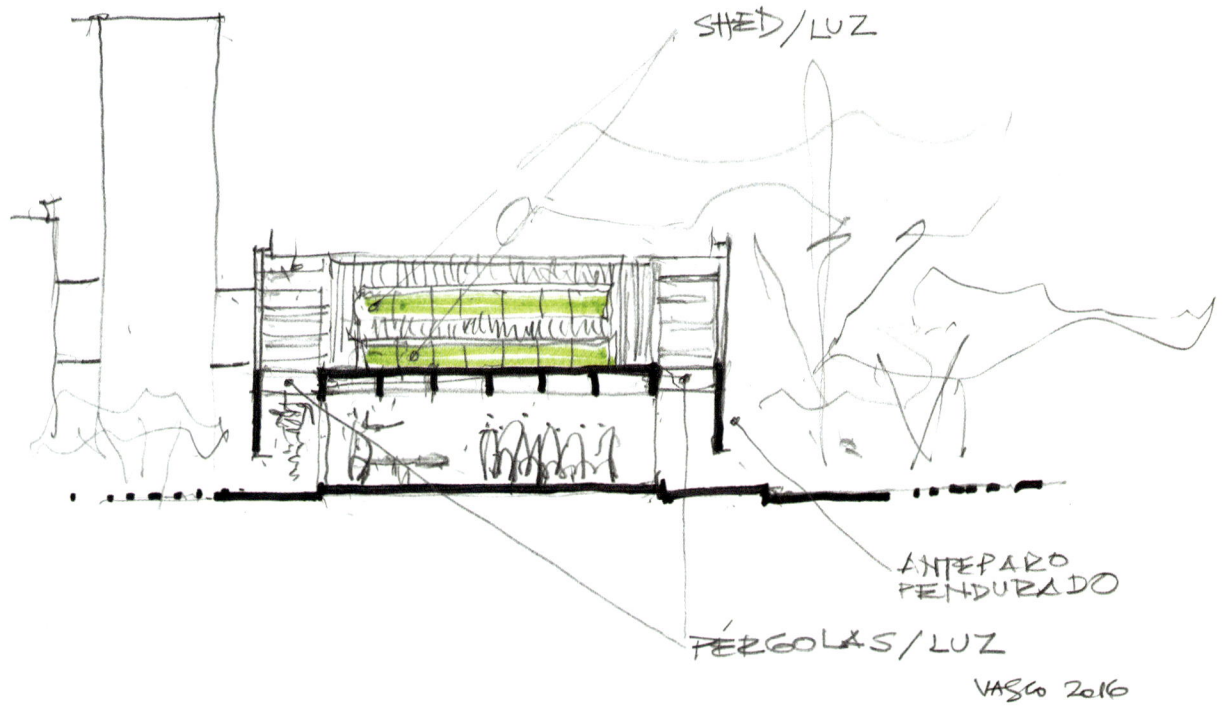

research for design (pesquisa para projeto), ou mesmo *research about design* (pesquisa sobre projeto), uma vez que boa parte dela foi realizada sobre obras já concluídas, com a pesquisadora posicionada *fora* do processo de projeto. Mas foi justamente a presença cotidiana da arquiteta no escritório que permitiu a identificação de aspectos, fundamentações e características presentes em sua obra. Nesse sentido, as entrevistas e os depoimentos colhidos no escritório foram fundamentais para a identificação e a compreensão dos conceitos que fundamentaram sua prática projetual.

Projetar é, ao mesmo tempo, uma atividade prática e intelectual, durante a qual o arquiteto desenvolve ações de acordo com as mudanças em seu meio ambiente. Observando e interpretando os resultados de suas próprias ações, o arquiteto decide sobre novas ações a serem executadas sobre o meio. Isso significa que os conceitos dos arquitetos mudam de acordo com aquilo que eles estão "vendo"[2] em suas próprias representações externas. Essa interação entre o arquiteto, o meio ambiente e os registros gráficos (sobretudo desenhos) determina fortemente o curso do projeto. Essa ideia é chamada de *ação situada*.

O conceito de *ação situada* é usado para descrever como processos projetuais, que conduzem a diferentes resultados, dependem de experiências únicas do arquiteto e das circunstâncias que cercam a sua realização. Diante do conceito de *ação situada* é que se pode entender as declarações do arquiteto aos autores deste livro, quando ele afirma que tal e tal ação *"dependem"* disso ou daquilo, uma vez que são o *contexto* e as *circunstâncias* nas quais a ação é realizada que induzem a realização de determinada ação. Assim, a interpretação das obras deste livro foi norteada pelo contexto no qual o arquiteto Vasco de Mello se encontrava a cada momento de sua extensa e rica carreira.

É importante destacar que, tanto para arquitetos como para estudantes de arquitetura, há fortes vantagens em adotar esse tipo de aprendizado *situado*: (i) a maior parte das ações realizadas pelos arquitetos está enraizada em situações concretas nas quais elas ocorreram; (ii) o conhecimento que eles adquiriram não é facilmente transferido entre tarefas em contextos diferentes; (iii) o treinamento pela abstração é de pouca utilidade sem um contexto real de ação, mas depende de uma combinação entre a instrução abstrata e a concreta; (iv) nem toda a instrução deve ocorrer em ambientes sociais complexos.[3] Diante dessas quatro constatações, pode-se inferir que a reflexão sobre a prática projetual de um arquiteto experiente, como Vasco de Mello, decorrente de situações reais e concretas, é extremamente eficaz para o aprendizado sobre a natureza do *ofício* de arquiteto.

Aprender a projetar exige curiosidade, disciplina, motivação e cultura. Seja de modo formal (na escola), seja informal (na vida cotidiana), aprender a projetar exige não somente a produção de ideias, mas seu registro sistemático, seja por meio de múltiplos tipos de desenhos – croquis, desenhos explicativos, desenhos técnicos ou por outros artefatos – seja por meio de textos conceituais, esquemas, modelos físicos, maquetes ou simulações. Enquanto a curiosidade é despertada pela vontade de aprender através da observação atenta do mundo em que vivemos, e o prazer da criação e da descoberta é guiado por um forte desejo de realizar algo decorrente da motivação intrínseca, há de se ter rigor e disciplina para desenvolver habilidades, para adquirir conhecimentos e interpretar a real demanda sociocultural oriunda da sociedade em cada momento histórico. Portanto, a relação entre a prática projetual e o ensino de arquitetura envolve quatro modos de aprender: (i) o aprendizado pela observação; (ii) o aprendizado pela reflexão; (iii) o aprendizado pelo planejamento das ações; (iv) e o aprendizado pela realização dessas ações.

Em decorrência desses quatro modos de aprender, a prática projetual implica na alternância entre experiências concretas e hipóteses abstratas, assim como a alternância entre observação reflexiva e ações práticas. Dessa forma, o ciclo concreto-reflexão-abstração-ação fortalece o aprendizado duradouro a partir da alternância entre pensar e fazer.[4]

Contudo, numa visão pragmática de atuação profissional, aquilo que se observa abstratamente na teoria tem menos impacto no aprendizado se não for associado com a experiência concreta. Vasco de Mello sempre atuou como um professor de projeto, que exerce diariamente o ofício, e, com isso, traz para a academia ensinamentos oriundos da prática. Na realidade, a teoria da arquitetura só pode ser plenamente apreendida por meio de aplicações práticas, e somente adquire real significado quando incorporada durante a experimentação. Por esse motivo nota-se que a melhor contribuição do arquiteto no âmbito acadêmico foi transformar o aprendizado concreto, extraído da vivência e da prática projetual, em ensinamentos que permitem caminhar da prática para a abstração teórica.

Durante quarenta anos de magistério superior, a experiência vivenciada na prática pelo arquiteto na Universidade de Brasília (1969-1971), no Mackenzie (1971-1985) e na Belas Artes (1987 até o presente) tem despertado o interesse e o envolvimento de jovens estudantes pela natureza do ofício de arquiteto. Seu carisma e sua intensa dedicação à prática e ao ensino gerou uma rede de amizades. Esse aspecto não é menor do que a herança deixada pela sua intensa produção arquitetônica. Assim, este livro contribui para dar início à reflexão sobre essa importante prática projetual.

REGISTRO E REFLEXÃO SOBRE OS CINQUENTA ANOS DE INTENSA PRÁTICA PROJETUAL

Na impossibilidade de se realizar uma pesquisa que fizesse uma reflexão-na-ação, procurou-se sistematizar uma reflexão *a posteriori* sobre a ação já realizada. Assim, foi analisado o projeto resultante, e não o processo de projeto durante sua elaboração. Essa preocupação norteou a investigação da sequência de projetos, realizados ou não, ao longo das cinco décadas de atuação profissional.

Quase sempre é por meio de desenhos que o arquiteto expressa seus pensamentos, e é por esse meio abstrato que ele revela as qualidades desejadas para os espaços que pretende edificar. Boa parte do tempo, o trabalho do arquiteto começa e termina no desenho. Assim, o desenho é o repositório de ideias do arquiteto. Como bem definiu Robin Evans,[5] "os arquitetos nunca trabalham diretamente com o objeto de seu pensamento", ou seja, o edifício. Assim, extraímos a seguir alguns indícios sobre o *modus operandi* do arquiteto a partir dos desenhos de seus projetos.

As perspectivas remanescentes do processo de projeto, contidas neste livro, revelam experimentações, inquietações, investigações e qualidades espaciais de arquitetos que, ao lado de Vasco de Mello, propuseram uma arquitetura expressiva a qual contribuiu para a renovação da arquitetura moderna no Brasil. As perspectivas do projeto não construído *Monumento à Fundação de Goiânia* (1964) revelam a transgressão e o caráter escultural pretendido pelos recém-formados arquitetos. A perspectiva do *Centro Turístico no Aeroporto de Barajas* (1965), em Madri, sob influência da arquitetura moderna vigente, de volumetria contida e modulada, expressa o efeito de suspensão do edifício que se apoia em pilares trapezoidais, conformando um amplo térreo livre. Não por coincidência esses projetos tiveram a participação de Rogério Dorsa Garcia, exímio desenhista.

As impressionantes perspectivas internas e externas das *Estações do Metrô de São Paulo*, Linha Norte-Sul (1967-1969), revelam um magnífico trabalho de equipe. Nela se destaca a participação especial de Vallandro Keating cuja habilidade e talento artístico contribuíram para a expressão arquitetônica desejada para os projetos das estações do metrô. Os desenhos expressam qualidades espaciais impressionantes, como o efeito de luz e sombra, a textura do concreto armado, as modulações e os ritmos espaciais, as noções de escala e a definição de pontos de vista, que permitiram antecipar a noção sobre o edifício e seus espaços internos após sua construção. As perspectivas foram realizadas com o intuito de proporcionar a devida apreciação do espaço concebido. Por se tratar de espaços subterrâneos, e, portanto, confinados, as perspectivas cumpriram um papel importante no sentido de transmitir a percepção do usuário inserido nesses espaços, onde prevalece a linguagem fria do concreto armado aparente. Mais do que a habilidade de desenho, e de busca de realismo dos desenhos de figuras humanas, da vegetação e inserção da paisagem urbana, essas perspectivas demonstram o funcionamento das circulações internas por meio de escadas e escadas rolantes, a estrutura de sustentação dos grandes vãos, as alternâncias de pé-direito, os vazios internos e os mezaninos.

Enquanto a perspectiva externa da *Estação São Bento* enquadra o acesso à estação diante do entorno imediato, a sua perspectiva interna revela o poço circular de iluminação e os vários pisos escalonados, com o desenho da vegetação e das pessoas em torno desses espaços. A perspectiva da *Estação Liberdade*, além de revelar claramente as circulações que dão acesso às plataformas de ambos os lados dos trilhos do trem, mostra o complexo trabalho de arquitetura e de engenharia de concepção dos mezaninos e da expressiva cobertura. Na perspectiva da *Estação Ana Rosa* percebe-se o desenho cuidadoso dos pilares ritmados e os espaços bem dimensionados das plataformas. Por fim, as duas perspectivas internas da *Estação da Luz* mostram, de maneira didática, o trabalho

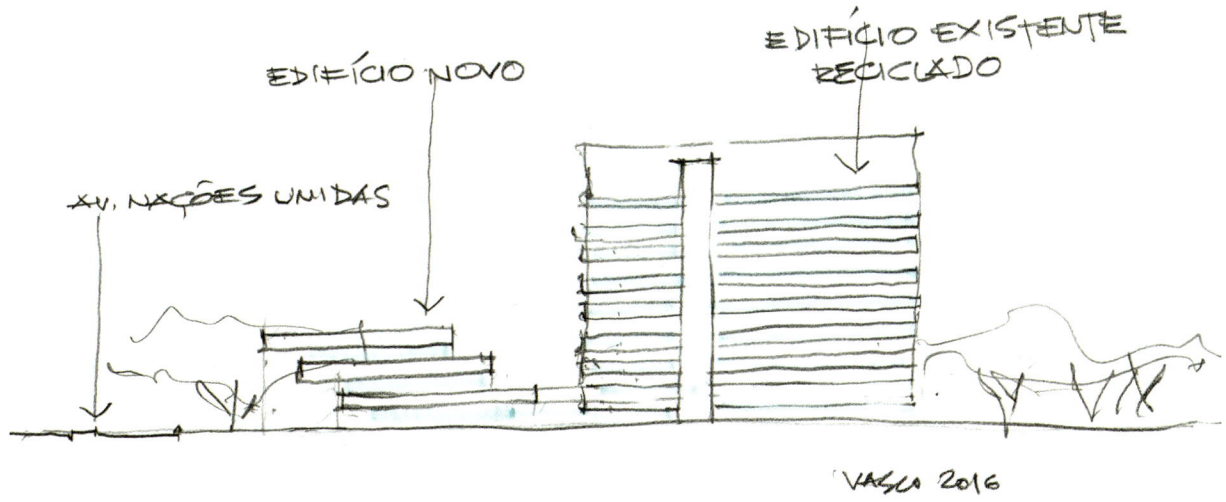

cuidadoso dos arquitetos e engenheiros de concepção de espaços subterrâneos que tivessem amplos visuais, proporcionados por vazios entre pisos, por mezaninos e pontos de observação que propiciassem aos usuários um sentido de localização e de observação do sistema de circulação e das plataformas que conduzem aos trens.

Mas há outros bons exemplos de perspectivas que expressam o caráter arquitetônico pretendido por Vasco de Mello e seus parceiros. As duas perspectivas cônicas da *Sede Hochtief* (1980) possuem a capacidade de expressar as qualidades espaciais, enquanto a axonométrica tem um caráter didático de explicação da relação entre a forma e o espaço interno. Assim, percebe-se que enquanto a perspectiva aérea insere o edifício diante do contexto imediato, mostrando a relação de escala em relação aos edifícios nas quadras vizinhas, a perspectiva na altura do observador, posicionado em ângulo de visão, revela mais claramente a percepção do usuário no nível da rua. Ambas se complementam e demonstram a competência do desenhista para transmitir as qualidades plásticas do edifício – volumetria, aberturas, fechamentos e texturas, o efeito de luz e sombra, o acesso e a relação com o pedestre.

A perspectiva aérea do projeto da *Ferrostaal* (1980) demonstra uma inequívoca dinâmica de formas, expressa principalmente pela volumetria em balanço escalonada, que produz excepcionais efeitos de luz e sombra. Esses desenhos expressivos, realizados em colaboração com diversos participantes de equipes de projetos, demonstram como o caráter artesanal de elaboração desses tipos de desenho, realizados à mão, foi explorado para comunicar ao público o projeto elaborado.

Não só as perspectivas possuem um caráter de comunicação das ideias, mas também as denominadas projeções ortogonais – plantas, cortes e elevações – expressam diferentes aspectos sobre o projeto concebido. Enquanto as plantas expressam e enfatizam melhor a função, os cortes possuem uma importância vital para expressar o caráter construtivo e as relações de alturas dos espaços internos. No caso dos projetos do arquiteto Vasco de Mello, nota-se que os cortes revelam o claro desejo de hibridização de técnicas construtivas e de formas de geometrias dotadas de grande vivacidade e, às vezes, ousadas.

Os cortes do projeto do *Sesc de Santo André* (1992) são um bom exemplo desse fato. Esta solução mista entre concreto armado e estrutura metálica já havia sido adotada no *Senac de São José dos Campos* (1987). Chama atenção também o fato de esses projetos terem incorporado vários tipos de coberturas, intercalando laje plana, laje

jardim, telhados com uma ou duas águas, *sheds* e coberturas curvilíneas. A cobertura em *shed* das *Oficinas e Manutenção do Pátio de Manobras do Metrô* (1967-1969) e do *Senac Sorocaba* (1976) permite iluminar naturalmente amplos espaços internos. A cobertura curvilínea foi amplamente explorada no *Centro de Apoio a Romeiros* (1996) em Aparecida, com grande estrutura metálica espacial apoiada em pilares trapezoidais. Esse fato demonstra que mesmo em projetos voltados para a mesma finalidade o arquiteto Vasco de Mello e parceiros não aderiram a uma única linha de pensamento.

A hibridização de técnicas construtivas e de geometrias às vezes exuberantes resulta em grande vivacidade dos espaços, que despertam a atenção e não passam incólumes ao observador atento. Essa atitude não usual e desconcertante explica em parte a ausência de críticas e reflexões sobre esse tipo de arquitetura, que não pode ser facilmente enquadrada em correntes hegemônicas.

O desenho das elevações também contribuiu para expressar as proporções, as qualidades externas e as relações entre empenas cegas, aberturas e vazios. Por meio de desenhos técnicos precisos, as elevações de vários projetos contidos neste livro mostram algumas práticas comuns na execução desse tipo de desenho. As elevações eram muitas vezes sombreadas, com o intuito de estudar e demonstrar o efeito de luz e sombra causado pelas reentrâncias e protuberâncias no edifício.

As elevações sombreadas desenhadas por Vasco de Mello no escritório de Bernard Zerfuss mostram o aprendizado e as lições de arquitetura iniciais obtidas na França, ao lado de arquitetos importantes como Jean Prouvé. Ao voltar para o Brasil, ele aplica esse conhecimento e essa técnica de representação aos projetos de que participou.

Lamentavelmente muitos desenhos foram perdidos[6] durante todos esses anos, mas os poucos que restaram possibilitam o entendimento de como o desenho era parte integrante da expressão do caráter pretendido para cada projeto.

Diante desses poucos vestígios contidos nos desenhos remanescentes, não é possível aprofundar a investigação sobre o processo de projeto de escritórios nos quais o arquiteto atuou intensamente. Também não é tarefa fácil para arquitetos atuantes anunciar e explicar racionalmente as ações realizadas na sua atividade prática. Como bem definiu Michael Polanyi, "nós sabemos mais do que podemos contar".[7] Assim, a conversão de conhecimentos implícitos[8] do arquiteto em conhecimentos explícitos exige um grande esforço do pesquisador.

Em pesquisas sobre práticas projetuais, é sempre importante alertar sobre a dificuldade de identificar o conhecimento *tácito* do arquiteto. As entrevistas e os depoimentos concedidos pelo arquiteto Vasco de Mello permitiram *revelar* parte desse importante conhecimento implícito em suas ações. Nelas pode-se perceber que, por se tratar de um processo inconsciente e abstrato, a *expertise* do arquiteto se revela nos projetos no momento das ações, que não podem ser verbalizadas nem tampouco podem ser traduzidas, com facilidade e fidelidade, *a posteriori*. Muitas reminiscências do processo de projeto no passado não podem ser recuperadas, impedindo a plena compreensão do contexto de atuações específicas, empreendidas em cada projeto em diferentes momentos distantes. Portanto, trata-se de um conhecimento, ou sabedoria prática[9] (chamado pelos gregos de *phronesis*), implícito nos projetos presentes neste livro.

O livro é repleto de obras destinadas a diferentes perfis de clientes. Trata-se de edifícios institucionais, educacionais, residenciais, comerciais, flats, hotéis, transporte, etc. que contemplam diferentes portes e graus de complexidade. De projetos de grande impacto urbano, como as estações de metrô, às residências unifamiliares, as escalas de atuação exigiram do arquiteto Vasco de Mello e equipe graus diferentes de capacitação profissional. Foram exatamente essas diferentes oportunidades de atuação como profissional que permitiram ao arquiteto desenvolver grande *expertise* em projeto. O percurso traçado pelo arquiteto é rico de experiências. Desde cedo, ainda recém-formado (entre 1966 e 1967, em Paris), teve a oportunidade de aprender com arquitetos experientes, como Bernard Zehrfuss e Jean Prouvé. Em grandes projetos, como os das estações de metrô em São Paulo (1967-1969), teve a oportunidade de compartilhar conhecimentos com vários arquitetos e engenheiros, intensificando o rápido aprendizado.

A PESQUISA REALIZADA

A pesquisa realizada identificou 459 projetos no total. Desses, 264 foram construídos, 184 não foram edificados e 11 projetos estão em andamento (dados obtidos em 2016). Consequentemente, 60% foi construído e 40% não, o que demonstra o êxito e a vitalidade do escritório, atingindo uma média de 9 projetos por ano ao longo de cinco décadas de atividade.

O levantamento por temas de projeto revelou a diversidade de atuação do arquiteto, que participou da elaboração de 101 projetos residenciais (casas e edifícios) (22%), 95 destinados ao transporte (21%), 81 projetos comerciais (18%), 75 educacionais (16%), 34 projetos para concursos (7%), 27 *masterplan* (loteamentos, plano urbano, plano diretor e plano municipal) (6%), 19 de cultura e lazer (4%), 12 projetos industriais (3%), 11 para saúde (2%), e 4 cemitérios (1%).

Na década de 1960, ele participou de 43 projetos, sendo 5 como estudante no Mackenzie, 7 na Espanha e na França, 24 na construtora Promon Engenharia S.A., e 7 como arquiteto autônomo. Na década de 1970, participou de 82 projetos, sendo 76 na Central de Projetos, 4 na Merisa Engenharia S.A., 1 na Montreal Engenharia S.A., e 1 como arquiteto autônomo. Nas décadas de 1980 e 1990, atingindo o ápice de sua produção por década, participou de 167 projetos na Central de Projetos. Na década de 1990, produziu 69 projetos na Central de Projetos, e 10 já como VM Arquitetos Associados (VMAA). Na década de 2000, no VMAA produziu 71 projetos e, por fim, na década de 2010, produziu 17 projetos. Ou seja, a experiência obtida ainda recém-formado na França, a experiência à frente de escritórios de engenharia, a intensa participação em projetos colaborativos de produção coletiva e a diversidade de temas e de porte de projeto proporcionaram ao arquiteto uma *expertise* singular.

Pode-se considerar que o bom desempenho do escritório, em um período de crise no Brasil (sobretudo na década de 1980), se ampara na postura dos arquitetos, que tiveram uma boa interlocução com o cliente, em uma proposta mais autoral e, com isso, em uma identidade arquitetônica. A Central de Projetos (1975-1999) ganhou reconhecimento pela proposta de arquitetura livre e original, uma fusão entre *contextualismo* e *pluralismo*.

Dos 264 projetos construídos, 174 estão localizados na cidade de São Paulo (65% do total) e 77 no estado de São Paulo (29% do total). Os demais 6% das obras construídas estão distribuídos em outros estados do Brasil. Dos 184 projetos não construídos, 68 projetos (36%) estão na cidade de São Paulo e 42 (22%) no estado de São Paulo, os 42% restantes estão espalhados por outros estados. Esses números demonstram a forte atuação do arquiteto no estado de São Paulo, com 95% das obras edificadas e 60% dos projetos não construídos.

Se por um lado o arquiteto Vasco de Mello atuava em temas convencionais, com uma linguagem tipicamente moderna, dentro de preceitos preestabelecidos, por outro lado ele buscava algo novo, que apontasse novos rumos além da arquitetura moderna. Assim, na década de 1960, num momento de efervescência cultural e de intensa agitação política, não só no Brasil como no mundo, Vasco de Mello e seus colegas participaram ativamente de concursos de arquitetura. O *Monumento à Fundação de Goiânia* (1964) e o *Monumento aos Mortos do Atlântico Sul* (1968) denotam a transgressão, a inquietude, a expressividade desejada por jovens arquitetos que ansiavam por um mundo renovado, que apontasse para o futuro. A geometria de formas complexas, constituídas de planos dobrados (como o projeto de 1964) ou esculturais (como o projeto de 1968), revela a vontade de transgredir os cânones modernos. Como será possível notar adiante, alguns desses ensinamentos irão se consolidar nas obras que viriam a ser construídas nas próximas décadas.

Oscilando entre a utopia e a realidade, o arquiteto busca apaziguar o espírito propondo o equilíbrio entre as formas inovadoras e as convencionais. Ao atentar para os desenhos produzidos pelo arquiteto, nota-se que às vezes o desenho proposto por ele e seus parceiros assume aquilo que Vittorio Gregotti (2014) denomina "desenho autônomo", um desenho com expressão pessoal, um fragmento de um sonho, como um manifesto, ou uma utopia.

Os anos 1960 e 1970 foram de propostas metodológicas renovadoras, como as de Robert Venturi e Aldo Rossi. O modernismo hegemônico passa a ser duramente criticado. Consequentemente, os projetos e as obras realizadas na década de 1970 demonstram uma tensão entre a vontade de transgredir e aquilo que era possível dentro das limitações impostas pela realidade. As formas diagonais e as escalonadas assumem um caráter dominante, estabelecendo uma linguagem e uma expressão própria na obra de Vasco de Mello. Essa dinâmica dos espaços ocasionada pela hibridização de formas ortogonais, diagonais, ritmos alternados, perímetros recortados, contribuiu para fortalecer contrastes entre formas, luz e sombra, e cheios e vazios.

Essa expressão plástica se colocava como uma alternativa à denominada "*arquitetura paulista*", onde predominavam formas puras e o

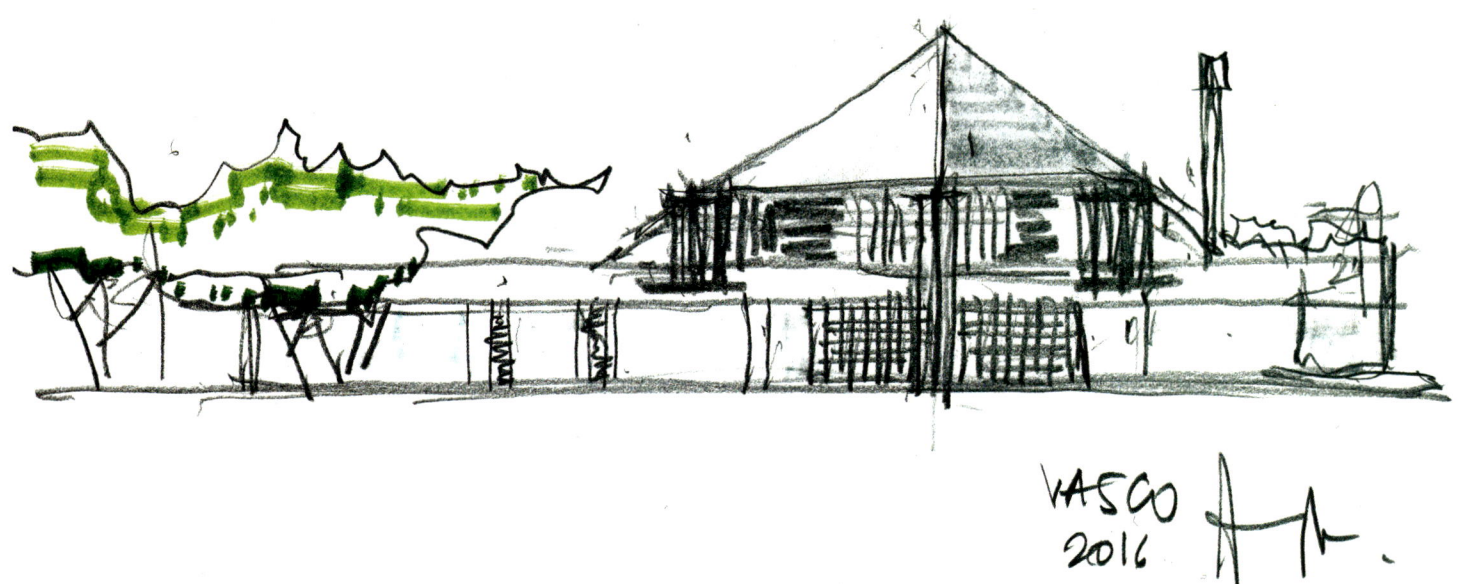

monovolume. Esses fatos conduziram àquilo que Vicente Wissenbach (1982), editor da revista Projeto, denominou de arquitetos "não alinhados", grupo formado por Vasco de Mello, Tito Lívio Frascino, Carlos Bratke, Roberto Loeb, Eduardo Longo, Pitanga do Amparo e Arthur Navarrette. Em que pese o fato de o grupo ter sempre expressado grande respeito e admiração por Vilanova Artigas, particularmente pela defesa da profissão de arquiteto, esses sete arquitetos se contrapunham a alguns dogmas e postulados preestabelecidos pela arquitetura moderna vigente, mas com pensamento independente, liberdade e espontaneidade.

OS ARQUITETOS "NÃO ALINHADOS" NA ARQUITETURA DA PÓS-MODERNIDADE

Jean-François Lyotard (1997/1979) foi um dos primeiros a identificar as características da denominada "condição pós-moderna".[10] Os arquitetos modernos, que atingiram o ápice de sua produção nas décadas de 1950 e 1960, se mantinham impregnados de um espírito enraizado em causas sociais, marcados pelo positivismo e pelo determinismo. Mas os arquitetos que atuaram a partir da década de 1970 encontraram uma nova realidade socioeconômica-cultural, marcada pelo desgaste do International Style e pelo recém-chegado pensamento pós-moderno. Nesse novo contexto, as verdades universais, o metadiscurso e a crença em uma sociedade justa e igualitária deram lugar a dúvidas e incertezas, um mundo incrédulo e desconfiado sobre a real contribuição dos avanços científicos,[11] no momento em que ocorriam rápidas transformações sociais e políticas no entendimento sobre o futuro sustentável de nosso planeta. Essas substanciais mudanças ocorridas na sociedade atingiram diretamente a geração de arquitetos que atuaram fortemente a partir do final dos anos 1960, entre eles, o arquiteto Vasco de Mello.

É plenamente compreensível que esses jovens arquitetos não vissem mais sentido nos cânones da arquitetura moderna da geração anterior a deles, que exigia, entre outros atributos, que o edifício fosse uma expressão racional da técnica, derivado de uma lógica funcional, e sem quaisquer demonstrações de idiossincrasias, caráter iconográfico[12] ou autoral.

Ainda que não ficassem insensíveis às melhores qualidades da arquitetura moderna no Brasil e no exterior, esses arquitetos sentiram-se mais livres das amarras impostas pelo pensamento moderno. Embora manifestassem grande respeito pelos arquitetos que os precederam, e que contribuíram para tornar a arquitetura moderna brasileira amplamente conhecida no exterior a partir dos anos 1950, eles também estavam atentos ao que ocorria na arquitetura nos países desenvolvidos. Assim, ainda na década de 1960, esse grupo de arquitetos recém-formados tiveram contato com a arquitetura que emergia no exterior (HAJLI, 2016), como a dos Metabolistas japoneses, a do Grupo Archigram, entre outros.

Nesse cenário, Vasco de Mello (1982) pergunta: "Como fazer a crítica a essa arquitetura?". Na década de 1980, quando a onda da arquitetura *pós-moderna* assume provisoriamente um papel de destaque, o arquiteto percebeu que a atitude impositiva dos "modernos" já não era facilmente admitida por boa parte de sua geração, que, mesmo mantendo algumas características modernas, buscava uma renovação no modo de olhar o papel do arquiteto na sociedade. Nota-se que o arquiteto estava preocupado com o usuário, em sua participação no processo decisório, assim como com alguns aspectos que foram erradicados pelos arquitetos modernos mais ortodoxos. Além disso, numa sociedade *pós-moderna*, Vasco de Mello e todos aqueles que não seguiram plenamente o dogmatismo moderno dominante daquela época atenderam à premente necessidade de lidar com a heterogeneidade e a pluralidade de visões sobre o mundo a partir da década de 1970.

A irreverência, a ironia e as descrenças de valores universais fizeram com que os arquitetos "não alinhados" revisassem o pensamento moderno e questionassem os valores vigentes em sua formação, intensificando a experimentação e a diversidade de abordagens. Portanto, é natural que sua arquitetura seguisse novos rumos, mais livres de cânones, mais próximas de uma sociedade de massa dotada de novos valores culturais.

À procura de novas expressões formais e espaciais, esses arquitetos não se restringiram a fazer do edifício um mero reflexo da racionalidade técnico-construtiva, tampouco de questões meramente funcionais. Formas mais arrojadas e elementos construtivos mais pronunciados proporcionaram um caráter autoral aos projetos desses arquitetos. Ao contrário da geração anterior, em São Paulo, eles exploraram um novo vocabulário e léxico de formas, resultando numa renovação da arquitetura vigente que até então se praticava na arquitetura *oficial*, denominada "paulista".

Não apenas a concepção da forma e do espaço foram alterados, mas os materiais empregados, uma vez que a industrialização e a decorrente oferta de novos materiais proporcionaram novas técnicas construtivas, muito além do concreto armado. Sem as restrições impostas pelo pensamento moderno dogmático, esses arquitetos exploraram cores e texturas, mais em sintonia com o que ocorria em outros países na mesma época.

Mas é importante destacar que os edifícios projetados pelo arquiteto Vasco de Mello possuem características derivadas de uma pesquisa espacial e formal bastante marcante: (i) formas triangulares, diagonais ou trapezoidais; (ii) ritmos alternados; (iii) profundidade de planos dos elementos que se destacam da fachada; (iv) perímetros recortados; (v) hibridização de diferentes tipos de elementos; (vi) acentuados contrastes entre formas, luz e sombra, e cheios e vazios. Tais características contrastam com as encontradas em boa parte da "arquitetura paulista" vigente em sua época, como o monovolume, a geometria compacta, o grande abrigo, a estrutura como expressão da arquitetura e o despojamento. Neste caso, numa atitude crítica do arquiteto, menos não é mais. Além disso, a ambiguidade, a contradição e a complexidade foram aceitas sem constrangimento.

Por não seguir o ideário das regras rígidas, por transgredir (ou mesmo romper) com pontos fundamentais e indiscutíveis da doutrina moderna, e, assim ser considerada "herética", vários arquitetos formados pela FAU-Mackenzie na década de 1960, como Vasco de Mello, Tito Lívio Frascino, Carlos Bratke, Roberto Loeb e Eduardo Longo, não receberam a mesma atenção dos críticos e

"TRIBUTO AO ARTACHO"
VASCO
2016

dos historiadores da arquitetura, uma vez que não seguiram os cânones daquilo que era considerada a "arquitetura oficial". Em decorrência desses fatos, é natural e óbvio que os edifícios que não seguiam fielmente os preceitos modernos fossem excluídos das principais publicações da época sobre a denominada "arquitetura brasileira". Basta revisitar as publicações mais conhecidas do período de 1970 e 1980 para notar a mais aguda ausência dessa significativa produção arquitetônica, que se contrapunha ao dogmatismo enaltecido por aqueles que definiam quem seriam os verdadeiros representantes da "boa" arquitetura brasileira. É nesse contexto que Vicente Wissenbach percebeu que este "grupo" de arquitetos "não estava alinhado" com os preceitos vigentes na época e engendravam propostas pouco convencionais, que transgrediam preceitos considerados modernos.

Contudo não houve, por parte do grupo, descolamento de preocupações com relação ao aprimoramento tecnológico da construção civil como um fator fundamental para o desenvolvimento do país. A modulação, a pré-fabricação e a preocupação com aspectos técnico-construtivos se mantiveram presentes em seus projetos, sobretudo naqueles de maior porte. No caso do arquiteto Vasco de Mello, a facilidade que ele encontrou na indústria de pré-fabricados na França na década de 1960, com ativa participação do arquiteto Jean Prouvé, não encontrou no Brasil nas décadas de 1970 e 1980. No texto "Arquitetos, uni-vos", escrito pelo Vasco na *revista Projeto*, em 1982, o arquiteto alerta sobre a "enorme mudança na tecnologia e nos métodos de produção" e sobre a necessidade de participação direta dos arquitetos "na produção da construção civil" (MELLO, 1982, p. 82). Isso demonstra não apenas lucidez do arquiteto sobre o dever de conscientizar os profissionais em relação ao seu papel diante da urgente necessidade de contribuir para a industrialização e para o desenvolvimento tecnológico no Brasil, mas também mostra o engajamento em questões estruturais que impediam maiores avanços nas propostas arquitetônicas naquele momento. Entretanto, parece que a atitude contestadora e experimental desses arquitetos "não alinhados" afastou a possibilidade de reconhecimento de algumas obras produzidas nesse período.

O ARQUITETO COMO UM ARTÍFICE

Entendo que é preferível definir o profissional arquiteto como um *artífice*[13] do que como um artista. Isso porque o artífice possui a capacidade de inventar algo e refletir sobre o que faz sem o perigo de achar que sua criação contém o mistério da inspiração, que beira a atitude do gênio de um artista. Nessa visão filosófica do *pragmatismo*, prefiro interpretar o arquiteto como aquele que é capaz de aprender com suas próprias ações, de exercer o seu ofício, a sua profissão especializada com empenho e modéstia, por tentativa e erro, por meio de aproximações sucessivas e assim ser capaz de refletir melhor sobre a prática cotidiana, de modo a atingir um resultado do qual tenha orgulho de seu trabalho. A antiga e nociva noção que tenta diminuir a importância do fazer, diante da capacidade de pensar, gera uma irreal separação cartesiana entre corpo e espírito, que na contemporaneidade não tem mais lugar privilegiado. A conjugação entre pensar e fazer é aquilo que o verdadeiro arquiteto, como um artífice, entende no seu ofício.

Talvez o fato de arquitetos, como Vasco de Mello e muitos outros que se formaram no Mackenzie nos anos da ditadura militar – momento de cerceamento de liberdade e atrofia da produção intelectual –, atuarem intensamente como artífices, não tendo envolvimento em ações que dessem maior visibilidade às suas obras, ou, quem sabe, o seu demasiado empenho mais profissional do que a militância política, é que os fizeram menos conhecidos. Ou ainda talvez fosse a atitude menos ativista, sobretudo em relação àqueles que os precederam, que os direcionou mais para o âmbito profissional do que o político. Talvez não seja obra do acaso que o sucesso de suas atuações no meio profissional se deveu, em grande parte, graças a esses fatores, que os conduziram a atuar com maior simplicidade e a reconhecer a importância das reivindicações dos usuários.

Produzir projetos de arquitetura exige um árduo esforço intelectual e físico. Projetar requer um laborioso e cuidadoso trabalho, agencia a participação e a colaboração de muitos profissionais, exige uma postura ética e respeitosa com o usuário, e obriga o profissional a interpretar a sociedade e a cultura de seu tempo. Assim, longe de ser uma atividade passiva e reflexiva, o ato projetual requer ação e reflexão em todas as etapas do processo de projeto. Arquitetos experientes, como Vasco de Mello, aprenderam o tênue equilíbrio entre forma, função e técnica, aprenderam a interpretar o mundo no qual vivemos, a natureza humana, e as difíceis lições trazidas pela experiência. Desse modo, o professor e arquiteto Vasco contribuiu para aquilo que denominamos *Arquitetura*.

Nessa longa jornada, muitos edifícios de qualidade ficaram no esquecimento, desconhecidos pelo público, e permaneceram até hoje sem a devida apreciação dos críticos. Muitas obras e seus respectivos autores ainda permanecem no mais completo anonimato. Apesar do reconhecimento tardio de vários arquitetos da geração que nasceu no início dos anos de 1940, em publicações recentes, há muito trabalho a ser feito. Assim, nos últimos anos, percebe-se uma nova tendência: dar maior visibilidade aos arquitetos que produziram a arquitetura das grandes cidades brasileiras, aqueles que assumiram o ofício diário e produziram boa parte da arquitetura que presenciamos diariamente ao percorrer as ruas e avenidas, onde se pode notar edifícios de alta qualidade, mas sem saber quem são seus autores.

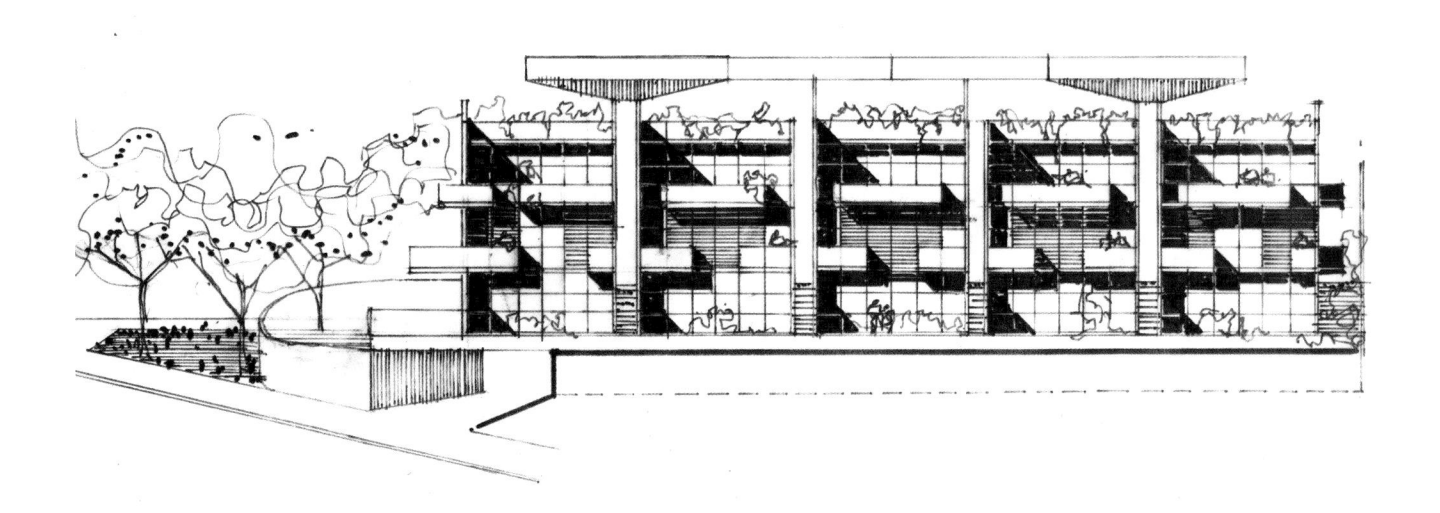

As lições de arquitetura trazidas pelas obras realizadas e pelos projetos não construídos presentes neste livro só podem ser plenamente extraídas após uma atenta reflexão sobre cada projeto e as relações existentes entre eles. O fio condutor desse aprendizado são os aspectos e conceitos inerentes à área de arquitetura, e só podem ser devidamente traçados após a interpretação dos preceitos que subjazem a nossa profissão de arquiteto. Noções de implantação, entorno, setorização, partido, sistema construtivo, geometria, circulação são conceitos que oscilam entre forma, função e técnica. Assim, a "leitura" das obras deve ser pautada por essas noções inerentes ao processo de projeto, e só podem ser devidamente apreciadas na observação daquilo que caracteriza o ofício desse grande arquiteto, desse grande artífice, chamado Vasco de Mello.

PROJETOS NÃO CONSTRUÍDOS: O VALOR DAS COISAS INCOMPLETAS

> O valor das coisas incompletas é bastante forte... Se o espírito está lá e pode ser resgatado, o que se perdeu? Um croqui é importante, um esquema incompleto é importante, desde que possua uma força gravitacional central que faça da organização não apenas uma organização e, sim, algo que atribua riqueza às associações que se perderam. É imperativo registrar aquilo que não foi concretizado.[14]

Para muitos arquitetos, arquitetura é obra construída. Nessa visão a completude da ideia só pode ser realmente percebida na forma e no espaço físico-material. Somente a matéria sob a luz, com suas propriedades transitórias, pode transmitir a noção desejada pelo arquiteto. Mas, talvez essa afirmação seja demasiadamente imprecisa e injusta.

Se, de fato, os desenhos produzidos por um arquiteto têm como finalidade comunicar todas as intenções, transmitir todas as informações necessárias para que seja realizada a construção, e, se os desenhos intermediam aquilo que o arquiteto deseja construir, estes artefatos não são meros meios de expressão, uma vez que eles materializam, mesmo que provisoriamente, as ideias do arquiteto.

Pensar os projetos não construídos como algo de menor importância é desprezar grande parte do trabalho diário realizado pelo arquiteto ao longo de sua carreira. Uma parte considerável dos projetos de arquitetos que se destacaram ao longo da história não foi realizada. Nem por isso as ideias neles contidas foram de menor importância, ao contrário, muitas vezes inspiraram outros arquitetos em gerações posteriores. Por conseguinte, diminuir a relevância de projetos não construídos é excluir parte do pensamento que norteou o conjunto da obra do arquiteto.

Diante de desenhos de projetos não edificados, somos conduzidos a uma dimensão imaginativa, uma vez que incitam nossa capacidade de percorrer os espaços, mesmo que eles sejam apenas uma representação. Isso ocorre porque os arquitetos são "treinados" para imaginar, por meio de desenhos abstratos, o espaço tridimensional resultante. Assim, os desenhos produzidos pelos arquitetos têm a capacidade de transmitir qualidades espaciais mesmo sem ter sido materializados.

Não há dúvida de que o espaço físico é, na realidade, intensamente compreendido pelos movimentos cinestésicos, e que o espaço háptico é que nos faz ter a devida noção das qualidades espaciais. É o "passeio" arquitetônico através do edifício que nos faz compreender a autêntica intenção do arquiteto. Mesmo assim, os desenhos de projetos não construídos possuem um aspecto peculiar que a obra construída não tem: por serem incompletos, por serem abstratos, por serem fragmentados eles incitam a imaginação, fazendo com que cada indivíduo interprete o espaço a sua maneira, de acordo com suas próprias experiências pessoais.

Logo se percebe que o desenho mais incita a imaginação do que representa. O desenho preanuncia, sem, contudo, desvelar o espaço. O desenho catalisa pensamentos e reflexões, deixando em aberto a interpretação. Ao contrário do espaço construído, que tudo revela, o desenho tem a capacidade de nos remeter a diferentes conjecturas. A construção "mental" antecipa a construção física.

Mas, diante de desenhos de projetos não edificados, ficamos com as seguintes questões: Como analisar um projeto a partir de desenhos incompletos? Como interpretar os espaços apenas por desenhos abstratos? Como identificar potenciais qualidades espaciais de um projeto em representações bidimensionais? Essas dúvidas ou incertezas estão fortemente presentes para aqueles que se propõem a interpretar os traços (e as entrelinhas...) de um projeto que, por razões diversas, não pôde ser construído.

A ideia de inacabado sempre nos remete às esculturas de Michelangelo, que, embora não tenham sido finalizadas, revelam muito mais sobre o processo de trabalho do escultor do que as esculturas que foram finalizadas. Embora seja muito diferente no caso da arquitetura, em que os desenhos são artefatos intermediários de um trabalho, os desenhos e projetos inacabados de arquitetos experientes, como os de Vasco de Mello, e de todos aqueles que participaram de cada projeto, contêm indícios de um rico processo, que envolve aproximações sucessivas de soluções de múltiplos problemas.

Assim, a investigação de projetos não construídos envolve um minucioso trabalho de "detetive", pois buscam-se vestígios, rastros, fragmentos de provas que, com um pouco de sorte, podem levar à compreensão de um aspecto fundamental que finalmente revele a essência de um projeto. Essa reconstituição de um cenário favorável à investigação requer experiência, conhecimentos e habilidades do intérprete para "construir" uma possível interpretação daquilo que não foi erigido. Como afirmou Louis Kahn, "[...] *o valor das coisas incompletas é bastante forte... Se o espírito está lá e pode ser resgatado, o que se perdeu?*". Portanto, na interpretação de projetos não construídos nada será perdido se ficarmos atentos à riqueza daquilo que já está lá, implícito no desenho, e que, de algum modo, antecipa aquilo que seria a obra construída.

NOTAS

1. Sobre as diferenças entre os vários tipos de pesquisa na área de projeto (design), ver John Creswell, *Qualitative Inquiry Research Design*. Califórnia: Sage, 2006, ou Christopher Frayling, *Research in Art and Design*. Londres: Royal College of Art, 1993.
2. Cf. Schön; Wiggins, 1992.
3. Cf. Anderson; Reder; Simon, 1996.
4. Este conceito fundamental pode ser mais bem entendido no texto de Alice e David Kolb, 2005.
5. Para mais informações, ver Robin Evans, 1997.
6. O arquiteto Vasco de Mello declarou que muitos desenhos foram descartados em 1999, quando foram finalizadas as atividades da Central de Projetos.
7. Cf. Polanyi, 1983.
8. Cf. Reber, 1989.
9. Cf. Kirkeby, 2011.
10. Em que pese a afirmação de Jürgen Habermas, que a expressão "pós-moderno" foi aplicada na América durante os anos 1950 e 1960, para as tendências literárias, e tornou-se um termo carregado de teor político na década de 1970. Cf. J. Habermas, "Modern and Postmodern Architecture", em M. Hays, *Architecture Theory since 1968*. Cambridge, MA: The MIT Press, 1998, pp. 416-426.
11. É importante lembrar alguns acontecimentos que ocorreram entre as décadas de 1940 e 1980, decorrentes dos avanços científicos, como a bomba atômica, a consequente Guerra Fria, a corrida espacial, a crise energética causada pela crise de petróleo, o início dos debates sobre o clima e a sustentabilidade do planeta.
12. Cf. Colin Rowe, "Introduction to Five Architects", escrito em 1972. O parágrafo a seguir expressa alguns problemas que se anunciavam desde a década de 1940 na arquitetura moderna:
    > When, in the late 1940s, modern architecture became established and institutionalized, necessarily, it lost something of its original meaning. Meaning, of course, it had never been supposed to possess. Theory and official exegesis had insisted that the modern building was absolutely without iconographic content, that it was no more than the illustration of a program, a direct expression of social purpose. Modern architecture, it was pronounced, was simply a rational approach to building; it was a logical derivative from functional and technological facts, and – at the last analysis – it should be regarded in these terms, as no more than the inevitable result of twentieth century circumstances. (C. Rowe em M. Hays, *Architecture Theory since 1968*, cit., 1998, p. 74).
13. Richard Sennett, no livro *O artífice*, contradiz Hanna Arendt no que diz respeito à diferenciação entre o conceito de *animal laborens* e *homo faber*, em que o primeiro seria aquele que realiza o trabalho braçal, enquanto o segundo seria aquele que é o juiz do labor, e, portanto habita uma vida mais elevada.
14. "The value of uncompleted things is very strong.... If the spirit is there and can be recorded, what is lost? The drawing is important, the incomplete scheme is important, if it has a central gravitational force which makes the arrangement not just an arrangement but something which gives a richness to the associations which are lost. Recording of that which has not been done must be made much of". (Louis I. Kahn, 1973, *apud* Merrill, 2010).

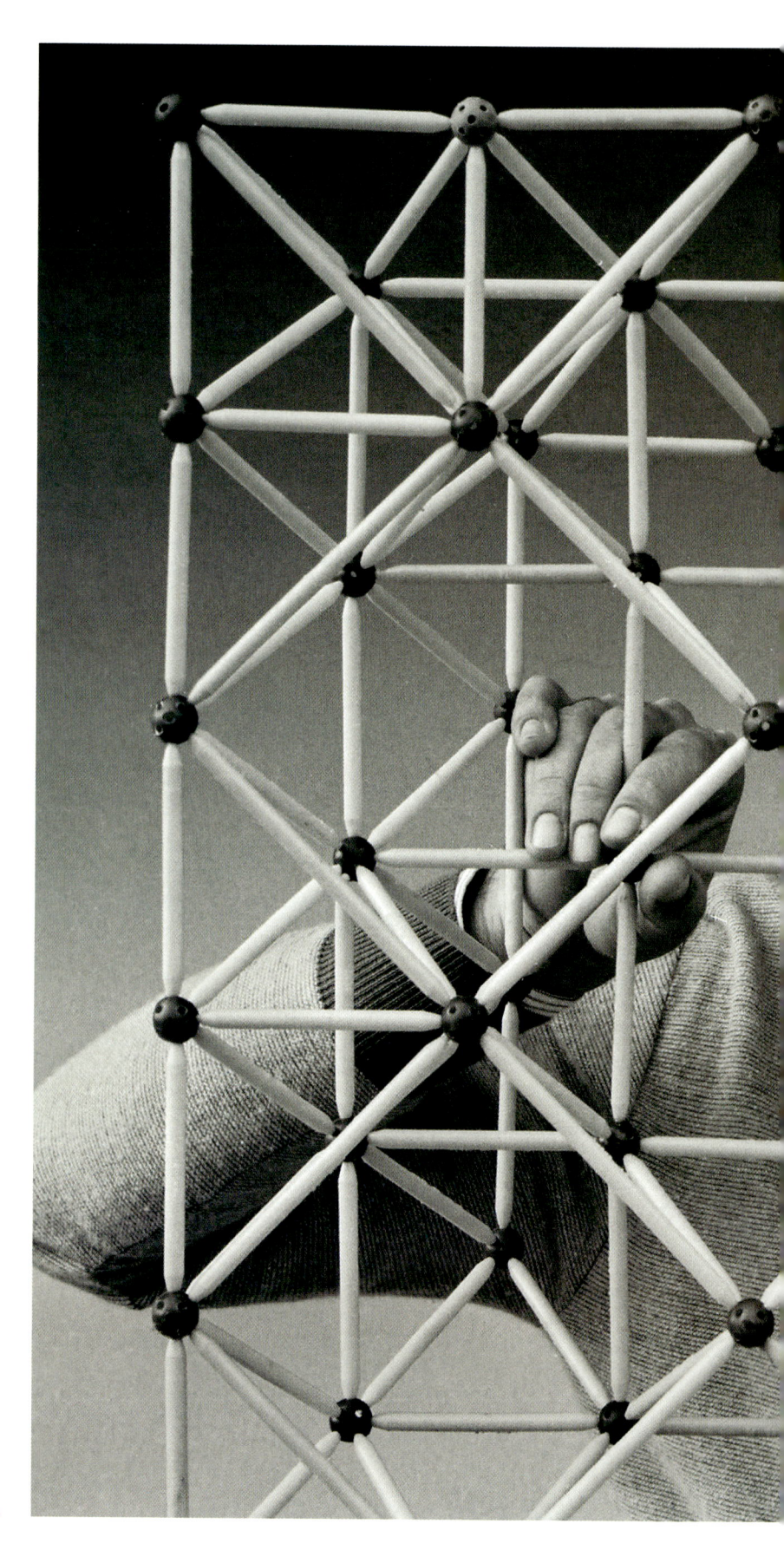

Vasco de Mello, 1981.

41

VASCO DE MELLO: UMA OBRA, VÁRIAS FORMAS

SANDRA MAALOULI HAJLI

Carta enviada por Erico Verissimo para Plínio Gomes de Mello, 1940; Vasco de Mello no CPOR, 1960.

A arquitetura para Vasco de Mello não é meramente a sua profissão, pois ela está entrelaçada ao próprio sentido de sua existência. Aparentemente despojada, a sua obra se revela sofisticada e generosa diante de um olhar mais íntimo, uma arquitetura a serviço dos humanos, feita de sensações que necessitam ser vividas, experimentadas e não somente observadas. A narrativa de sua trajetória emerge de uma postura de entrega, paixões e aventuras, a arquitetura não se restringe ao projeto, tem o poder de transcender para revelar histórias pessoais, profissionais, influências de forma alegre e vibrante que aguça a nossa curiosidade. Confissão inconsciente da personalidade do arquiteto.

Descendente de italianos, o nome é inspirado no personagem do ciclo de romances do escritor Erico Verissimo, Vasco, que amava a liberdade e odiava as coisas convencionais, aventureiro e rebelde, ansiava sair pelo mundo afora conhecendo lugares distantes, vivendo intensamente os momentos.[1] Eliminando-se a possível excentricidade, este foi o nome escolhido por seu pai, Plínio Gomes de Mello,[2] em homenagem ao amigo e escritor, que parecia prever as escolhas do seu filho, mais adiante.

Vasco de Mello nasceu em São Paulo em 6 de setembro 1940. O convívio e o incentivo familiar pela arte foram determinantes para a sua escolha

Da esq. para a dir.:
Plínio Gomes de Mello,
Enilda Lazzareschi Parlato (atrás),
Vera de Mello e
Francisca Parlato Gomes de Mello.

profissional, motivada pela sua mãe Francisca Parlato Gomes de Mello, mas principalmente pelo seu tio Alfredo Lazzareschi Parlato, que o ensinou a desenhar e exerceu grande influência na sua forma de pensar. Arquiteto formado pela FAU-USP, artista, matemático e gênio incompreendido, achava mais engraçado fugir para o telhado da faculdade do que ficar na sala de aula, demasiado previsível para os seus padrões.

Em 1960 prestou vestibular na Faculdade de Arquitetura Mackenzie,[3] sendo o 4º colocado, e nesse mesmo ano ingressou no Centro de Preparação de Oficiais da reserva (CPOR), 1960-1961.

A empatia com os colegas foi imediata, foi um período de efervescência criativa, libertação e euforia. As discussões pueris do começo do curso sobre a arquitetura – a construção de Brasília como símbolo progressista, a política, o ensino – foram se intensificando e tomando vários caminhos de diferentes tendências, uma vez que os aspectos externos à arquitetura tiveram um grande peso ao longo dos anos, levando ao golpe militar em 1964.

Não penso que seja oportuno entrar no mérito das questões políticas, uma vez que o arquiteto não se engajou, por vivenciar as dificuldades de seu pai,

Turma de 1964 da Faculdade de Arquitetura Mackenzie.

Colação de Grau, 1964 (acima); Vasco de Mello, 1964 (abaixo, à esq.); Vasco de Mello e Plínio Gomes de Mello no baile de formatura, 1964 (abaixo, à dir.).

jornalista, formado pela Faculdade de Direito de São Paulo, sindicalista, ex-deputado, fundador do Partido Socialista Brasileiro (PSB) e militante socialista na luta pela construção de um partido de trabalhadores no Brasil.

O curso em período integral não o impediu de trabalhar. Estagiou no escritório do arquiteto e professor Fabio Penteado, participando do concurso Jockey Clube de São Paulo – Sede do Clube de Campo (1962) e do concurso do Monumento Playa Girón, promovido pela União Internacional dos Arquitetos – UIA (1962). Nesse mesmo ano de 1962, alugou um escritório em um edifício na rua Maria Antônia com nove amigos, que logo se transformou em ponto de encontro, onde os amigos se reuniam, trocavam ideias e experiências, desenvolviam projetos individuais ou em conjunto. Nesse período, desenhou perspectivas para a construtora Adolpho Lindenberg e Walter Torre, antes de surgir a oportunidade de projetar sua primeira residência (1962), localizada no bairro do Brooklyn, em São Paulo. No final do curso alugou um escritório no Conjunto Nacional com os seus amigos do Mackenzie, Walter Caprera e Rogério Dorsa Garcia, e juntos participaram do Concurso Monumento à Fundação de Goiânia (1964), promovido pelo Instituto Brasileiro dos Arquitetos – IAB em comemoração aos trinta anos de sua fundação, conquistando o segundo lugar.

Assim que se formou arquiteto, Vasco de Mello decidiu viajar, tinha em mente trabalhar em Paris. A viagem começou em fevereiro de 1965, a bordo de um navio rumo à Europa, com a passagem de ida e 200 dólares no bolso, acompanhado de seu amigo Rogério Dorsa Garcia, que havia ganhado uma bolsa de estudos na Espanha.

A sua maior riqueza levava na mala, o currículo e o diploma, valorizados por ter tido grandes mestres, bons colegas e amigos de turma, por ter trabalhado durante o período da faculdade com arquitetos renomados e, principalmente, por ter obtido um segundo prêmio em Concurso Nacional de Arquitetura.

Foram sete dias de viagem até Gênova, na Itália. Chegando ao porto compraram um carro Fiat 500, com o dinheiro que tinham ganhado no navio, jogando crepe com os italianos, e viajaram pela costa italiana até Paris para participar do VII Congresso da União Internacional de Arquitetos.

Assim que o Congresso terminou, foi para Madri, na Espanha, onde surgiu a oportunidade de emprego no escritório do Arquiteto Moisés Bembunan. Ficou nesse escritório um curto período até retornar a Paris, onde morou por quase dois anos. Durante essa sua estadia, trabalhou como *barman* e jardineiro para sobreviver, fez um curso de sociologia urbana na Université Paris-Sorbonne, ministrado por Paul-Henry Chombart de Lauwe,[4] e acompanhou os principais movimentos artísticos através de exposições, livros e revistas, como a *L'Architecture d'Aujourd'hui*. Identificava-se com Pierre Francastel[5] e seus estudos sobre criação imaginária e com o grupo Archigram.[6] Além disso, participou do IX Congresso Internacional de Arquitetos em Praga, promovido pela União Internacional dos Arquitetos – UIA.

Ancorado em seus antecedentes e pela boa repercussão do trabalho dos arquitetos brasileiros, conseguiu uma primeira entrevista no Cabinet Bernard H. Zerhfuss, importante escritório na época. Bernard H. Zehrfuss (1911-1996), graduado na École des Beaux-Arts e Grand Prix de Rome[7] em 1939, era o principal arquiteto pós-guerra da França. Ligado ao movimento moderno, combinava inovação construtiva e pesquisa artística.[8] No escritório localizado na 9, Rue Arsène Houssay, próximo ao Champs Élysées, a equipe era formada por quinze profissionais, entre franceses, suíços, alemães e brasileiros, além de Jean Prouvé,[9] que prestava consultoria de tecnologia em projetos específicos.

Apesar das experiências anteriores nos escritórios dos arquitetos Moisés Bembunan, na Espanha, François Prieur e Jean Parois, na França, Vasco de Mello considera que a colaboração no Cabinet Zehrfuss condensou a compreensão do ofício na sua plenitude, do processo entre a criação e a

Na página ao lado:
Porto de Santos, viagem de Vasco de Mello a Paris, 1965 (acima); Vasco de Mello em Barcelona, 1965 (abaixo, à esq.); Rogério Dorsa Garcia e Vasco de Mello na Bélgica, 1965 (abaixo, à dir.).

COMPANHIA DOCA

A BORDO
T/N FEDERICO C
FOTO GIORDANO

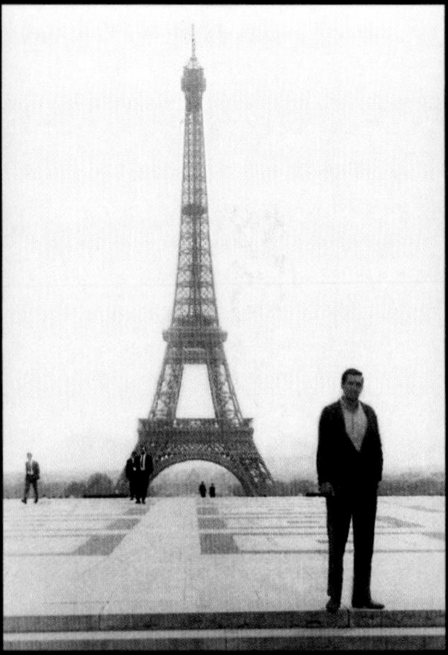

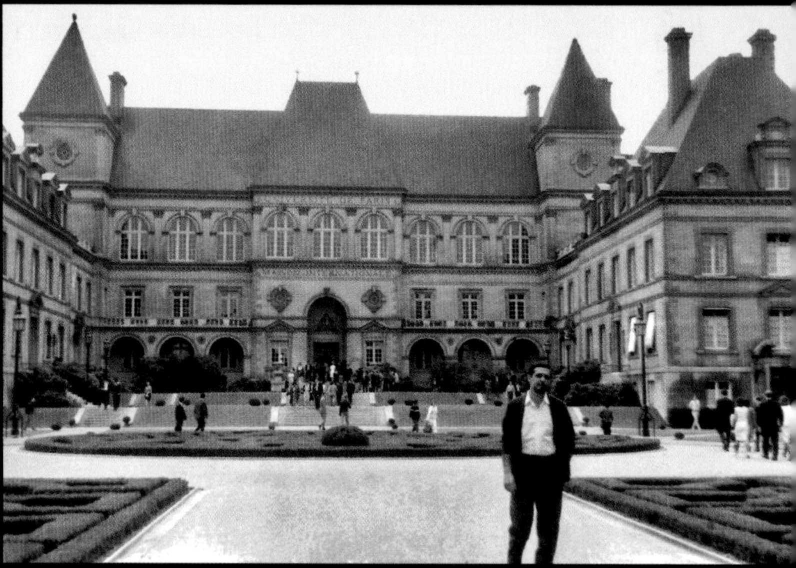

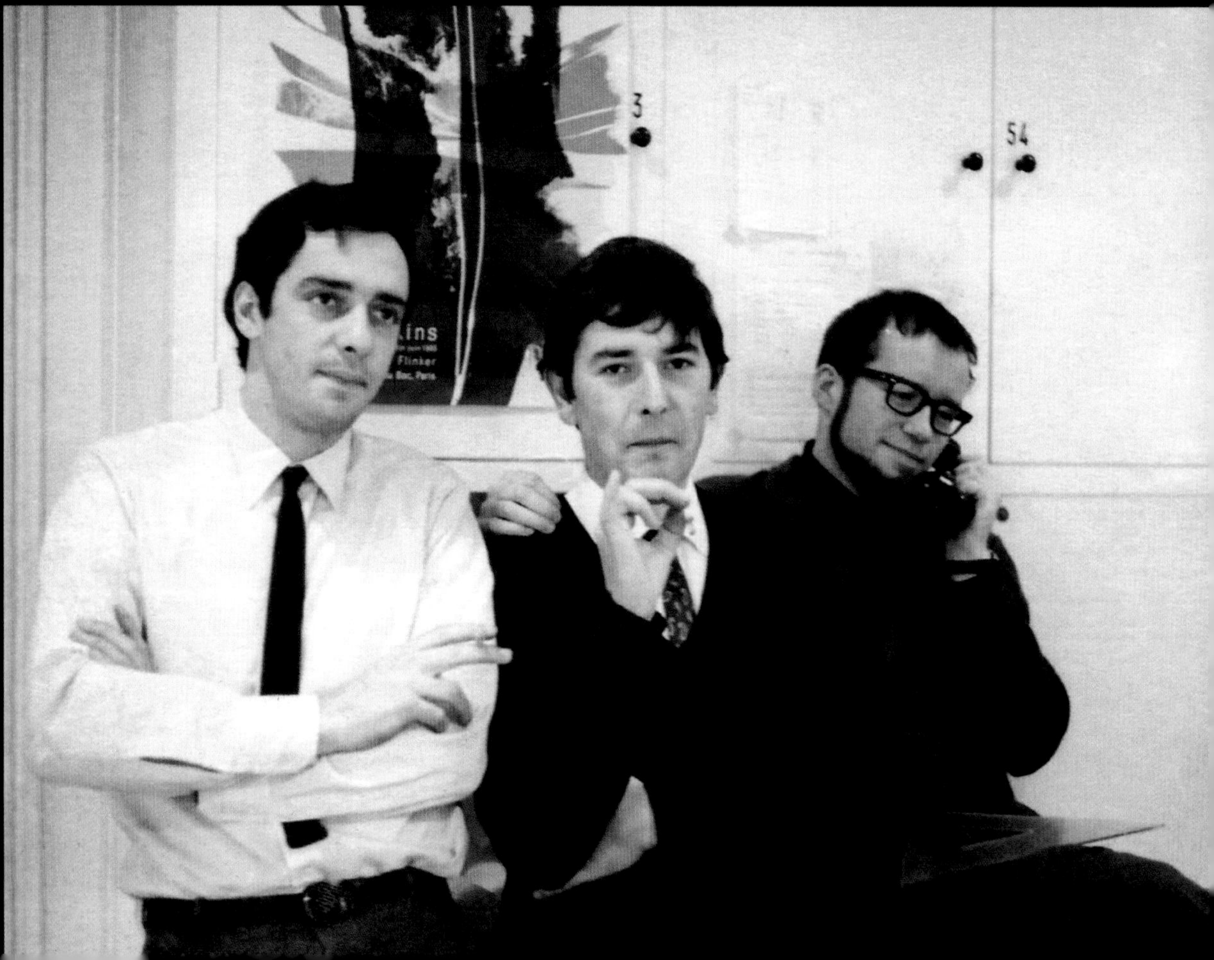
3
54
Flinker

Acima:
Equipe da Promon, Linha Norte-Sul do Metrô de São Paulo, 1974. Da esq. para a dir.: Marcos Pelaes, João Martinez Correia, Luis Arnaldo Queiroz e Silva, Vasco de Mello, Ernani Mercadante, Vallandro Keating, Marcello Fragelli, Luiz Gonzaga de Oliveira Camargo, Flavio Pastore, Silvio Heilbut, Flávio Marcondes, Jorge Utimura e Álvaro de Macedo Neto.

Na página ao lado:
Vasco de Mello no Trocadéro (acima, à esq.); na Cité Universitaire (acima, à dir.); Vasco de Mello, Claude Walsh e Muller, no escritório de Bernard Zehrfuss, Paris, 1966 (abaixo).

execução, pela oportunidade de temas e soluções tecnológicas, como as estruturas metálicas e painéis pré-fabricados apresentados por Jean Prouvé nos projetos do Centro de Vida de Garonor (1966) e da Faculdade de Arquitetura de Lyon (1966).

Vasco não tinha em mente se tornar cidadão francês, gostava da ideia de estar de passagem. Dois dias após chegar ao Brasil, em 1967, foi convidado pelo arquiteto e professor Marcelo Fragelli, que o visitou em Paris, para participar da equipe responsável pelo projeto básico da Linha Norte-Sul do Metrô de São Paulo. Ao mesmo tempo em que trabalhava no projeto do Metrô, participou em alguns concursos de arquitetura com os amigos. Entre eles, merece destaque o Monumento aos Mortos do Atlântico Sul, BA (1968), em que conquistou o primeiro lugar. Próximo de concluir o anteprojeto do Metrô, no ano de 1969, soube que haviam sido abertas as inscrições para os primeiros doutores arquitetos na FAU-USP. Após algumas entrevistas com o arquiteto Nestor Goulart dos Reis Filho,[10] foi aceito e inscrito no curso de doutorado. O tema proposto em sua tese foi uma moradia alternativa e tecnológica, constituída de células que se acoplavam, conforme as necessidades dos usuários.

Baseado na indústria automobilística, o tema estava fortemente ligado às influências do grupo Archigram.

Assim que foi admitido no curso, Goulart Reis achou que seria importante a vivência acadêmica e perguntou se ele aceitaria lecionar na Universidade de Brasília, como professor convidado, na disciplina de projeto arquitetônico. Vasco, então, se licenciou do cargo que ocupava na Promon Engenharia e aceitou o convite.

Começava sua vida docente, que se estendeu por várias décadas: iniciou em Brasília (1969-1971), onde lecionou no Instituto de Artes e Arquitetura da UnB; continuou na Universidade Mackenzie (1971-1985); foi posteriormente chefe do Departamento de Projeto da Faculdade de Arquitetura Mackenzie (1983-1985); e, desde 1987, é professor da Faculdade de Belas Artes de São Paulo.

Como professor, soube transitar entre a teoria e a prática profissional, qualidades que parecem essenciais no ensino de projeto. Acredita que o aprendizado não pode ser alimentado pelo imobilismo, comprometido apenas com as discussões acadêmicas obsoletas e presunçosas, que trabalham como força fiscalizadora, cobrando coerência. Deixa-se pouco espaço para a imaginação do aluno, sendo mais proveitosa a liberação da criatividade no processo de ensino, propiciando o surgimento de novas ideias, de novas trajetórias, ampliando o leque de atividades que exigem uma participação mais direta, nos resultados práticos que constituem as cidades. Considerando a arquitetura um objeto cultural, seus usuários são toda a sociedade.

Em 1975, o encerramento das atividades da Formaespaço – onde ocupou o cargo de gerente da divisão de arquitetura da Merisa S/A (1972-1975) – coincide com o fim da sua colaboração em grandes empresas, como a Promon Engenharia S/A (1967-1972) e a Montreal Engenharia S/A (1972) – onde trabalhou como responsável pela coordenação do projeto do Parque Metropolitano Sul, que seria implantado em uma área de 2 mil hectares dentro do município de São Bernardo do Campo, SP, nas margens da represa Billings.

Nesse mesmo ano constituiu a Central de Projetos (1975-1999), com uma estrutura profissional multidisciplinar, formada por arquitetos e engenheiros. Os trabalhos eram desenvolvidos em parcerias, articuladas para atender às necessidades dos clientes, interpretando as circunstâncias de cada projeto, através da participação ativa de ambas as partes, o que a diferenciava de outras empresas para atender o setor público, principal cliente na época.

A formação inicial era composta pelos arquitetos: Vasco de Mello, José Carlos Isnard Ribeiro de Almeida, Mary Ann Paris Ribeiro, Flávio Marcondes, Leon Diksztejn, Noêmio Xavier da Silveira Filho, Tito Lívio Frascino, Silvio Eduardo de Assis Pacheco Lancellotti, Benjamim Adiron Ribeiro; pelos engenheiros civis: Haruo Hashimoto (estruturas) e Otacilio Bianconcini (hidráulica e elétrica); pelo engenheiro industrial Milton Ribeiro de Araujo e pelo engenheiro mecânico Milton Perez Hollaender.

Passada a euforia dos primeiros anos, com a diminuição dos contratos do setor público, os sócios foram seguindo cada qual o seu caminho. Da formação inicial permaneceram os arquitetos Vasco de Mello e Tito Lívio Frascino, dividindo responsabilidades tanto na área administrativa quanto na de projeto.

Afinada com os novos tempos, o principal contratante da Central de Projetos foi substituído pela iniciativa privada, o escritório mudou de endereço, mas a discussão sobre os caminhos da arquitetura, linguagem, criatividade e tecnologia permaneceu.

Esse desejo pelo novo se materializou em inúmeras obras, seus projetos demonstram, tanto em termos de linguagem quanto de materialidade, uma boa dose de transgressão à cena da época.

Talvez por essa razão, no final dos anos 1980, Vasco de Mello juntou-se a outros arquitetos – Tito Lívio Frascino, Roberto Loeb, Eduardo Longo, Pitanga do Amparo, Carlos Bratke e Arthur Navarrette – na discussão sobre os caminhos da arquitetura. Intitulados como Grupo dos "Não Alinhados", embora com trajetórias profissionais individuais, essa geração de arquitetos entrava na idade adulta num período de grandes transformações de comportamentos. Tinham em comum a atitude de contestação dos dogmas da arquitetura moderna vigente naquele momento: o dogma do concreto aparente, o dogma brutalista.

VM Arquitetos Associados, Rodrigo de Mello e Vasco de Mello, 2017.

Mudaram os tempos, porém o grupo dos "Não Alinhados", ou "desajustados", como eles próprios se denominavam, continuou sendo rebelde. Estão sempre se reinventando, na evidente busca da originalidade de seus projetos, como foi possível observar no Encontro promovido pela autora em 2015. Por um lado, consideravam que a arquitetura era muito mais ampla, muito mais rica e muito mais fantasiosa do que aquela rigidez acadêmica; por outro, não compactuavam com as fanfarrices arquitetônicas ordinárias, sem um conceito claro do que exige o programa arquitetônico para o qual se projeta. Até hoje, utilizam os ensinamentos como uma ferramenta capaz de alterar o conhecido e apontar para uma condição evolutiva, cruzando informações e inspirações. Assim, continuam a remar contra a corrente... Esse grupo não se ajoelha diante do dogma. Cria, renova, experimenta.

O tempo passou – até o século mudou – e Vasco de Mello, com seu filho Rodrigo de Mello, constituiu a VM Arquitetos Associados (1999-atual), marcando uma fase de modernização, tanto nas intenções estéticas quanto na experimentação das técnicas construtivas mais avançadas.

Ao longo desses anos, a VMAA fez muitas parcerias, realizando importantes projetos dentro e fora do país. Em cada parceria, Vasco de Mello encontra sua expressividade no confronto de ideias, caminhando lado a lado com toda a agitação das novidades, sem deixar ninguém de fora, atitude digna dos grandes mestres.

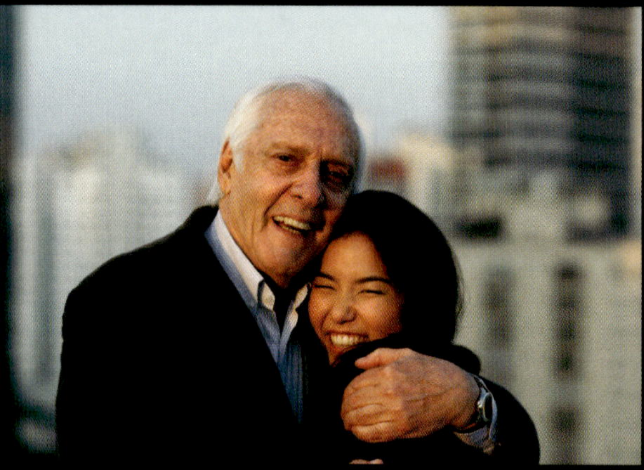
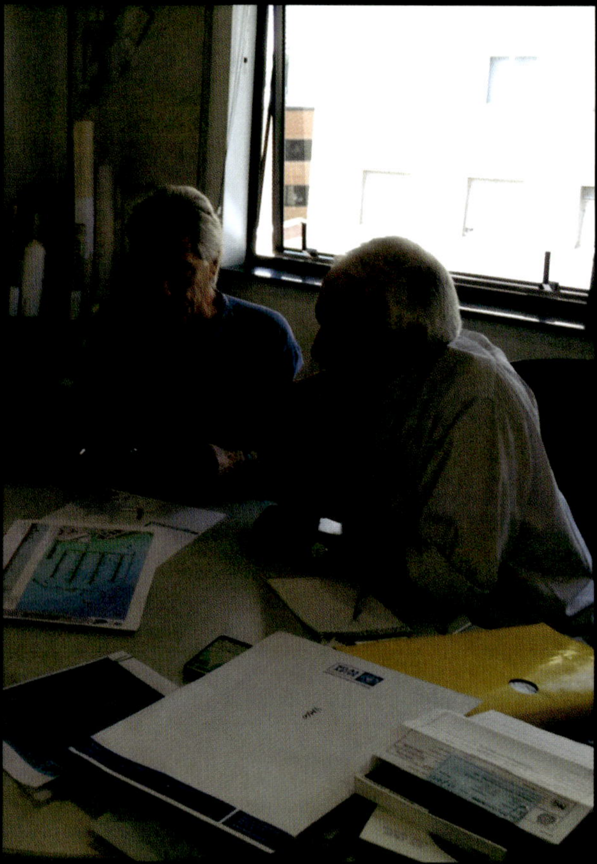
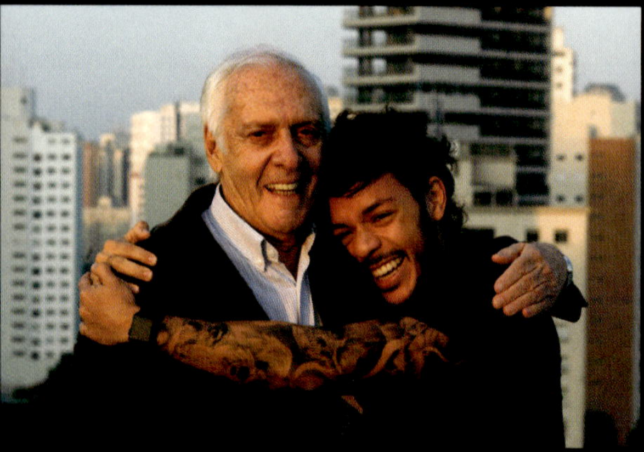
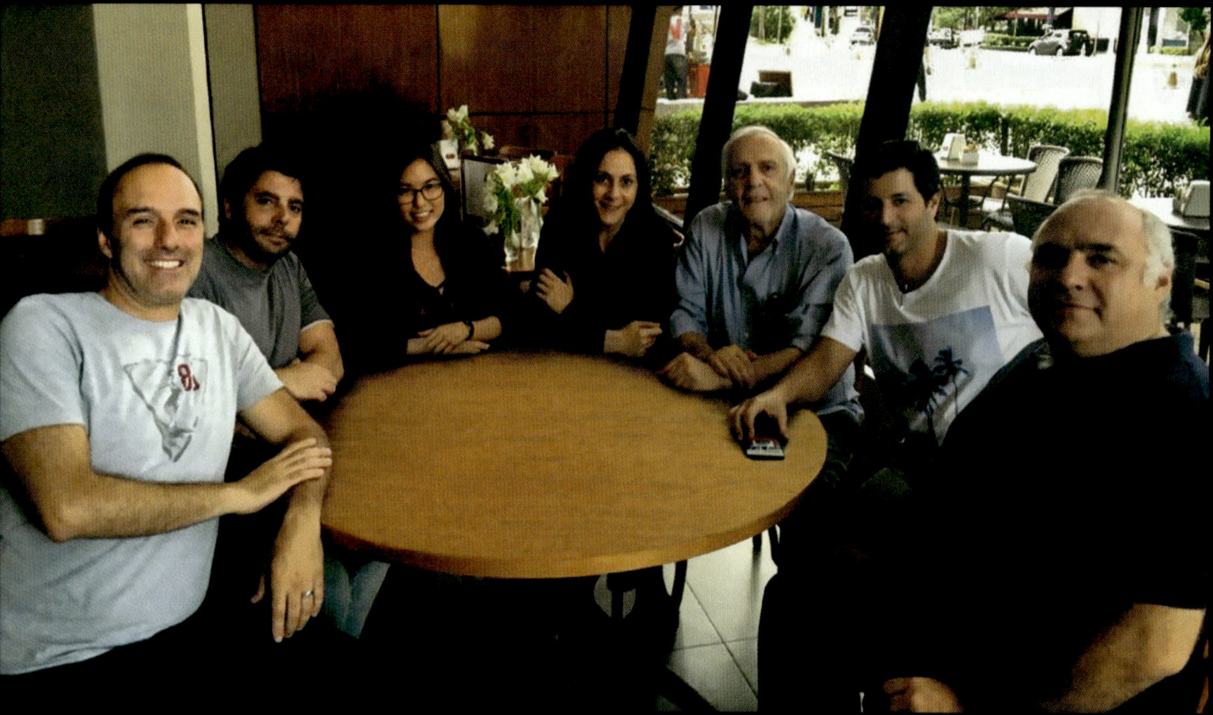

DE UMA FORMA OU DE OUTRA

O livro é apresentado em ordem cronológica, a leitura do conjunto da obra permite identificar que a arquitetura de Vasco de Mello é diversa, porque ele não segue uma linha única de pensamento, mas também é circunstancial, uma vez que parece distinta e modificada a cada fase de sua vida. Embora formado no movimento moderno, diferentemente de seus antecessores – que propunham a pureza de formas, a simplicidade, a ordem e uma moral construtiva estritamente racional e objetiva –, procurou se libertar dos princípios rígidos, da necessidade de ser coerente o tempo todo, aceitando o complexo, o contraditório e a diversificação de linguagens. Essa heterogeneidade torna o trabalho do crítico e/ou do teórico mais difícil, pois não há princípios únicos, claros e objetivos que possam ser classificados e avaliados.

Por tais razões, Vasco de Mello resiste à categorização estética e funcional utilizada para identificar as tendências na arquitetura. Os instrumentos que emprega não estão presos a ortodoxias, tampouco a preceitos ou normas rígidas, ao contrário, a sua produção se manifesta de forma livre e independente. Desafiando o desconhecido com ousadia, mas de um modo nada casual, uma vez que tudo é pensado meticulosamente, seja na materialização do projeto arquitetônico, seja na perspectiva espacial e expressiva, utilizando o desenho como instrumento para registrar a inconformidade das regras.

Nos anos 1960, período em que trabalhou na França e em grandes construtoras, sua produção está mais próxima da arquitetura moderna, considerada pelo arquiteto não como um estilo, mas uma ferramenta de conhecimento que faz parte do seu repertório. Nas décadas seguintes, podemos observar uma abertura de perspectivas da linguagem arquitetônica, para expressar o valor do próprio pensamento, uma arquitetura de autor, interpretando as especificidades do lugar, adequando o projeto ao tema, a pesquisa de novos materiais e tecnologias, seja numa indústria, seja numa residência ou edifício. Isso significa intervir ativamente no projeto idealizado, ordenar o ato construtivo, solucionar problemas, uma vez que a qualidade deve estar presente em qualquer programa, numa atitude de comprometimento com o cliente.

Seus trabalhos podem ser vistos ora como modernos, ora como pós-modernos ou contemporâneos. A verdade é que de maneira instintiva – fazendo uso de toda a racionalização considerada necessária – permanece a única certeza efetiva. Assim, parece mais provável estar em movimento algo que é pré alguma coisa, pela habilidade de reunir toda a experiência precedente e decompor as várias linguagens arquitetônicas existentes com rigor técnico e sensibilidade artística, em sintonia com o seu tempo.

O arquiteto cria a singularidade na diversidade, através da hibridização das formas, pela percepção da complexidade que se contrapõe à simplicidade de maneira arrojada e sedutora, ou no uso da linguagem figurativa, para criar imagens concretas. Podemos destacar o auditório do Sesc Santo André (1992) em analogia direta à proa de um barco, assim como a cobertura curva da Residência VM (2003), que remete a uma onda prestes a se quebrar, ou ainda os arcos do Centro de Apoio aos Romeiros (1996) que se fundem com as montanhas circundantes. Dessa maneira cada projeto revela uma interpretação pessoal dos lugares e das cidades. No projeto da Torre Trianon – Centenário da Avenida Paulista (1990) –, o tema do classicismo se exterioriza de forma utópica e provocativa ao propor um grande pórtico que emoldura o Masp, assim como no Flat Service Crillon Plaza (1986), onde o arquiteto utiliza referências múltiplas e uma diversidade surpreendente de formas, texturas e reflexos. A transgressão levada ao extremo.

O extenso registro de sua obra demonstra a sua dedicação à arquitetura, seja na prática profissional, seja na participação ativa em conselhos de arquitetura ou na atuação como professor com obstinação, firmeza e vitalidade. No entanto, para Vasco de Mello, mais importantes que as atividades ou instituições são os muitos amigos que fez ao longo do caminho os quais ilustram a história de cada época.

Na página ao lado:
Vasco de Mello e Renata Naomi Narimatu (acima, à esq.); Arthur Justiniano de Macedo, 2017 (no centro); Pedro Paulo de Melo Saraiva, projeto Ilhabela, 2016 (acima, à dir.); equipe concurso IAB+CAU, 2016, da esq. para a dir.: Léo Paioli, Pedro de Melo Saraiva, Renata Naomi Narimatu, Sandra Maalouli Hajli, Vasco de Mello, Fernando Magalhães de Mendonça e Pedro Villavecchia (abaixo).

NOTAS

1. Ciclo de romances de Erico Verissimo em que aparece o personagem Vasco: *Clarissa* (1933); *Caminhos cruzados* (1935); *Música ao longe* (1935); *Um lugar ao sol* (1936); *Olhai os lírios do campo* (1938); *Saga* (1940).

2. Plínio Gomes de Mello (1900-1993) nasceu no Rio Grande do Sul, no município de Cruz Alta. Jornalista, formado pela Faculdade de Direito de São Paulo, foi sindicalista, ex-deputado, fundador do Partido Socialista Brasileiro (PSB) e militante socialista, com a luta pela construção de um partido de trabalhadores no Brasil. Cf. Dainis Karepovs, "Memória: Plinio Mello", *Teoria e Debate*, n. 7, jul.-ago.-set. 1989. Disponível em <http://csbh.fpabramo.org.br/o-que-fazemos/editora/teoria-e-debate/edicoes-anteriores/memoria-plinio-mello>. Acesso em 12/11/2016.

3. A denominação Universidade Presbiteriana Mackenzie foi adotada a partir de 1999.

4. Paul-Henry Chombart de Lauwe (1913-1998), sociologista urbano, influenciado pela Escola de Chicago e defensor do planejamento participativo.

5. Cf. P. Francastel, *Peinture et société. Naissance et destruction d'un espace plastique. De la Renaissance au Cubisme*. Paris: Gallimard, 1965.

6. Cf. Kenneth Frampton, *História crítica da arquitetura moderna*. São Paulo: Martins Fontes, 1997, p. 342. O grupo Archigram (1961-1974) era formado pelos arquitetos ingleses Peter Cook, Dennis Crompton, Warren Chalk, David Greene, Ron Herron, Cedric Price e Michael Webb. Segundo análise de Kenneth Frampton, suas propostas eram revolucionárias e utópicas, não havendo a preocupação, por exemplo, com as consequências ecológicas ou sociais de suas proposições e sua possível realização.

7. Concurso de maior prestígio na França desde o século XVIII, quando foi criado. Os concorrentes desenvolviam um projeto para programas considerados nobres, como os palácios, museus, escolas – devendo ser comprovado o domínio de composição e de distribuição. O vencedor tinha o projeto divulgado e considerado o mais promissor arquiteto do país naquele ano. O prêmio garantia ao arquiteto um contrato de trabalho vitalício no Estado ou na Escola como professor ou responsável por um atelier.

8. Christine Desmoulins, *Bernard Zehrfuss*. Paris: Editions du Patrimoine, 2008.

9. Jean Prouvé (1901-1984) chegou de forma indireta à arquitetura: a produção de móveis e componentes de casas – inovadores e tecnológicos – o levou ao projeto de um edifício e ao refinamento de seus métodos de construção. Os princípios da pré-fabricação, flexibilidade e mobilidade foram usados como resposta de projeto para a necessidade de habitações acessíveis produzidas em massa na França do pós-guerra.

10. Nestor Goulart dos Reis Filho formou-se arquiteto pela Faculdade de Arquitetura e Urbanismo da Universidade de São Paulo em 1955. Foi pró-reitor de cultura e extensão universitária da FAU-USP e autor de diversos livros sobre história da arquitetura.

Na página ao lado:
Sandra Maalouli Hajli e Vasco de Mello, 2017 (acima); Wilson Florio e Vasco de Mello, 2017 (abaixo, à esq.); Vasco de Mello e Alberto Xavier, 2017 (abaixo, à dir.).

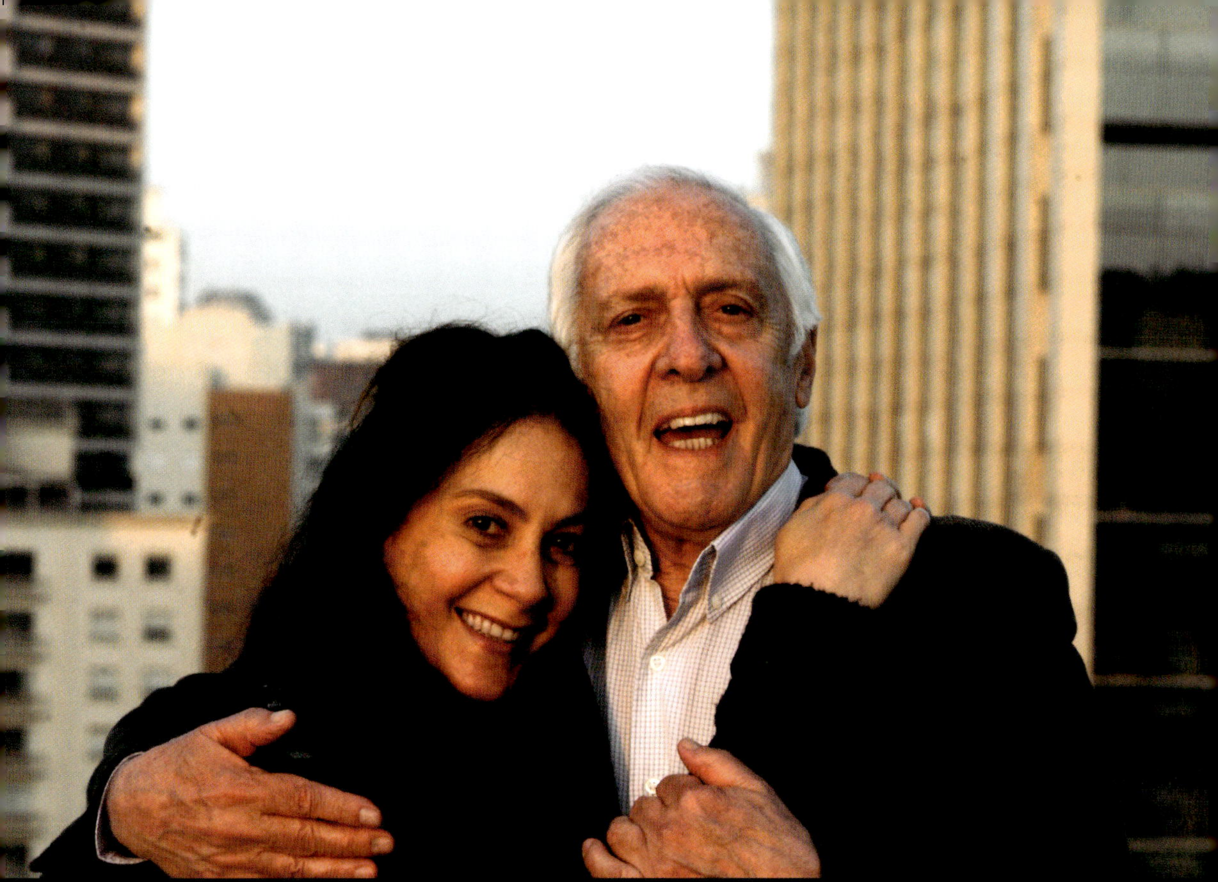
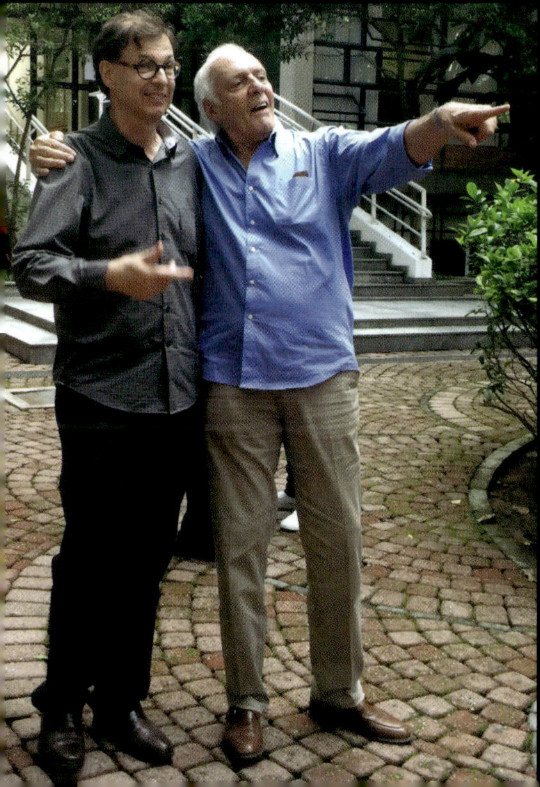
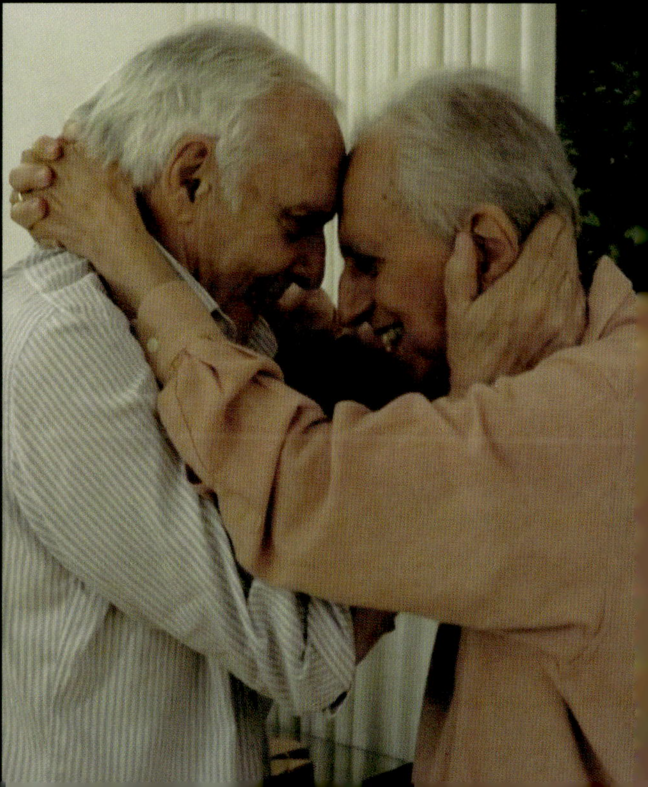

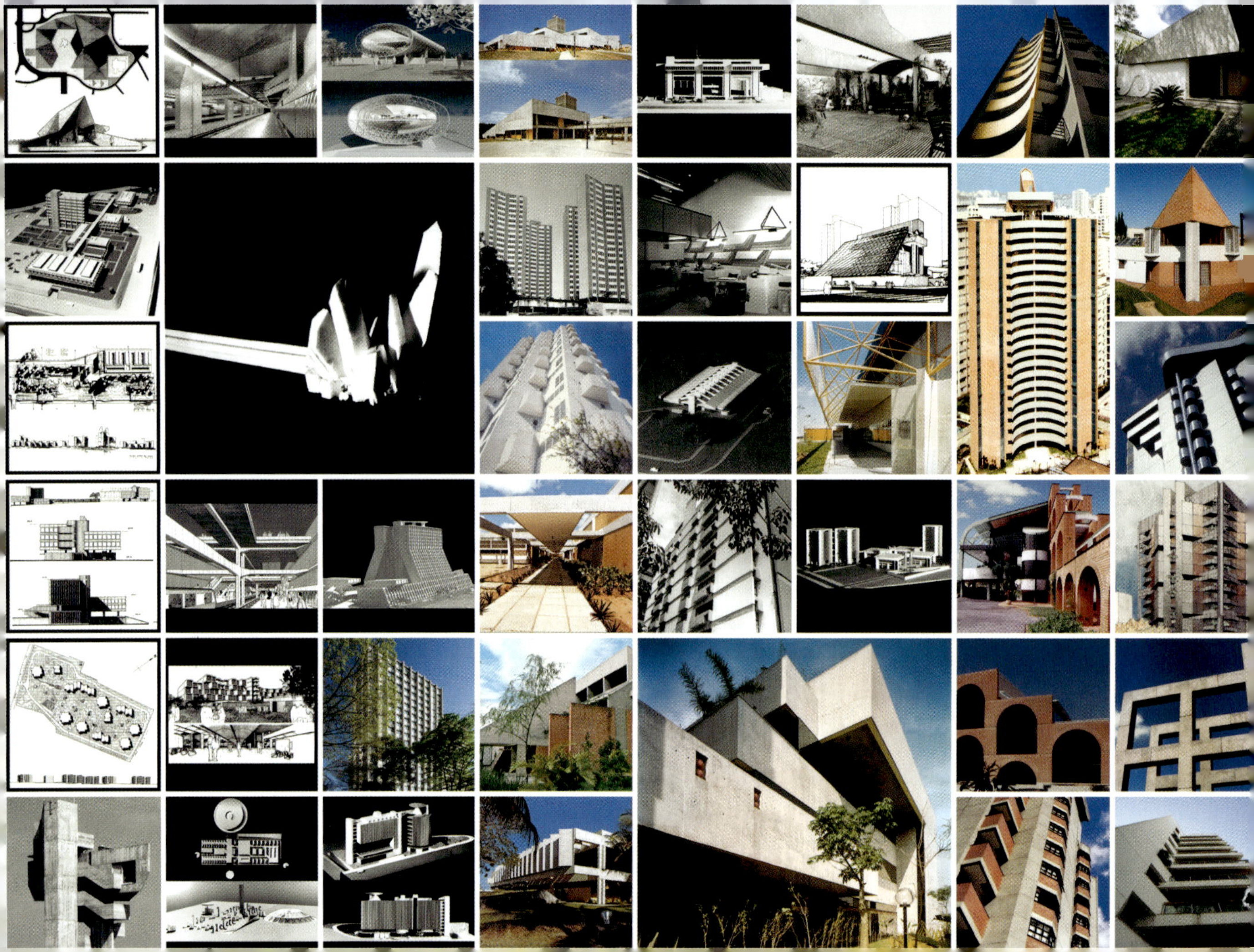

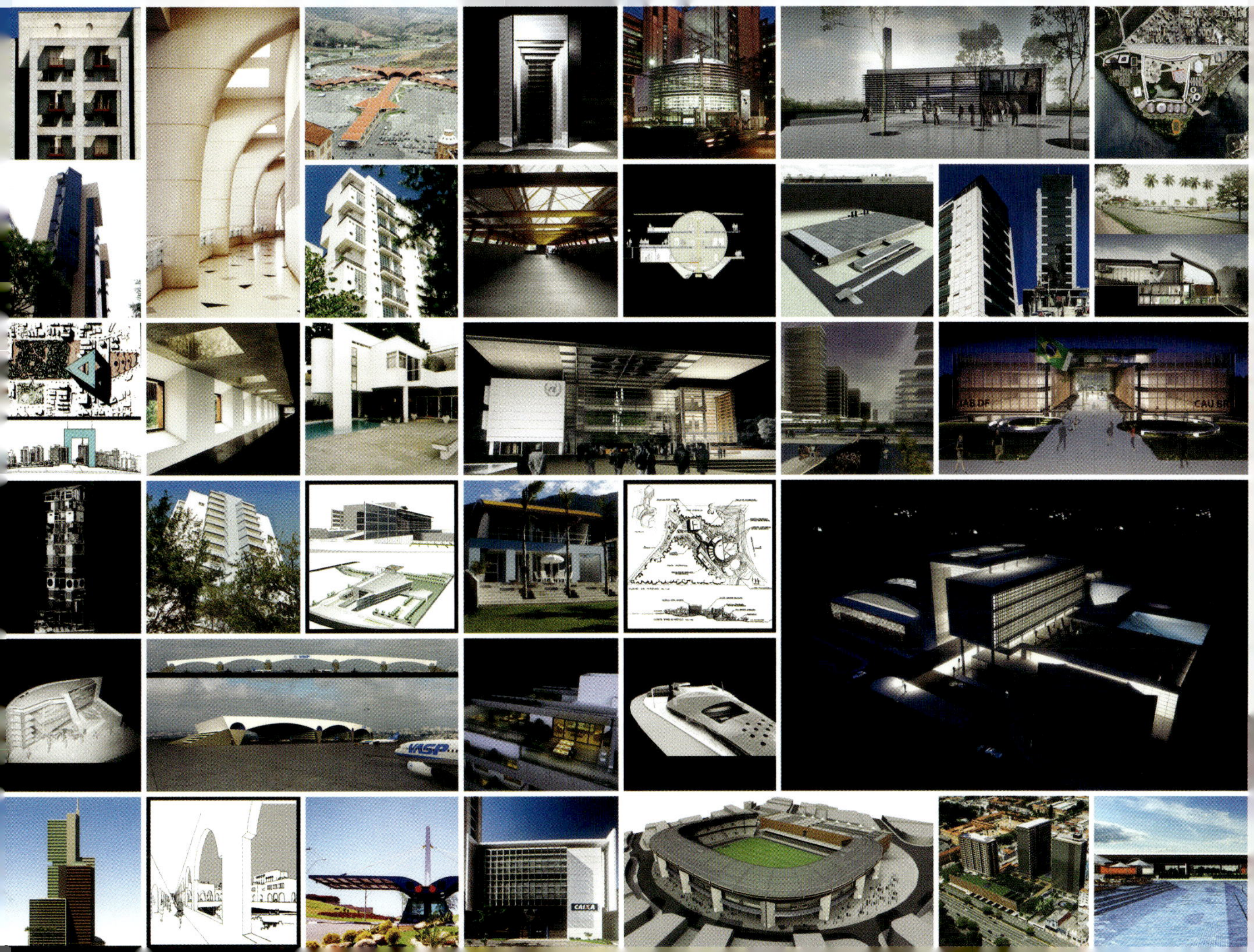
IAB DF
CAU BR
VASP
CAIXA

MONUMENTO À FUNDAÇÃO DE GOIÂNIA

CONCURSO NACIONAL, 2º PRÊMIO
Goiânia, GO, Brasil
1964

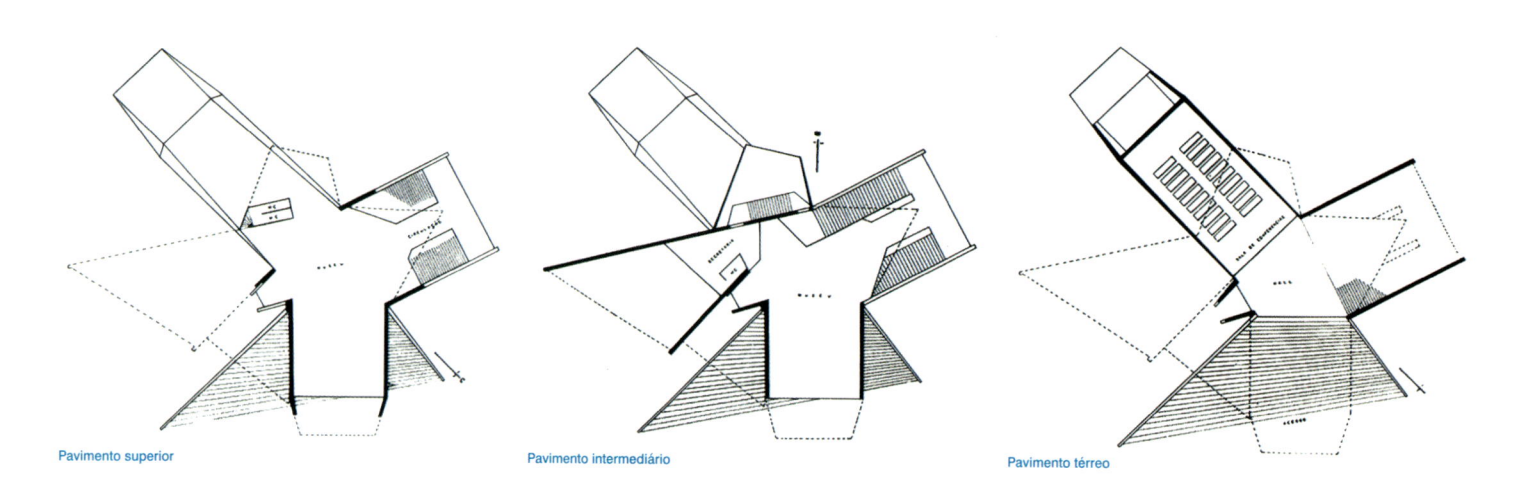

Pavimento superior

Pavimento intermediário

Pavimento térreo

A conceituação do monumento foi baseada na participação ativa do homem, de maneira a promover diferentes experiências em seus espaços internos. Isso foi obtido por meio da integração do museu e do auditório ao monumento, onde, ao lado de mostras, se desenvolvem conferências para a comunidade, tornando-se, assim, um ativo centro de difusão cultural.

A proposta formal inovadora incorporou uma geometria baseada em planos multidirecionais dobrados no espaço. Por conseguinte, com a variação da incidência de luz sobre esses planos através de vitrais e aberturas de geometrias variadas, obtêm-se efeitos contrastantes nos espaços internos. Assim, tanto a forma escultórica do seu exterior como os espaços internos intensificam a multiplicidade de experiências espaciais.

O paisagismo dialoga com o monumento, compondo uma junção orgânica com a paisagem, construída por meio de taludes naturais, com tratamento de grama, criando um jogo de texturas e cores.

Do ponto de vista técnico-construtivo, foi empregado o concreto protendido nos elementos estruturais, de modo a atender às necessidades da solução desejada. Embora de aparente complexidade, a estrutura foi gerada a partir de quatro apoios verticais, unidos com duas lajes-piso superpostas, sobre os quais se desenvolve todo o sistema estrutural. A protensão permitiu a realização de tal sistema com lâminas delgadas, de espessura variando em torno de 20 cm.

Portanto, nota-se no projeto um forte desejo de explorar as formas complexas e expressivas, de modo a alcançar uma arquitetura livre e de grande plasticidade, anunciando características de procedimentos projetuais que seriam explorados ao longo das décadas seguintes por diferentes arquitetos no âmbito internacional.

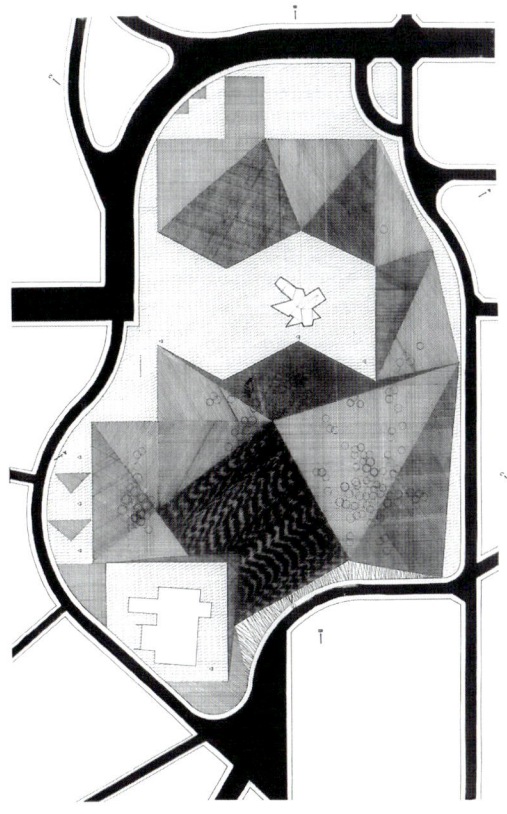

Implantação

Maquete

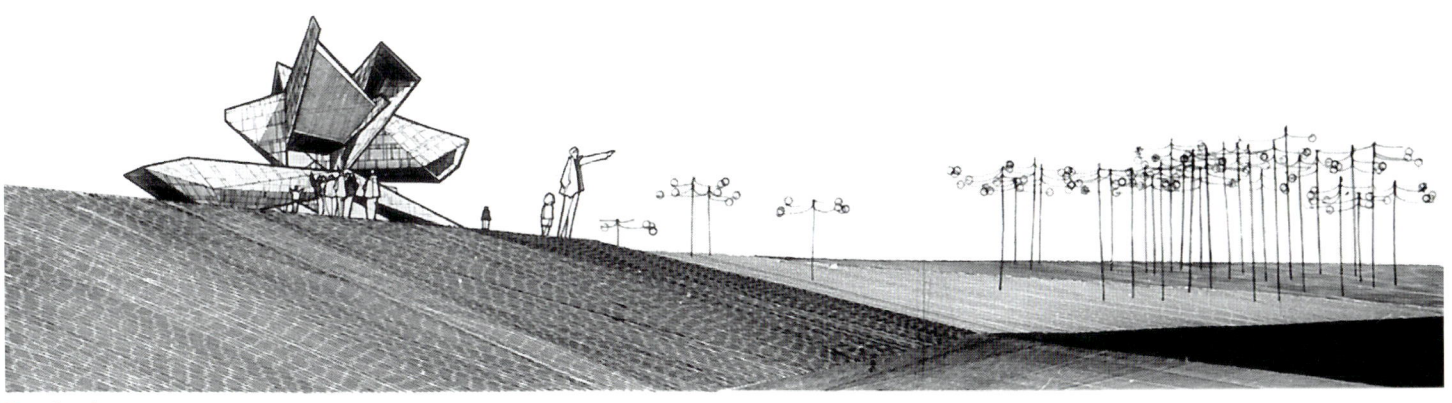

Perspectiva externa

"Ninguém nunca tinha visto uma forma tão livre e espontânea, utilizando a força da geometria para criar um monumento cuja imagem evoca a explosão do lugar, um marco na cidade" (Mello, 2015-2016).

Perspectiva interna

PLANO URBANÍSTICO DE BERCY

Paris, França
1966

"A área do projeto fica justamente onde foi construído o Ministério das Finanças da França. É um plano de massa muito bonito, foi feito junto com o Daniel Kahane. A única coisa que o Bernard Zehrfuss pediu [foi] a inclusão da torre com um nó central e quatro edifícios acoplados, ele era fascinado por edifícios originais, seria um marco na cidade" (Mello, 2015-2016).

Situado no 12º *arrondissement* de Paris, em uma área deteriorada, ocupada por entrepostos de vinho durante o século XIX e início do século XX de forma desorganizada, o projeto urbano se insere no processo de transformação do bairro empreendido pelo governo francês.

A intervenção previa a criação de um novo bairro com superposição de funções: edifícios habitacionais, centro comercial, escolas, hotéis, um novo entreposto de vinho, todos distribuídos de frente para o rio Sena.

Nesse novo espaço, uma grande torre com funções mistas é concebida para se tornar um símbolo na cidade, assinalando o novo bairro, além de um parque de onde seria possível acessar o transporte público e a estação subterrânea do metrô, assegurando o vínculo entre os bairros vizinhos.

Esse estudo, apesar de não ter sido realizado no período, é um importante antecedente, uma vez que podemos reconhecer uma série de conceitos e princípios adotados nos projetos desenvolvidos para a região a partir dos anos 1990.

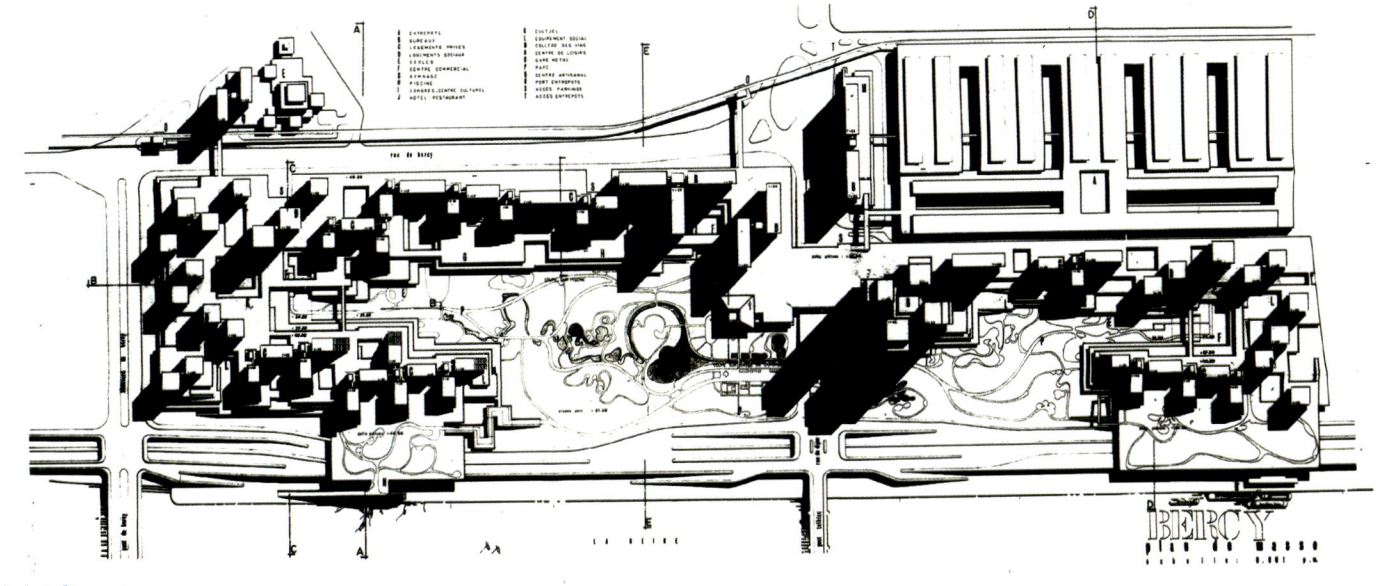

Implantação

Elevação frontal

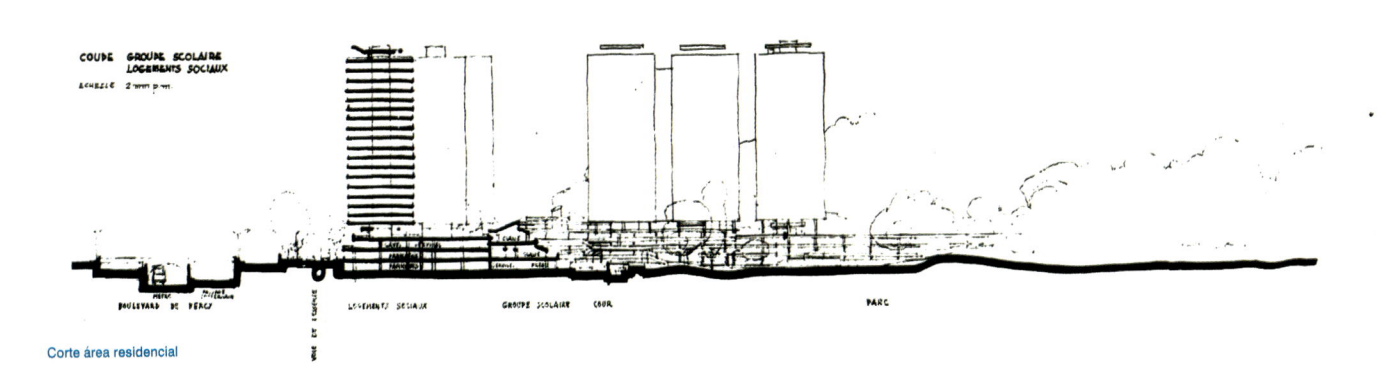

Corte área residencial

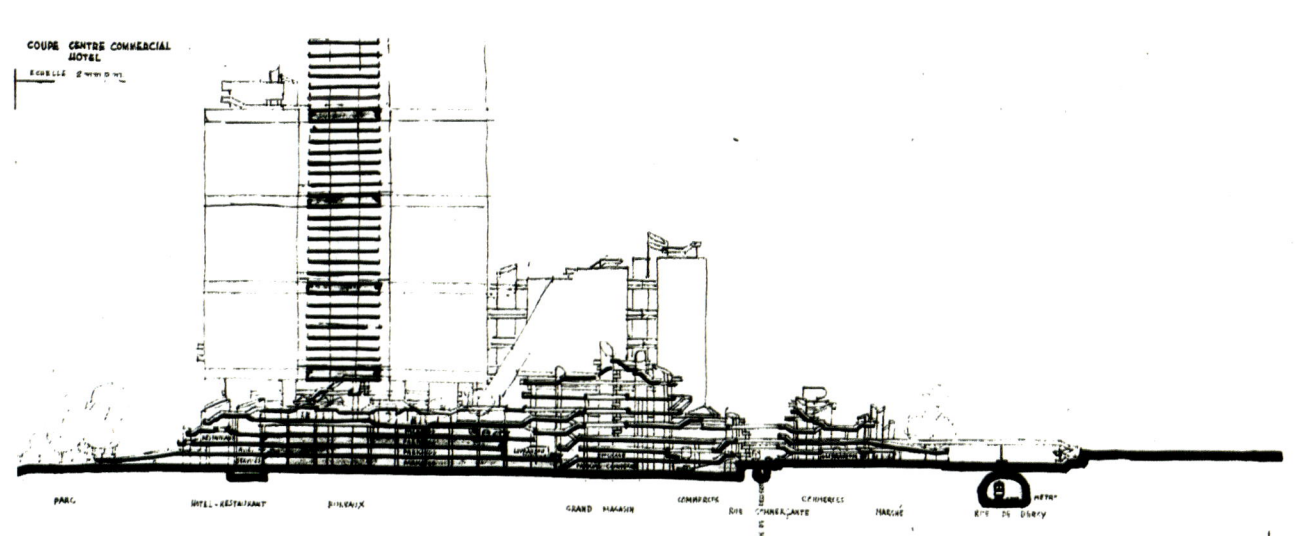

Corte centro comercial

GARONOR CENTRE DE VIE

CENTRO DE ACOLHIMENTO AOS MOTORISTAS
Aulnay-sous-Bois, França
1966

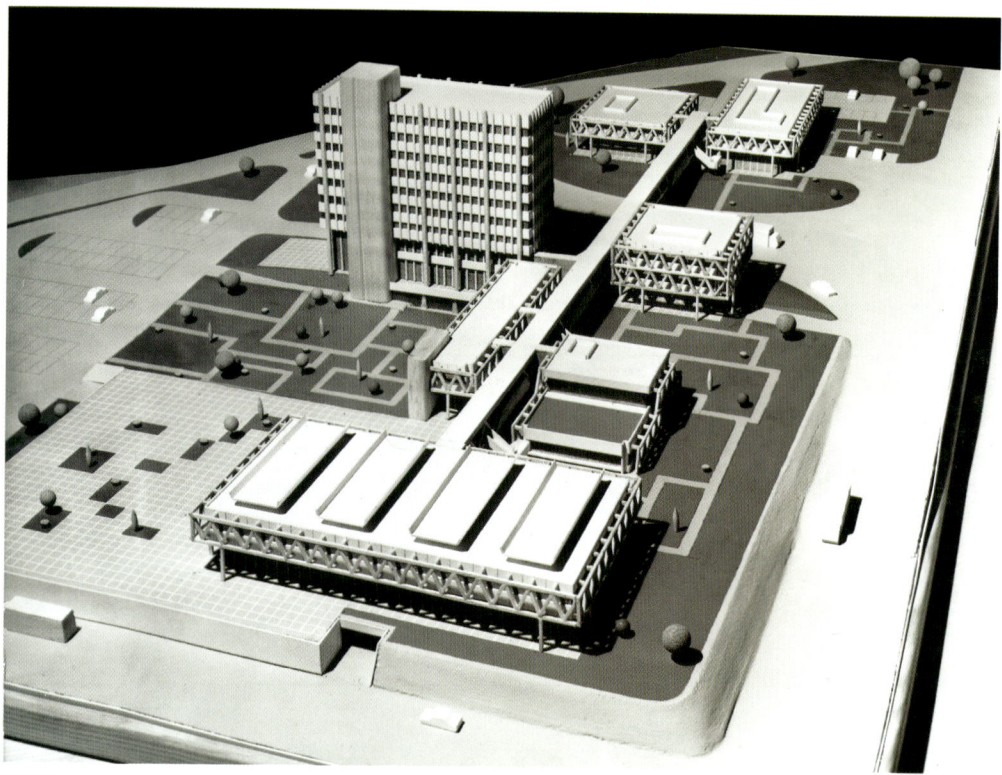

Maquete

O Entreposto de Cargas é um importante complexo de logística urbana, criado nos anos de 1960 para organizar o abastecimento de Paris. O Centro de Vida de Garonor marca a primeira realização de Vasco de Mello nos anos em que participou no Cabinet Zehrfuss.

Localizado entre os municípios de Aulnay-sous-Bois e de Blanc-Mesnil, o programa – composto de recepção, restaurante, cafeteria, centro médico, hotel e edifício administrativo – foi pensado para acolher os motoristas de caminhões vindos do norte da Europa que descarregavam suas mercadorias para serem armazenadas e distribuídas em veículos menores para o centro urbano de Paris.

O partido adotado cria um eixo estruturador das atividades, resolvido por meio da criação de passarela suspensa, que conecta os vários volumes a partir do edifício central.

A continuidade visual e espacial é garantida pelo uso de estrutura metálica destacada das empenas ao longo do perímetro dos edifícios, formando um rendilhado que marca os limites entre interior e exterior, proporcionando um tratamento similar entre os blocos.

Esse projeto contou com a consultoria do arquiteto Jean Prouvé no detalhamento das estruturas e dos painéis de alumínio com caixilhos incorporados, que constituem o fechamento dos edifícios.

"Acho que eu fiz em um mês o anteprojeto, a concepção, os eixos, a modulação que variava de acordo com o programa. Tive a ajuda do desenhista, hoje arquiteto, Claude Walch, e do consultor de tecnologia Jean Prouvé. Eu explicava a concepção do meu projeto, e resolvíamos na hora a melhor solução para a estrutura e fechamentos dos edifícios. Ele entendia de tudo, era muito acessível, ficávamos sentados pensando no assunto o tempo que fosse necessário" (Mello, 2015-2016).

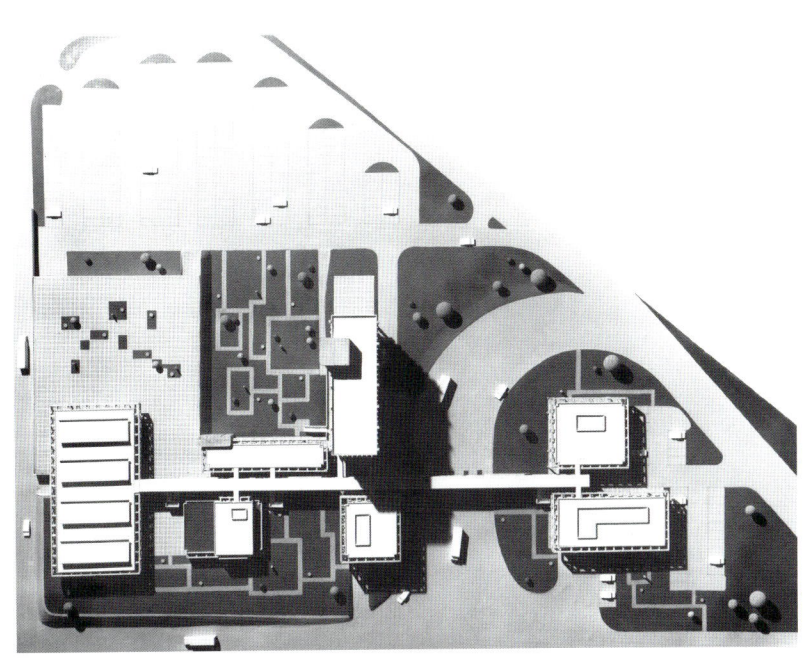

Implantação

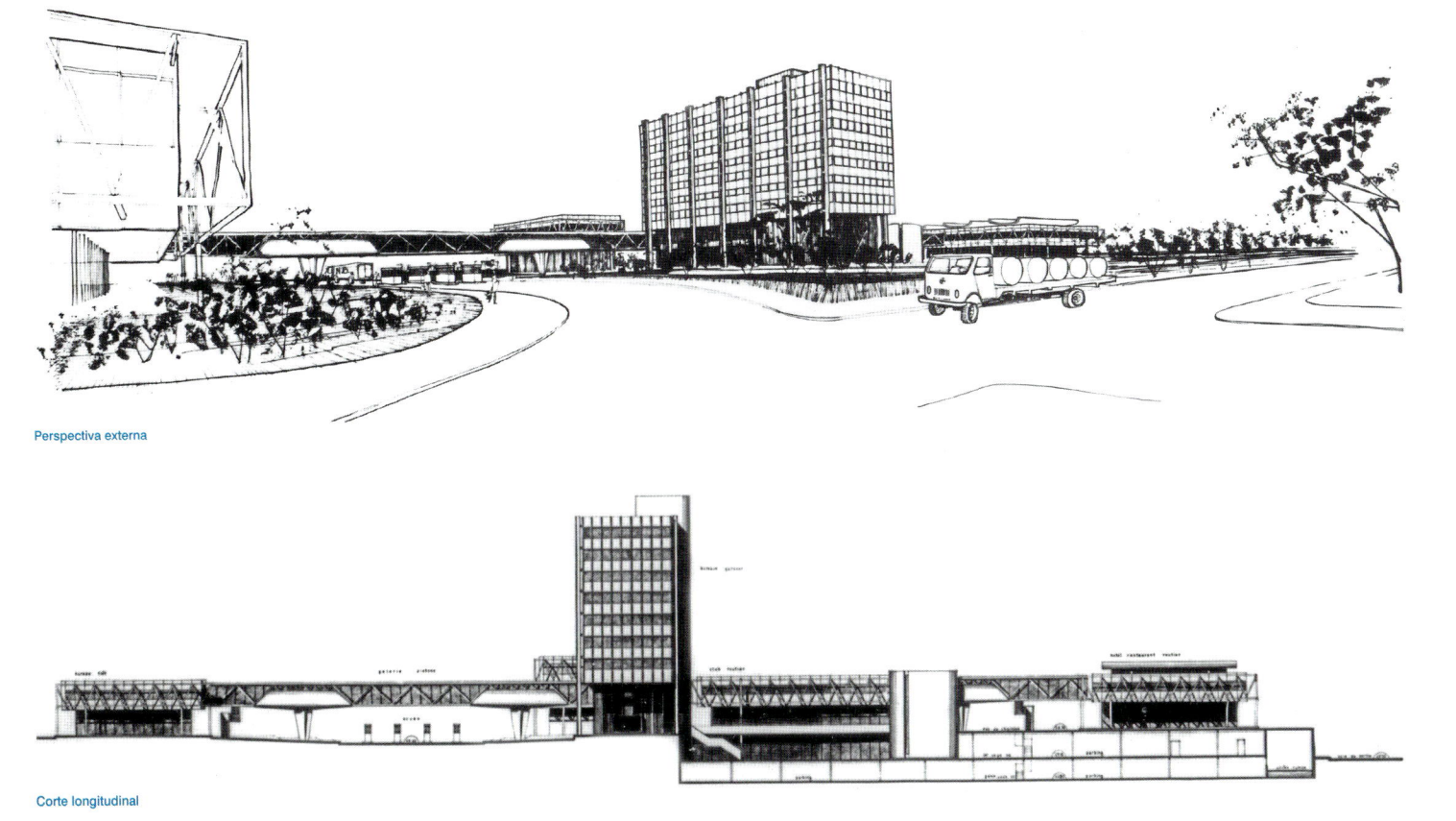

Perspectiva externa

Corte longitudinal

FACULDADE DE ARQUITETURA

Lyon, França
1966

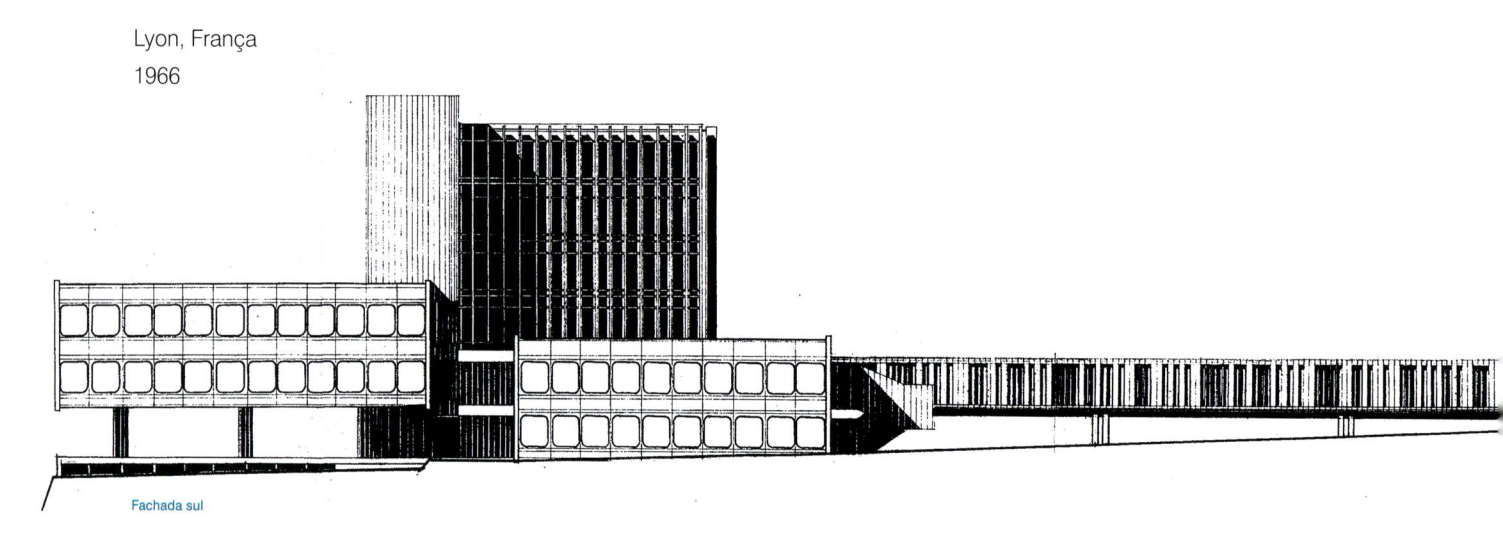

Fachada sul

Neste projeto para a Faculdade de Arquitetura de Lyon o arquiteto utiliza os eixos para organizar a distribuição do programa e fluxos, estabelecendo um vínculo entre o edifício existente, tombado pelo patrimônio histórico, e o projeto de expansão, garantindo uma relação harmoniosa e equilibrada.

As diversas atividades da faculdade foram organizadas em edifícios diferentes, destinados a salas de aula, auditório e departamento administrativo. O uso da modulação parte do sistema estrutural, viabilizando a adoção dos painéis pré-fabricados de alumínio fundido e vidro duplo, sugeridos por Jean Prouvé.

Uma longa passarela articula o conjunto. A geometria explora a sequência de Fibonacci para definir os elementos verticais em concreto armado que, além de animar o percurso, contribui para diluir os limites internos e externos por meio de transparências, proporcionando assim múltiplas vistas aos usuários.

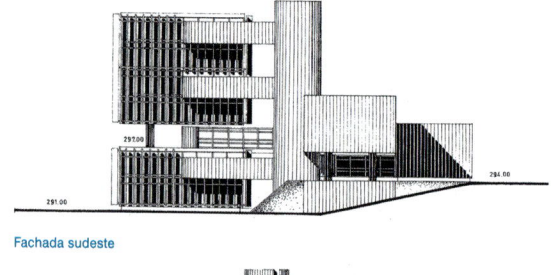

Fachada sudeste

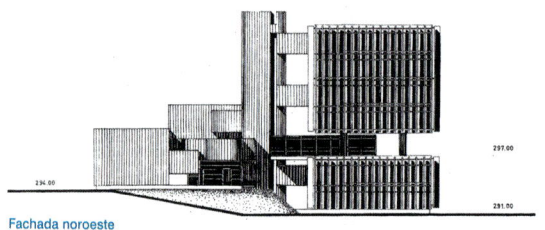

Fachada noroeste

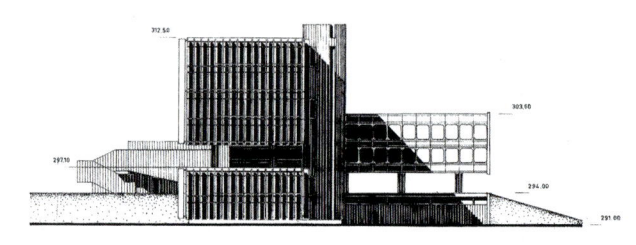

Fachada sudoeste

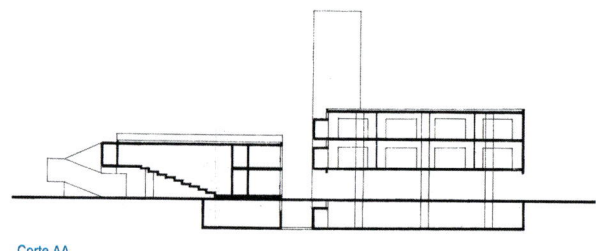

Corte AA

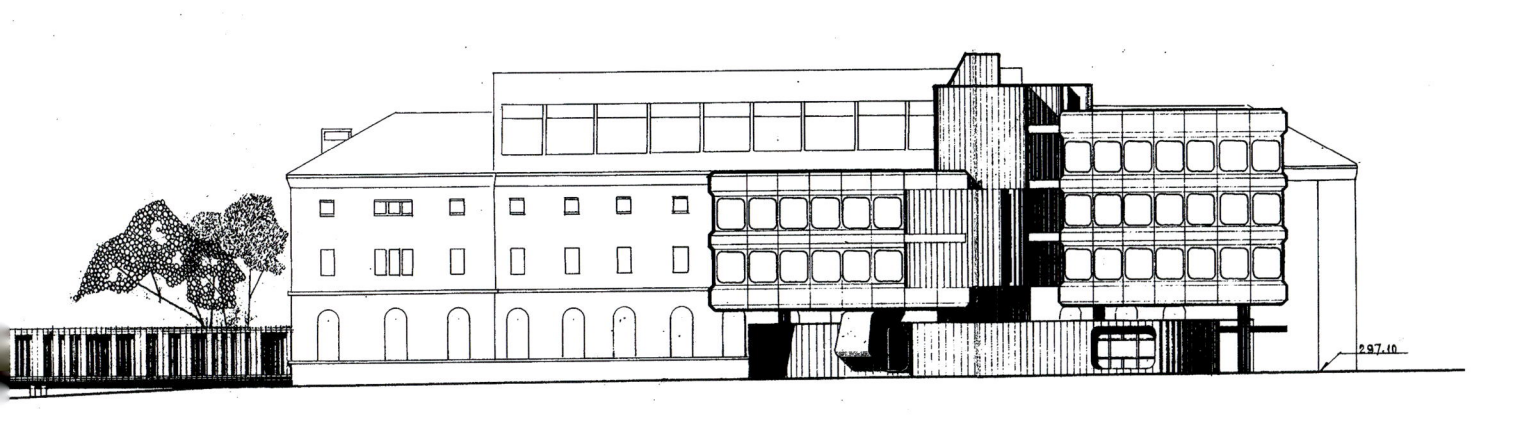

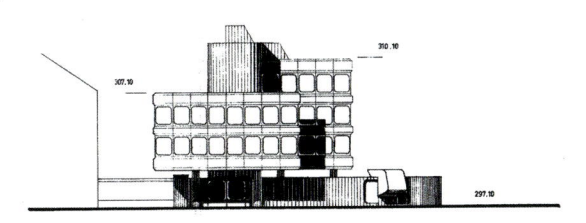

Fachada sudeste

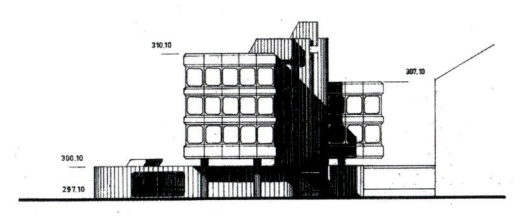

Fachada noroeste

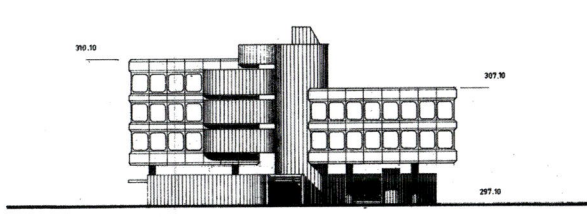

Fachada sudoeste

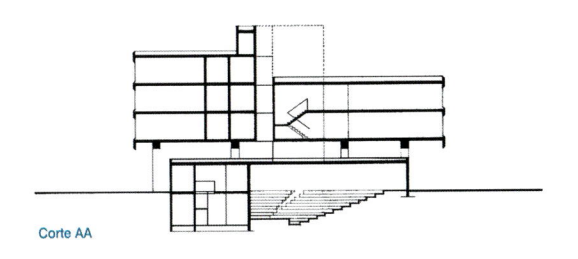

Corte AA

"Nesse período eu estava ligado em fazer uma arquitetura inspirada na natureza, como os galhos de uma árvore que se ligam ao tronco. Um elemento vertical e suas ligações, com estruturas aparentes, valorizando as suas características, em um jogo de saliências e reentrâncias, sombra e luz, para construir objetos dinâmicos que se inserem nos ambientes. Essa faculdade foi um grande momento no escritório" (Mello, 2015-2016).

CONJUNTO HABITACIONAL LA POMERAIE

Écouen, Île-de-France, França
1967

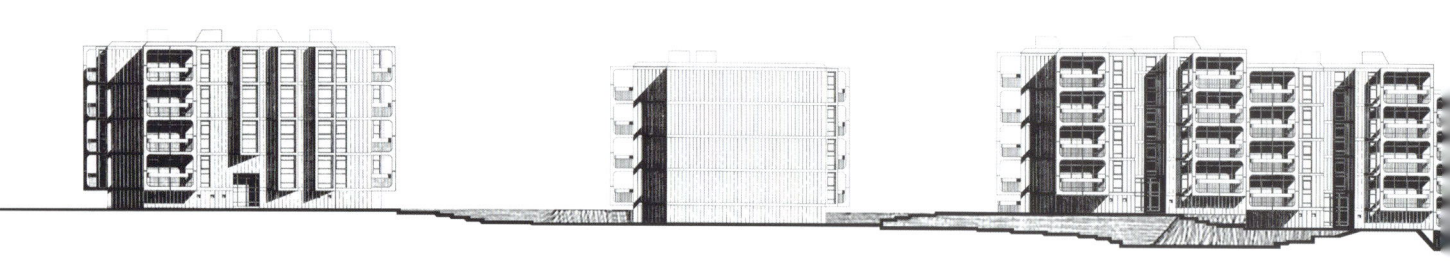

Localizado na cidade de Écouen, a 19 km ao norte de Paris, o conjunto habitacional foi encomendado pelo Office Central Inter-Professional du Logement e pela Société Immobilière des Logis Parisiens ao escritório de Bernard Zehrfuss.

A decisão de implantar as torres nas laterais do terreno, além de garantir uma circulação eficiente dos automóveis que ficam estacionados nas divisas laterais, de frente aos acessos principais das torres, permite um maior número de apartamentos com orientação para maior incidência solar. Dessa forma projetou-se o vazio, para criar um grande parque que serve de integração espacial entre a vegetação e os edifícios.

O programa é composto de 176 unidades de 2, 3 e 4 dormitórios, distribuídas em 12 torres de 4 pavimentos cada. Nota-se como a grande malha, constituída de uma retícula de quadrados, baliza a organização e a distribuição espacial dos blocos habitacionais. Contudo, observa-se que a modulação também contribui para regrar o deslocamento entre os blocos, proporcionando maior espontaneidade na implantação e maior adequação aos limites da quadra. Vasco de Mello explora o uso de planos inclinados na fachada, com aberturas voltadas para a face mais ensolarada, proporcionando maior luminosidade aos ambientes internos. Esse recurso permite marcar a verticalidade e, ao mesmo tempo, acentuar o jogo de luz e sombra nas fachadas.

A estrutura de concreto armado se estende até o pilar externo no terraço e define um espaço de transição entre o interior e o exterior, em contato direto com a praça.

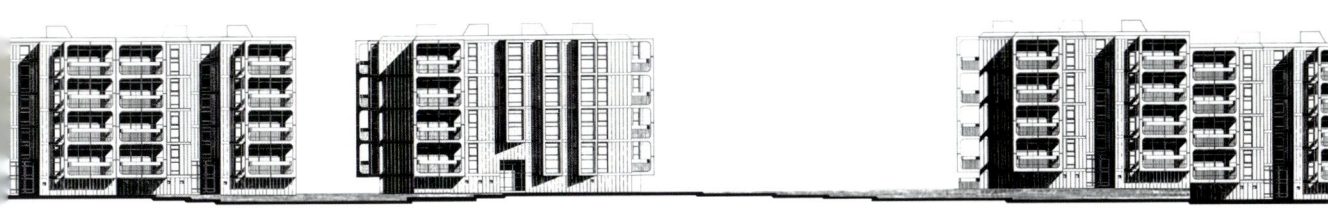

Fachada norte

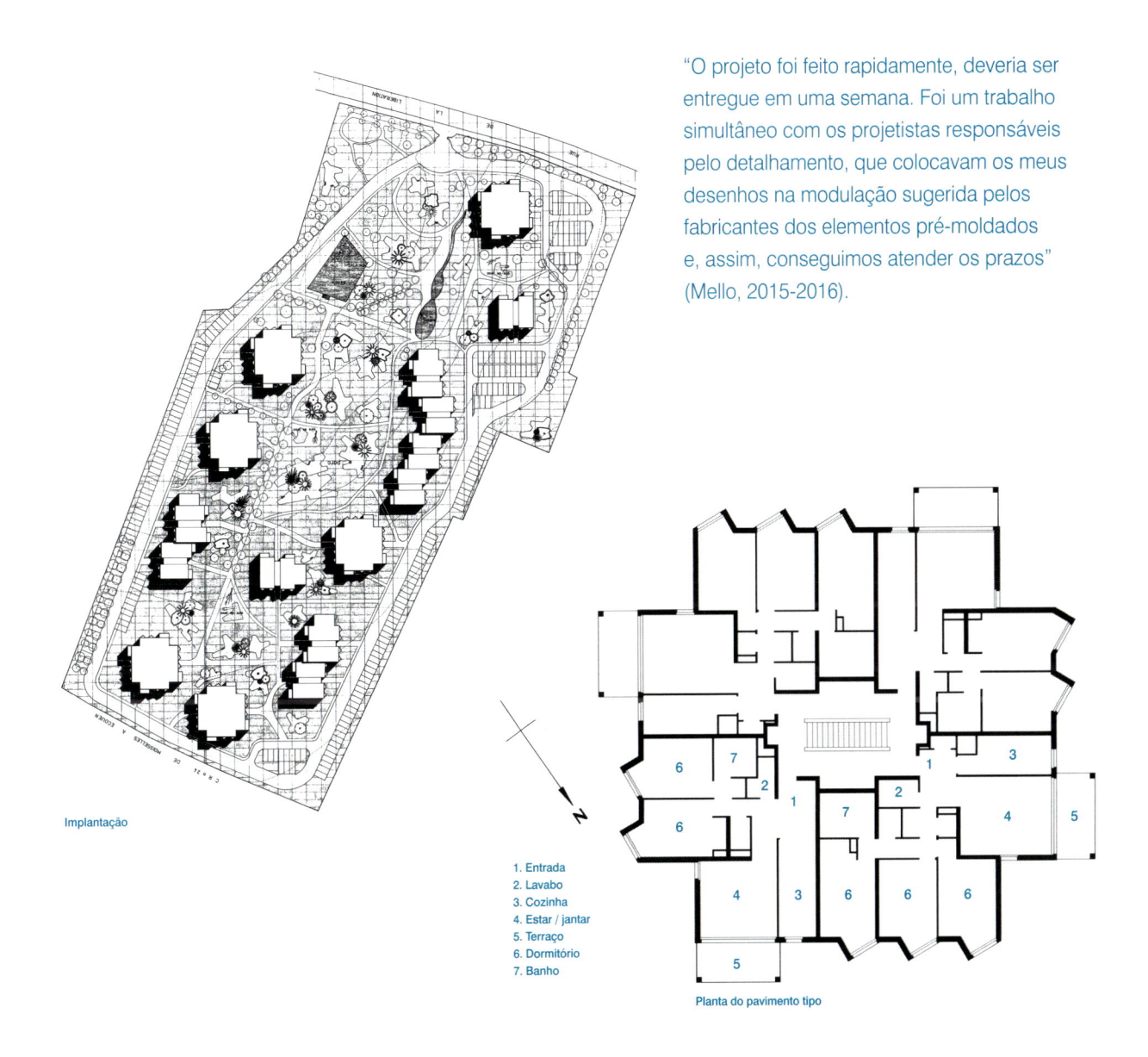

"O projeto foi feito rapidamente, deveria ser entregue em uma semana. Foi um trabalho simultâneo com os projetistas responsáveis pelo detalhamento, que colocavam os meus desenhos na modulação sugerida pelos fabricantes dos elementos pré-moldados e, assim, conseguimos atender os prazos" (Mello, 2015-2016).

Implantação

1. Entrada
2. Lavabo
3. Cozinha
4. Estar / jantar
5. Terraço
6. Dormitório
7. Banho

Planta do pavimento tipo

FACULDADE DE CIÊNCIAS

Banlieue, França
1967

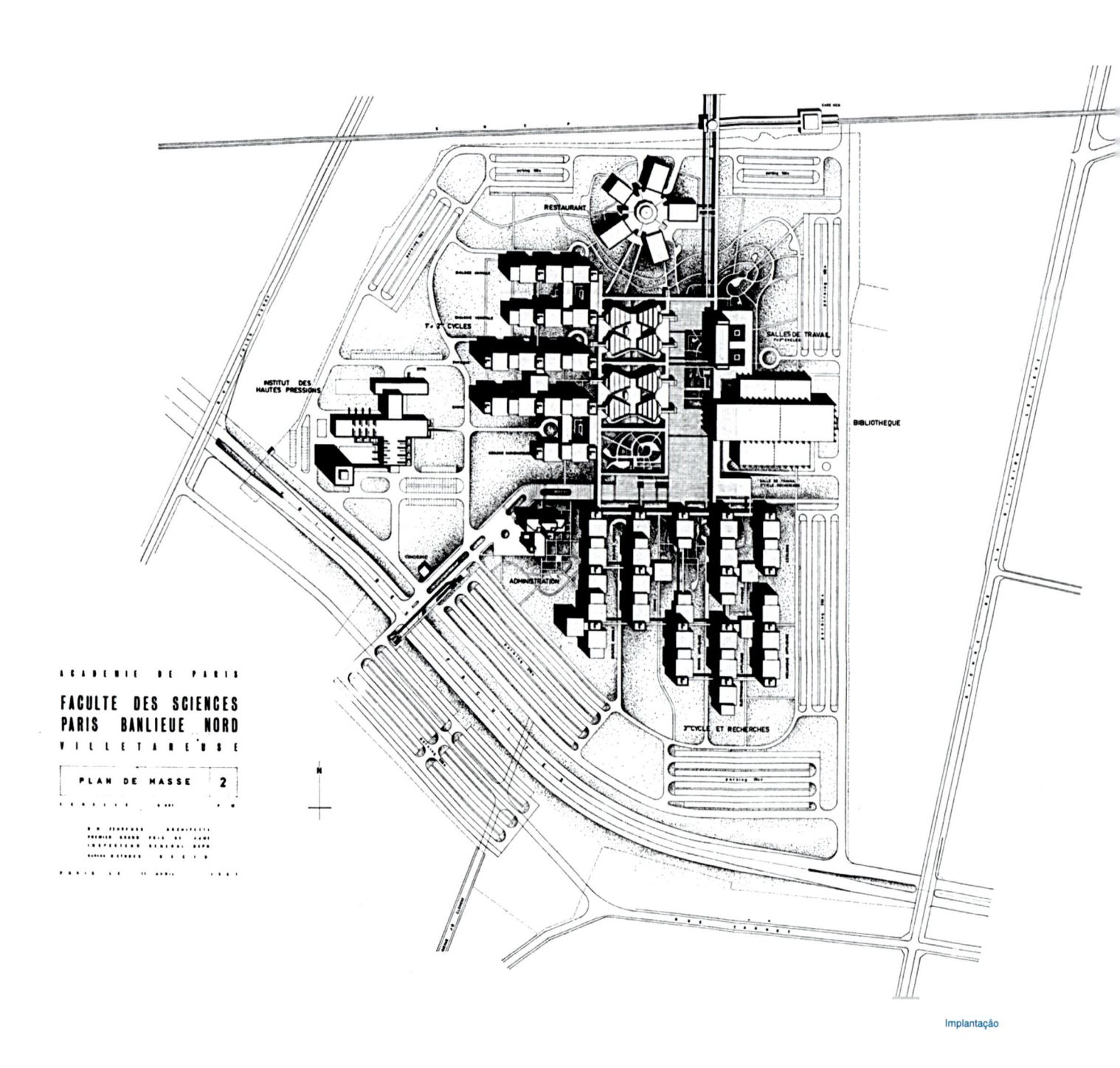

Implantação

Planta do auditório

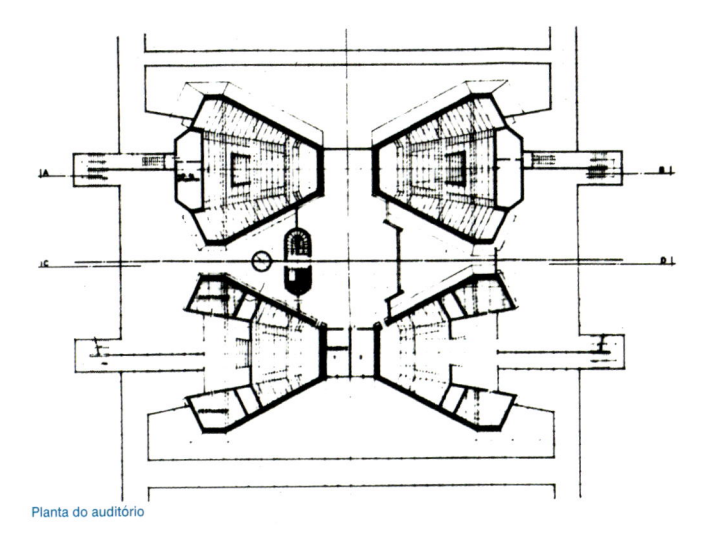

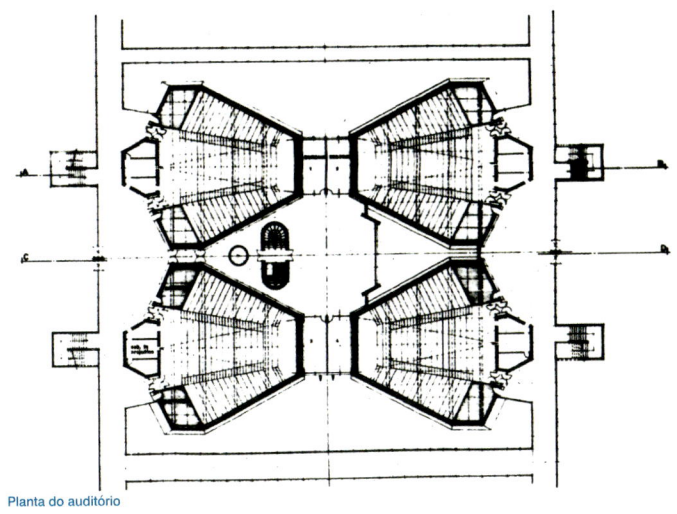

Planta do auditório

Elevação leste

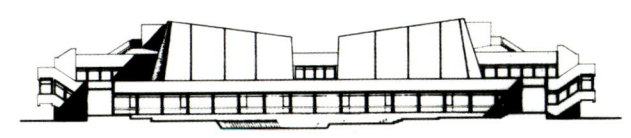

Elevação sul

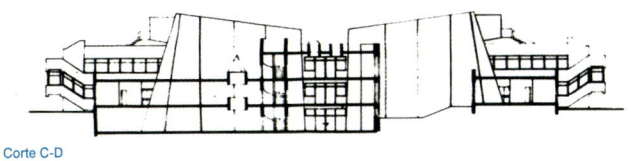

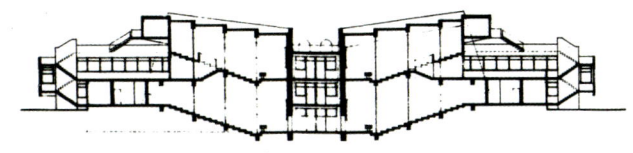

Corte C-D

Corte A-B

O projeto, desenvolvido anteriormente no escritório Bernard Zehrfuss, não havia sido aprovado, sendo confiado a Vasco de Mello um novo estudo.

Constituído de um eixo principal que organiza as diversas atividades da faculdade, os edifícios de quatro pavimentos destinados à administração, laboratórios e salas de aula estão ligados a caminhos externos e internos devido às baixas temperaturas no inverno, gerando uma rede de percursos com espaços múltiplos de convivência.

A solução apresentada para os auditórios superpostos, com volumes rebatidos em formato cônico, cria uma imagem renovada, possibilitando a conexão entre os edifícios internamente.

O restaurante, o instituto de alta precisão e a biblioteca, previstos no programa, foram aproveitados do estudo anterior e inseridos no final do projeto, destoando do conjunto.

As estruturas foram concebidas em concreto armado aparente, e, para a vedação, foram utilizados painéis pré-fabricados de alumínio e vidro duplo, desenvolvidos por Jean Prouvé.

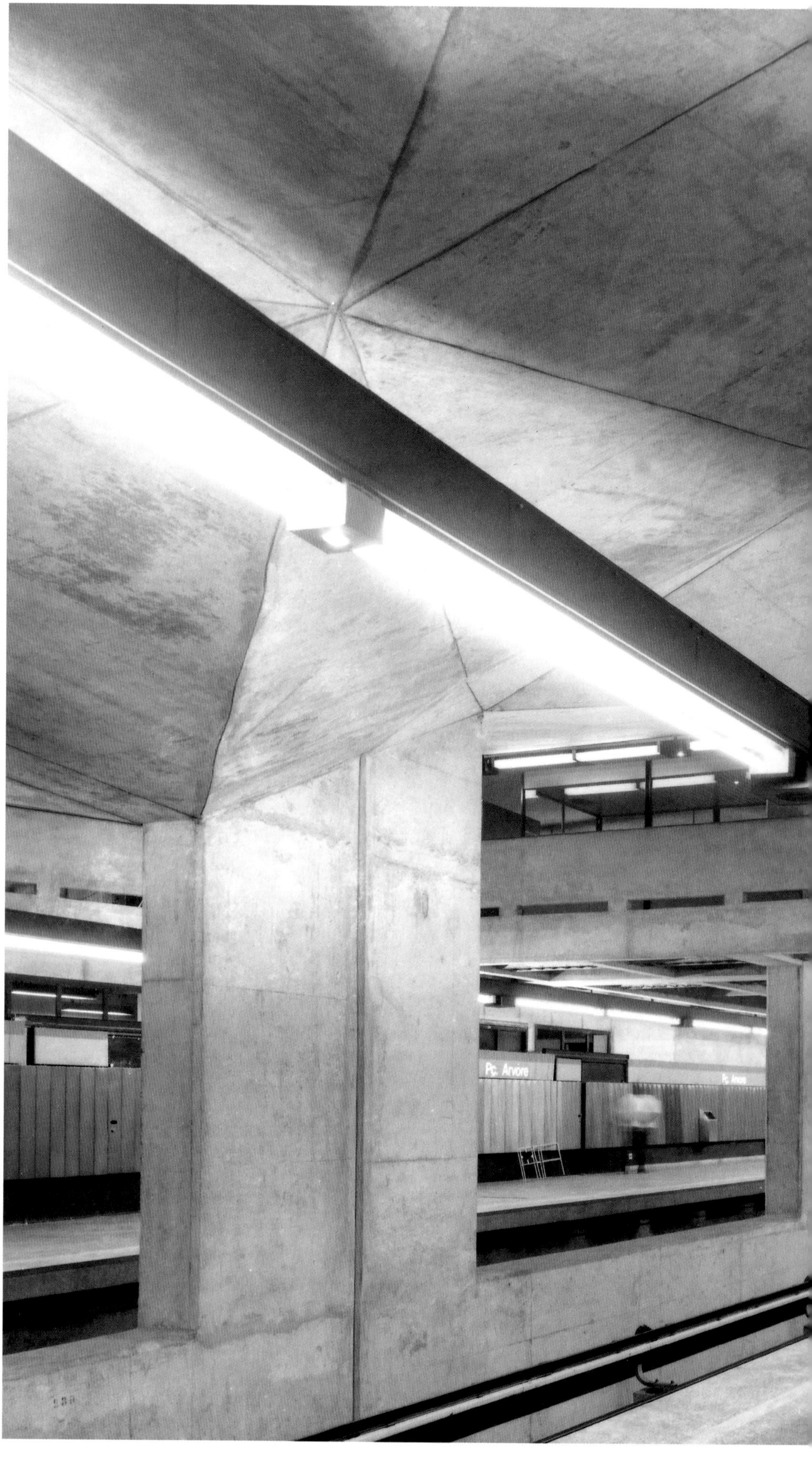
Pç. Árvore
Pç. Árvore

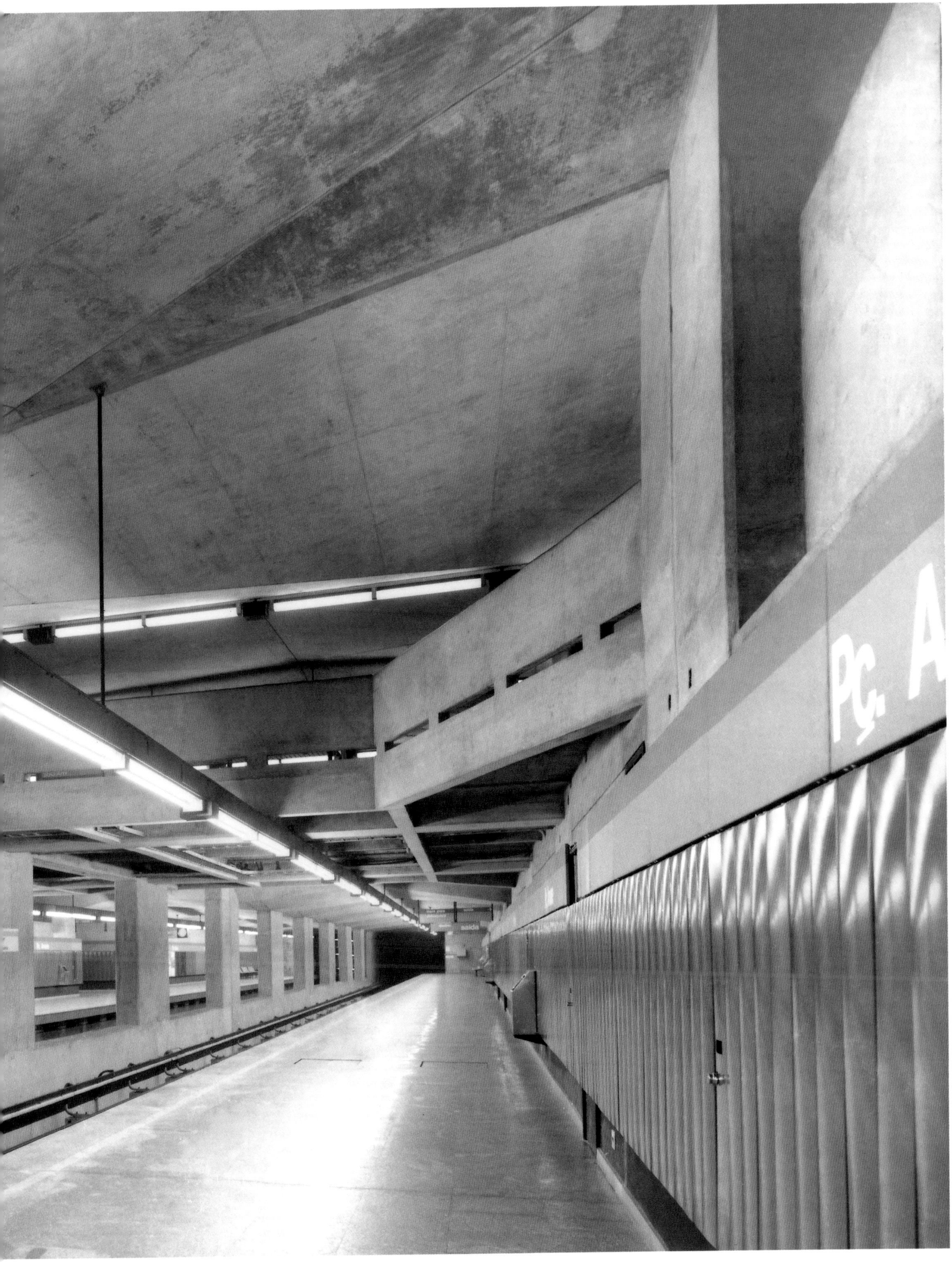
Pç. A

LINHA NORTE-SUL DO METRÔ DE SÃO PAULO

ESTAÇÕES
São Paulo, SP, Brasil
1967-1969

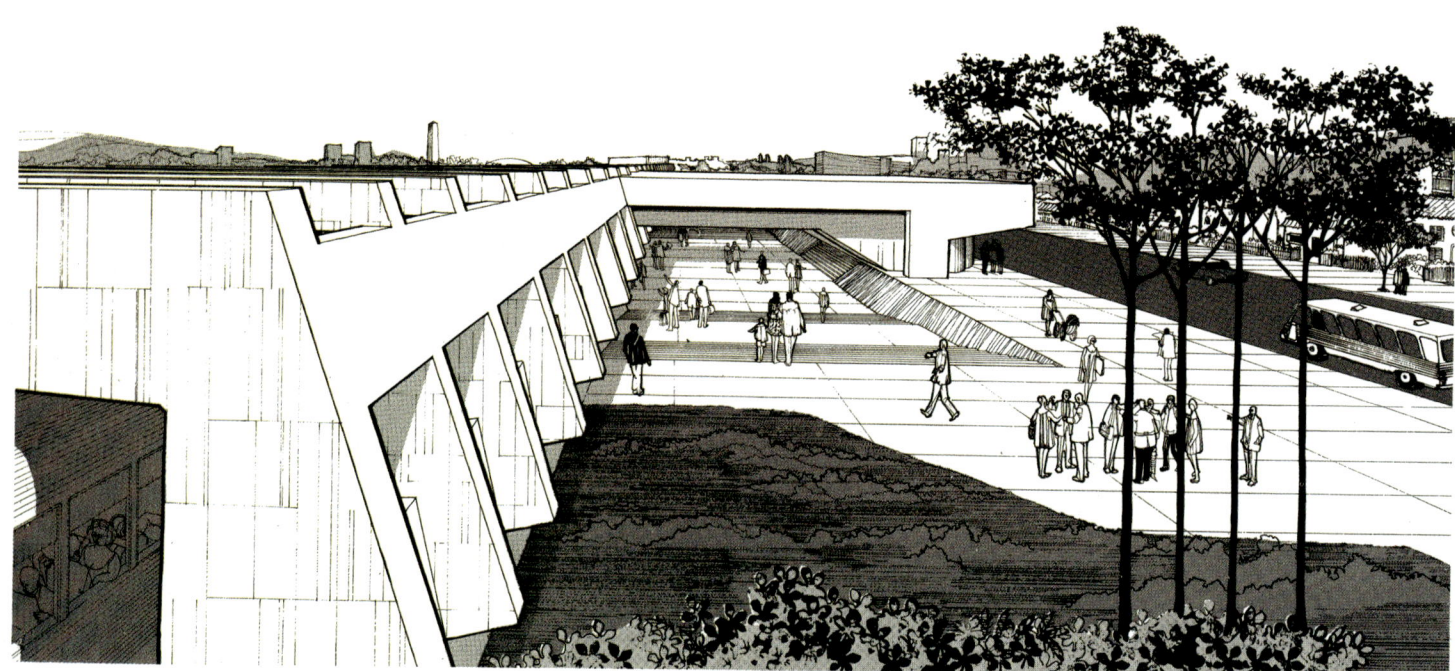

Estação de superfície

O ponto de partida conceitual da Linha Norte-Sul do metrô residiu em explorar as possibilidades plásticas e espaciais das estações elevadas e subterrâneas, assim como dos prédios auxiliares.

O desafio para os arquitetos foi prover de arquitetura edifícios "enterrados", desprovidos de "fachadas", de modo a qualificar os espaços internos de circulação de milhares de passageiros ao longo do dia. O partido adotado sugere a continuidade espacial dos elementos contentores a partir da definição da forma dos espaços internos. Colunas volumosas e tetos projetados nas mais variadas geometrias estruturais, ora em abóbodas, ora em pirâmides, criam perspectivas inesperadas, evitando a uniformidade comum em estações de metrô pela similaridade do programa de necessidades.

Nas estações elevadas, a preocupação com a implantação num contexto urbano consolidado sugeriu a criação de estruturas de aparente leveza que se traduz em esbeltos braços, formando quadros que sustentam os trilhos e as plataformas deixados à vista. Nesse sentido, a técnica construtiva, os materiais empregados e as necessidades funcionais deviam ter sido explorados a favor da criação de espaços qualificados, assim como as formas, com geometrias que permitissem a exploração estética dos elementos construtivos.

Trata-se de uma arquitetura baseada na compreensão do contexto existente em cada local, na investigação de soluções técnicas, mediadas por um compromisso ético de construir.

Estação subterrânea

Estação elevada

LINHA NORTE-SUL DO METRÔ DE SÃO PAULO

PÁTIO DE MANOBRAS
São Paulo, SP, Brasil
1967-1969

Situado em uma área residencial no bairro do Jabaquara, com aproximadamente 200 mil m², o projeto geral do pátio de manobras foi iniciado em 1968, passando por várias modificações, ora pelas alterações técnicas nas linhas de estacionamento das composições, ora por mudanças de *layout* das oficinas. Foi um dos últimos projetos da Linha Norte-Sul do metrô nesse período.

Utilizando a linguagem do concreto armado, os edifícios mantêm os princípios de racionalização construtiva das estações e dos prédios auxiliares. Para as áreas de manutenção prevaleceu o uso de estruturas metálicas em função dos vãos desejados para as suas atividades específicas.

A imagem do complexo denuncia a preocupação com a beleza e a estética dos edifícios, produzindo uma obra bastante expressiva, enriquecida com soluções capazes de responder a algo mais que requisitos técnicos e funcionais.

Constituem o pátio de manobras, a torre de controle, as oficinas de manutenção, o ambulatório e o edifício administrativo.

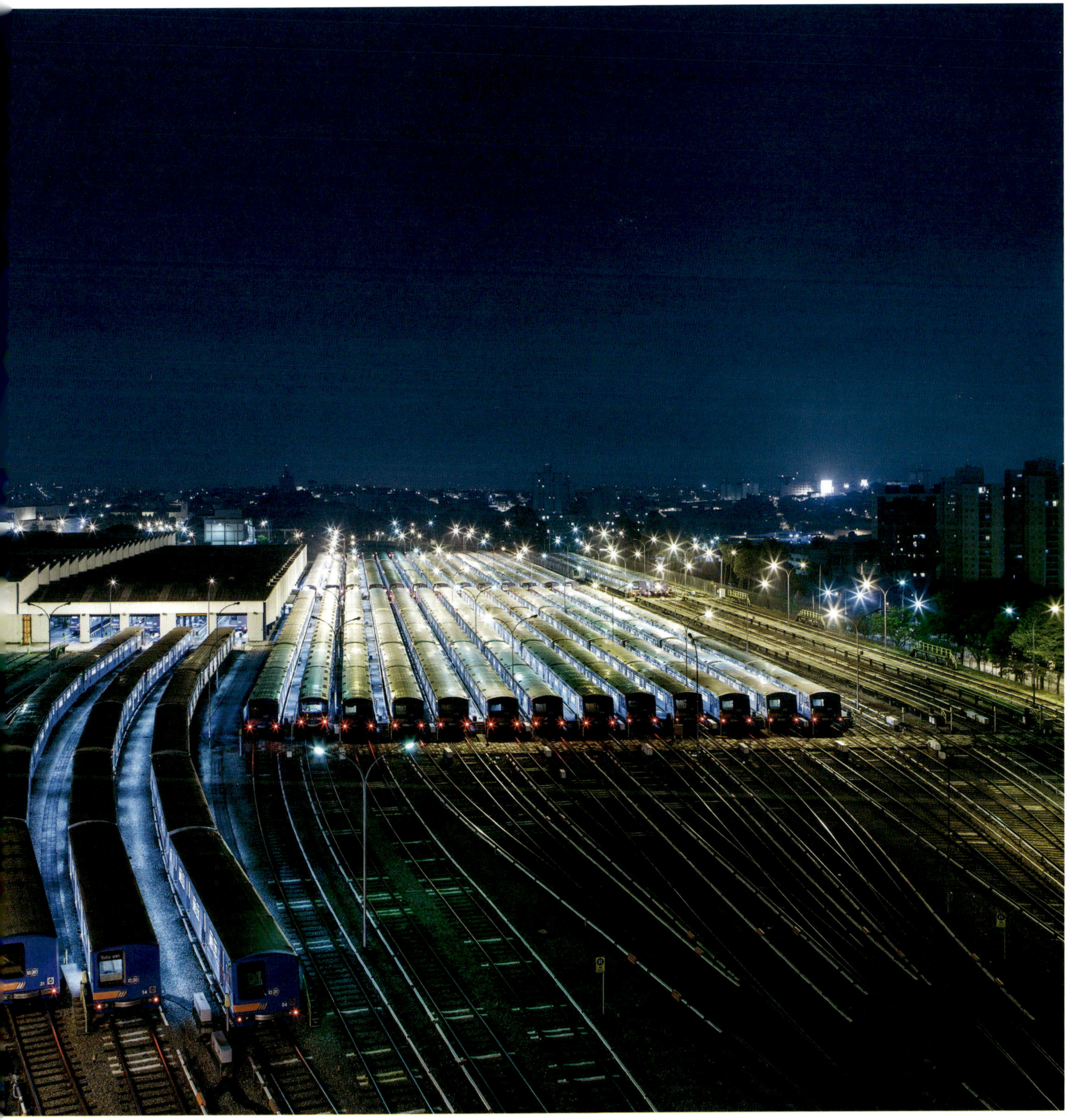

OFICINAS DE MANUTENÇÃO

Esse edifício de apoio foi projetado pensando na otimização desse serviço, que não deveria sofrer qualquer influência visual e de ruídos do pátio de manobras.

Organizado em um bloco único de dois pavimentos, fica suspenso sobre pilotis, garantindo fluidez de circulação e amplos espaços para abrigar as oficinas mecânicas de manutenção, áreas de descanso e ambulatório.

A modulação do sistema estrutural como elemento regulador da composição garantiu racionalidade e ordenação dos espaços, viabilizando a adoção de elementos pré-moldados de concreto na construção.

A luz penetra através dos *sheds* localizados na cobertura, contribuindo para iluminar os espaços internos. Os painéis modulados nas fachadas proporcionam um ritmo e um caráter estético marcantes no edifício, os quais se contrapõem à horizontalidade que predomina na composição.

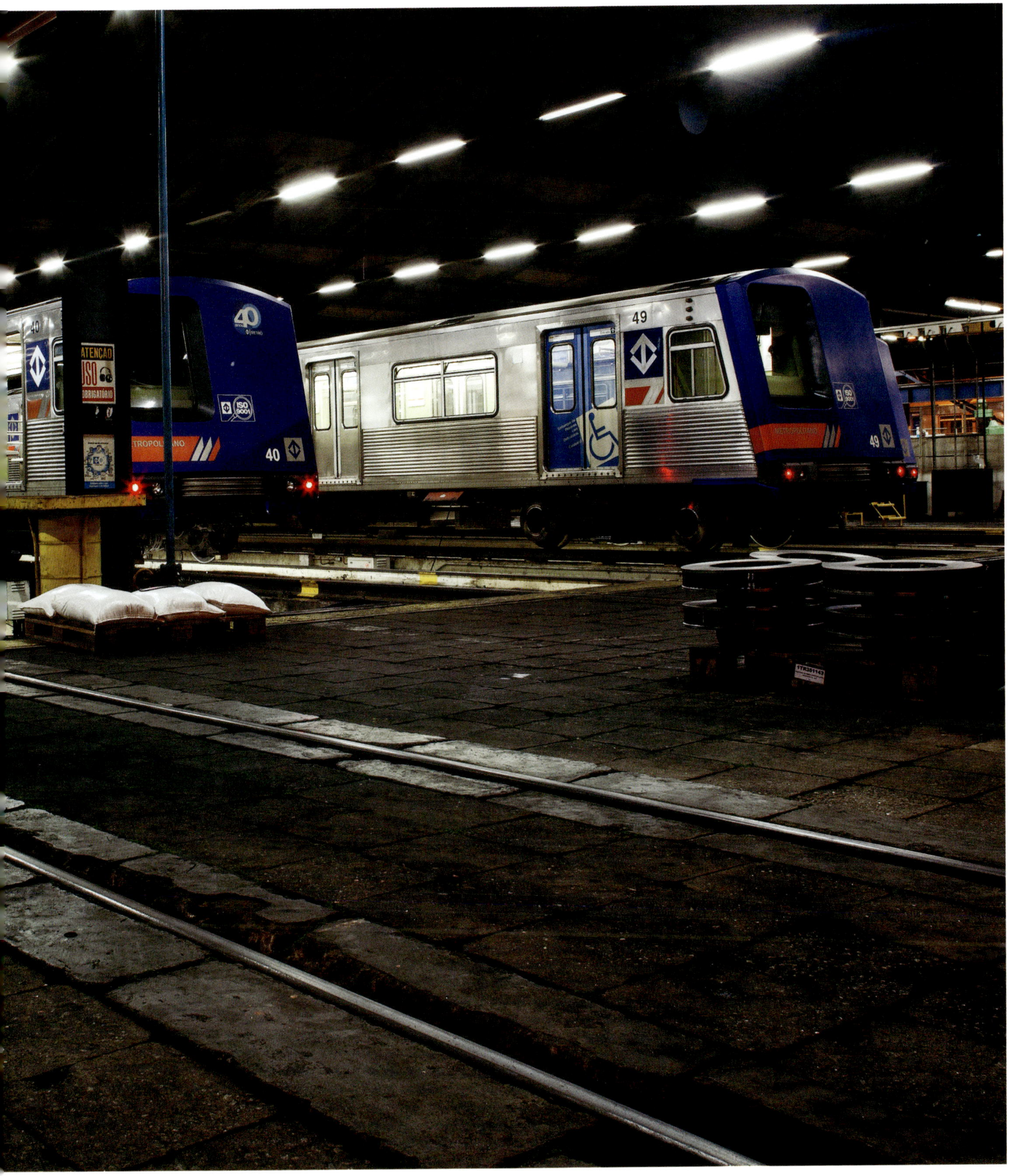
40
ISO 9001
49

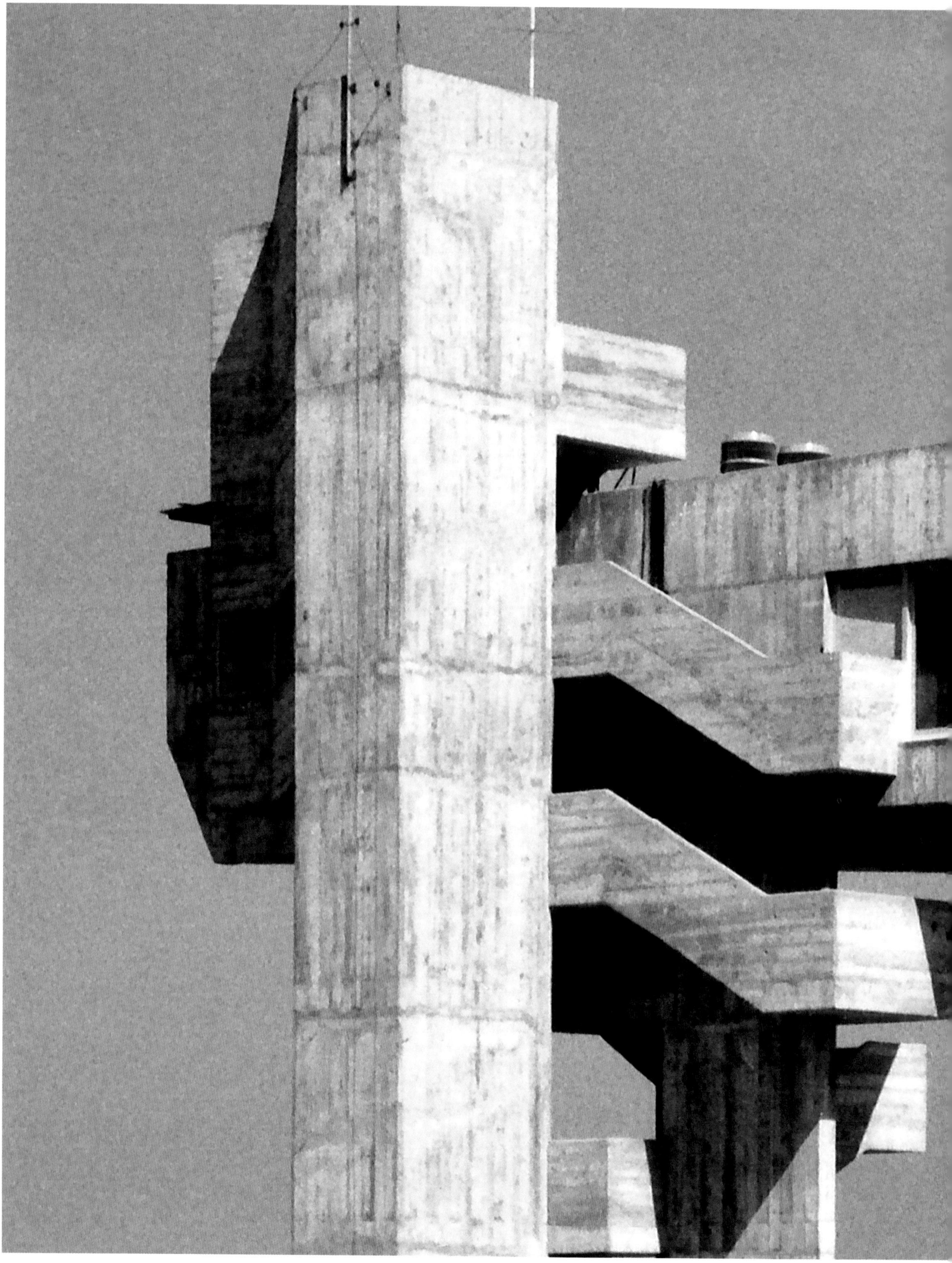

TORRE DE CONTROLE

"O processo de intervir nas formas não é inusitado ou definido por impulso, mas é antes o resultado de um processo intenso de análise e a soma dos múltiplos fatores que influenciam o projeto"
(Mello, 2015-2016).

A forma escultural da torre de controle do pátio de manobras do metrô revela um desejo do jovem arquiteto Vasco de Mello em renovar a arquitetura moderna. Situada na saída do túnel onde chegam os trens vazios, a torre, de 25 m de altura, destaca-se na paisagem pelas soluções volumétricas e espaciais, num exercício geométrico e de exploração da percepção dos espaços, interseccionando planos, destacando elementos ou unificando volumes distintos.

O conjunto é formado pela cabine de comando e pelo centro de processamento de dados. A cabine é constituída por um perímetro de forma triangular com grandes aberturas inclinadas, que possibilitam a interferência de luz natural e a visão panorâmica, características necessárias para os operadores conduzirem as composições sem tripulantes no pátio.

O centro de processamento está localizado no térreo cujo acesso pode ser feito de forma autônoma pela escada, que é constituída por um volume que se destaca do corpo principal da torre, ou pelo elevador, que é posicionado na parte interna do centro de processamento de dados.

Executado em concreto armado aparente, o sistema estrutural da torre é formado por oito pilares com sistema de contraventamento com travamento em X, vedos de concreto e caixilhos com vidro na cabine. O centro de processamento segue as mesmas especificações das Oficinas de manutenção que são de estrutura leve de concreto e placas pré-moldadas.

EDIFÍCIO ADMINISTRATIVO

Implantado em uma área de acentuado declive, o edifício de seis pavimentos, composto de dois volumes sobrepostos, adapta-se à topografia do terreno para atender à multiplicidade de usos.

A valorização do edifício se dá pela diversidade de elementos plásticos que se manifesta pela geometria dos elementos construtivos verticais e horizontais, assim como pela alternância de cheios e vazios, opacidade e transparência. Os ritmos verticais, proporcionados pelos planos diagonais, e o ritmo horizontal, demarcado pelas escadas, conferem ao edifício um equilíbrio dinâmico e harmônico entre as partes e o todo.

O pavimento térreo e o primeiro pavimento acentuam a horizontalidade e atendem plenamente ao setor de serviços. Voltado para a face sudeste, esse volume está inserido no ponto mais baixo, de onde é possível avistar a oficina principal e a torre de controle.

Na fachada noroeste, o volume vertical, organizado em quatro pavimentos com laje recuada em relação ao embasamento, possibilitou a criação de terraços com jardim na cobertura do volume inferior. Dessa forma ficam privilegiados os ambientes de trabalho, com luminosidade adequada e conforto térmico equilibrado.

O sistema estrutural proposto é constituído por um conjunto de pilares aparentes, vigas e lajes em concreto armado convencional, com vãos modulados de 7,50 m.

Os fechamentos externos foram projetados ora em concreto aparente e pastilhas cerâmicas, ora em caixilhos de ferro, com vidros aplicados sobre a estrutura principal.

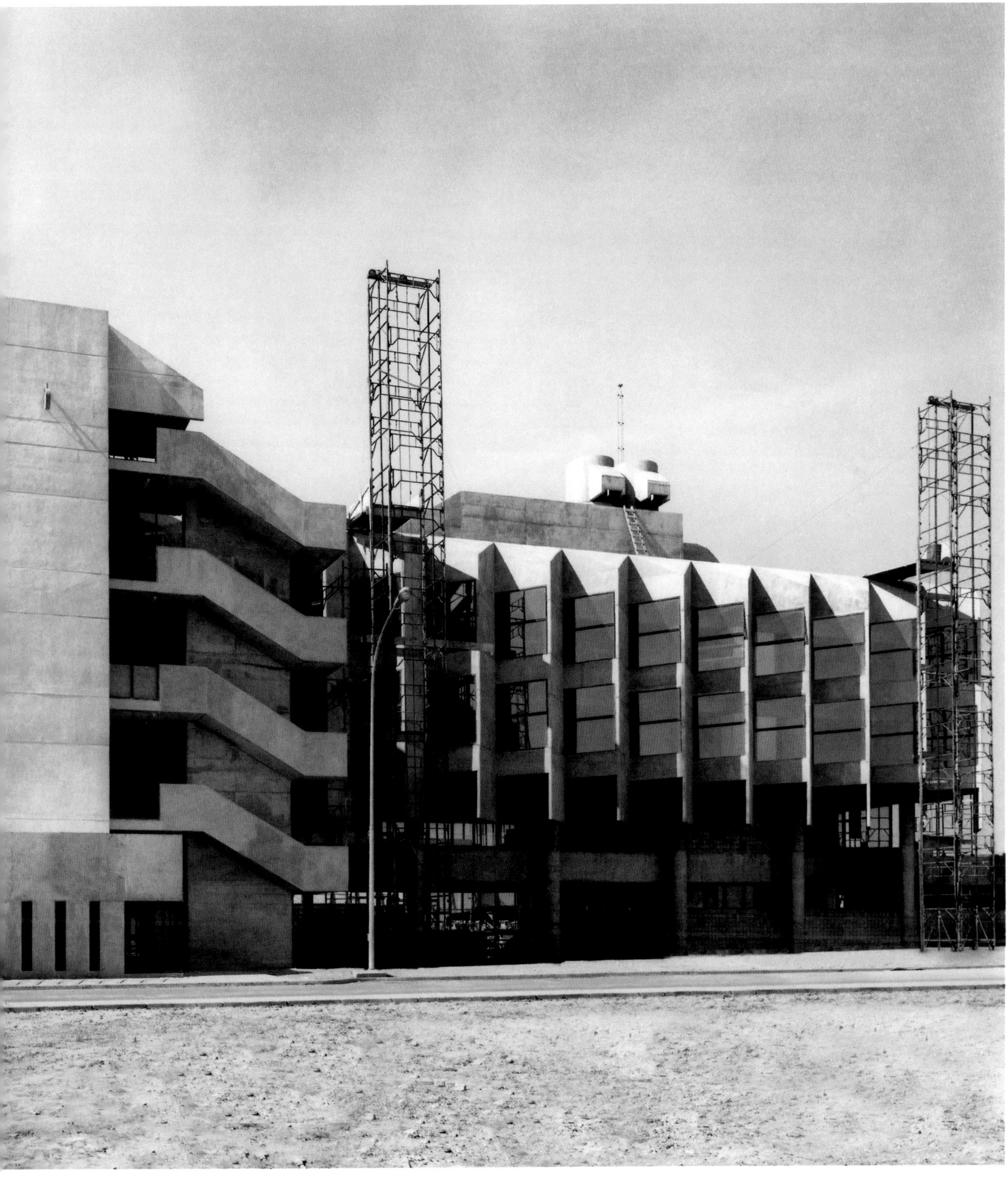

HOTEL DE TURISMO

CONCURSO NACIONAL, 2º PRÊMIO
Juazeiro, BA, Brasil
1968

Perspectiva externa

O partido arquitetônico proposto neste projeto evidencia a adoção de um edifício entre três e quatro pavimentos, constituído por unidades moduladas sobrepostas deslocadas umas das outras na direção transversal. As empenas cegas contrastam com as amplas aberturas nas extremidades de cada unidade. Esses recursos compositivos provocam dinamismo e efeito estético interessante.

A predominância dos ventos determinou a disposição do bloco no sentido nordeste-sudoeste, proporcionando melhor ventilação, controlada por venezianas dispostas sobre os caixilhos.

O projeto busca a integração com as áreas verdes existentes, através de uma estrutura ordenada e simples, aliada a uma disposição orgânica das diversas células que compõem o hotel.

A circulação horizontal, integrada à vegetação graças à sua concepção orgânica, foge do esquema convencional de longos corredores, proporcionando, através de grandes espaços, um encaminhamento natural e participação visual nos vários ambientes. O mesmo princípio de integração é seguido na circulação vertical, composto por dois elevadores panorâmicos voltados para a paisagem.

O binômio concreto-tijolo é perfeitamente ajustável à realidade de Juazeiro e à própria simplicidade da solução proposta, atingindo a finalidade estética procurada.

MONUMENTO AOS MORTOS DO ATLÂNTICO SUL

CONCURSO NACIONAL, 1º PRÊMIO
Salvador, BA, Brasil
1968

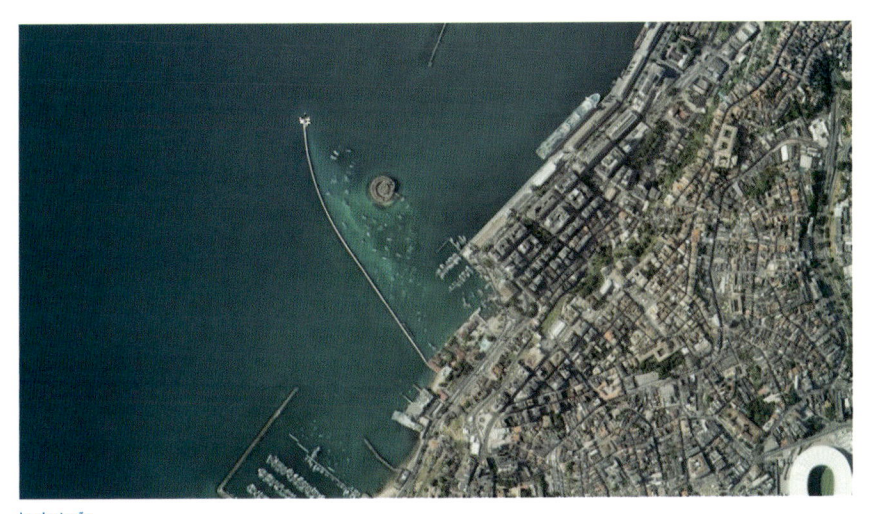

Implantação

O monumento é um tributo aos mortos da guerra antinazista do Brasil, promovido pela Associação Comercial da Bahia e da Base Naval. Dos 22 projetos apresentados, apenas esse projeto alcançou a nota desejada, tendo sido considerado, por unanimidade, de excepcional qualidade pelo júri, por exaltar a luta dos que morreram no mar, indo além do que uma simples expressão saudosista, sem deixar, contudo, de dar tributo (flor) aos que jazem no Atlântico Sul.

Implantado na extremidade do quebra-mar da Baía de Todos-os-Santos, em Salvador, o monumento é constituído de blocos de concreto que sugerem conceitos e interpretações diversas, podendo representar (metaforicamente) tanto a explosão de uma granada como uma flor se abrindo.

A pedra central se eleva a uma altura de 25 m. O seu interior abriga um museu iconográfico, um farolete de sinalização e ancoradouros que são acessados por um bondinho. À noite um jogo de luz branca ilumina o monumento, revelando sua silhueta no mar.

O projeto demonstra a irreverência e a audácia dos jovens arquitetos Vasco de Mello, Flávio Marcondes e Luiz Gonzaga Oliveira Camargo na proposição da forma escultural inovadora, que convenceu o júri a lhes dar, merecidamente, o 1º prêmio.

O memorial descritivo é apresentado e justificado pelo poema escrito por Flávio Marcondes:

Perspectiva

A flor / Barcos / Velas, Mastros / Bandeiras / O Azul /
O Céu / Estrelas / A Flor / No túmulo / O mar /
Homenagem / Dos homens / Homenagem.

Guerra / Agressão / Violência / Morte / Naufrágio /
Mortos / mar / Homens / Mundo de merda / Túmulo /
Homenagem.

Explosão / Do mar / Da natureza / Os homens /
A guerra / Violência / Túmulo / O mar / a Bahia /
A flor / Agressiva / Explosiva / Revolução /
O mundo / Homenagem / A Bahia / Homenagem.

Infinito / A saudade / A dor / Homenagem / Aos homens /
Dos homens / Memórias / A Bahia / Agressão / Violência /
Homenagem.

A flor / Agressão / O azul / Mar / O céu / memórias /
Natureza / Explosão / Saudade.

Homens / Guerra, Violência / Homenagem /
Opressão / Revolução / Túmulo / Infinito / Saudade /
Adeus / Homenagem.

"[O projeto] em coautoria com os arquitetos Flávio Marcondes e Luiz Gonzaga Oliveira Camargo (Conga), meus amigos e colegas do Metrô, traz boas recordações de amizade e aventuras. Para curtir o prêmio na Bahia, eu me lembro que virávamos a noite trabalhando no projeto, e durante o dia nos revezávamos no banheiro da empresa (HMD) para dormir um pouco" (Mello, 2015-2016).

PAVILHÃO DO BRASIL
EXPO 70

CONCURSO NACIONAL
Osaka, Japão
1968

Organizado para receber atividades expositivas, o desenho do pavilhão expressa a vontade de fundir arquitetura, arte e paisagem, para proporcionar aos visitantes uma experiência espacial e sensorial ímpar.

Implantado em uma área de 80 m × 50 m, foram criadas bases de apoio para receber o Pavilhão de Exposições com forma tubular e dotadas de grande plasticidade.

A topografia do terreno foi preparada com rebaixos trapezoidais, onde se localizavam as escadas que conduziam, pelo piso inferior, ao interior do edifício. As perspectivas externa e interna, na altura do observador, revelavam um pouco as sensações provocadas pelo edifício. O projeto adotou uma abordagem experimental de sistemas inovadores e materiais de vanguarda da época. A relação tecnológica com a volumétrica constituiu-se de estrutura metálica e cobertura de membrana tensionada, que permitiram uma condição inédita de luminosidade que mediava as variações entre o interior e o exterior, promovendo vistas para a paisagem e evidenciando assim o edifício.

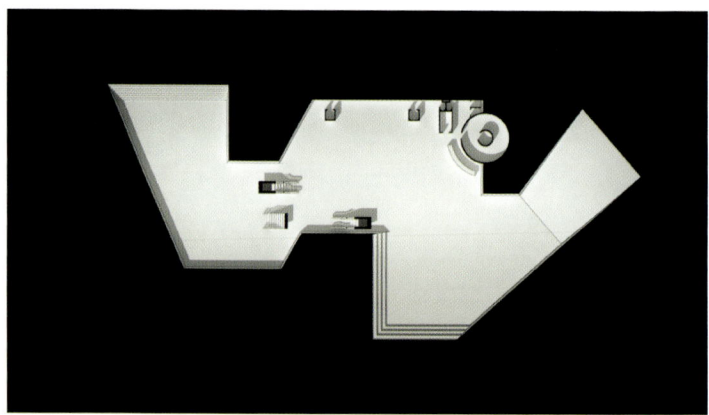

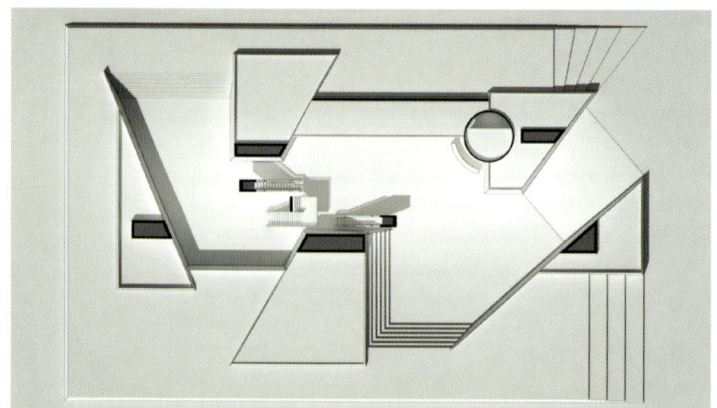

Implantação

Planta nível de acesso

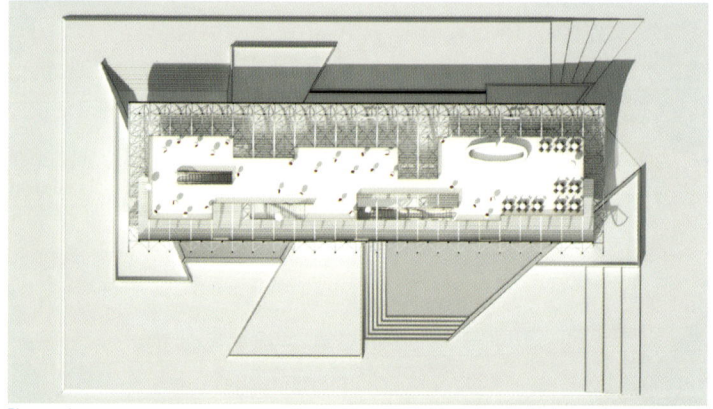

Planta pavimento de exposições

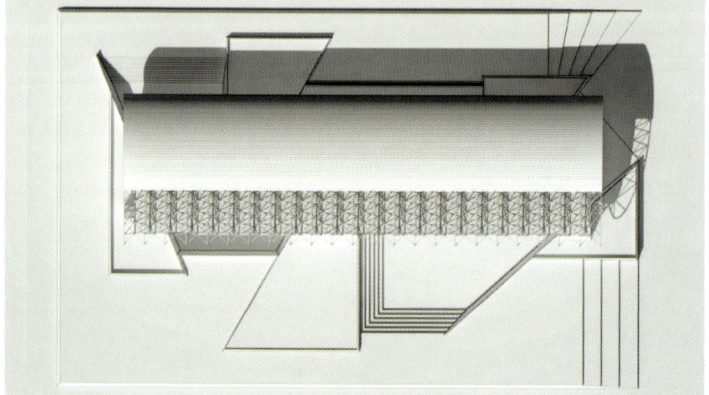

Planta de cobertura

Corte longitudinal

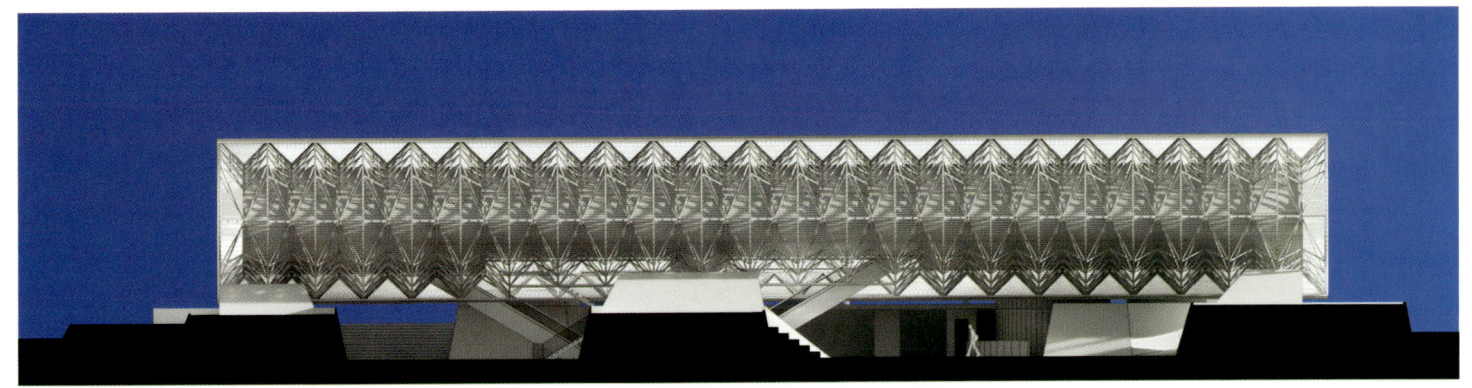

Corte transversal

"Os objetos expostos ao público, apoiados na estrutura, pareciam flutuar no espaço" (Mello, 2015-2016).

Elevação externa

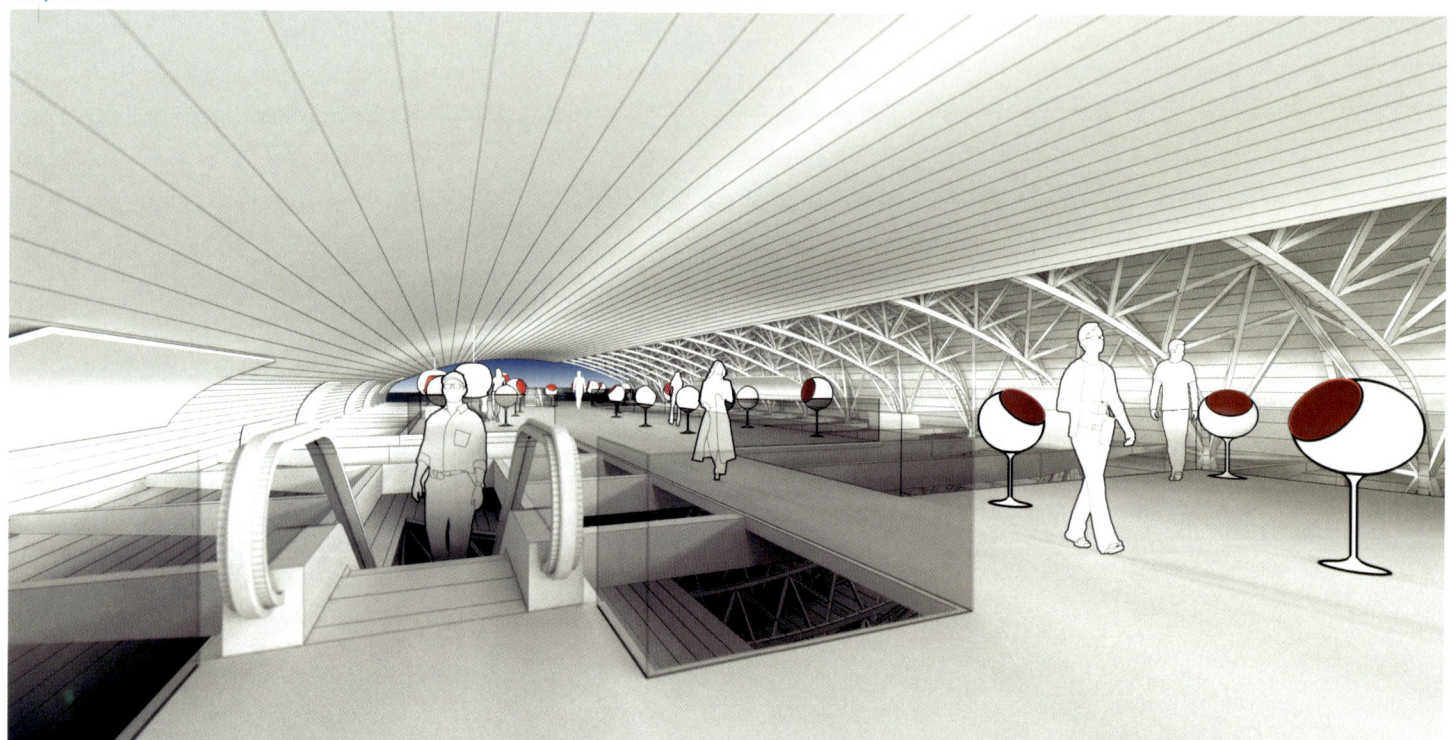

Perspectiva interna

Perspectiva externa

LABORATÓRIO DE FISIOLOGIA DA UNB

UNIVERSIDADE DE BRASÍLIA (UNB)
Brasília, DF, Brasil
1968

Em parceria com o arquiteto e amigo Alberto Xavier, a solução subterrânea do laboratório de fisiologia da UnB surpreende pelos volumes dos tubos de ventilação, que emergem do solo como elementos orgânicos, conferindo uma atmosfera original dentro do espaço verde, tal qual um jardim. Há uma rampa que conduz as pessoas externamente ao piso inferior.

A cúpula se destaca na composição, e encontra referência direta nas estruturas geodésicas criadas por Buckminster Fuller. Definida por uma estrutura metálica e pela cobertura transparente, a cúpula possibilita a penetração da luz natural na área destinada às pesquisas durante o dia e, à noite, cria um efeito surpreendente de luz sobre a superfície.

Devido às particularidades programáticas, o projeto exigiu a assistência permanente de um botânico. Foi necessário um detalhamento minucioso dos componentes da obra, desde o controle da luz e da umidade das áreas destinadas às pesquisas até os detalhes de pisos, rampa de acesso e veículos apropriados na locomoção de vasos com plantas sem comprometer o solo, além de cuidados com a segurança do local, por ali conter plantas altamente tóxicas.

Como é possível notar, os edifícios projetados pelo arquiteto Vasco de Mello nos anos 1960 já revelavam a inquietude, a diversidade de exploração de diferentes propostas e também a sintonia com as tendências arquitetônicas que se anunciavam no período de sua atuação logo após ter se formado.

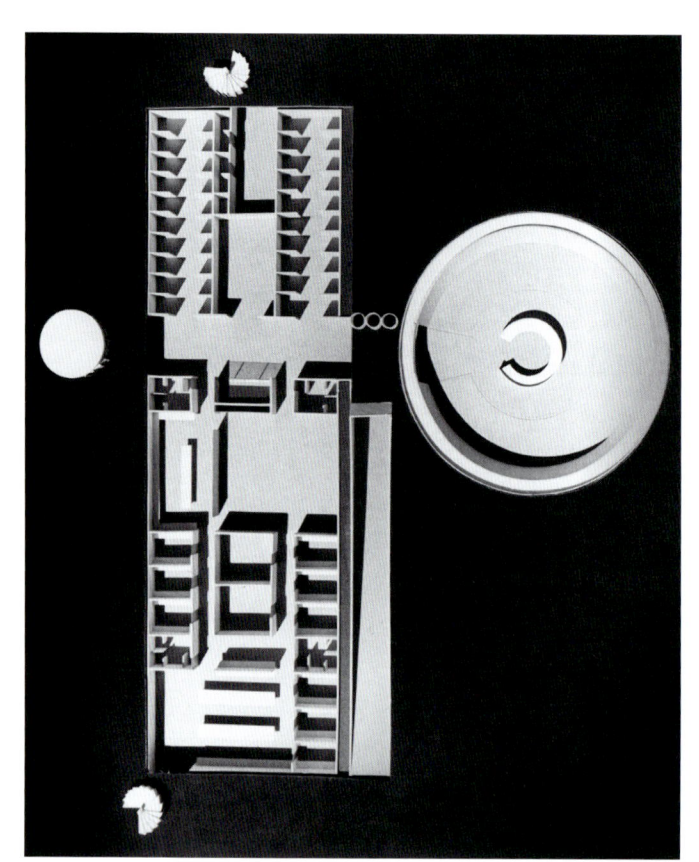

Planta subsolo

Maquete

EDIFÍCIO RESIDENCIAL PENTHOUSE II

São Paulo, SP, Brasil
1973

O projeto foi realizado no período em que Vasco de Mello trabalhou como gerente da Divisão de Arquitetura da Merisa S/A, empresa do grupo da Construtora Formaespaço. Esta empresa era referência no mercado imobiliário nas décadas de 1960 e 1970 pela inovação na linguagem arquitetônica e pelo sistema construtivo dos edifícios modulares, projetados para serem reproduzidos em série.

Implantado em um lote de esquina, o edifício possui um afastamento frontal, formando um grande jardim com tratamento paisagístico e escultura do artista plástico Caciporé Torres.

O edifício de vinte pavimentos, com duas unidades de 180 m² por andar, atendeu às condições solicitadas pela empresa: uma arquitetura racionalista, com volumetrias simplificadas, modulação estrutural de concreto, alinhadas na fachada e esquadrias de alumínio fixadas entre os vãos.

Embora seguindo os padrões preestabelecidos na época, o arquiteto enriqueceu a composição arquitetônica com pilares e vigas aparentes nas fachadas, o uso de panos de vidro nas extremidades e janelas que avançam em relação à alvenaria na fachada lateral do edifício, proporcionando maior luminosidade.

Apartamento tipo

1. Hall
2. Estar e jantar
3. Terraço
4. Escritório
5. Lavabo
6. Dormitório
7. Cozinha
8. Serviço

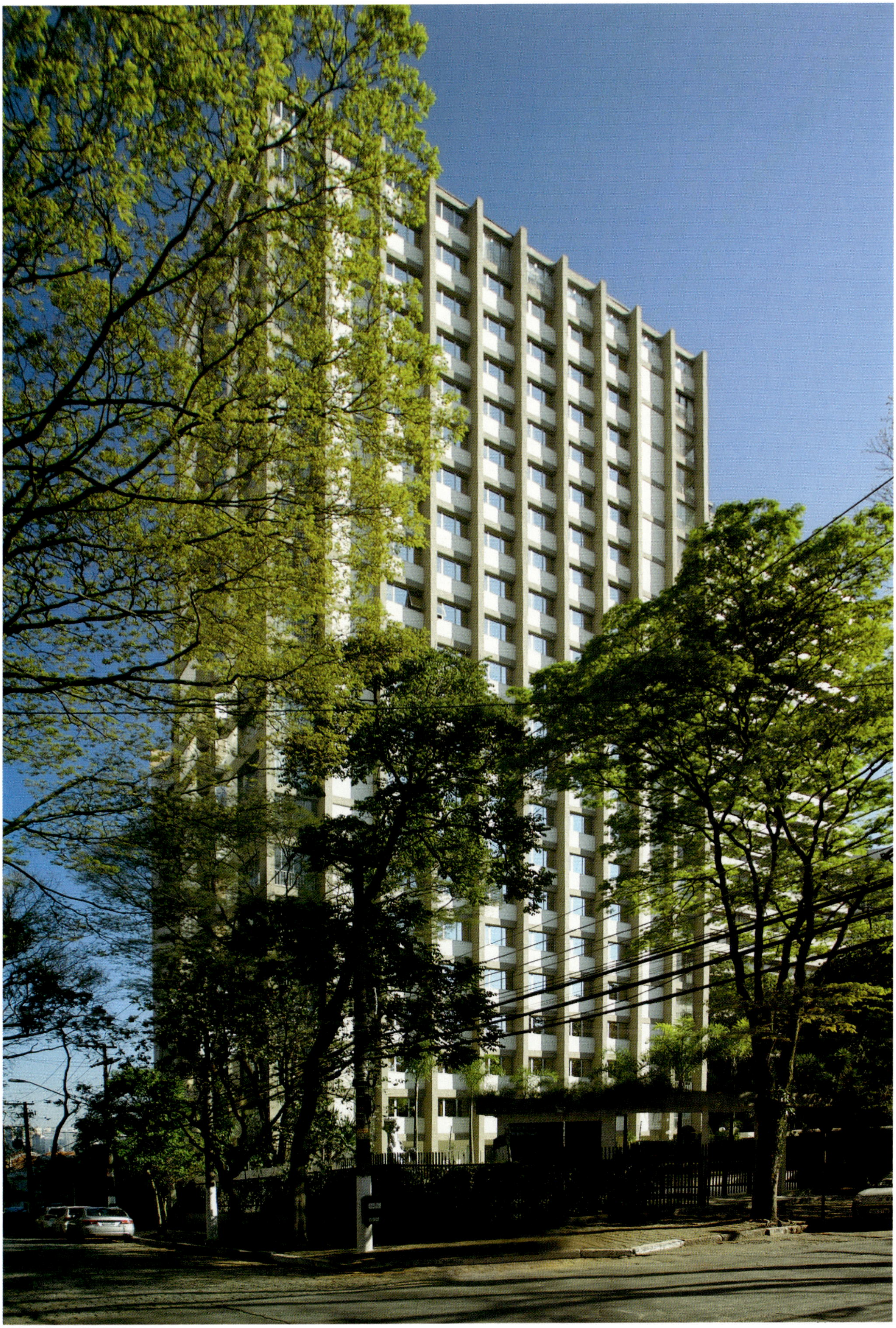

HOTEL E EDIFÍCIO CORPORATIVO

São Paulo, SP, Brasil
1974

Maquete

Localizado em frente ao Jóquei Clube de São Paulo, o programa funcional estabelecia a construção de um edifício corporativo e um hotel.

A proposta de Vasco de Mello, não construída, previa um edifício único, com a hibridização de formas retangulares, cilíndricas e trapezoidais, cada uma com uma função específica. O volume cilíndrico reúne os escritórios e o hotel é caracterizado por uma extensão linear.

A eleição das formas curvilíneas por parte do arquiteto pode ser uma resposta funcional, formal ou simbólica, uma ideia de unidade ou comunhão adequada ao programa.

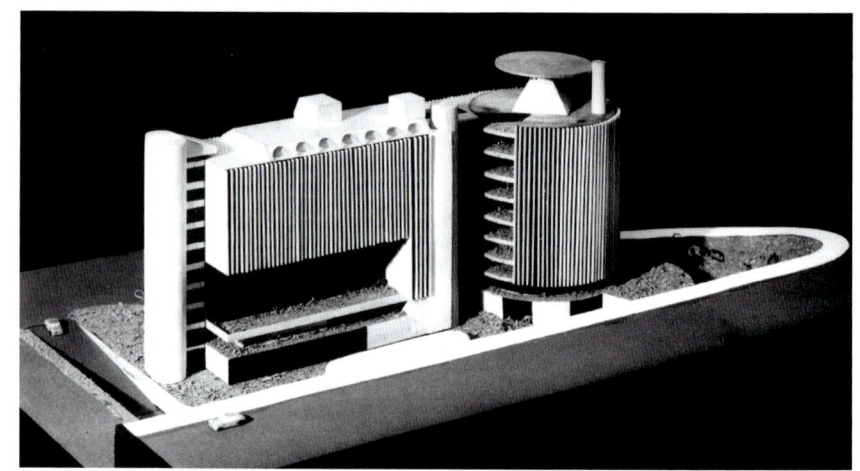

Maquete

SENAC – CENTRO DE FORMAÇÃO PROFISSIONAL

Sorocaba, SP, Brasil
1976

Localizado a cerca de 100 km da capital paulista, o Senac Sorocaba oferece cursos profissionalizantes, espaços recreativos, assistência médica e auditório com capacidade para 400 pessoas.

Implantado em um terreno de grande dimensão e acentuado declive, o desafio foi organizar as diversas atividades requeridas pelo programa, interferindo o mínimo possível na topografia. O partido adotado dispõe de três blocos principais: administrativo, pedagógico e de serviços. As conexões que interligam os blocos são amplas e agradáveis, organizadas em marquises, integrando os espaços internos aos pátios externos.

Mais uma vez percebe-se que a modulação contribui com a organização e a distribuição dos ambientes dos diversos setores. Contudo, observa-se que a volumetria explora o escalonamento dos níveis no terreno, com formas trapezoidais nas fachadas laterais e coberturas escalonadas.

Houve um cuidado especial nas soluções construtivas para oferecer conforto aos ambientes internos. Optou-se por elementos de proteção solar formado por painéis flutuantes de concreto armado, apoiados em vigas. Esse sistema impede a penetração direta do sol e filtra a luminosidade desejada. Na cobertura o uso de *sheds* permite difundir a intensidade da luz nos espaços internos.

A construção é enriquecida por alternâncias de volumes, diversidade de planos, intensificando o jogo de luz e sombra para criar um edifício dinâmico.

Corte longitudinal

Corte transversal

Elevação 1

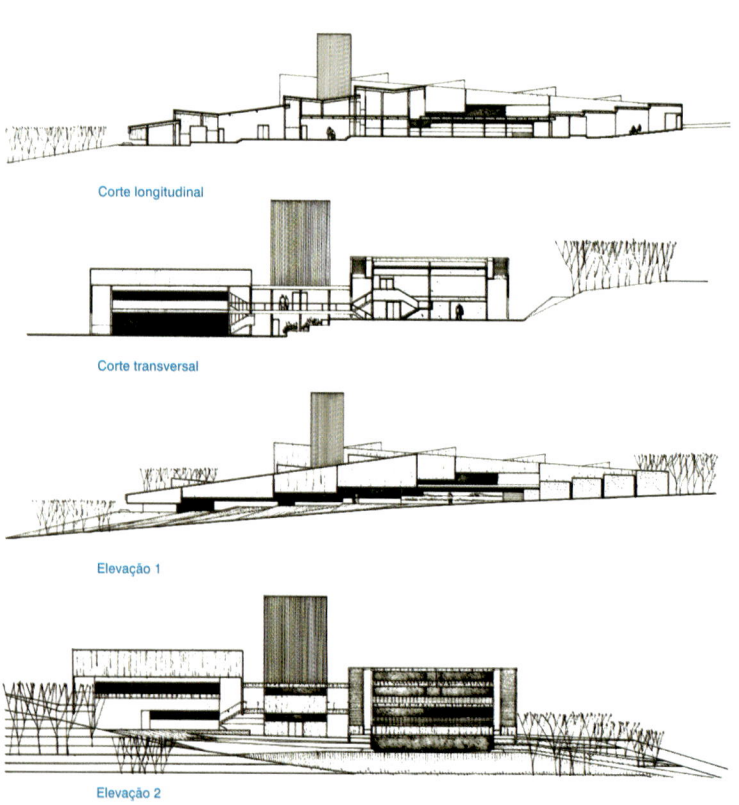

Elevação 2

96

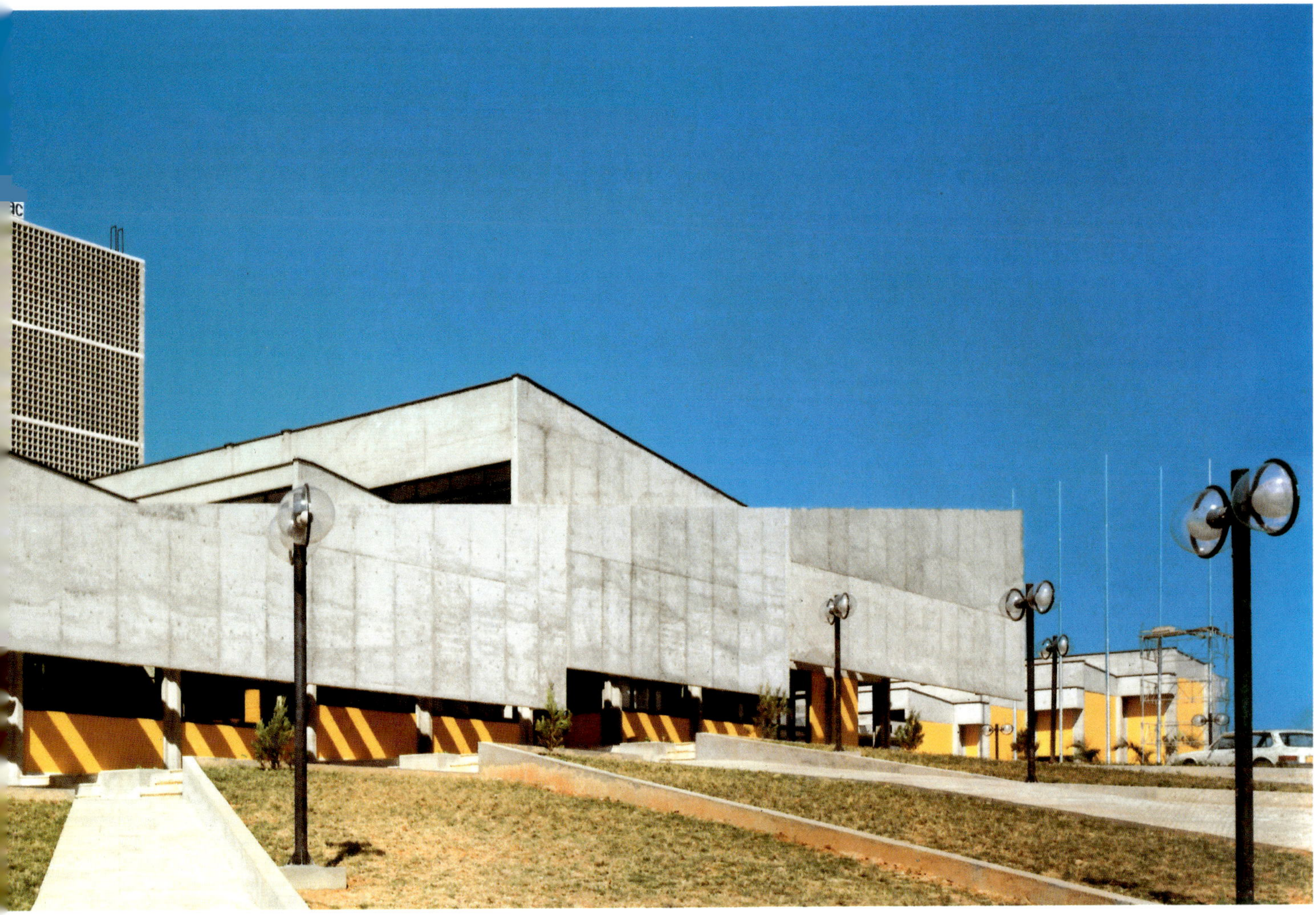

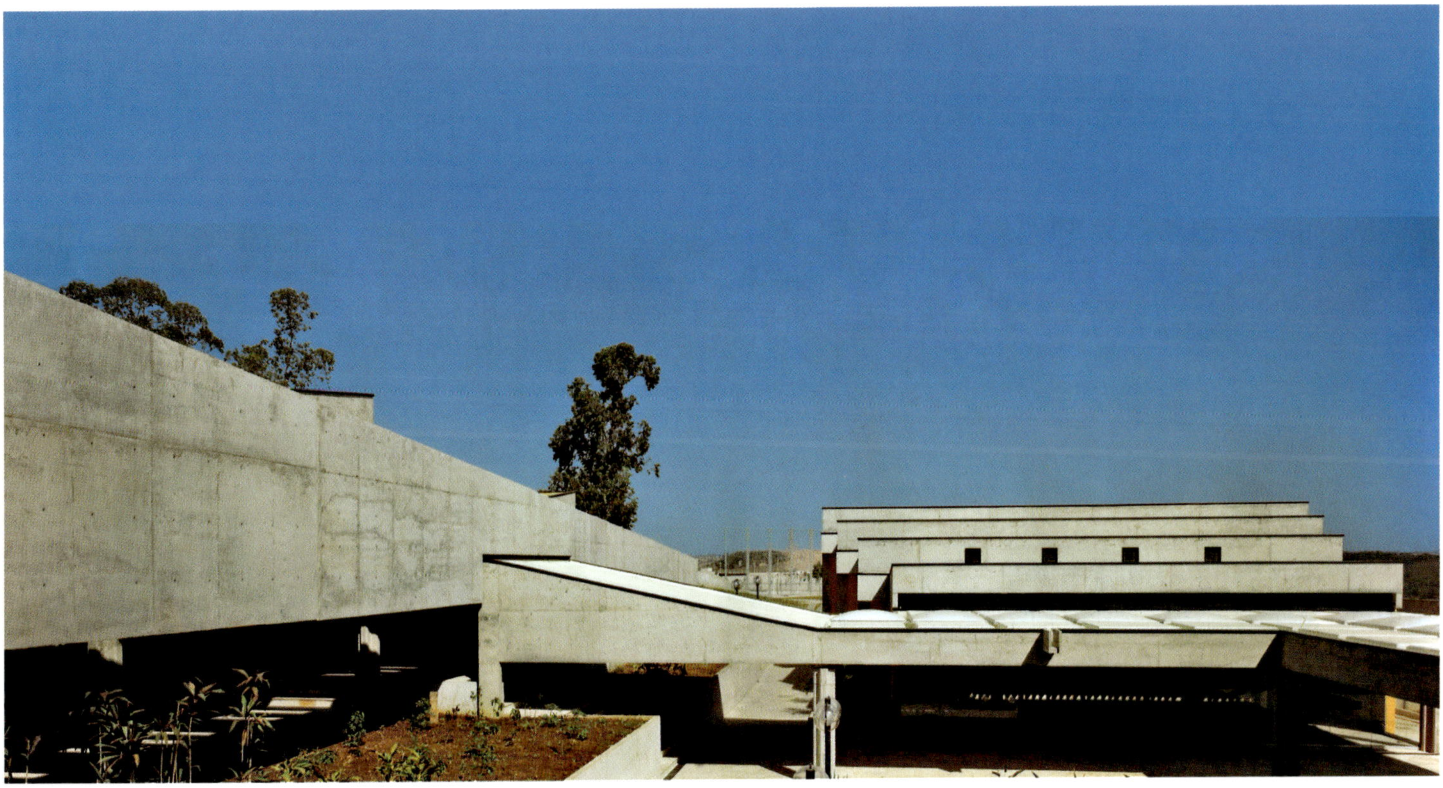

Maquete

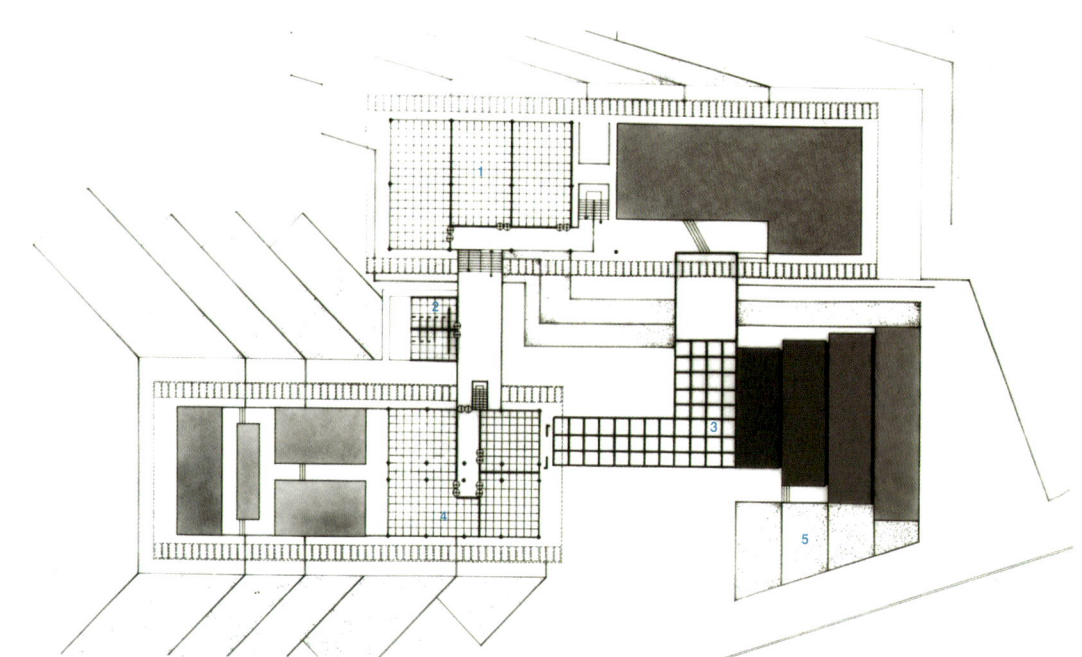

Planta do mezanino

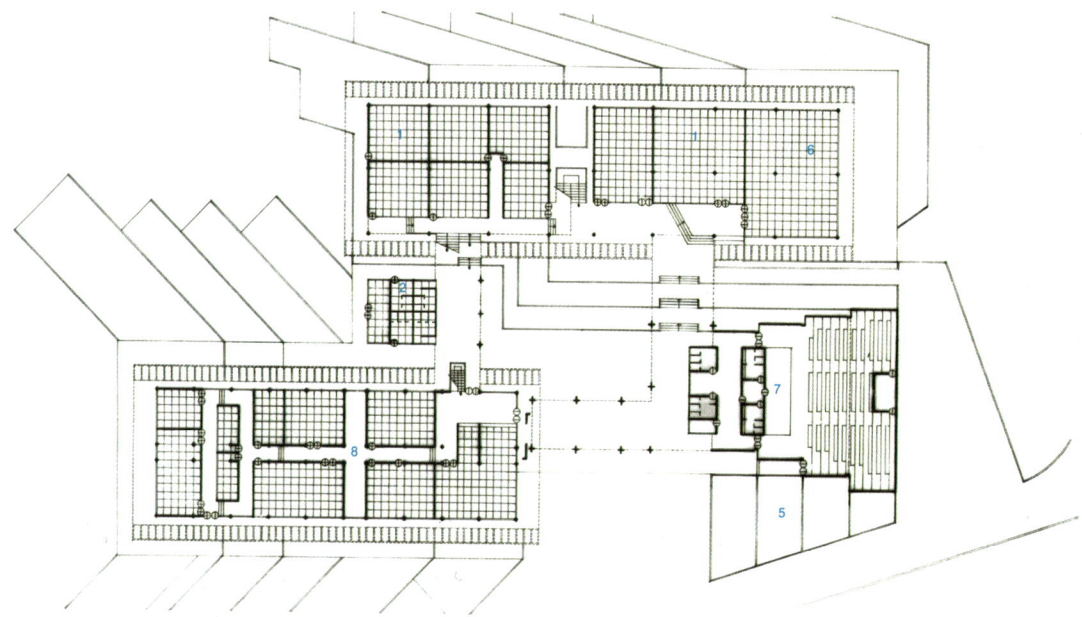

Planta do térreo

1. Salas de aula
2. Vestiários masc. e fem.
3. Marquise
4. Laboratórios
5. Jardim
6. Biblioteca
7. Auditório
8. Setor administrativo

EDIFÍCIO RESIDENCIAL PALAZZO GRITTI

São Paulo, SP, Brasil
1977

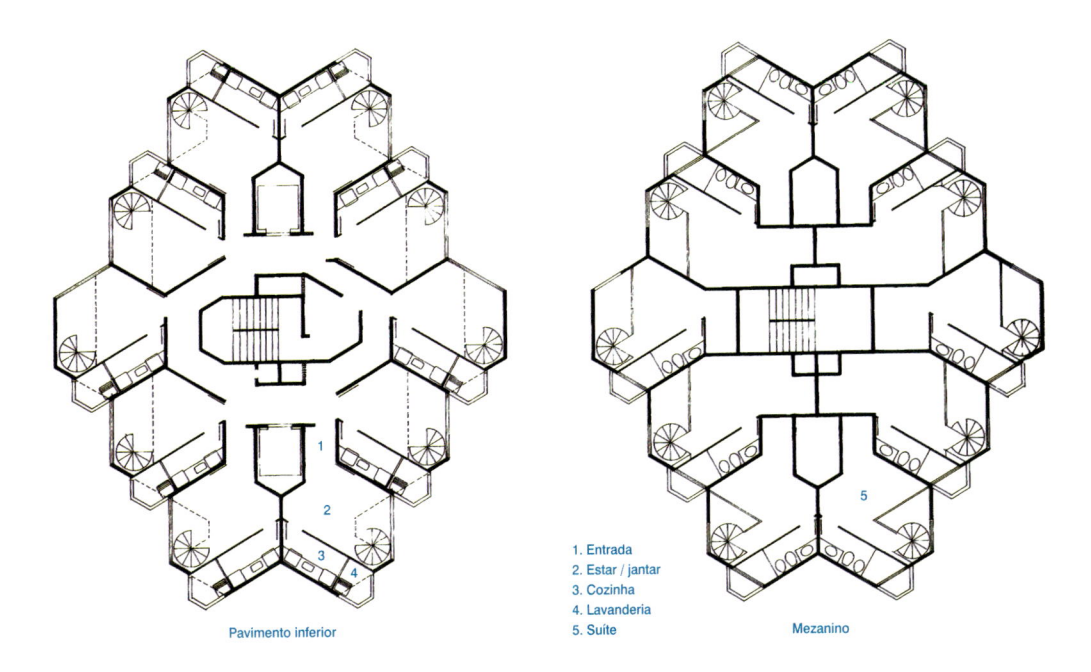

1. Entrada
2. Estar / jantar
3. Cozinha
4. Lavanderia
5. Suíte

Pavimento inferior

Mezanino

Este edifício construído para fim específico inaugurou uma nova solução habitacional na cidade de São Paulo: foi o primeiro a operar no sistema flat service. A interpretação do programa de necessidades e a análise dos hábitos dos consumidores paulistanos na época definiram as escolhas do projeto.

Implantado no meio do lote, prevendo um adensamento maior nos terrenos vizinhos, a escolha de construir um edifício de forma hexagonal garantiu a ligação física e visual das unidades com o exterior, preservando a vista no caso de novos edifícios surgirem, o que de fato se confirmou.

Devido à área reduzida das unidades de 45 m², foram desenvolvidos apartamentos dúplex que permitem distribuir os espaços internos em pavimentos diferentes, proporcionando uma atmosfera de acolhimento, enquanto as fachadas de vidro geram uma continuidade entre os ambientes, este recurso é recorrente na sua produção arquitetônica das últimas décadas.

O escalonamento vertical da fachada define cada uma das dez unidades do pavimento, evidenciado pelos volumes salientes que ditam o ritmo do conjunto.

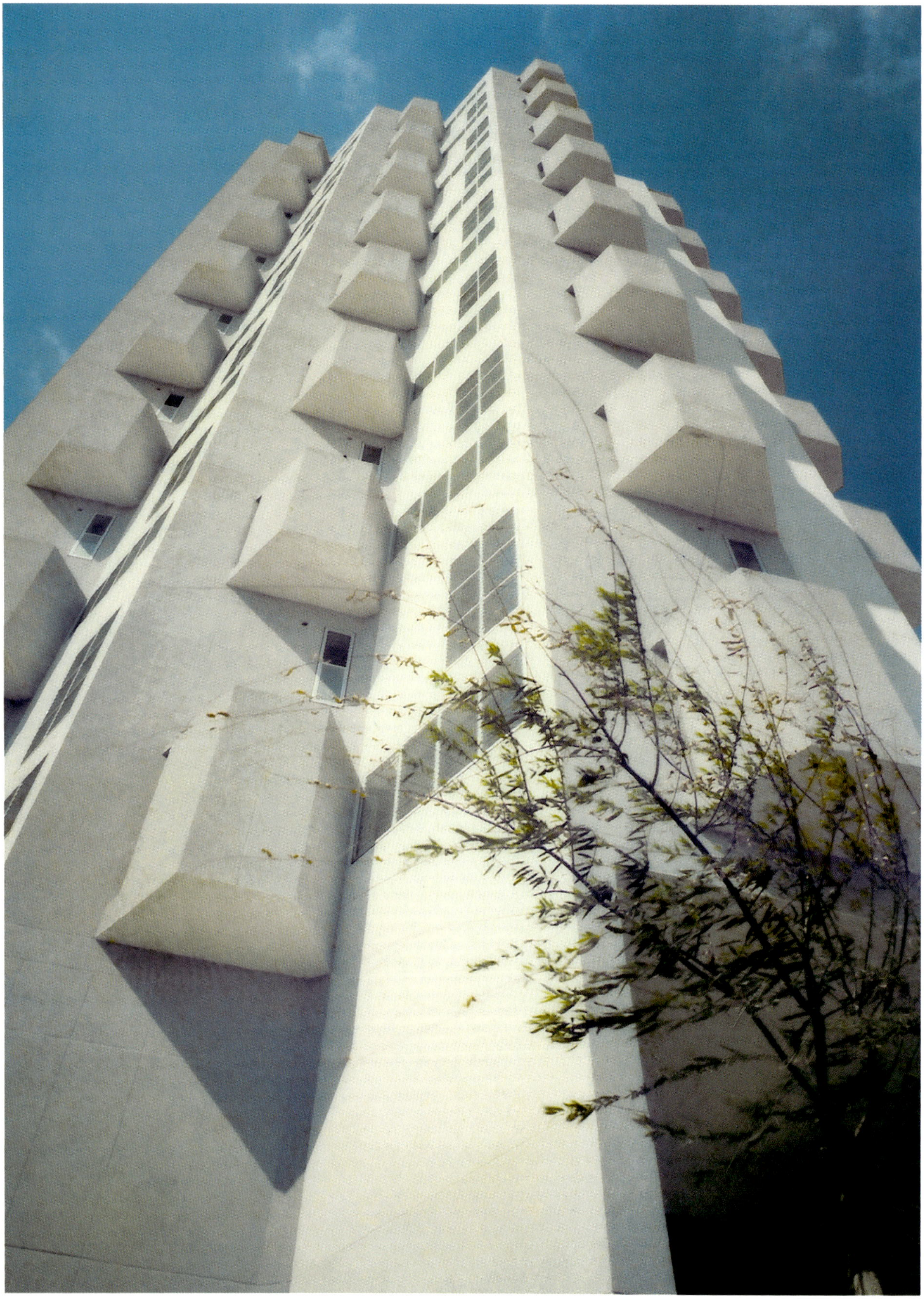

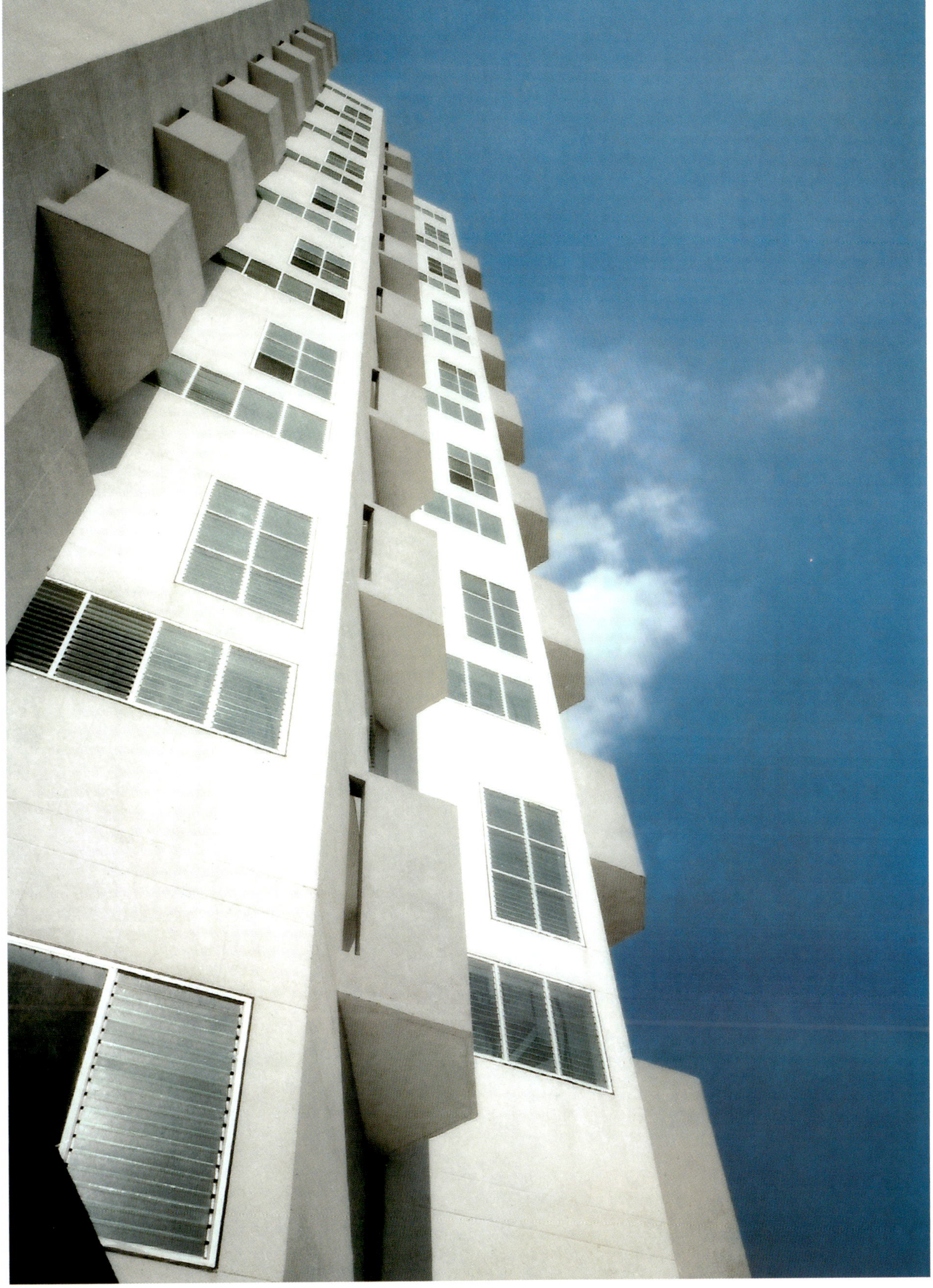

BIBLIOTECA CENTRAL – UNIVERSIDADE FEDERAL DE SERGIPE

CONCURSO NACIONAL 1º PRÊMIO
Aracaju, SE, Brasil
1977

A série de projetos realizada para o Ministério da Educação e Cultura (MEC) para atender ao programa Premesu-IV se inicia com a vitória no concurso da Biblioteca Central da Universidade Federal de Sergipe (UFS).

Implantada em uma grande área no câmpus, a biblioteca foi construída para receber todo o material bibliográfico das diversas disciplinas da universidade, cujo programa previa espaços especialmente organizados para atividades de recuperação e armazenamento, administração e atendimento ao público.

O partido adotado é caracterizado por um desenvolvimento horizontal, constituído de um nível técnico que se une às salas de leitura, mais voltadas ao contato com o público. O pavimento superior é destinado à administração e coleções especiais na parte central e, junto às fachadas, forma duas galerias de plantas livres, podendo ser reconfiguradas de acordo com as diversas exigências.

O sistema de sombreamento é realizado por painéis de concreto, beirais e pátios internos. As escolhas garantem ventilação cruzada constante e espaços internos com iluminação proveniente das janelas e das claraboias em forma de pirâmide. Pilares cruciformes de proporção generosa, que envolvem os percursos tanto exteriores quanto interiores, completam o desenho.

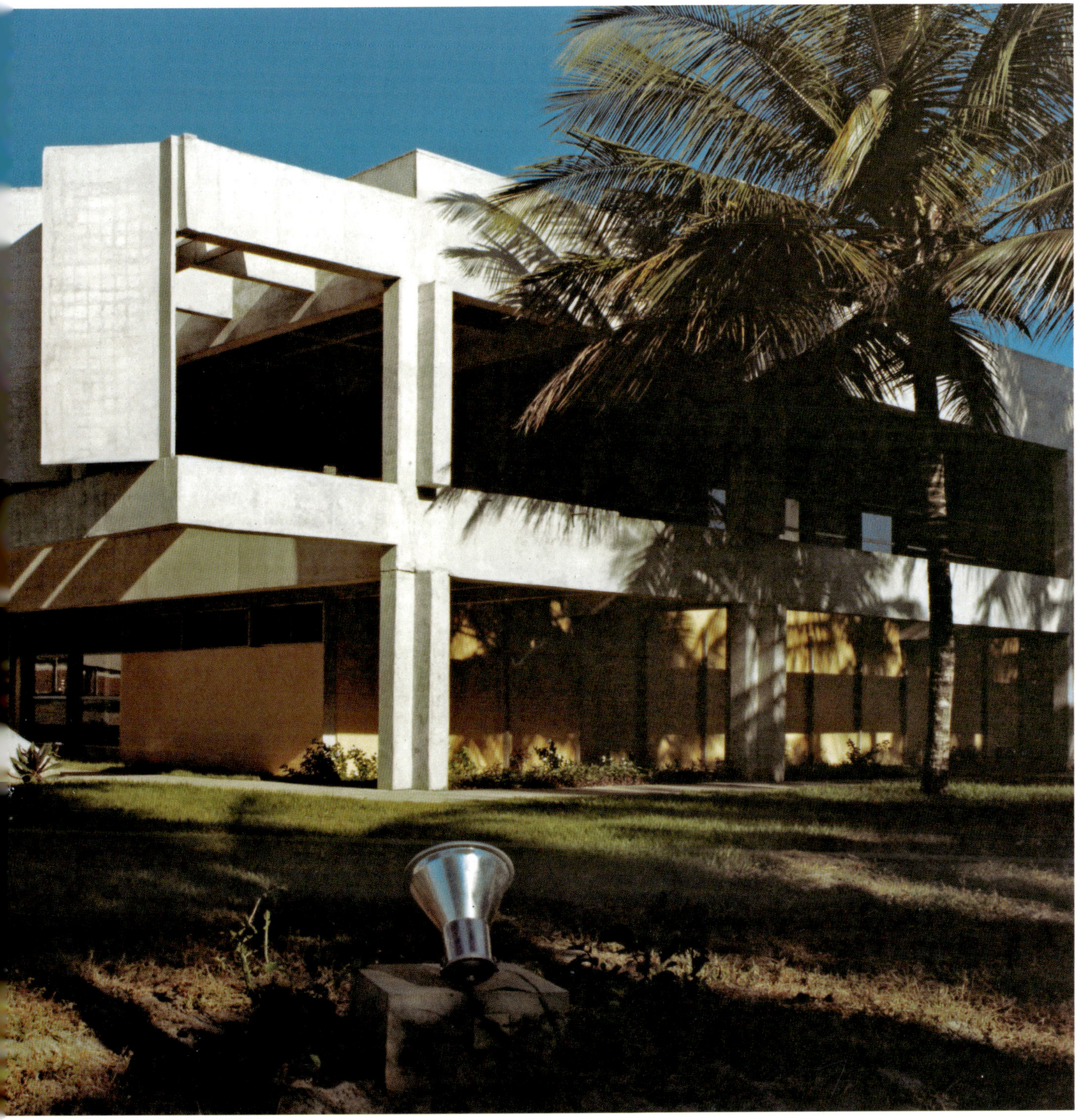

Implantação

Planta pavimento superior

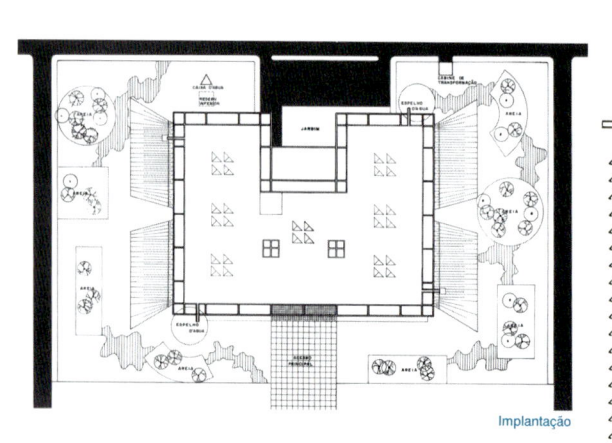

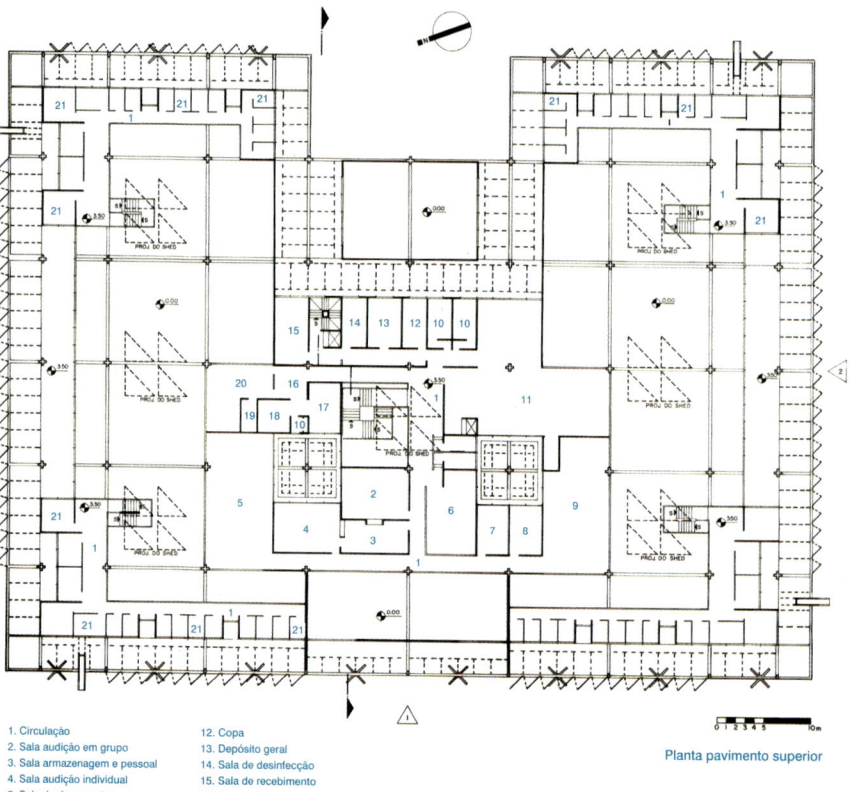

1. Circulação
2. Sala audição em grupo
3. Sala armazenagem e pessoal
4. Sala audição individual
5. Sala de documentos
6. Sala obras raras
7. Sala microformas
8. Sala microfilmagem
9. Mapas e atlas
10. Sanitários
11. Sala de serviços técnicos
12. Copa
13. Depósito geral
14. Sala de desinfecção
15. Sala de recebimento
16. Espera
17. Gabinete diretor
18. Sala de reuniões
19. Almoxarifado
20. Secretaria administrativa
21. Cabine leitura

Elevação 1

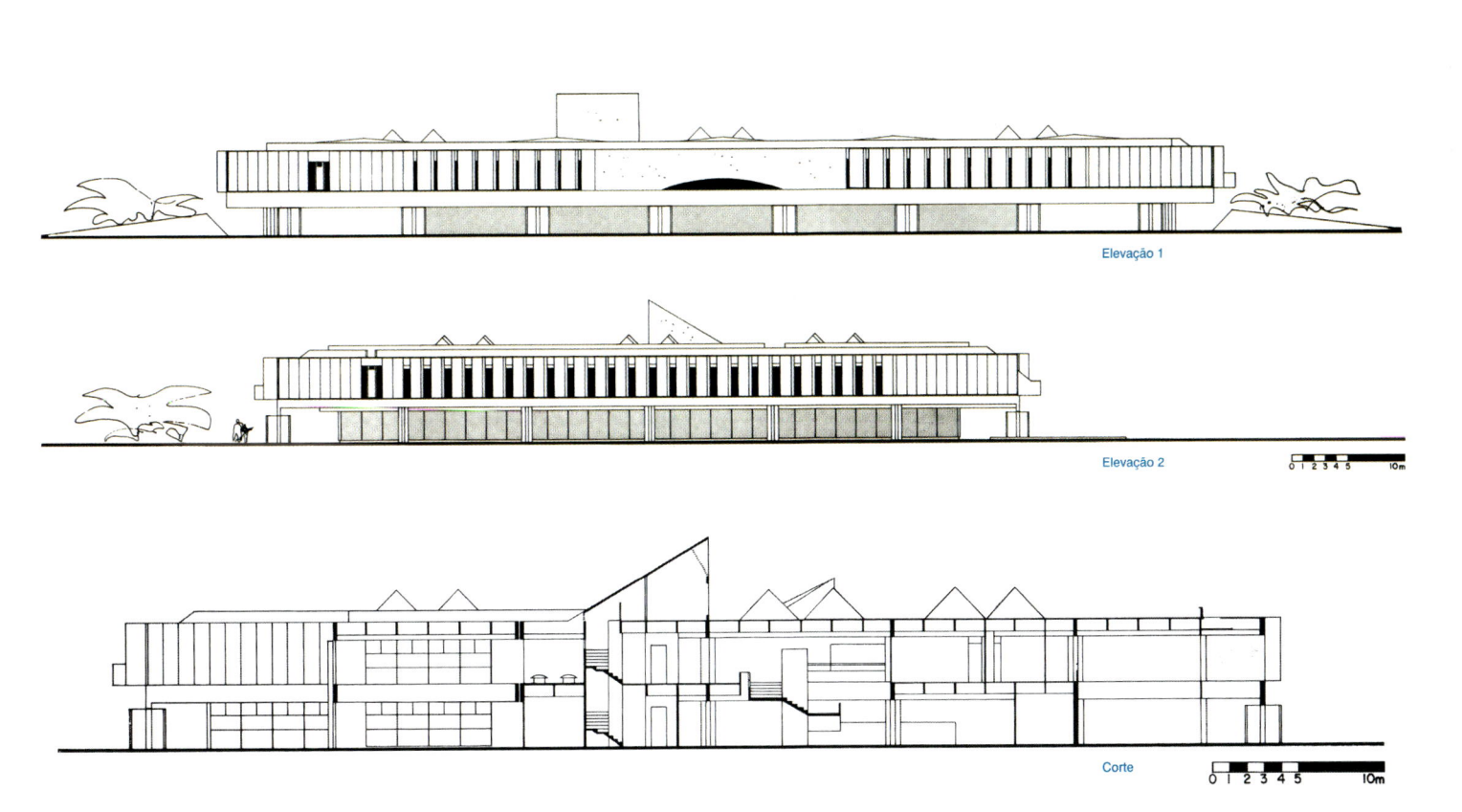

Elevação 2

Corte

105

UNIVERSIDADE FEDERAL DO RIO GRANDE DO NORTE

LABORATÓRIOS DE FÍSICA, GEOLOGIA E TECNOLOGIA
Natal, RN, Brasil
1977

A característica principal desse trabalho, realizado para o programa Premesu-IV do Ministério da Educação e Cultura (MEC), é o estabelecimento de uma trama modular ajustável a todos os ambientes e circulações necessários ao atendimento do programa físico do projeto. Além disso, o projeto envolve a proposta de "partido aberto" de arquitetura, de modo que nenhum dos edifícios, especificamente, apresente solução em monobloco, permitindo-se assim prolongamentos, adições e complementações, sem intervir no conjunto. Dadas as características do programa, a maioria dos ambientes são intercambiáveis, podendo ser usados ou reutilizados para outras finalidades.

Atenção especial foi dada às condições ambientais locais, tirando-se partido da influência dos ventos e das devidas proteções solares necessárias, minimizando-se quase em absoluto tratamentos eletromecânicos, os quais estão restritos unicamente à necessidade de equipamentos sofisticados de estudos.

Foram evitadas circulações internas em sistema pavilhonar, sendo todas externas, protegidas por lajes ou sombreadas por vegetação, em cujos entroncamentos ou alargamentos se formam pátios de encontros e lazer dos alunos.

Implantação

1. Tecnologia
2. Ciências
3. Geologia

SEDE DA RADIOBRÁS

CONCURSO NACIONAL, 2º PRÊMIO
Brasília, DF, Brasil
1977

O projeto deveria congregar os setores administrativos, as atividades voltadas ao público e os estúdios de Rádio e Televisão da Radiobrás, em Brasília.

A concepção adotada apresentava um edifício de formas vigorosas, com torres de circulação marcantes, ritmos alternados, pés-direitos variados e formas escalonadas, relacionando, definindo e posicionando os vários elementos arquitetônicos.

O pavimento superior correspondia ao setor administrativo, assim as atividades voltadas ao público e às áreas específicas de rádio e teledifusão ocupariam o embasamento e os subsolos.

Esses setores foram desenvolvidos dentro de uma concepção avançada na época. Os estúdios se desenvolviam em torno de centrais técnicas de supervisão e montagem das produções, favorecendo a integração das funções.

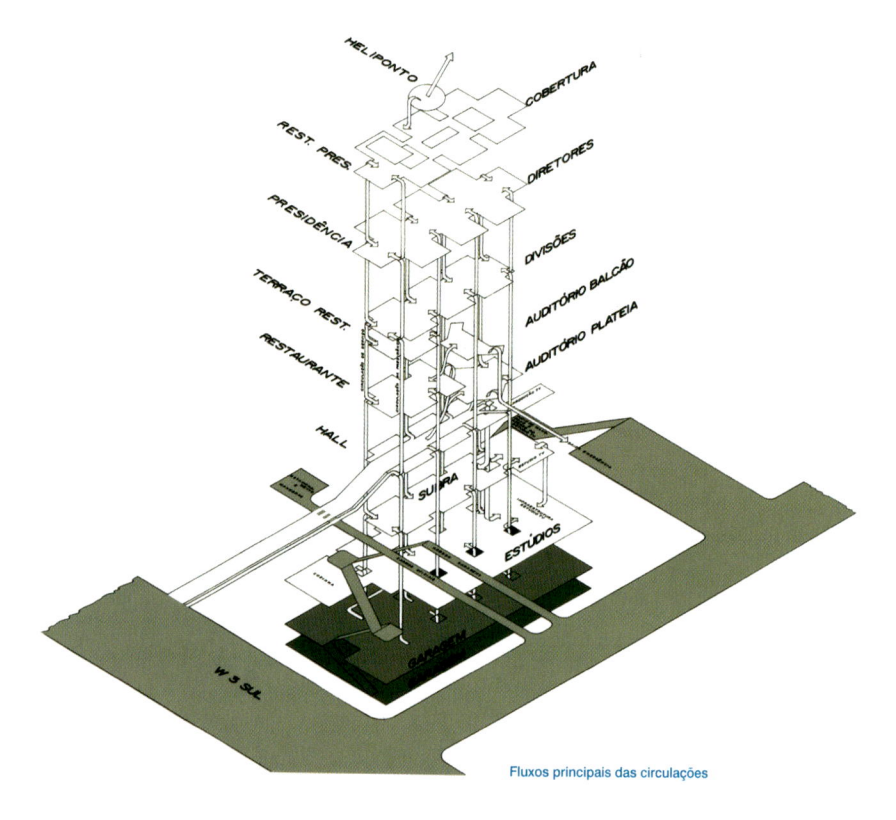

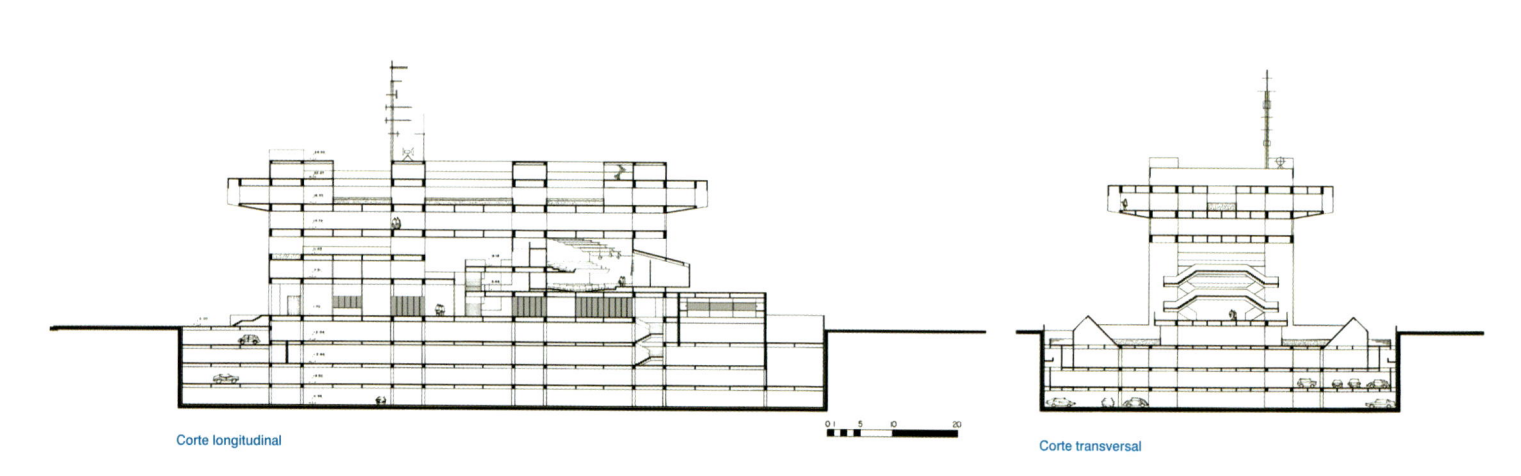

Fluxos principais das circulações

Corte longitudinal

Corte transversal

Maquete

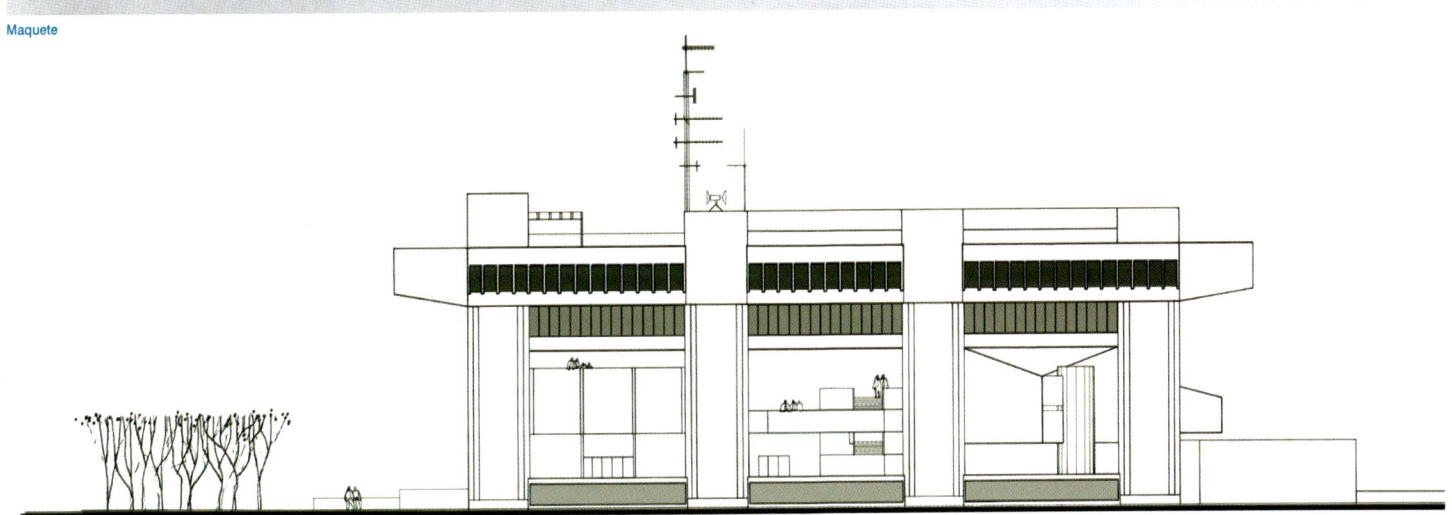

Elevação
ESCALA 1:200

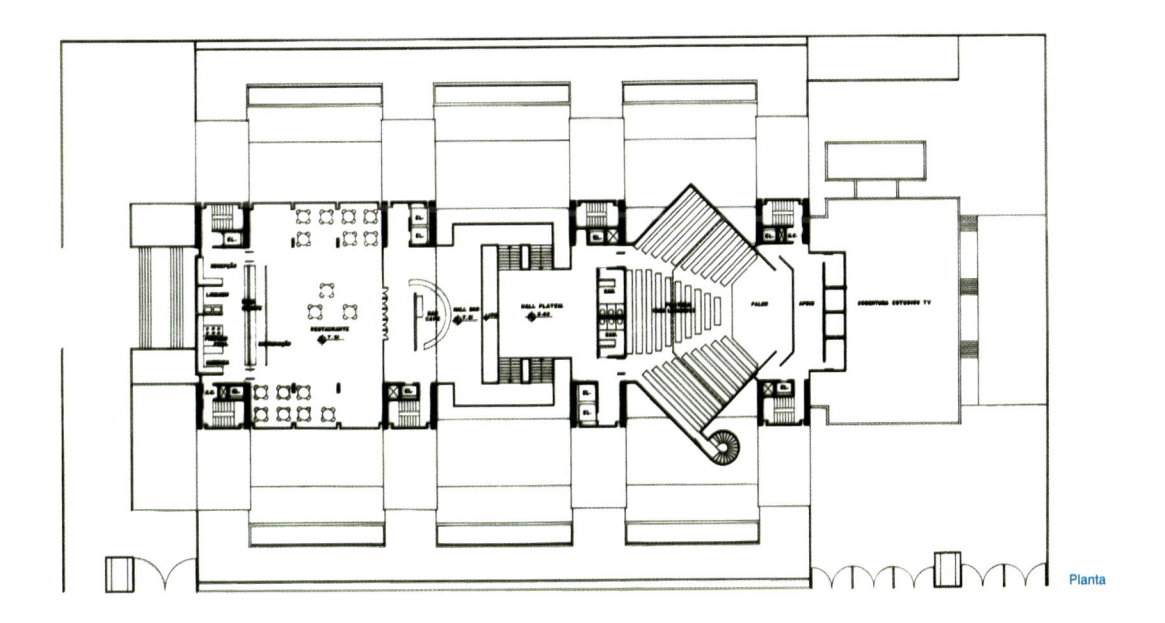

Planta

RESIDÊNCIA WP

Barueri, SP, Brasil
1977

A residência WP está implantada na diagonal de um lote retangular, adaptando-se à topografia do terreno e proporcionando maior aproveitamento da área e melhor insolação. A modulação define o ritmo da distribuição dos ambientes da casa.

Trata-se de uma arquitetura vibrante que reúne a riqueza compositiva e a capacidade de inovação, seja pela hibridização das formas, seja pela exploração das texturas e cores dos materiais, estabelecendo uma especificidade própria.

A área social se volta para a área posterior do terreno, enquanto os dormitórios, no pavimento superior, se voltam para direções opostas. O espaço interno foi organizado em três meio-níveis, pensados para oferecer vistas diferentes a cada mudança de pavimento, garantindo uma distribuição espacial fluida dos setores íntimo e social.

Do *hall* de entrada chega-se à sala de estar, que se abre para o jardim e o *deck*, protegidos por vigas de concreto que continuam no exterior e se transformam em pérgulas. A sala de jantar ocupa um nível mais baixo, com vista para a piscina. A continuidade visual da sala de estar e jantar é definida pelo teto côncavo, em abóboda. Assim, internamente, os ambientes sociais possuem cobertura curvilínea. Na parte externa, o volume cilíndrico de concreto determina o sistema de ventilação da adega subterrânea.

Com telhados de uma água, a forma triangular estabelece a linguagem da casa. A estrutura em concreto aparente se destaca das paredes em tijolo sem revestimento.

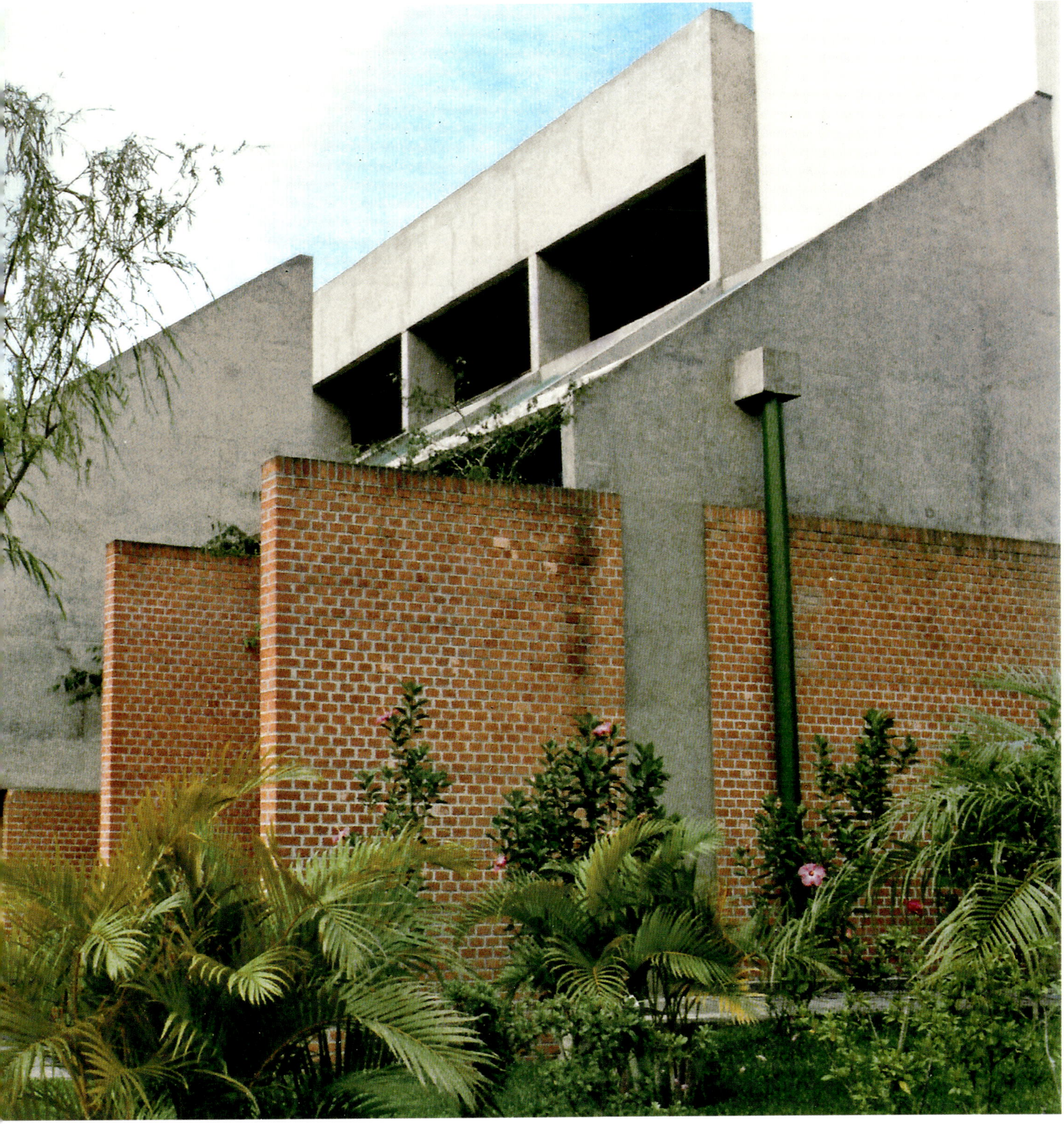

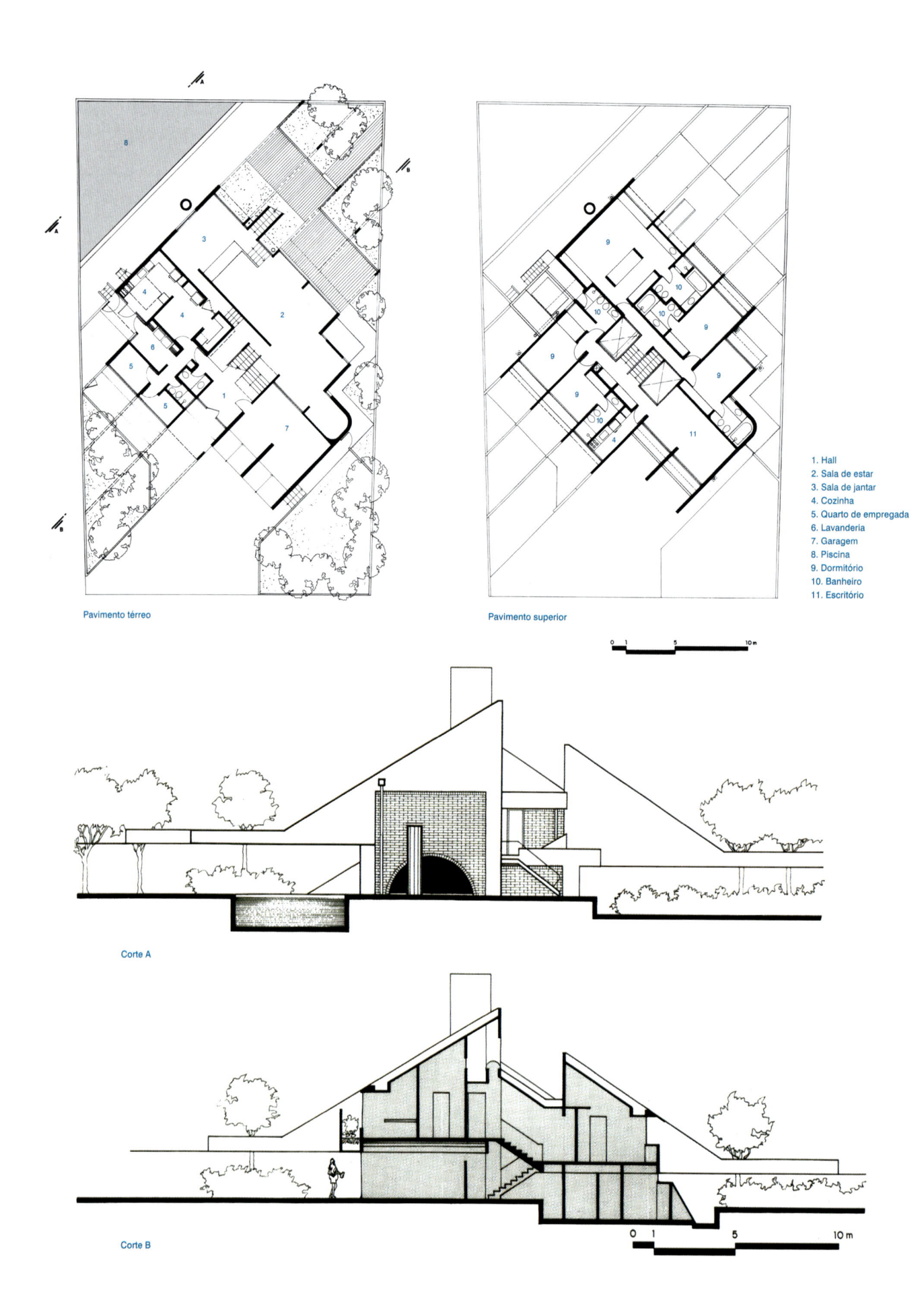

Pavimento térreo

Pavimento superior

1. Hall
2. Sala de estar
3. Sala de jantar
4. Cozinha
5. Quarto de empregada
6. Lavanderia
7. Garagem
8. Piscina
9. Dormitório
10. Banheiro
11. Escritório

Corte A

Corte B

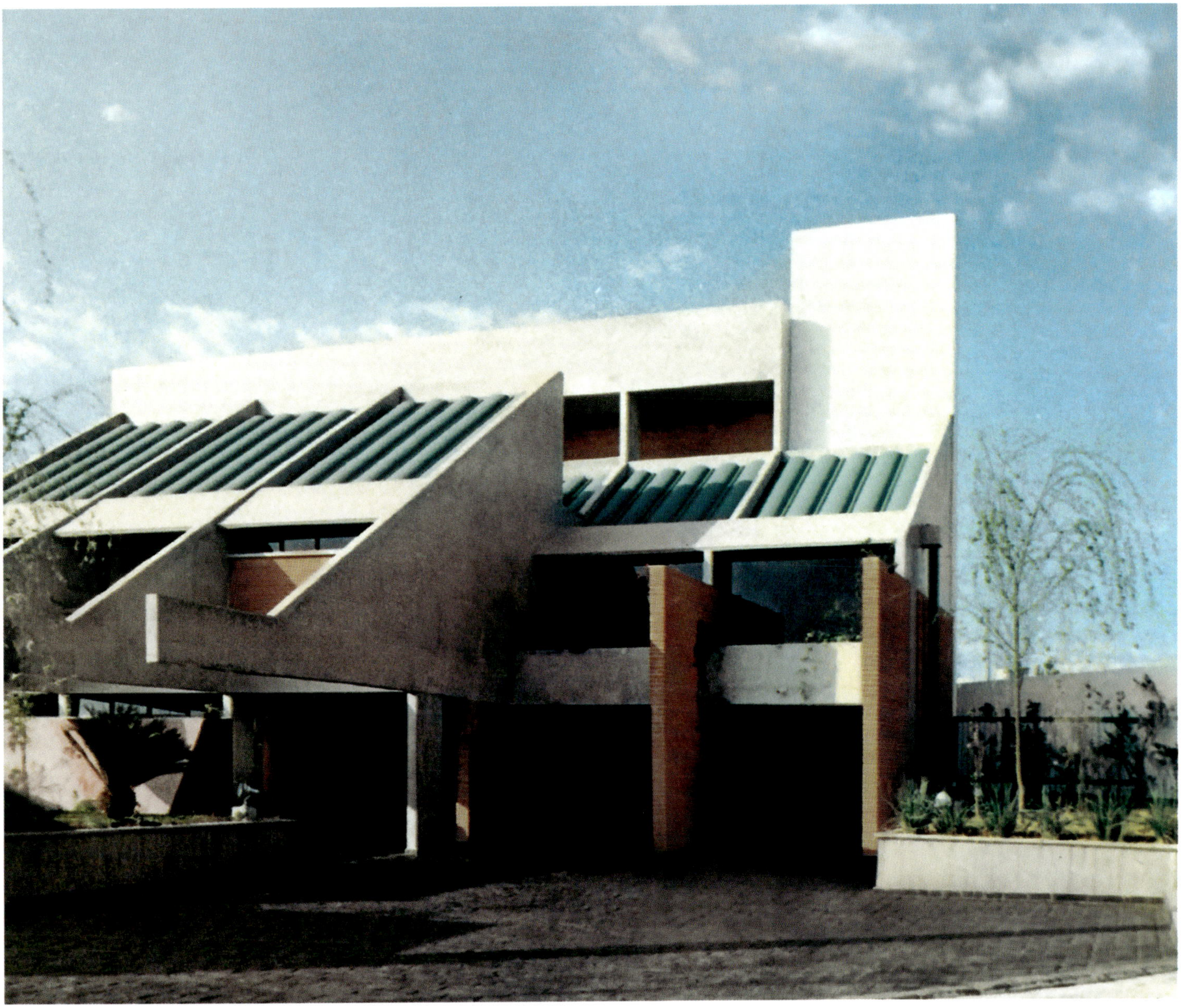

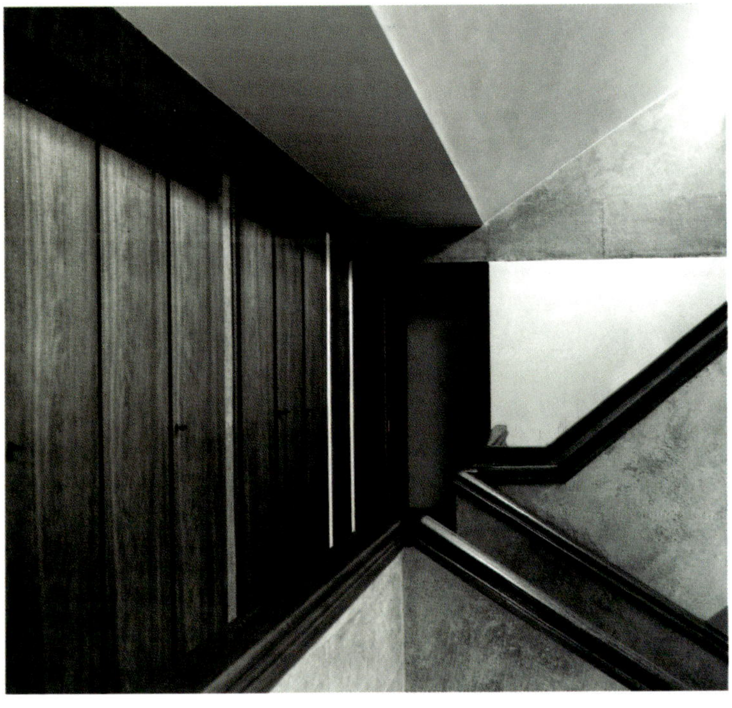

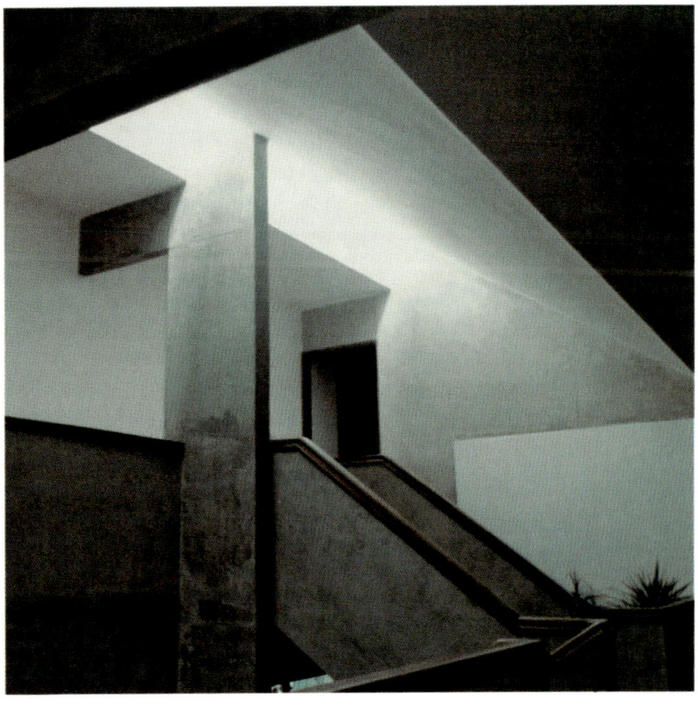

TERMINAL RODOVIÁRIO

SECRETÁRIA DE TRANSPORTES – TRANSESP
Rio Claro, SP, Brasil
1978

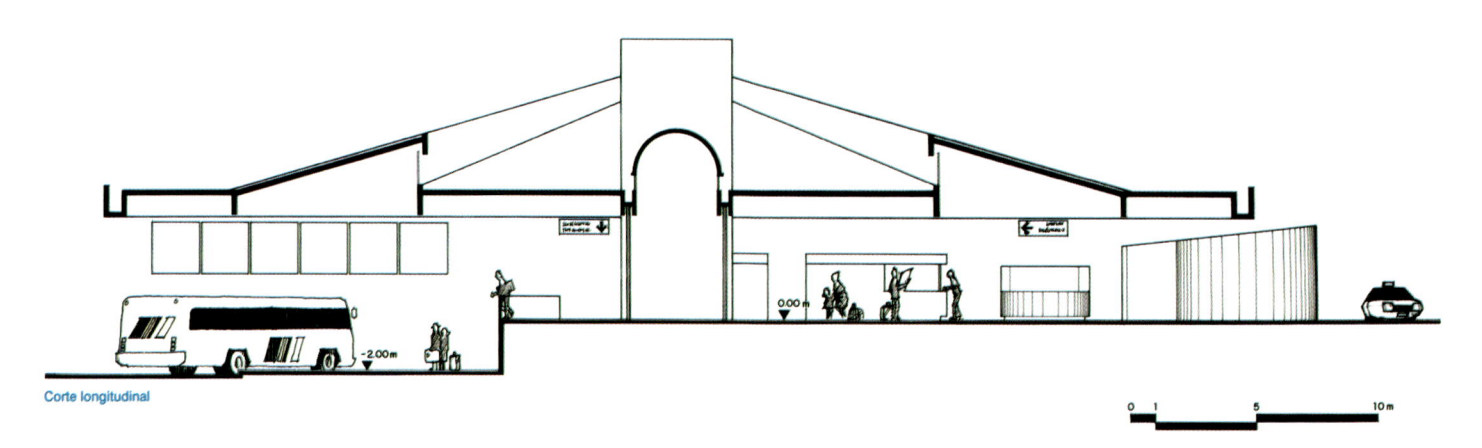

Corte longitudinal

Implantado em um amplo lote em declive, o projeto aproveitou o desnível para organizar o programa de necessidades interno composto de áreas de estar, comércio, administração e acesso de ônibus. Essa escolha favoreceu a diminuição dos ruídos provenientes dos veículos em relação à área de circulação de pessoas.

A estrutura de concreto armado é formada por uma ampla cobertura, atirantada com um único apoio central, o que libera as áreas de circulação da interferência de elementos estruturais – o recurso se mostrou adequado ao programa.

O projeto alia as características de uma rodoviária com a expressão de um amplo casarão, ladeado por uma grande praça.

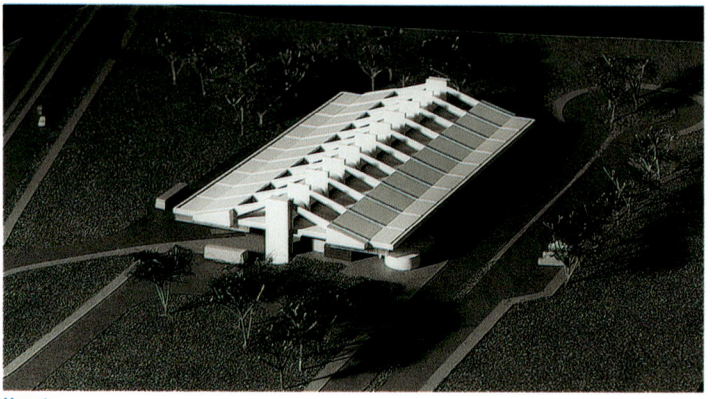

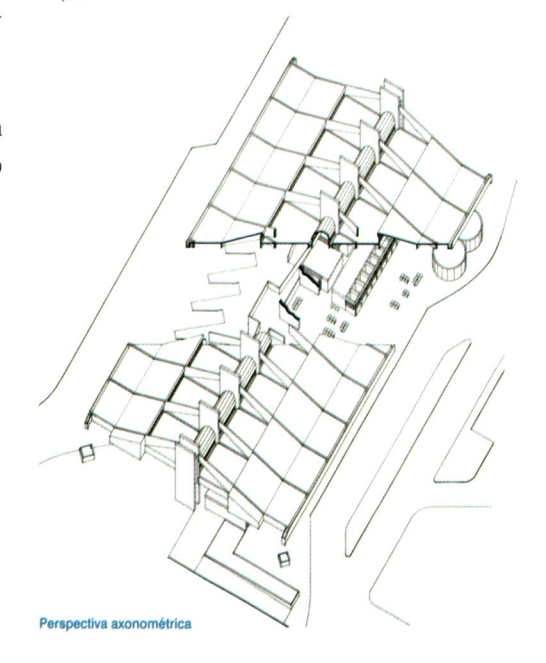

Maquete

Perspectiva axonométrica

SEDE DA FERROSTAAL

CONCURSO FECHADO, 1º PRÊMIO
São Paulo, SP, Brasil
1980

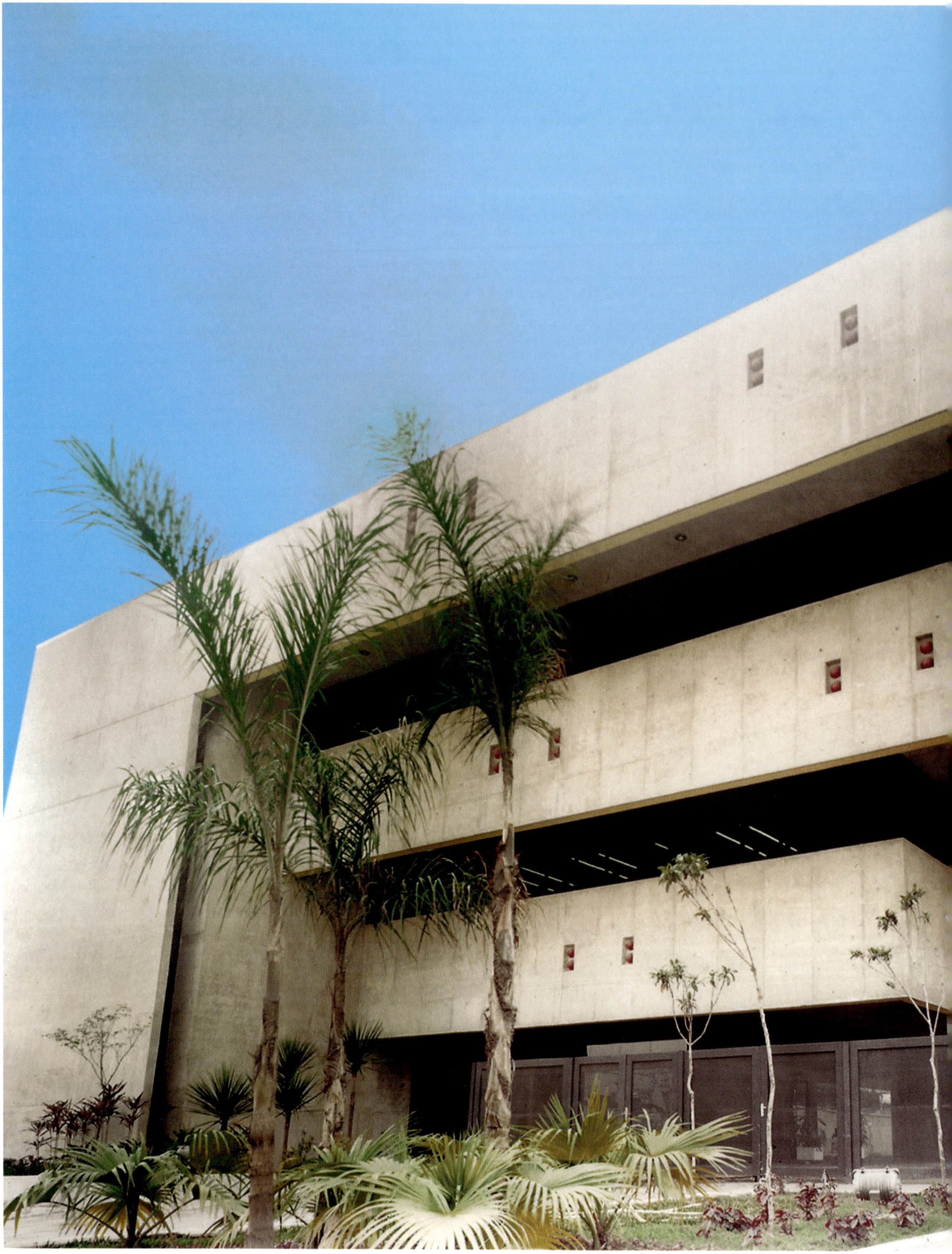

Integração e expressividade definem o projeto vencedor do concurso para a nova sede da empresa. A proposta consiste na ampliação dos escritórios e na remodelação da torre de oito pavimentos que já existia.

O novo edifício foi projetado com uma organização horizontal, contrapondo-se, de forma vigorosa, à verticalidade da estrutura preexistente, e conseguiu a harmonia do conjunto, pela linguagem da complementaridade, dentro da diversidade formal.

Implantado em um eixo paralelo à linha da rua, o edifício constitui a entrada, a distribuição e a circulação do conjunto. Ele se articula em três pavimentos sobre pilotis, enfatizado pelo arranjo em planos escalonados que interagem ludicamente com o entorno.

A fachada revestida de concreto aparente e o uso de elementos de proteção solar nas empenas envidraçadas, voltadas para a área interna, garantem um ambiente adequado ao trabalho, cuja organização em planta livre favorece a integração de funções.

O sistema estrutural é constituído de um conjunto de pilares e vigas protendidas em concreto armado, para vencer os grandes balanços, sobre os quais são firmadas lajes nervuradas.

Os detalhes do novo edifício, as escolhas dos novos revestimentos, a pintura de cores vivas e o uso de *brise-soleils* na fachada do edifício existente integram o velho ao novo, criando um conjunto harmonioso.

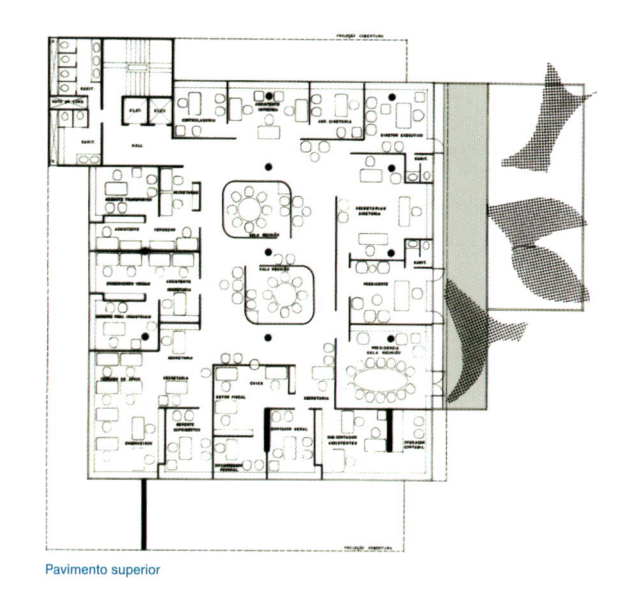

Pavimento superior

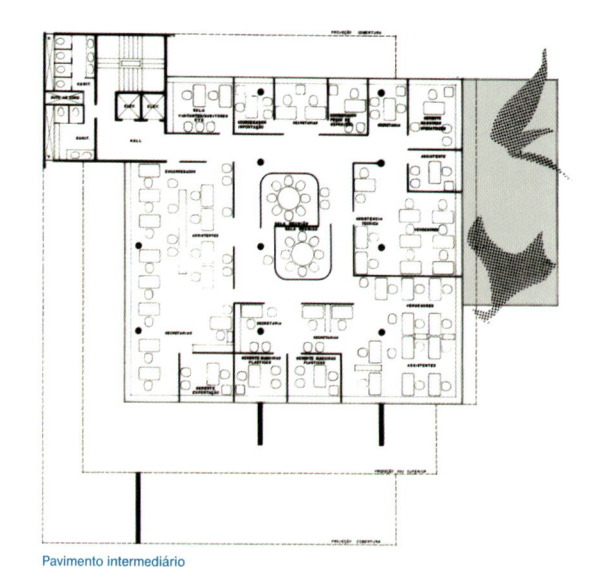

Pavimento intermediário

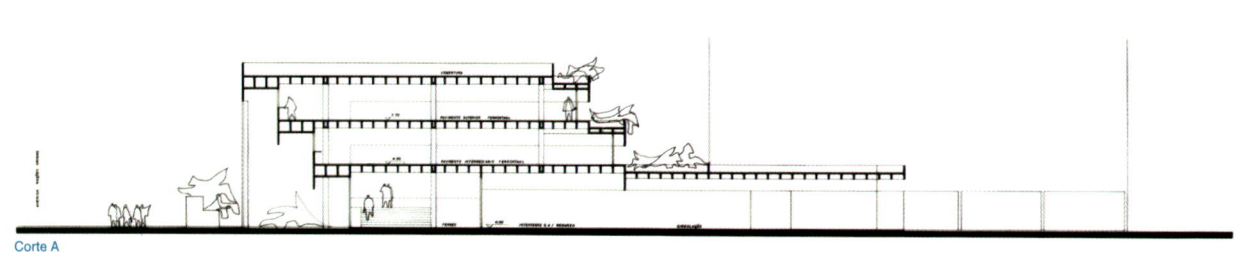

Corte A

Corte B

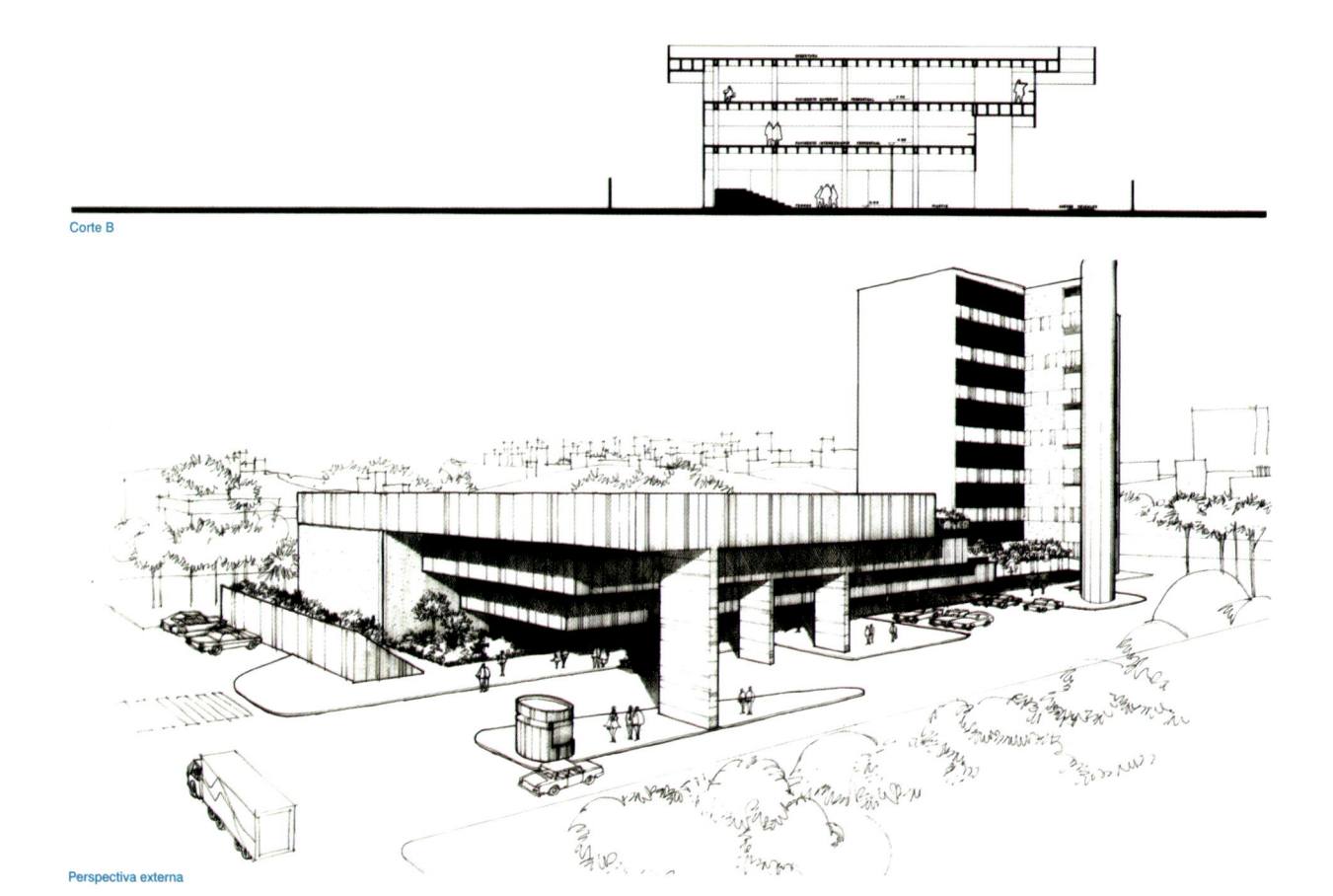

Perspectiva externa

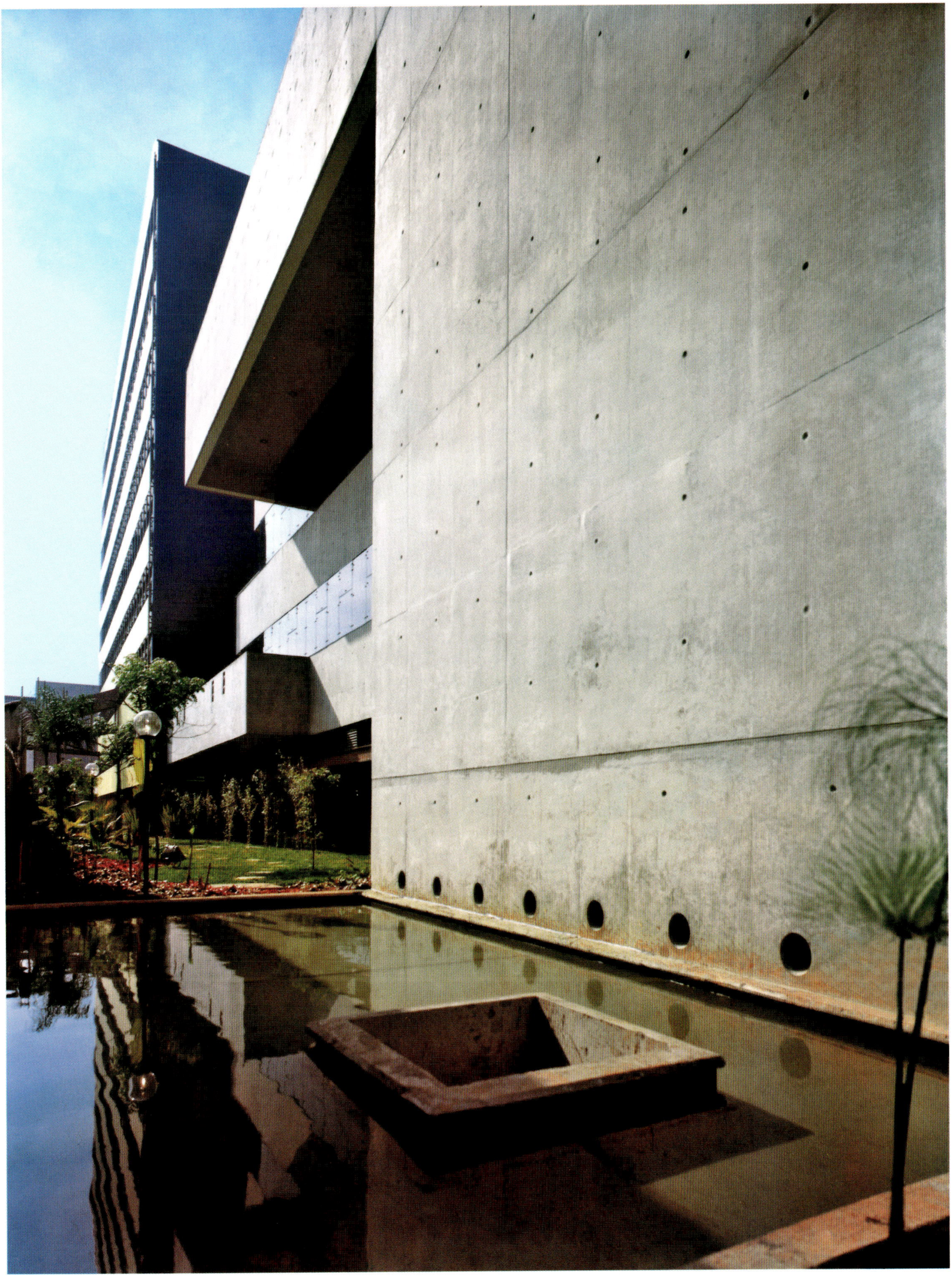

SEDE DA HOCHTIEF

CONCURSO FECHADO, 2º PRÊMIO
São Paulo, SP, Brasil
1980

tal como será visto, caminhando-se pela rua

O partido arquitetônico proposto evidencia a adoção de um edifício monobloco, com a implantação longitudinal na maior direção do terreno. Com forma trapezoidal e pavimentos escalonados, demonstra versatilidade para atender às questões funcionais e técnicas de temas variados e, ao mesmo tempo, explora questões estéticas com grande habilidade.

A partir da solução vertical oblíqua, foi possível obter as condições ideais de equilíbrio ambiental. Um espaço aberto na cobertura buscou a luminosidade adequada e o conforto térmico equilibrado. Dessa forma foram privilegiados os ambientes de trabalho, caracterizados pela fachada metálica tubular, escalonada e ajardinada, montada obliquamente sobre a estrutura de concreto.

Para a face poente, quente e indesejável, o edifício ficou protegido pela lâmina de circulações gerais e apoios, com fechamentos de painéis pré-moldados de concreto, ora cegos, ora com aberturas para iluminação.

os ambientes de trabalho.

Perspectivas

Corte transversal

Elevação

Corte perspectivado

EDIFÍCIO RESIDENCIAL LORENA

São Paulo, SP, Brasil
1980

O conceito de apartamento tipo "Studio" foi uma inovação do mercado imobiliário na década de 1980, idealizado para atender a um público jovem que procurava unidades com áreas reduzidas em bairros nobres da cidade.

O edifício em forma de lâmina foi definido pelo terreno estreito e profundo. A implantação no meio do lote permitiu resolver as plantas dos apartamentos de 47 m², sem hierarquia de planos ou fachadas, favorecendo a passagem de luz natural nos espaços internos. Uma lâmina de concreto e massa raspada voltada para a rua definiu a entrada.

Os avanços de 40 cm, permitidos pelos regulamentos municipais, foram resolvidos como elemento de caracterização das aberturas voltadas para as áreas internas do terreno, formando um grande painel fluido e dinâmico, enfatizado pela combinação do concreto aparente, alvenaria e superfícies transparentes.

O projeto apresenta propostas originais sobre o tema, criando espaços flexíveis e funcionais, que parecem apropriados à dinâmica dos moradores.

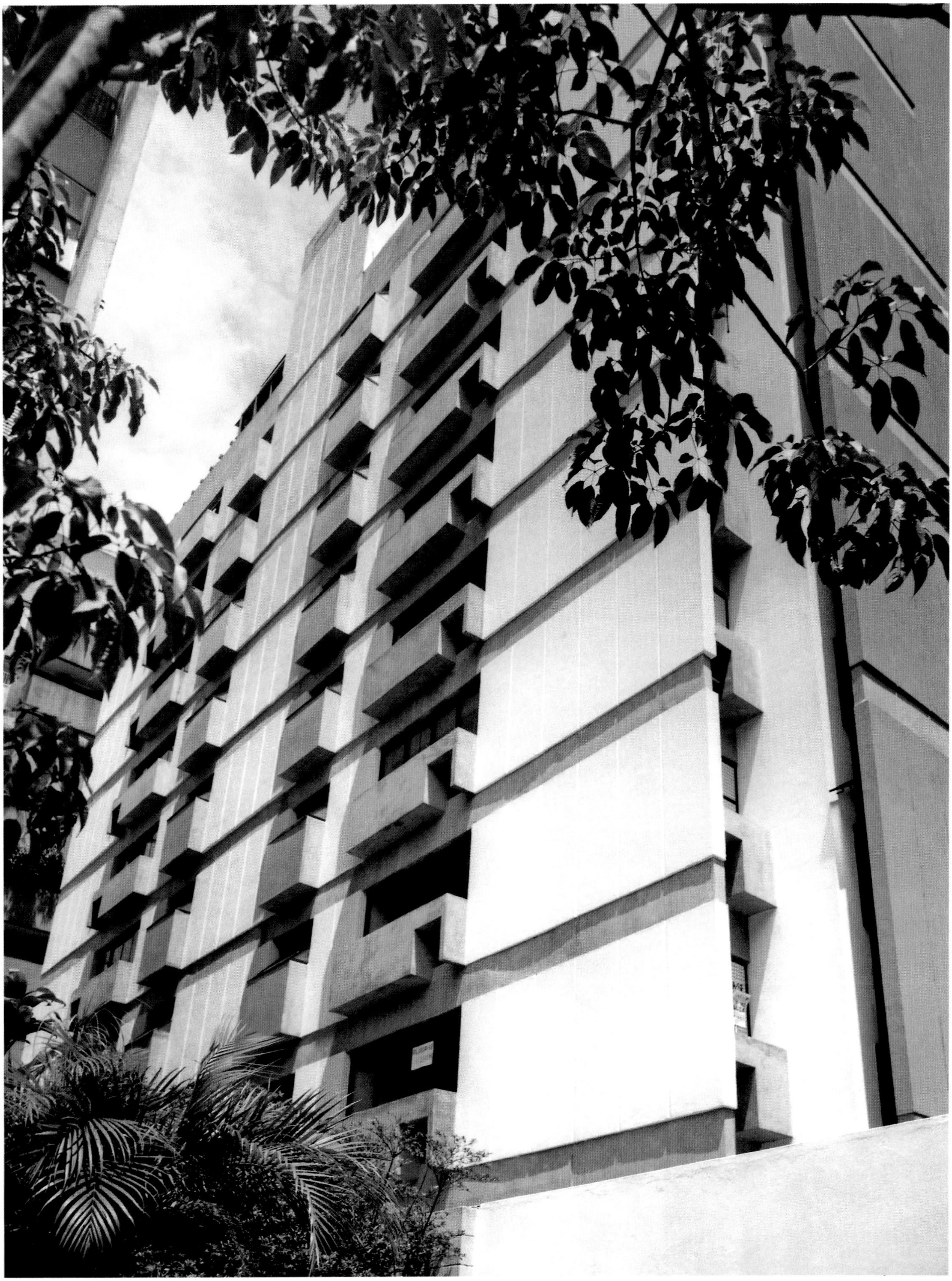

RESIDÊNCIA AAAC

São Paulo, SP, Brasil
1980

Localizado às margens da represa de Guarapiranga, em meio à Mata Atlântica, o Clube de Campo São Paulo é um complexo misto de atividades esportivas e residências para uso de lazer nos finais de semana. A construção deveria atender às exigências do condomínio, que fixou em 150 m² o máximo permitido como área fechada.

Erguida entre duas elevações, a residência se coloca como continuação da natureza circundante, ordenada por um eixo que define a modulação e os fluxos, de maneira simples e direta.

À semelhança da residência WP (1977), a residência AAAC (1980) possui uma modulação marcante. Não há praticamente aberturas para a rua. A residência possui um perímetro recortado, fazendo com que os ambientes se espraiem em contato direto com o exterior.

Os ambientes internos foram organizados em dois blocos: social e íntimo, acessados internamente, ou por meio de varandas e terraços, emoldurados no prolongamento das vigas que cruzam o espaço, permitindo ampliar a superfície e garantindo amplos espaços verdes e fluidez de circulação. Os ambientes sociais se voltam para o sul, enquanto os dormitórios se voltam para o norte.

Uma cobertura semicilíndrica, dotada de abertura envidraçada, possibilita a entrada de luz zenital na sala de estar e jantar. A estrutura de concreto aparente, em contraste com a alvenaria de tijolos à vista, proporciona um efeito coerente com a paisagem circundante.

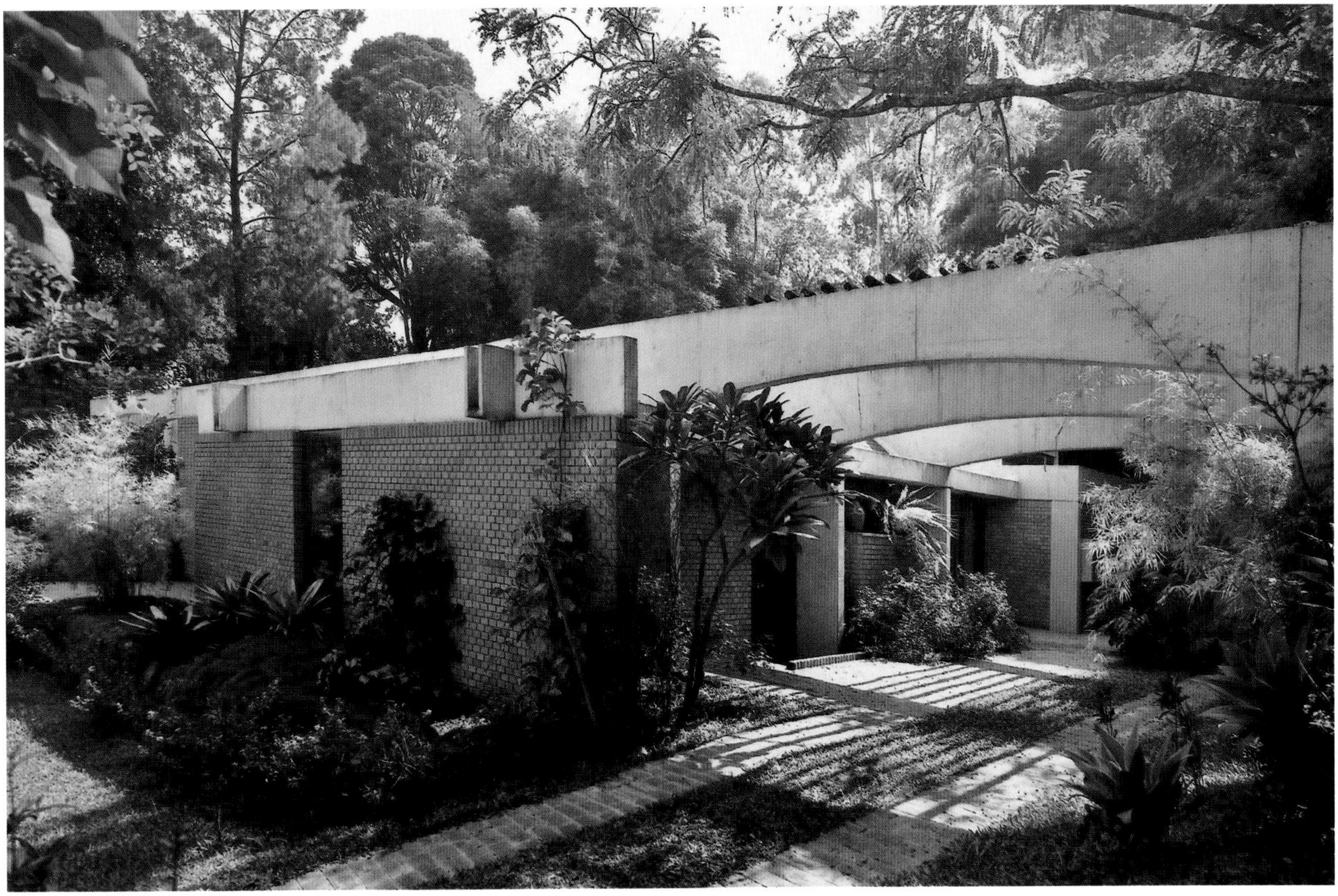

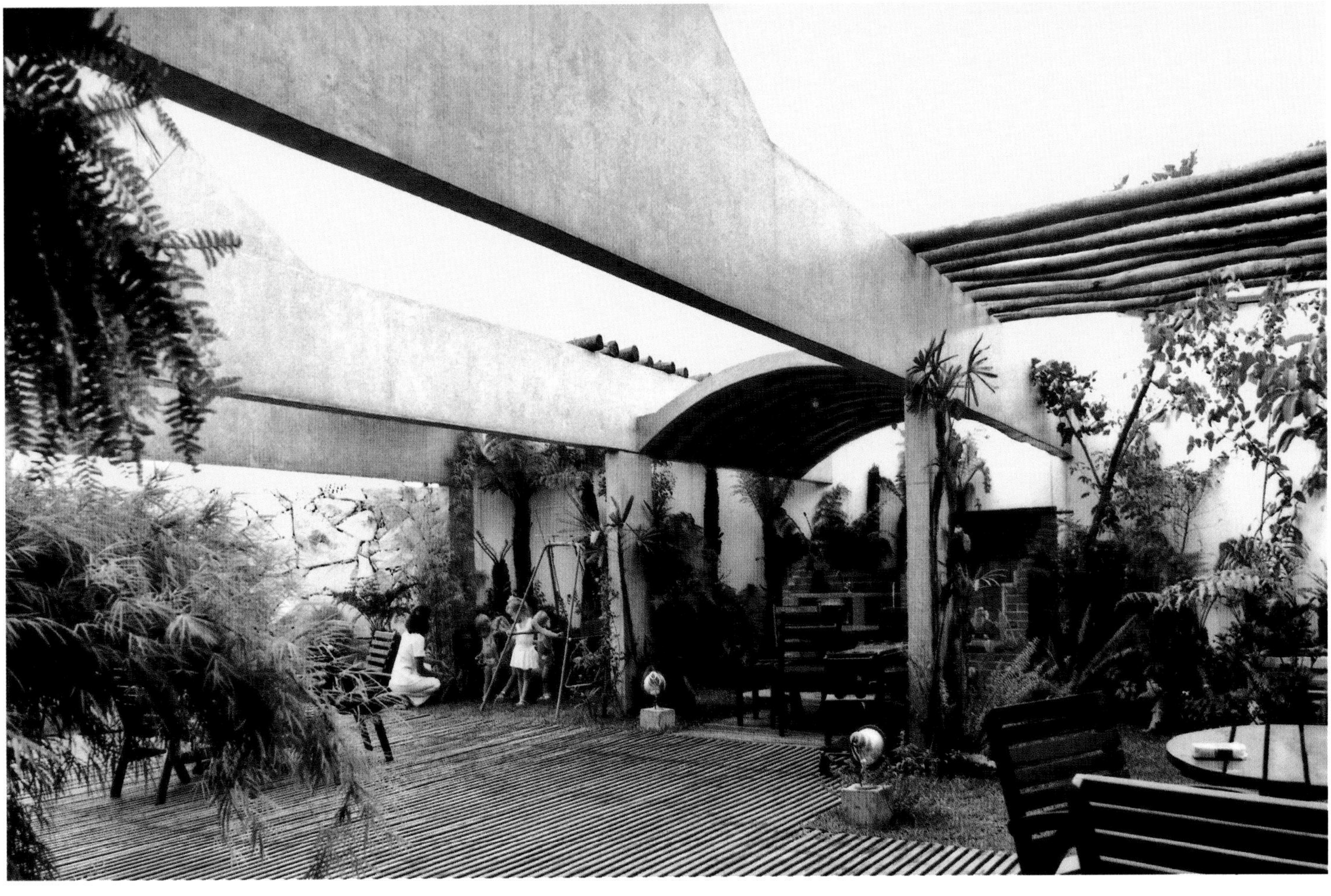

Elevação 2

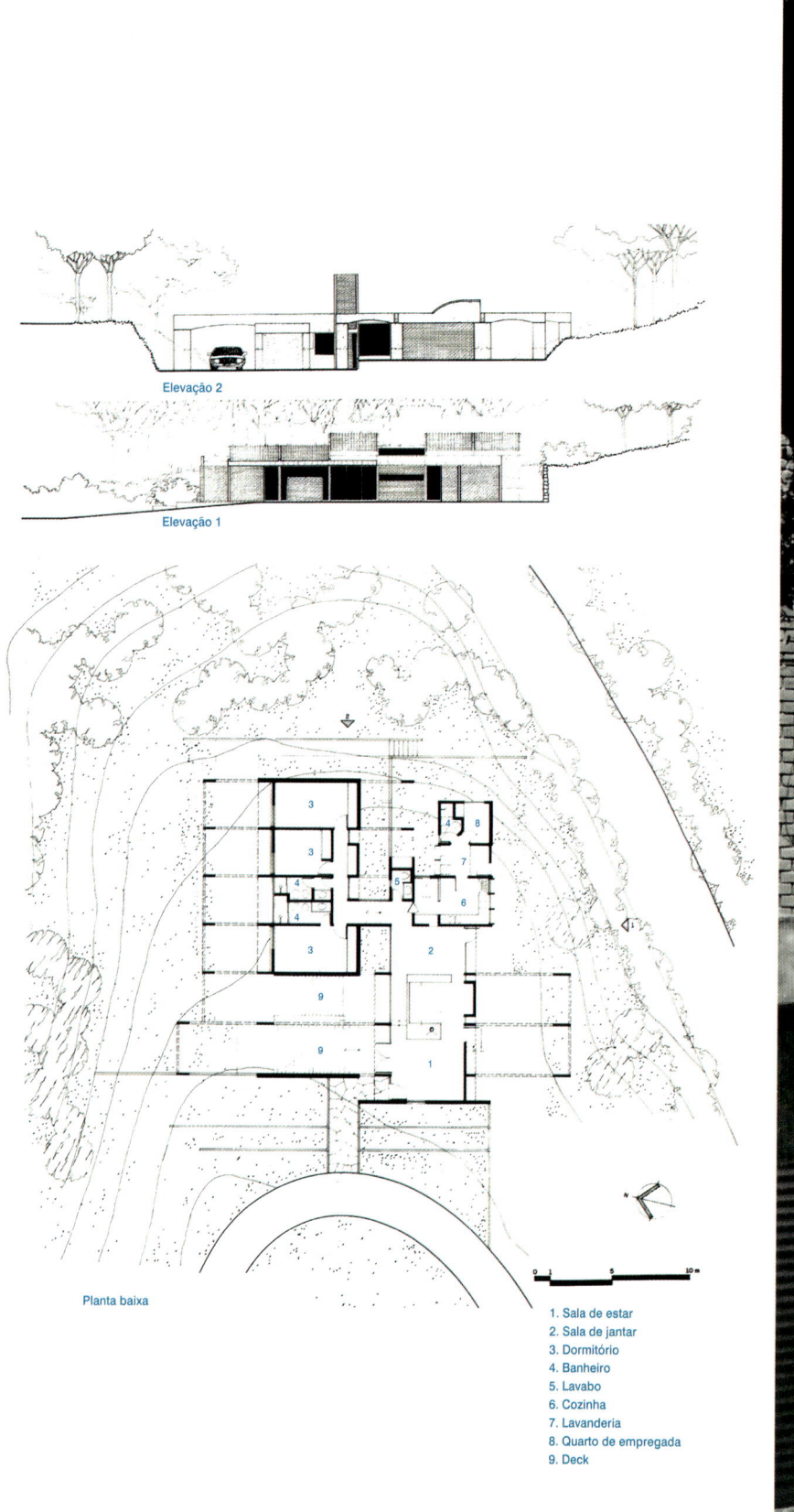

Elevação 1

Planta baixa

1. Sala de estar
2. Sala de jantar
3. Dormitório
4. Banheiro
5. Lavabo
6. Cozinha
7. Lavanderia
8. Quarto de empregada
9. Deck

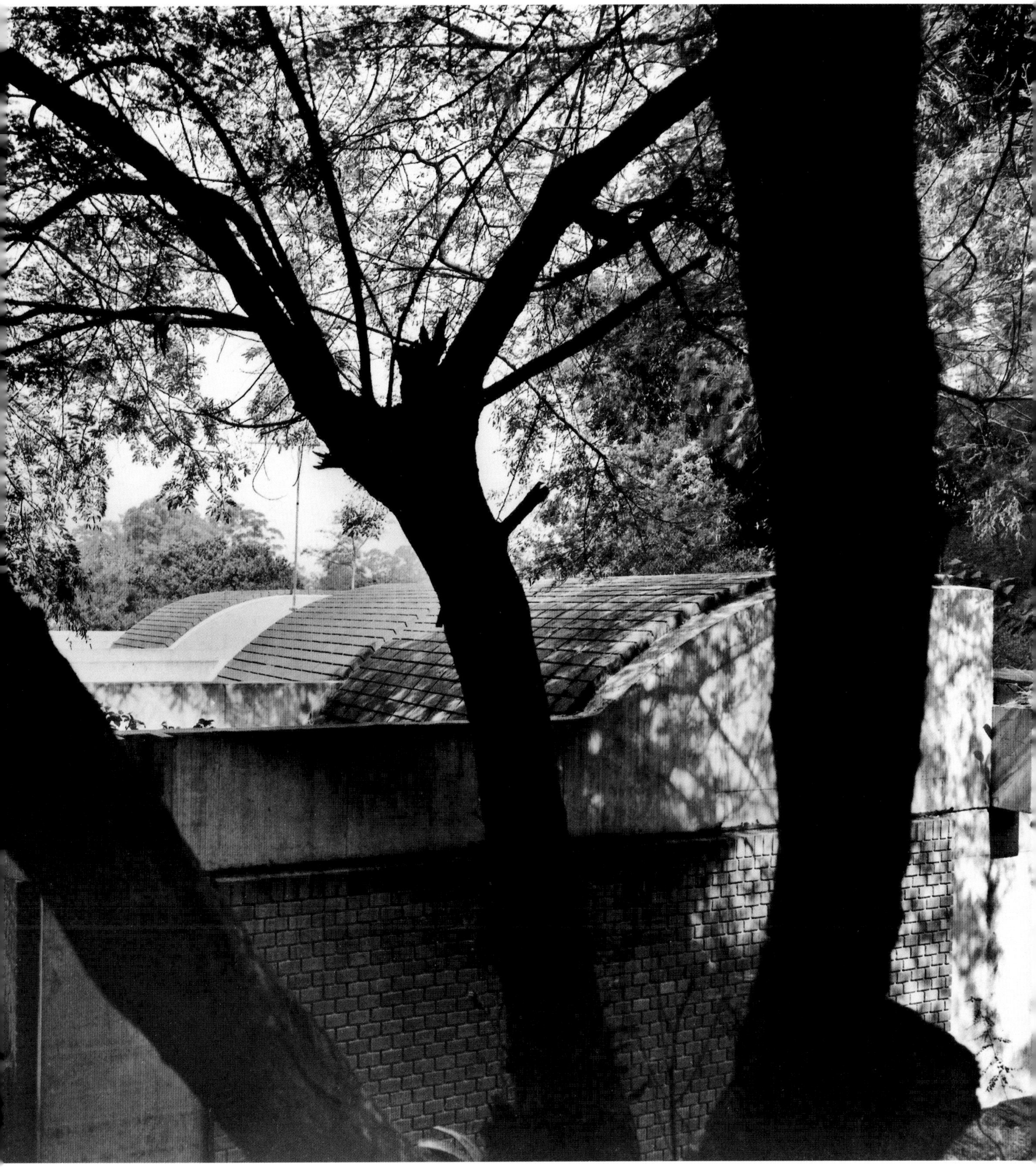

TERMINAL DE AERONAVES EXECUTIVAS

AEROPORTO DE CONGONHAS
São Paulo, SP, Brasil
1981

O terminal desempenha em seu interior diversas funções para atender às demandas dos funcionários e dos clientes em um único bloco.

Localizado no Aeroporto de Congonhas, o programa abriga um amplo restaurante, escritórios administrativos e de apoio aos pilotos e comissários, programação de voo e salas de embarque, com vista para as aeronaves executivas estacionadas no pátio.

A construção do terminal, assim como as dependências de serviço e cozinha, foi executada em concreto armado aparente. O restaurante é coberto por estrutura metálica espacial, com fechamento em vidro, alumínio e fibra de vidro que sombreiam as atividades internas.

A unidade arquitetônica é valorizada pela composição do conjunto, repleta de cores vivas, sobreposição de elementos e contraste de formas volumétricas. Essa equação resulta em uma configuração plástica, espacial e volumétrica original.

A Vasp, empresa de aviação comercial brasileira, encerrou suas atividades em 2005, e o terminal foi demolido.

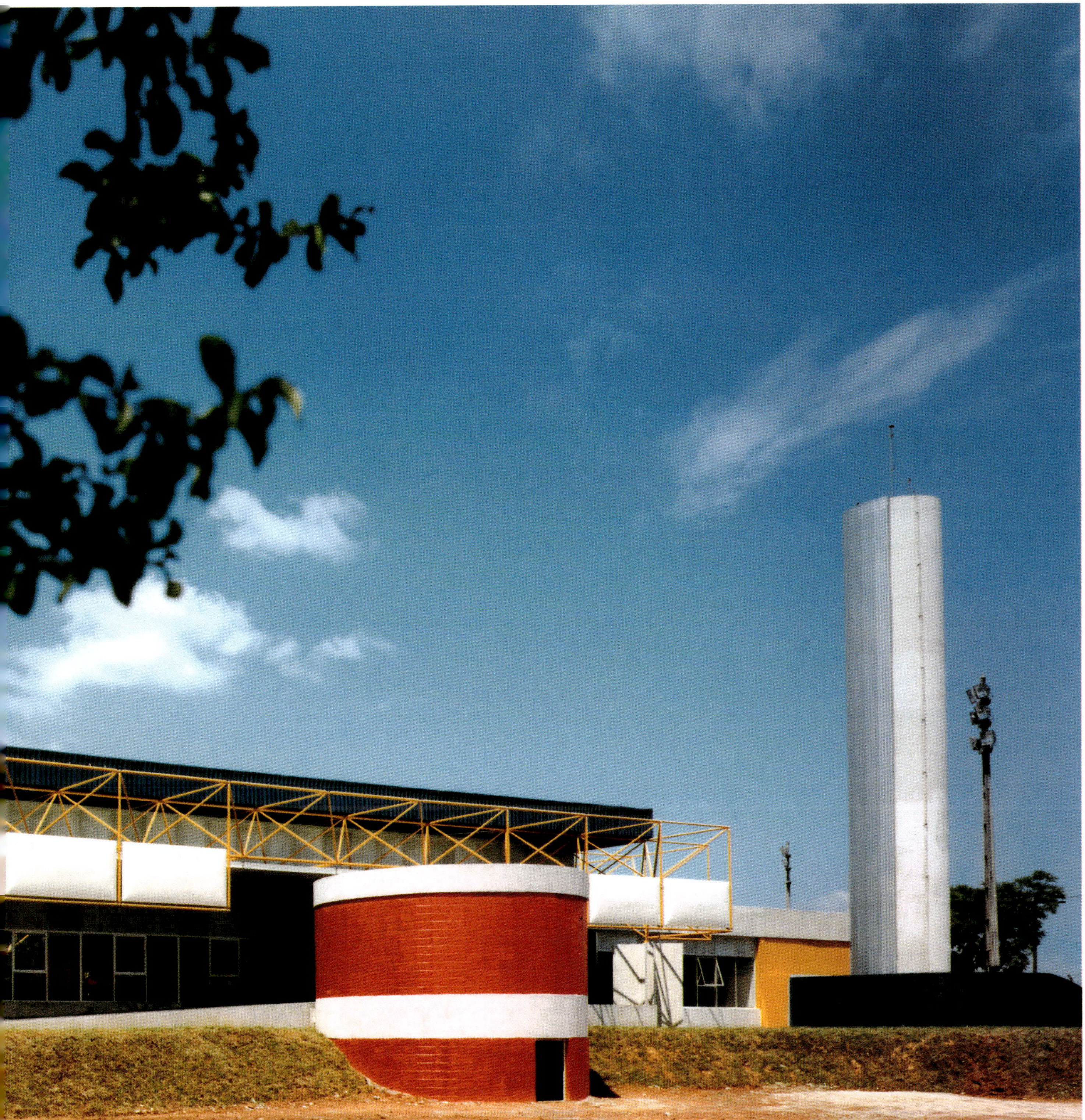

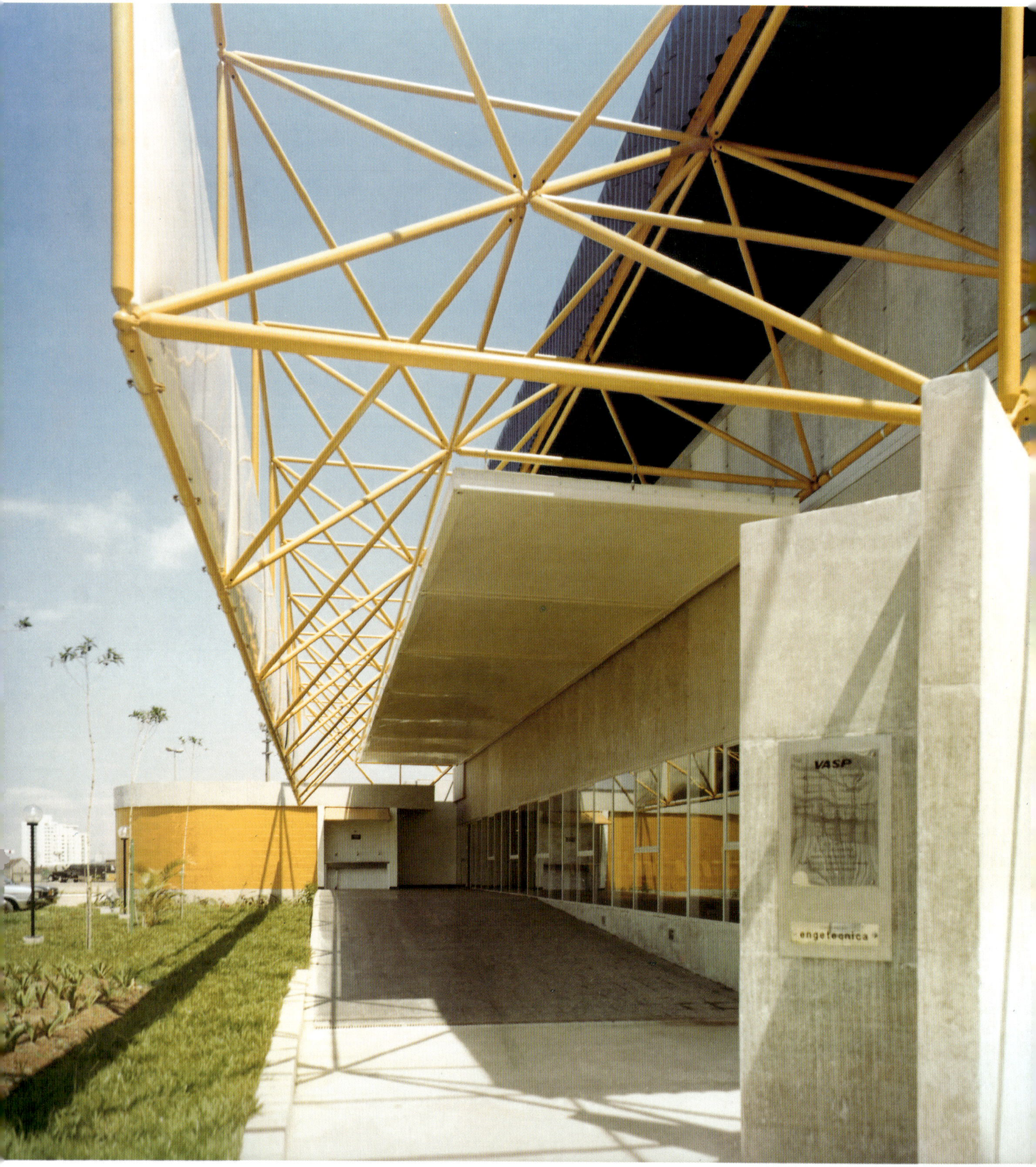
VASP
engetecnica

Maquete

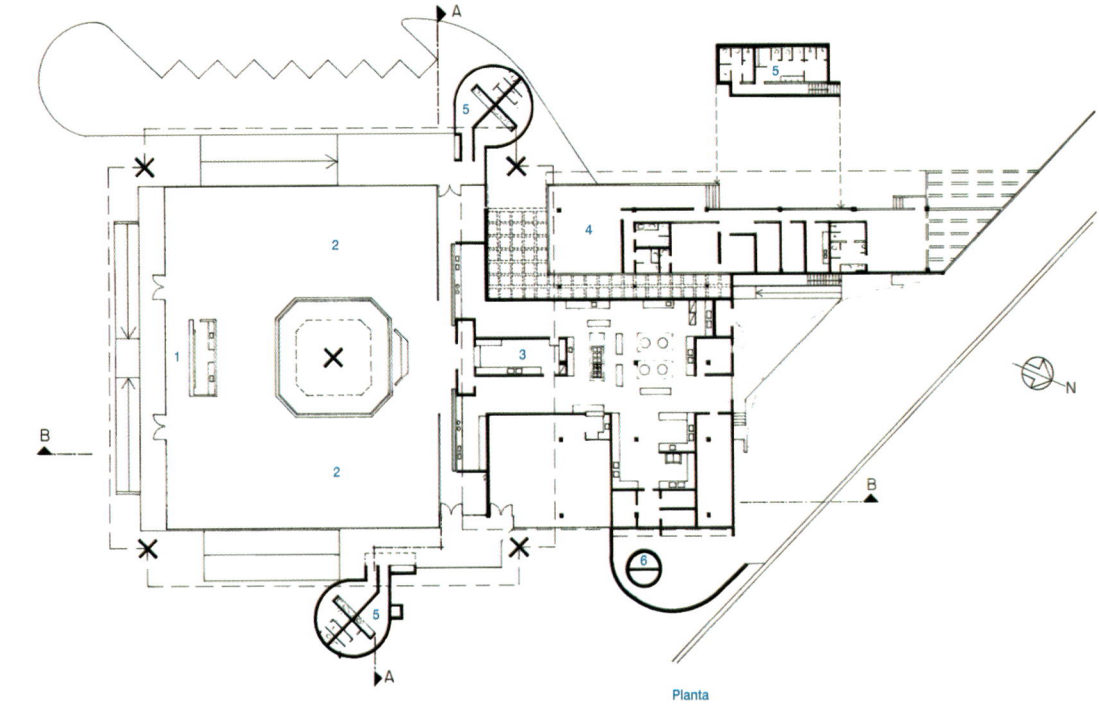

Planta

1. Hall
2. Salão
3. Cozinha e restaurante
4. Área administrativa
5. Vestiários
6. Torre d'água

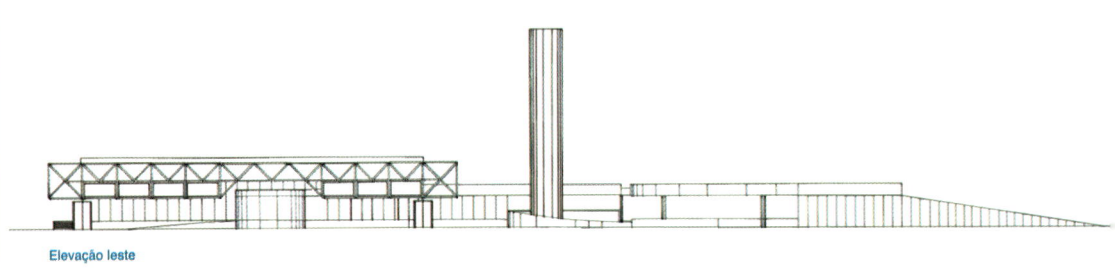

Elevação leste

CENTRO EMPRESARIAL GRUPO FENÍCIA

CONCURSO FECHADO, 1º PRÊMIO
São Paulo, SP, Brasil
1982

Maquete

O projeto é resultado de um concurso fechado, uma obra de grande dimensão e extenso programa. De acordo com os termos do edital, a construção deveria ser realizada em três etapas.

Implantado em um terreno com acentuada declividade e área sujeita a enchentes, impossibilitou a construção de garagens no subsolo. O fluxo de veículos foi resolvido por um acesso em via paralela ao terreno, sem prejudicar o trânsito.

O complexo é formado por quatro blocos de cinco pavimentos articulados entre si, formando uma praça interna aberta até o embasamento. São três torres de dezesseis pavimentos, com heliporto na cobertura, e um edifício anexo, baixo, para centrais energéticas. Complementam o programa áreas de lazer e esportivas para os funcionários.

Abaixo do térreo, na grande área que corresponde ao embasamento e que liga todos os blocos de escritórios, estão instalados os equipamentos de serviços comuns.

O sistema estrutural é composto de vigas e pilares em concreto armado, modulados para oferecer flexibilidade aos espaços internos, principal tônica do projeto.

Perspectivas da praça interna

133

EDIFÍCIO RESIDENCIAL ÁGUAS CLARAS

São Paulo, SP, Brasil
1984

O edifício se caracteriza pela forma semicircular dos terraços dos apartamentos voltados para a rua, rompendo a ortogonalidade do entorno. A assimetria e os programas com áreas úteis diferentes dos dois apartamentos não impedem que externamente sejam percebidos como se fossem uma unidade por andar.

Implantado em um lote de meio de quadra, chega-se ao *hall* de entrada por um acesso marcado por um círculo de 16 m de diâmetro. O espaço iluminado, com paredes curvas e teto vermelho, resulta em uma composição alegre e descontraída. De modo não convencional os dois elevadores sociais, que servem de forma independente as unidades da frente e dos fundos, estão posicionados nas extremidades.

Avançando os limites do plano de vedação, as paredes inclinadas da fachada noroeste orientam as janelas dos dormitórios, proporcionando uma melhor iluminação e privacidade, atenuando a vista do edifício vizinho, enquanto os espaços sociais são expandidos por terraços curvos.

O emprego da cor, associada ao concreto aparente, enriquece plasticamente a fachada, confere ritmo e ordem e estabelece uma relação mais clara entre interior e exterior.

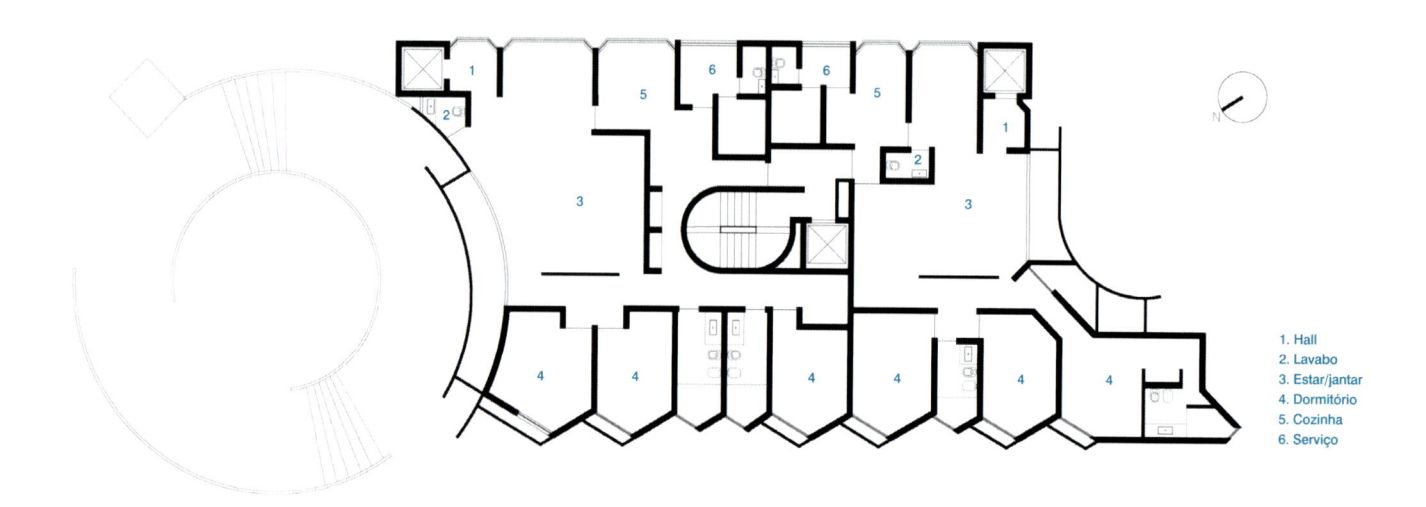

1. Hall
2. Lavabo
3. Estar/jantar
4. Dormitório
5. Cozinha
6. Serviço

Pavimento tipo

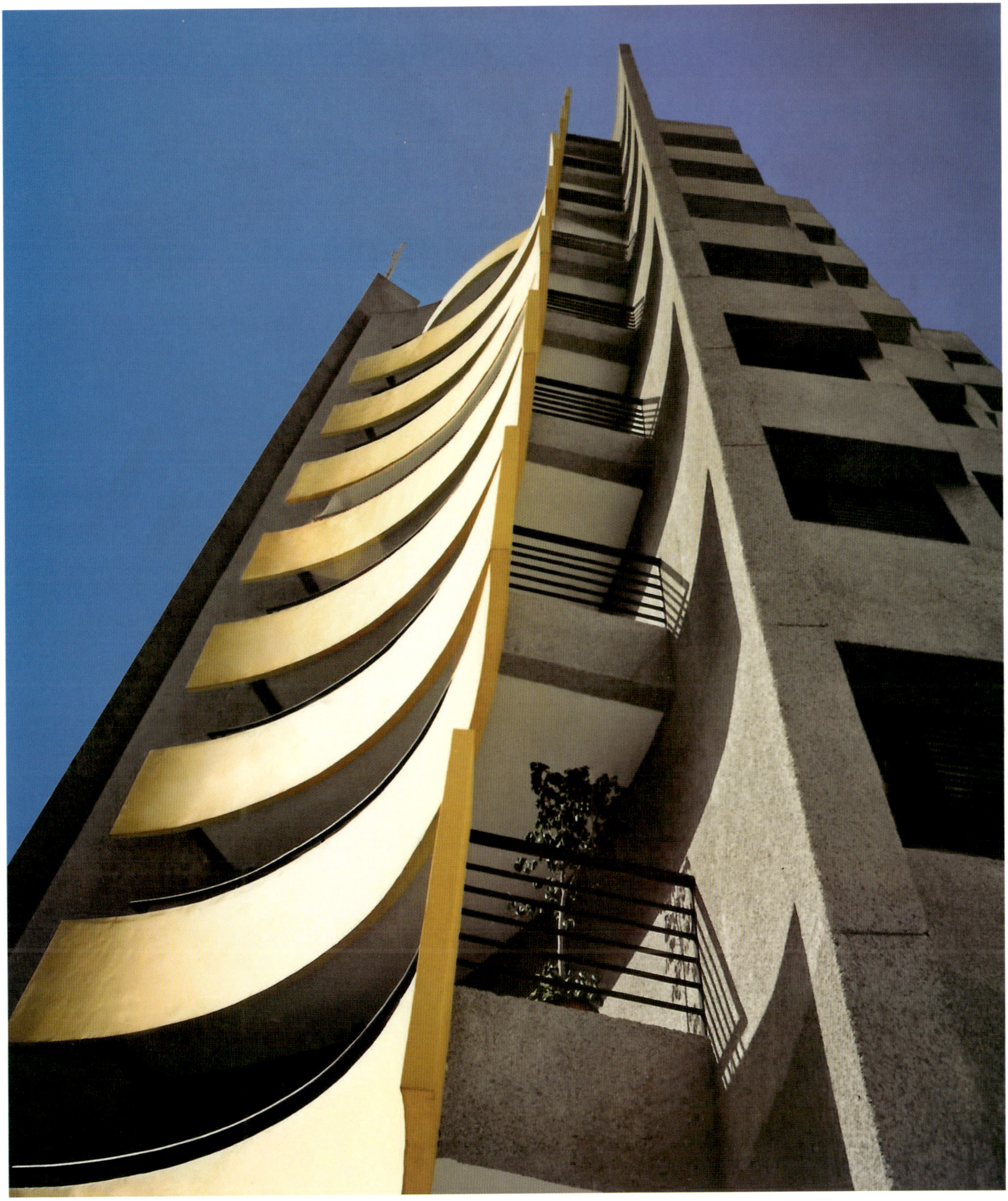

EDIFÍCIO RESIDENCIAL PARC PROMENADE

São Paulo, SP, Brasil
1985

Destaca-se nesse projeto a implantação do edifício na parte posterior do lote em forma de L. Essa solução permitiu um afastamento em relação à rua, formando um grande jardim que funciona como barreira acústica.

O edifício reproduz a configuração do terreno, sendo composto por dois blocos escalonados, unidos por um semicírculo na fachada. A disposição privilegia os quartos e as salas com a melhor insolação e ventilação.

A circulação vertical é feita por dois elevadores sociais que servem as duas unidades do pavimento de forma independente, acessados pela sala do apartamento.

O sistema estrutural é composto de vigas e pilares em concreto. Na fachada destaca-se o concreto aparente usado no peitoril dos terraços, que se prolongam horizontalmente dando a impressão de flutuar.

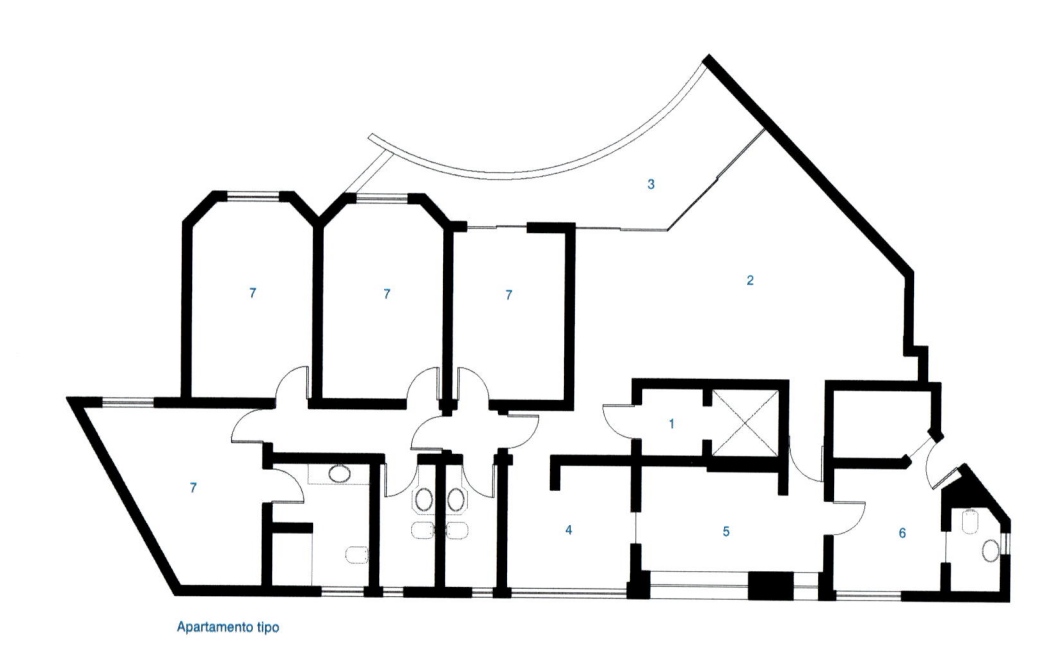

Apartamento tipo

1. Hall
2. Estar/jantar
3. Terraço
4. Copa
5. Cozinha
6. Serviço / lavanderia
7. Dormitório

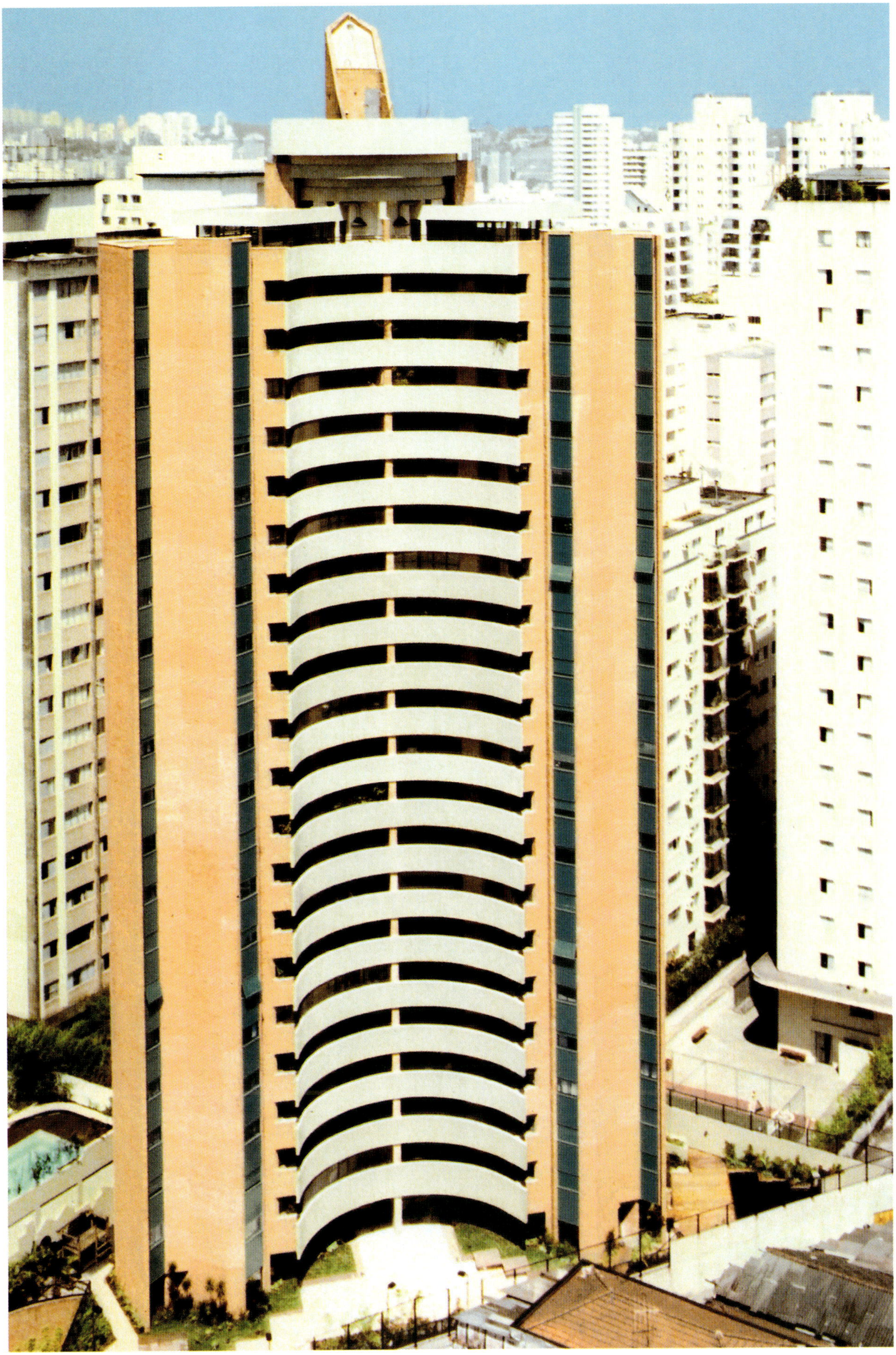

EDIFÍCIO ADMINISTRATIVO GRUPO FENÍCIA

São Paulo, SP, Brasil
1985

Nesse projeto as soluções volumétricas e funcionais foram adaptadas ao perfil natural do terreno. Constituído por três blocos, tem no seu bloco principal grelhas escalonadas com duas dimensões dispostas na diagonal em função da insolação. O auditório, de formas triangulares, posicionado diagonalmente numa das extremidades da torre principal, tensiona a composição do conjunto. Além disso, sua forma diagonal escalonada, voltada para a rua Bela Cintra, tem presença marcante, sobretudo pela alternância de cores que enfatizam a horizontalidade.

O edifício principal, com catorze pavimentos de escritórios, apresenta andar tipo, com área livre e consequente flexibilidade dos espaços. As circulações gerais e de apoios foram distribuídas em volumes periféricos ao corpo principal do edifício, essa solução resolveu a organização dos espaços internos sem interferências.

A estrutura é composta de pilares e lajes em concreto protendido, o que contribui para a liberação do espaço interno.

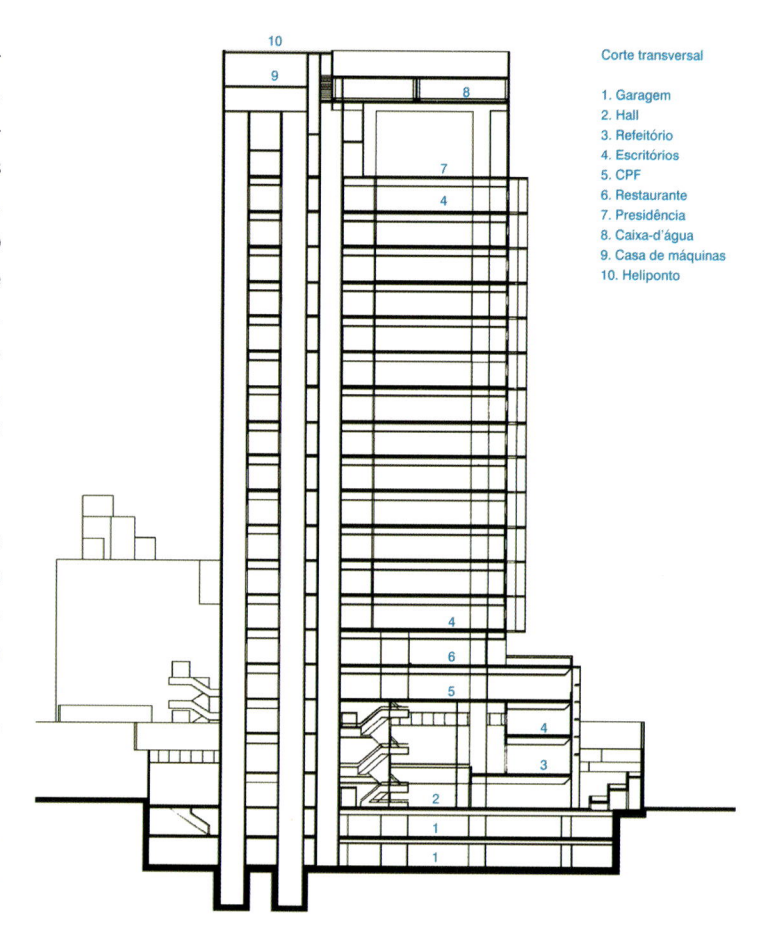

Corte transversal

1. Garagem
2. Hall
3. Refeitório
4. Escritórios
5. CPF
6. Restaurante
7. Presidência
8. Caixa-d'água
9. Casa de máquinas
10. Helíponto

Corte longitudinal do auditório

1. Casa de máquinas
2. Apoio técnico
3. Camarins
4. Passarela para refletores
5. Palco giratório
6. Plateia
7. Cabine de projeção
8. Monta-cargas do palco
9. Elevador
10. Foyer

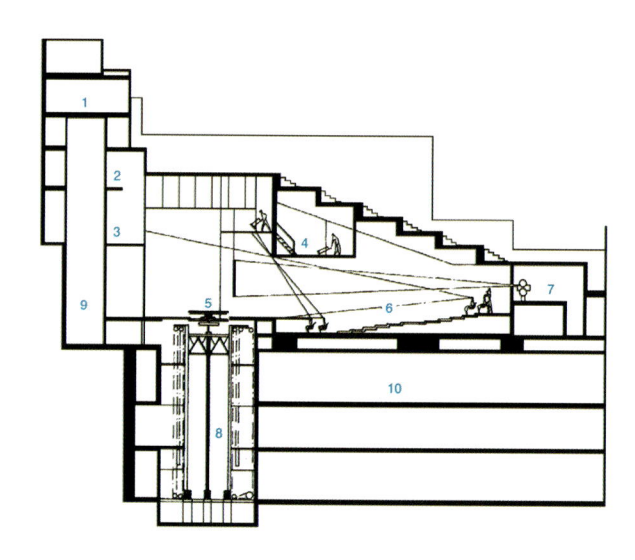

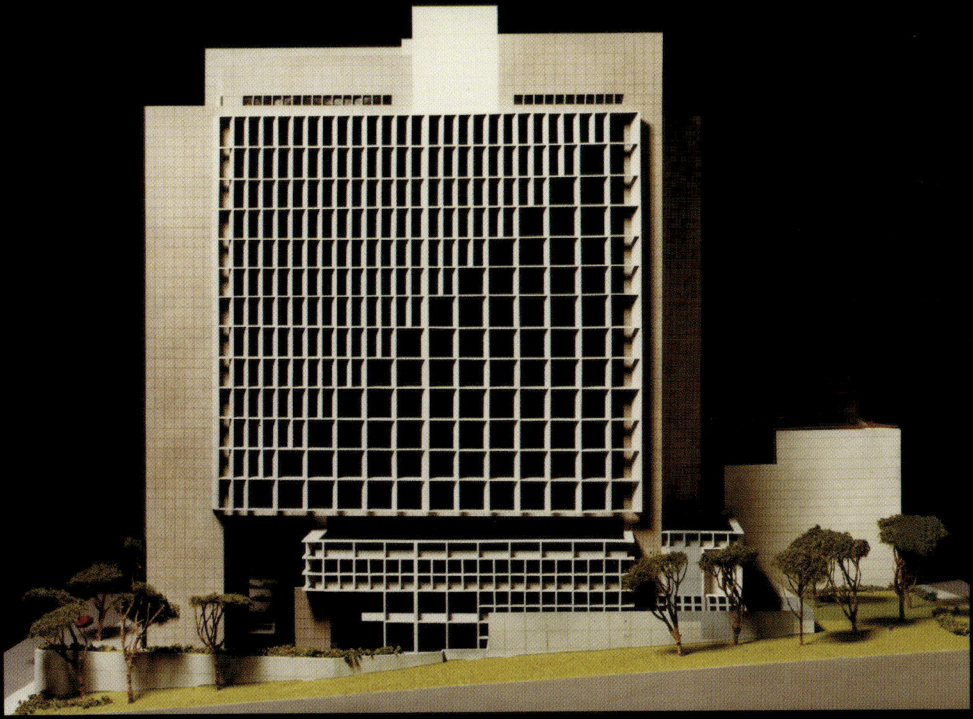

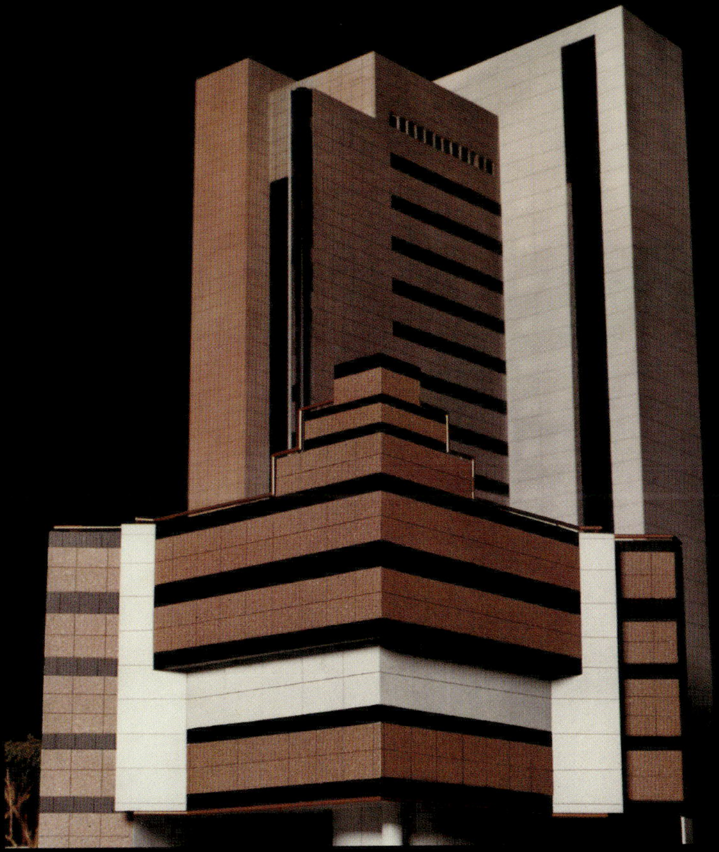

EDIFÍCIO FLAT SERVICE BADEN BADEN

São Paulo, SP, Brasil
1986

O edifício Flat Service Baden Baden, implantado em lote retangular, possui um perímetro recortado, que intercala retas ortogonais e ângulos a 45º. O edifício se destaca pela concepção volumétrica, que ora se expande, ora se retrai num exercício lúdico de leitura e apreensão dos espaços.

A construção de onze pavimentos ocupa um terreno de meio de quadra. Sua circulação é centralizada, dividindo os 44 apartamentos dois a dois. No térreo ficam a recepção, a academia de ginástica, a sauna, a piscina e o bar. O restaurante, com entrada independente, estende-se em um segundo ambiente no andar intermediário, onde se encontra o serviço de apoio.

As *bay-windows* envidraçadas expandem o ambiente social e proporcionam movimento às fachadas. Os terraços retangulares, com grandes floreiras, localizados nas extremidades do edifício longitudinal, geram um jogo de luz e sombra e um ritmo ao edifício.

Destaca-se também o coroamento do edifício, formado por uma cobertura curva que arremata a empena cega da fachada frontal.

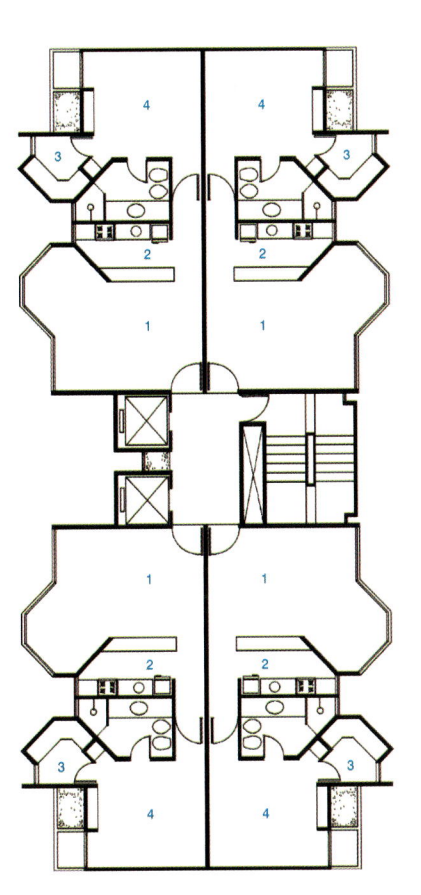

Pavimento tipo

1. Estar
2. Cozinha
3. Closet
4. Dormitório

FLAT SERVICE CRILLON PLAZA

São Paulo, SP, Brasil
1986

O Crillon Plaza é um elogio à plasticidade, combinando ousadia e tecnologia. Na obra predomina a ideia de pesquisa de novas linguagens construtivas e arquitetônicas, decretando o fim da monotonia visual, para estabelecer uma identidade própria.

Implantado em um lote de esquina com topografia de acentuado declive em relação à rua, esse edifício de dezoito pavimentos possui uma forma longitudinal com seis flats por andar. O lote em formato de "L" impôs uma assimetria no modo de distribuir as unidades.

A fachada voltada para a rua Haddock Lobo demonstra a clara divisão entre embasamento, torre e coroamento. O primeiro, ao nível do pedestre, é marcado pelos planos envidraçados e pelo acesso principal. A torre é marcada por uma clara definição de divisões verticais, e o coroamento, observado a distância, é marcado pela expressiva cobertura.

A composição volumétrica da fachada apresenta uma diversidade de formas, cores e texturas: sacadas circulares simétricas se contrapõem aos planos ortogonais, painéis em pastilhas cinza-azulados, detalhes metálicos em púrpura, além do coroamento em forma orgânica, com vocações do que se praticou nos anos 1950, utilizado com ironia.

Apesar da complexidade das operações descritas, a construção é simples, executada em concreto armado.

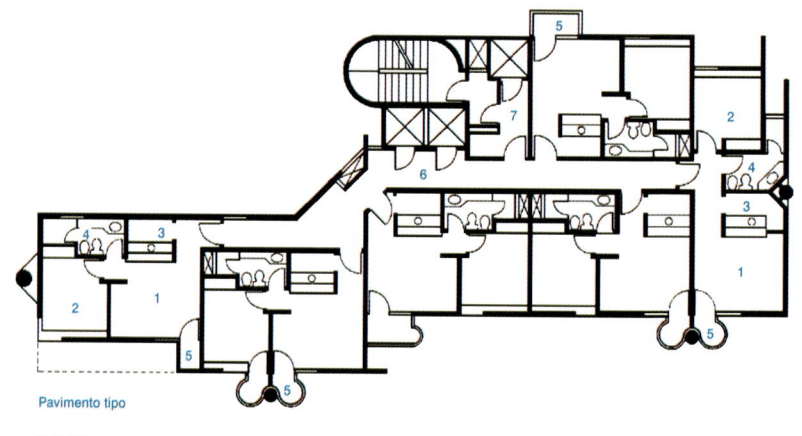

Pavimento tipo

1. Estar
2. Dormitório
3. Cozinha
4. Banho
5. Terraço
6. Hall social
7. Hall serviço

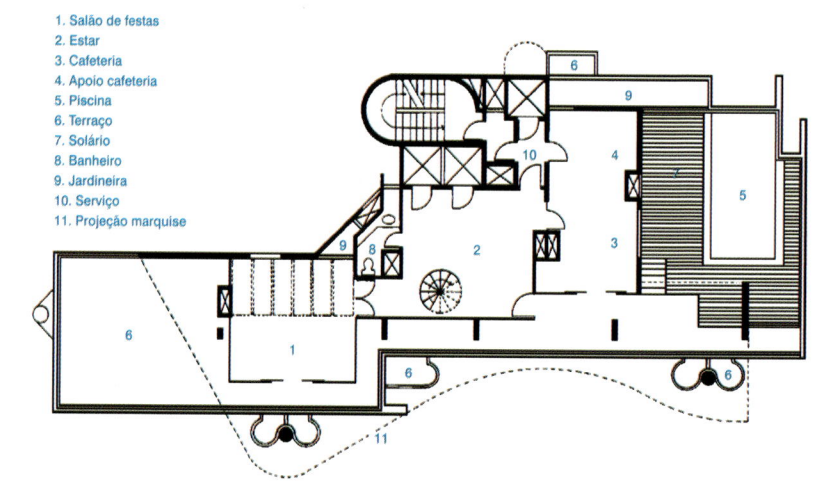

Cobertura

1. Salão de festas
2. Estar
3. Cafeteria
4. Apoio cafeteria
5. Piscina
6. Terraço
7. Solário
8. Banheiro
9. Jardineira
10. Serviço
11. Projeção marquise

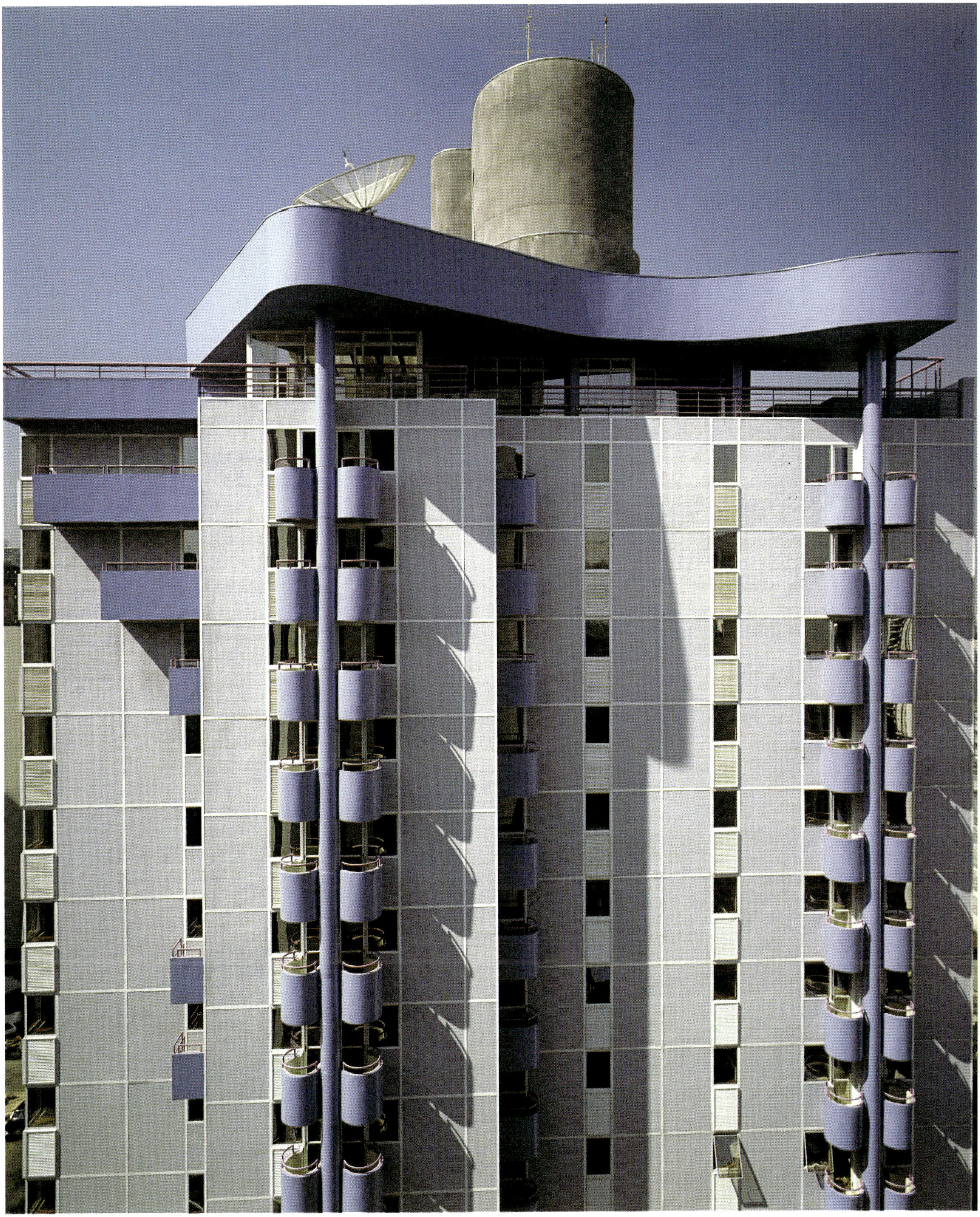

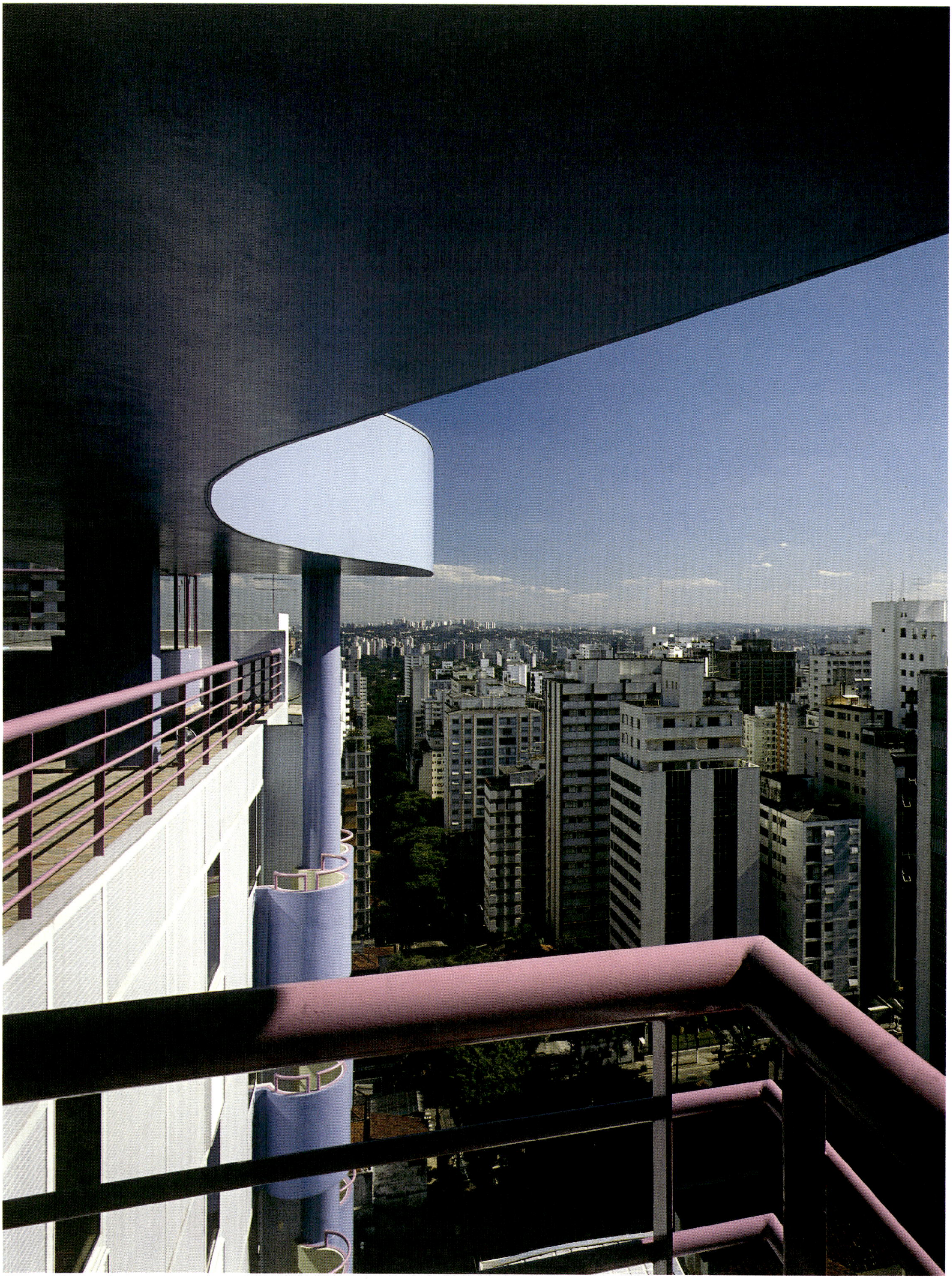

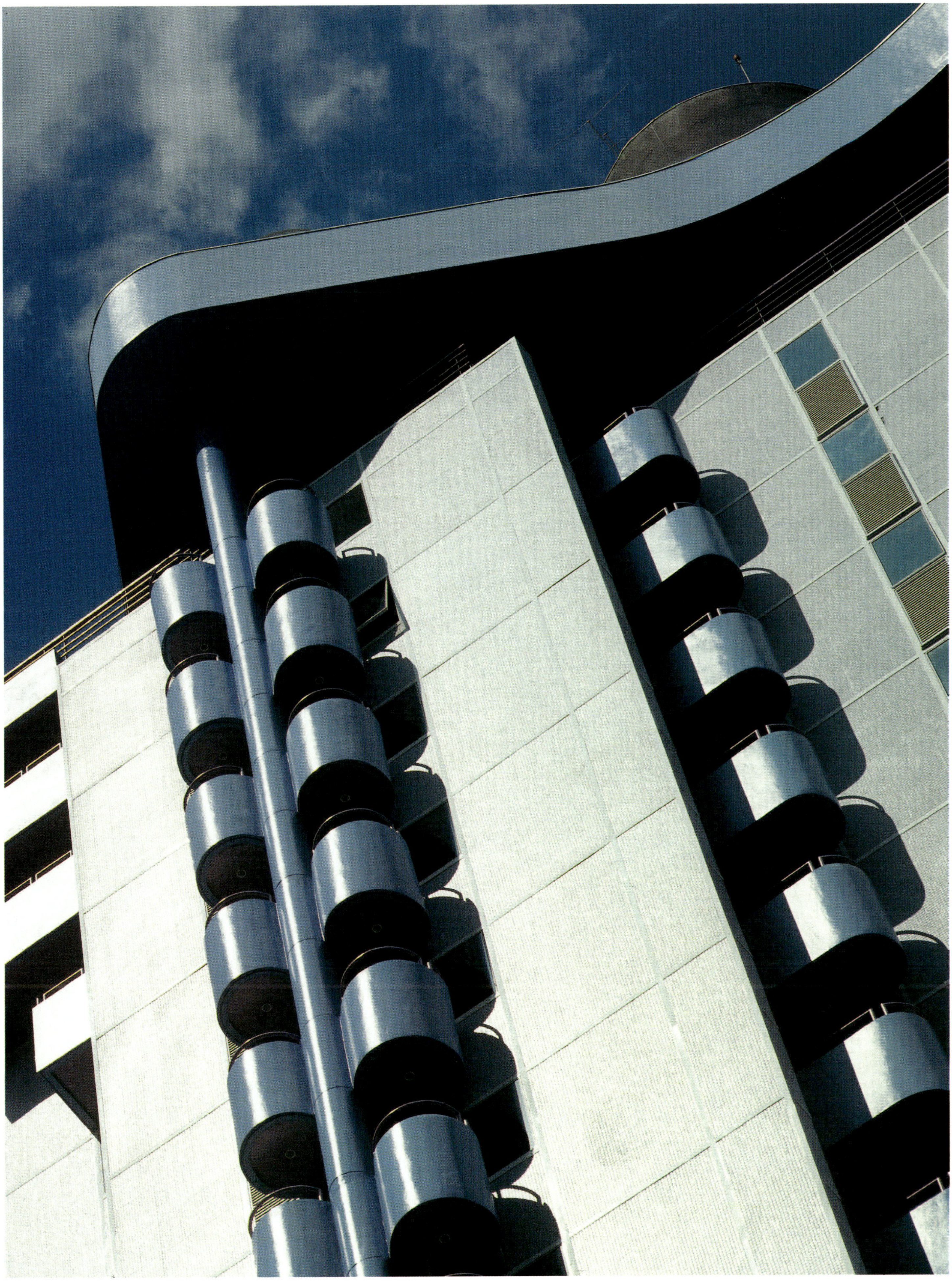

RESIDÊNCIA AK

São Paulo, SP, Brasil
1986

Na "casa Darth Vader", Vasco de Mello explora o binômio arquitetura-arte, utilizado indistintamente conforme uma vontade própria, na busca da originalidade do projeto.

Implantada em um terreno triangular de esquina, um eixo diagonal organiza a distribuição do programa e a circulação de maneira simples e direta. Uma marquise integra os espaços internos aos externos, sombreados por pérgulas e laje jardim impermeabilizados. Introvertida, a residência se abre para o jardim.

No pavimento superior, a cobertura em forma de triângulo é o elemento principal que define a arquitetura, o terço superior avança em relação à fachada, apoiado em um pilar cruciforme, ladeado por dois volumes oblíquos envidraçados, protegendo a área íntima do pavimento superior.

A estrutura é de concreto armado e a cobertura de duas águas com telha de barro. Basicamente foram usados dois elementos: concreto na estrutura e tijolo aparente nas vedações.

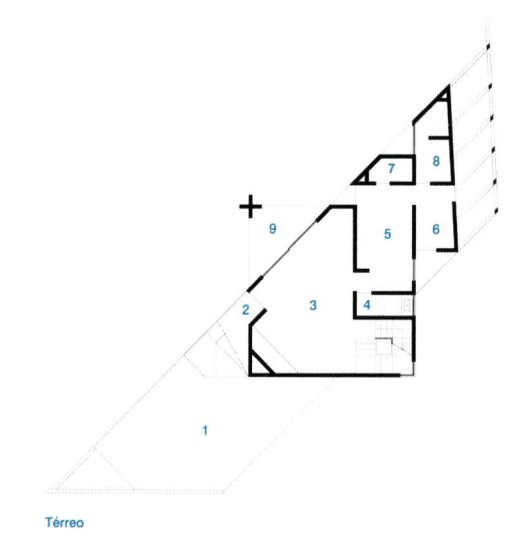

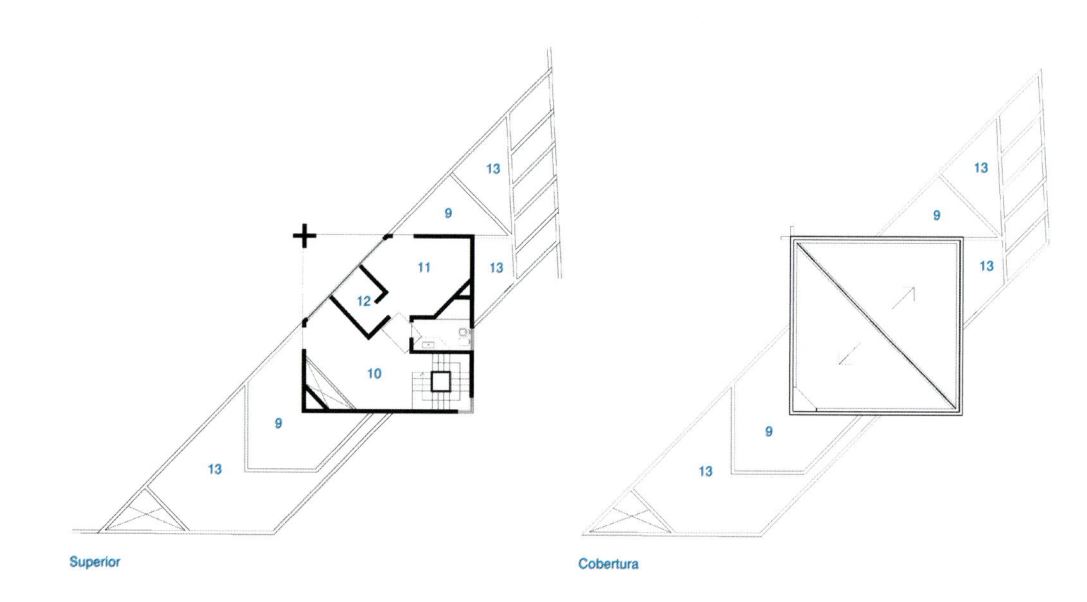

Térreo

1. Garagem
2. Entrada
3. Estar / jantar
4. Lavabo
5. Cozinha
6. Lavanderia
7. Despensa
8. Serviço
9. Terraço
10. Sala
11. Dormitório
12. Closet
13. Jardim sobre laje

Superior

Cobertura

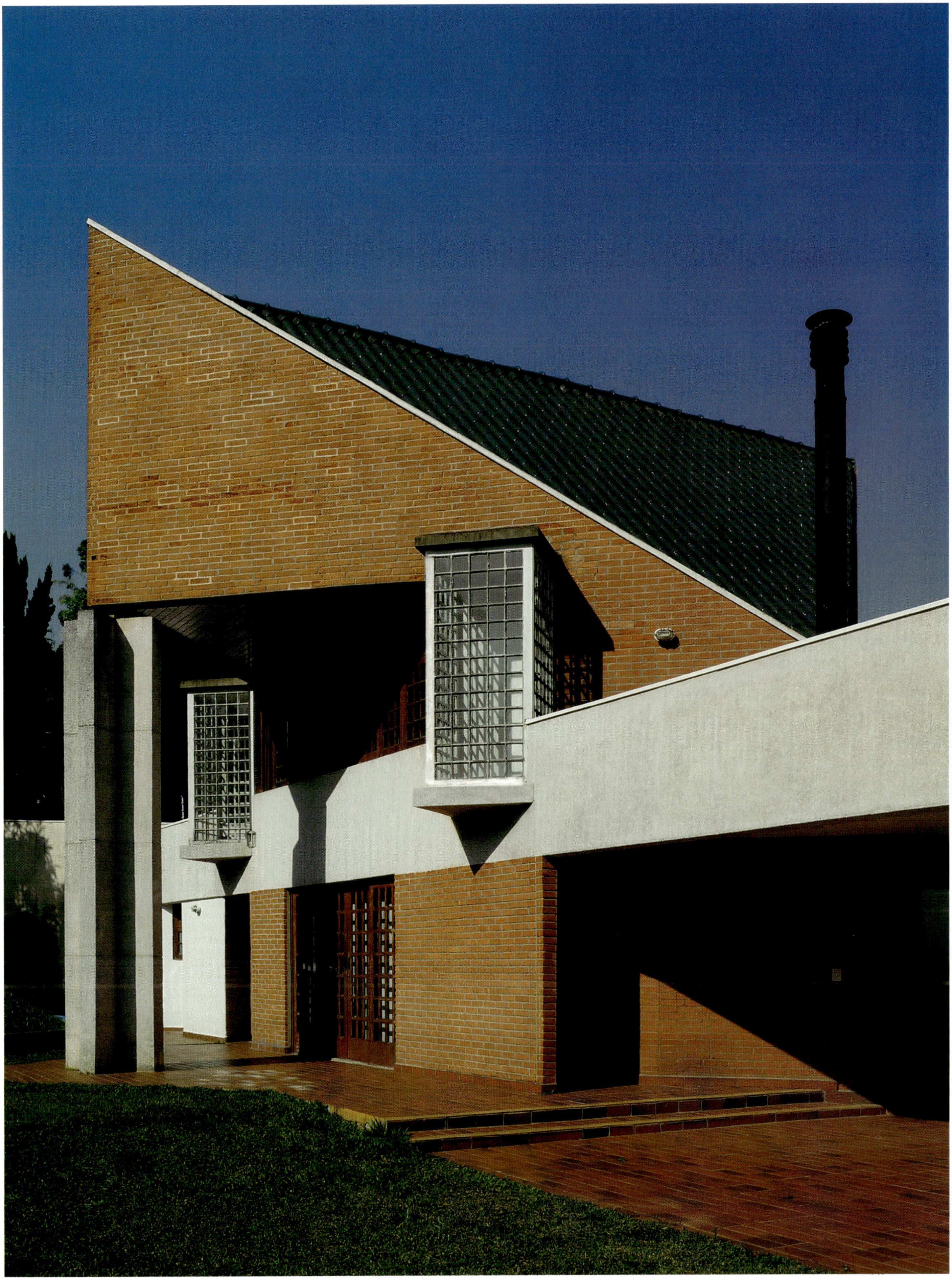

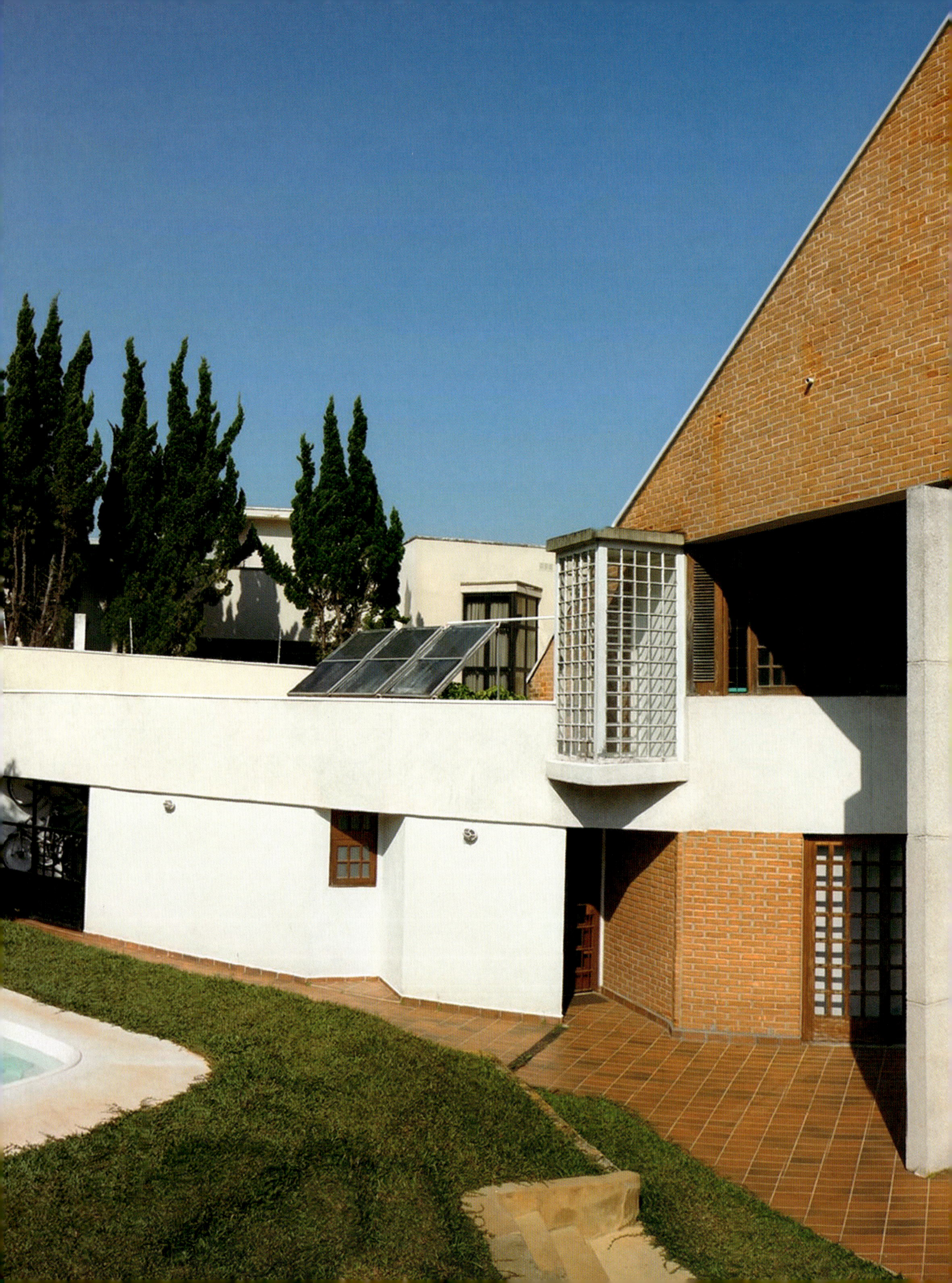

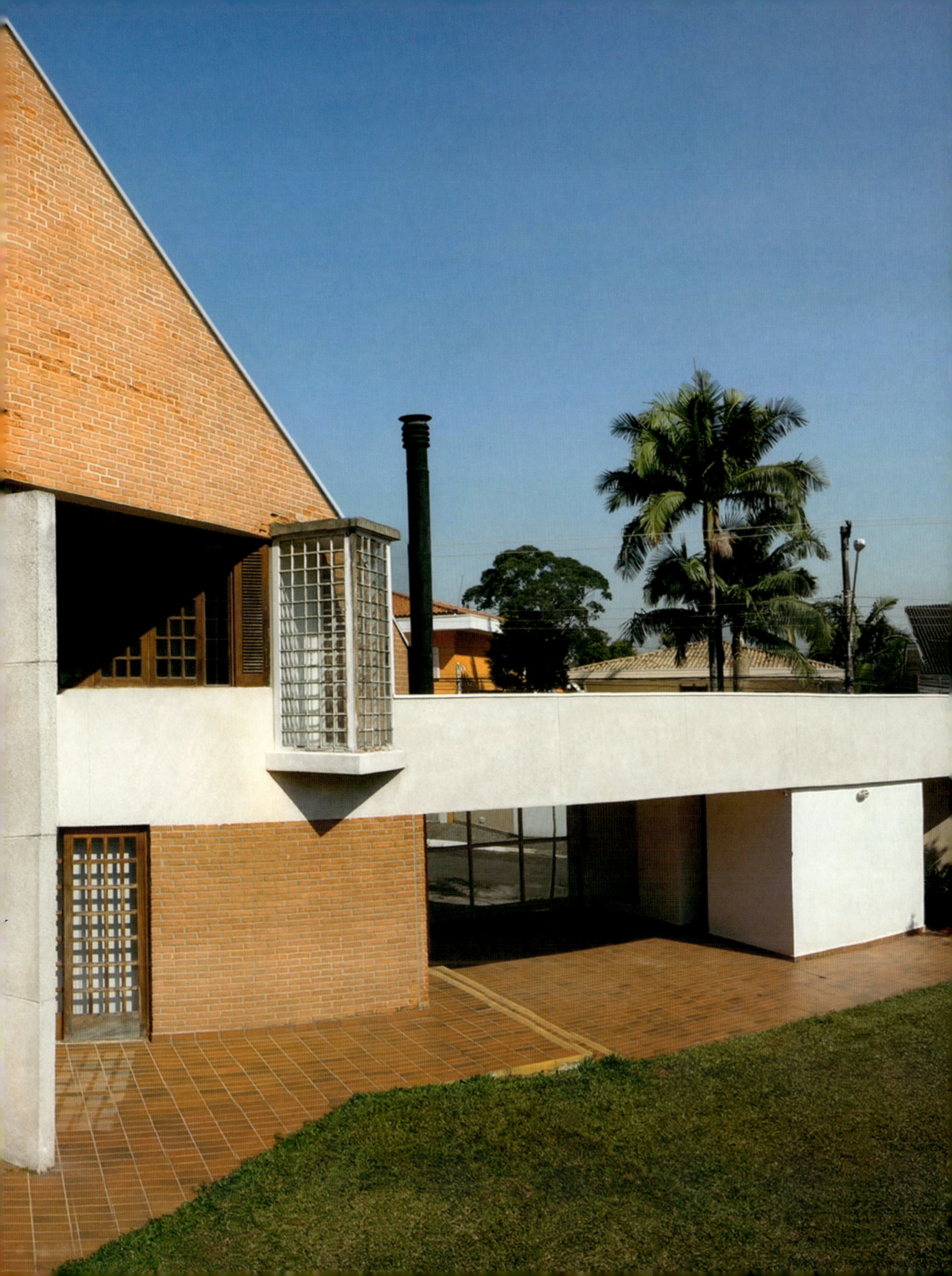

ART PLAZA FLAT SERVICE

São Paulo, SP, Brasil
1986

Projeto inovador, foi idealizado para hospedar uma galeria de arte, um pátio de esculturas e um apart-hotel.

Implantado em um lote de esquina, a relação do edifício de quinze pavimentos com o entorno foi resolvida com a criação de espaços públicos com áreas verdes e obras de arte.

O amplo átrio oferece vistas múltiplas dos interiores, favorecendo a integração da galeria de arte que fica no mezanino. Os apartamentos ocupam os pavimentos superiores e, na cobertura, ficam os espaços de lazer, a piscina e o bar.

A plástica robusta da exo-estrutura de concreto percorre a fachada, entrelaçando-se nos pavimentos, criando um volume de forte impacto visual.

Nesse edifício é visível o apuro técnico do projeto de arquitetura, que pode ser observado na complexidade da composição dos elementos. O projeto é o resultado da experimentação arquitetônica que atesta as possibilidades de inovação no uso dos elementos estruturais.

Perspectiva

RESIDÊNCIA DA VOLUTA

São Paulo, SP, Brasil
1986

Elevação frontal

Construída em uma rua fechada, na zona oeste da cidade, a residência se destaca pela profusão de formas, com soluções espaciais e volumétricas originais.

Na fachada principal, praticamente cega, se apresenta uma voluta que avança em relação à alvenaria e enriquece plasticamente a parede que estabelece a frontalidade com a rua, garantindo privacidade aos moradores.

Organizada em um único pavimento, a integração dos espaços cobertos com os abertos se dá apenas no interior da residência. Na fachada posterior um painel de vidro, estruturado pela esquadria quadriculada provinda da cobertura, ilumina e ventila os banheiros.

A cobertura é formada por uma laje jardim com um volume central em forma de abóboda e um volume trapezoidal em concreto e vidro que protege e ilumina a entrada social.

O sistema construtivo foi concebido a partir de estrutura de concreto armado e pilares circulares. O piso da garagem de pedra portuguesa preta contrasta com a alvenaria branca e o concreto aparente utilizados nos acabamentos.

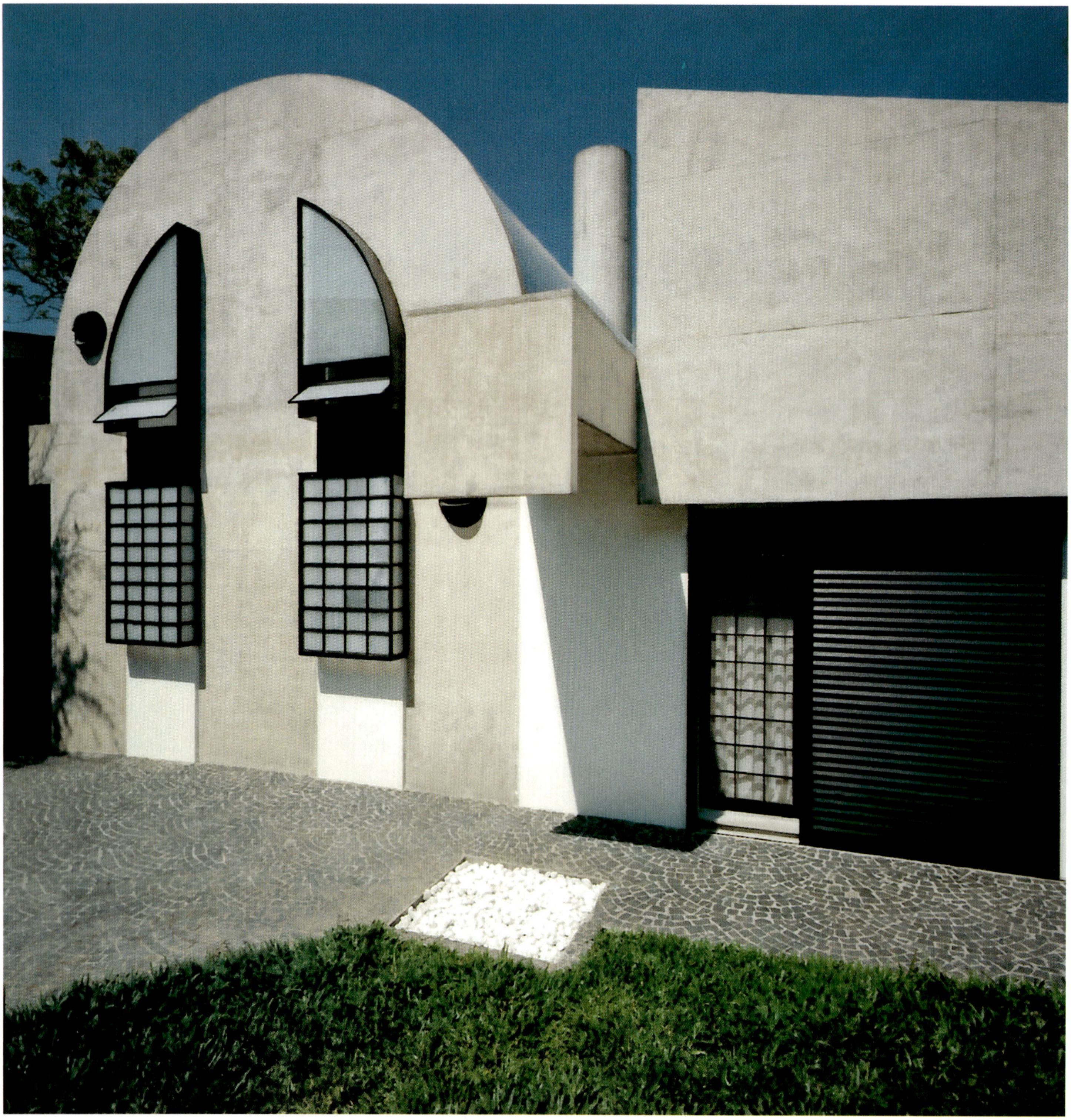

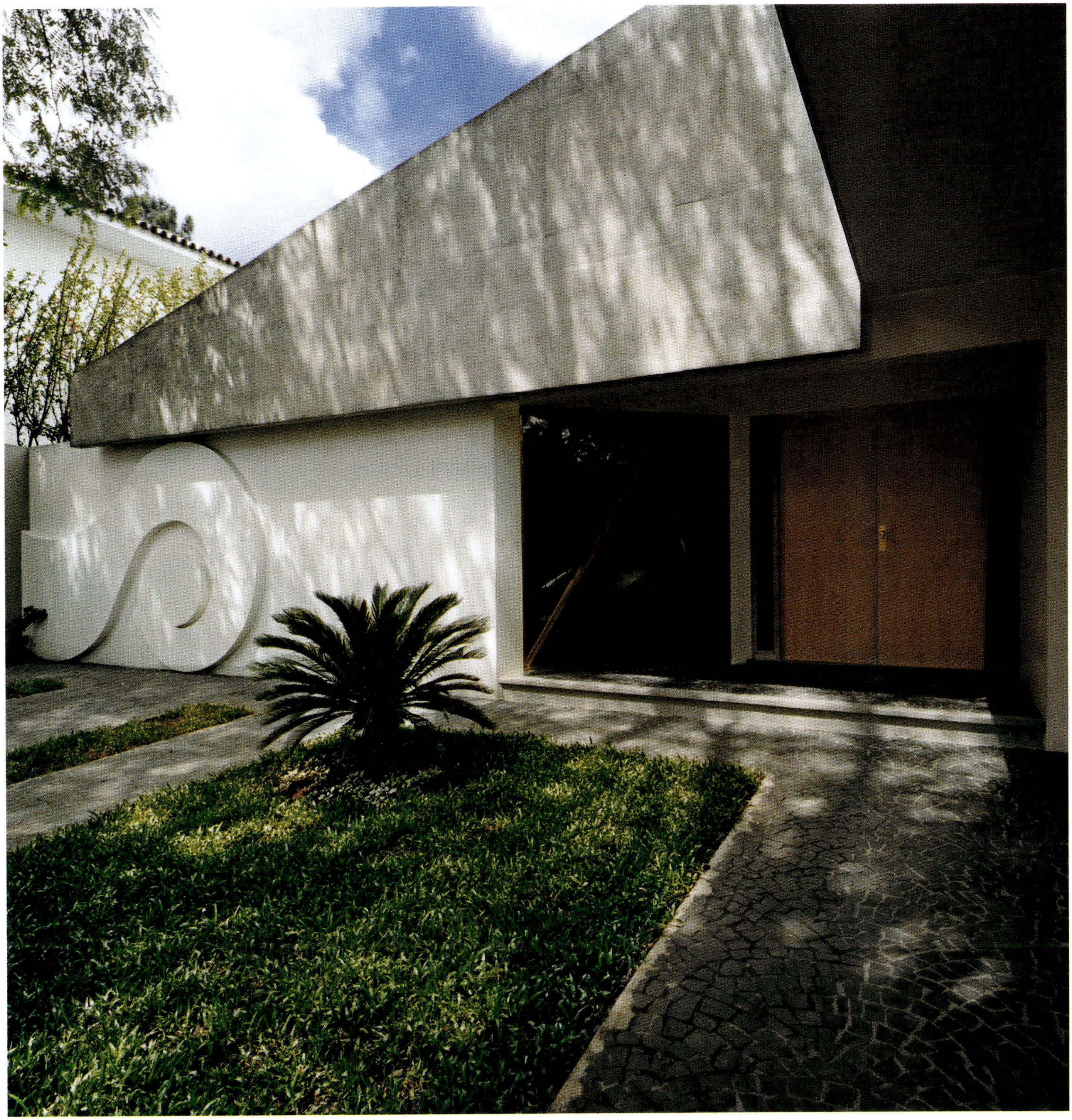

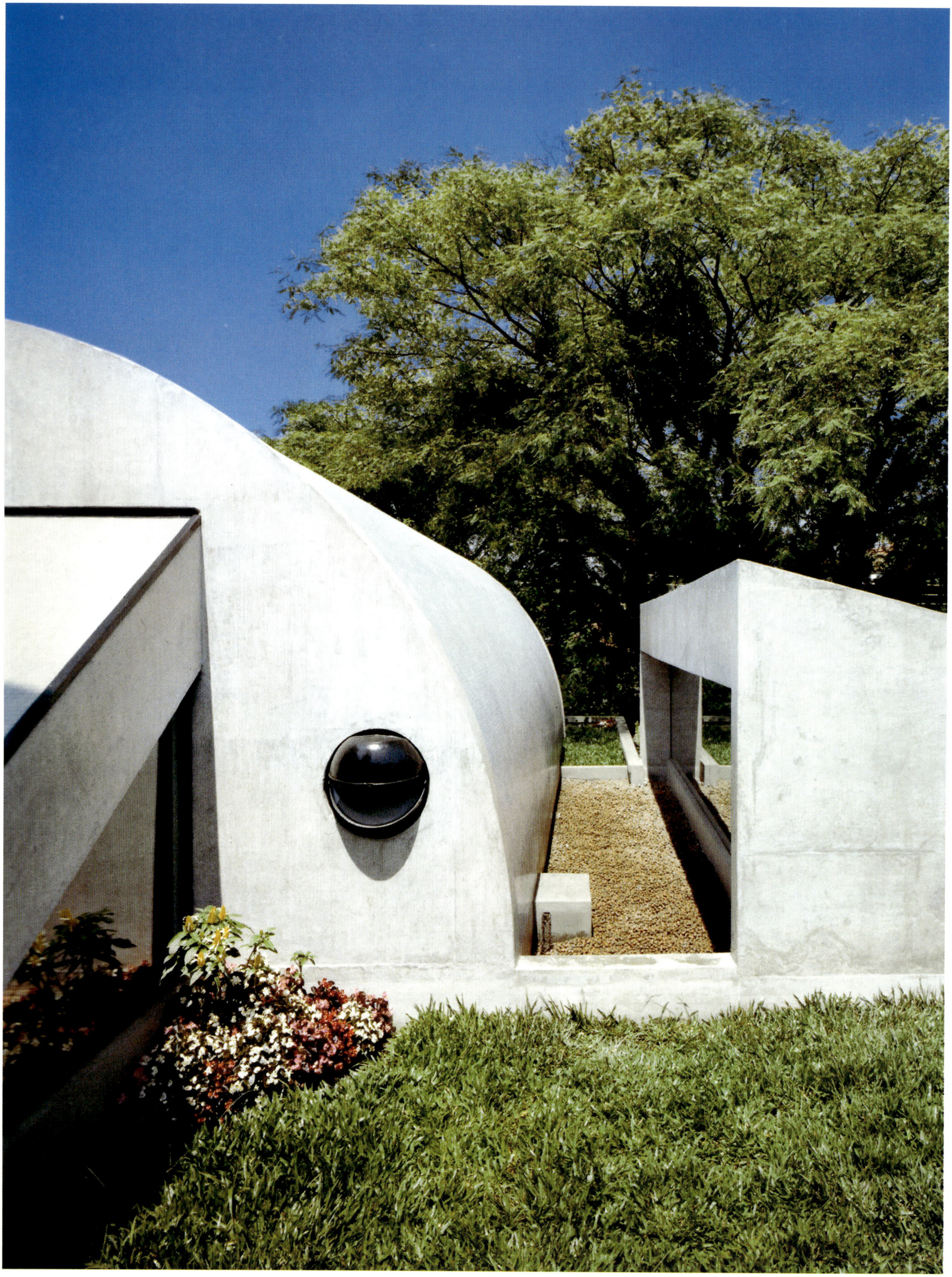

SERVIÇO NACIONAL DE APRENDIZAGEM COMERCIAL – SENAC

PRÊMIO IAB, 1992
SPECIAL MENTION MARBLE ARCHITECTURAL AWARDS ITÁLIA, 1995
São José dos Campos, SP, Brasil
1987

Localizado a 100 km da capital paulista, a cidade é um importante polo de tecnologia. No edifício, a combinação dos elementos arquitetônicos não tem uma função meramente formal, tem como foco a articulação da forma no espaço, que confere o dinamismo adequado ao programa do Senac.

Construído ao redor de um pátio central, a união do conjunto é dada pela circulação, que garante um trajeto contínuo por todo o edifício. Em um momento ela é interna, inundada de luz proveniente da cobertura translúcida em duas águas, e, quando se torna externa, é protegida por uma laje plana que circunda as áreas abertas de exposição, prolongando-se até o auditório.

Além da circulação, outro fator de união do conjunto é a adoção de uma malha, composta de vigas e pilares, que atua como um sistema estrutural e compositivo, excedendo os limites do edifício, marcando o acesso desde o passeio público.

No edifício de dois pavimentos, os ambientes voltados para os cursos profissionalizantes, assistência médica e lazer receberam divisórias em gesso, atendendo à necessidade de flexibilização dos espaços internos.

A solução estrutural é mista, feita de concreto e estrutura metálica, evidenciada pela composição cromática dos materiais de revestimento.

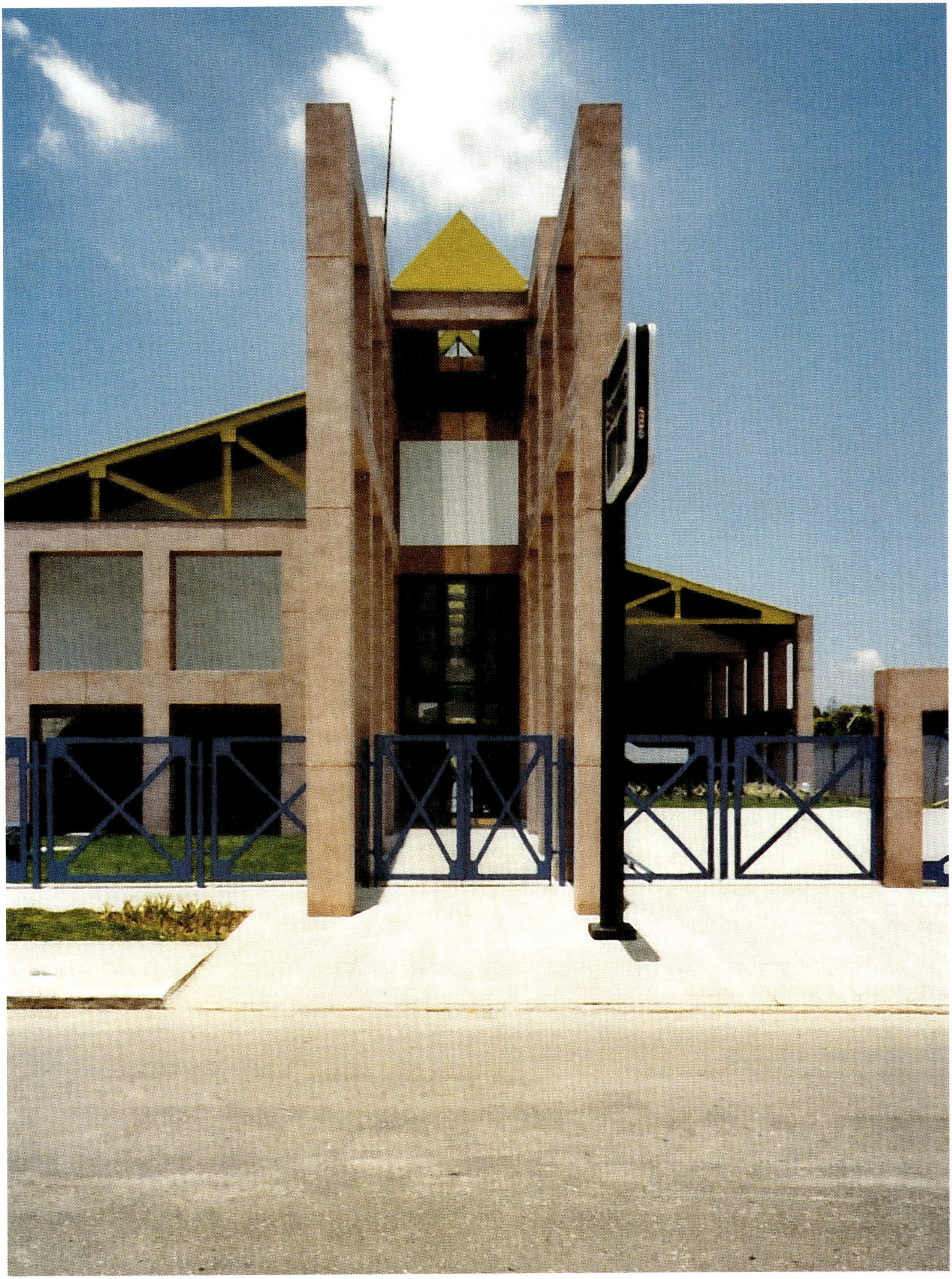

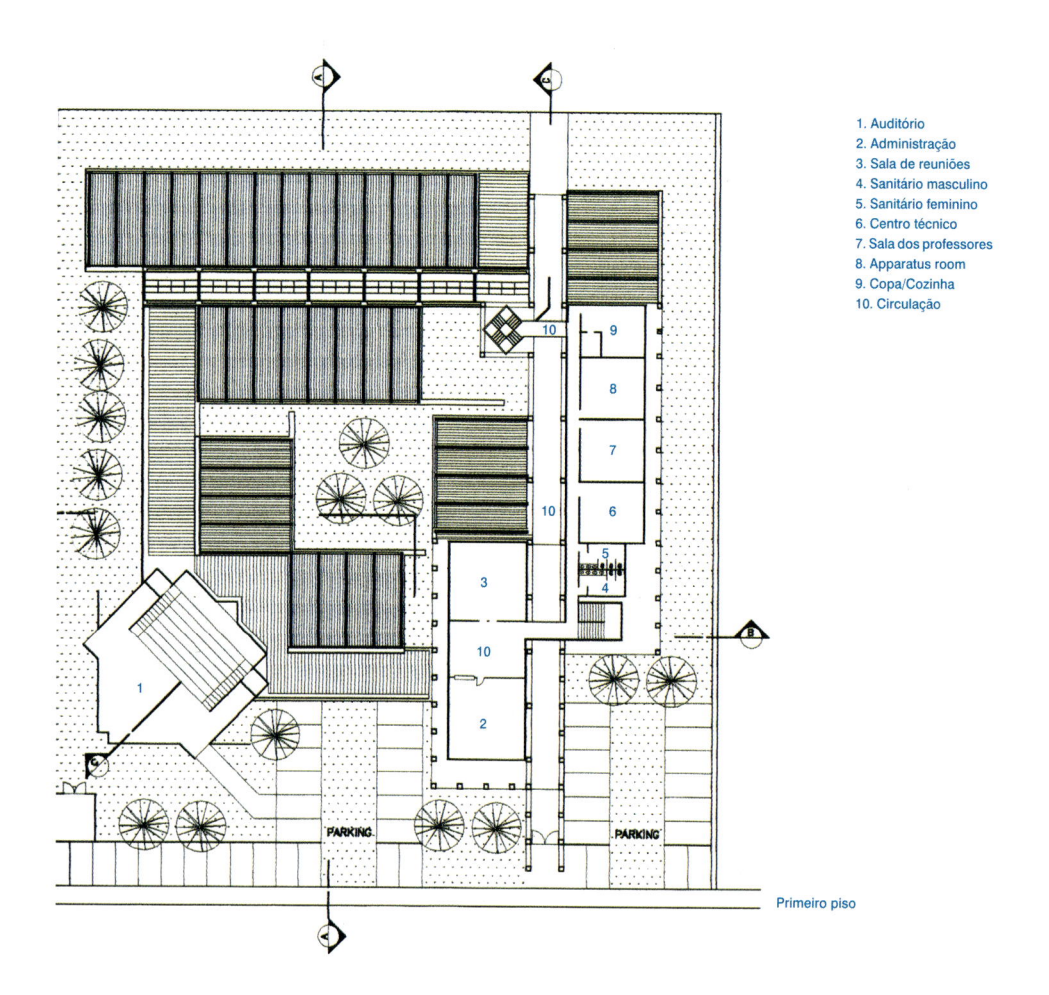

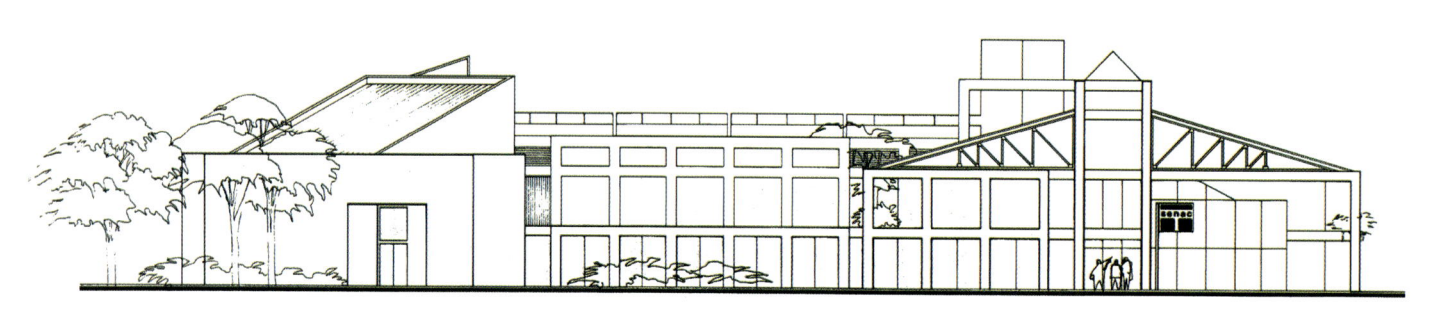

1. Auditório
2. Administração
3. Sala de reuniões
4. Sanitário masculino
5. Sanitário feminino
6. Centro técnico
7. Sala dos professores
8. Apparatus room
9. Copa/Cozinha
10. Circulação

Primeiro piso

Corte BB

Elevação 1

EDIFÍCIO RESIDENCIAL PIAZZA NAVONA

São Paulo, SP, Brasil
1988

O edifício apresenta uma linguagem expressiva baseada em formas diagonais no qual prevalece o uso dos eixos vertical e horizontal, utilizados como elemento de valorização e dinamização compositiva. Esse emprego, por um lado, distribui as diferentes atividades internas, e, por outro, procura relações visuais e físicas com o exterior.

Implantado em lote retangular de meio de quadra, de boas proporções, o edifício tem a marcação de acesso estabelecida pelo volume da portaria, em balanço com a projeção sobre a calçada, sombreada por uma laje jardim.

As formas diagonais dos dois terraços localizados na fachada frontal – sendo o maior da área social e o menor do dormitório – são interrompidas por uma empena cega que abriga o elevador social. Nesse encontro há uma floreira que proporciona profundidade à fachada.

Na fachada oposta, os terraços trapezoidais se harmonizam com as amplas superfícies envidraçadas dos ambientes sociais. O resultado é uma planta e uma volumetria com princípios geométricos que garantem uma linguagem arquitetônica vigorosa.

1. Hall
2. Escritório
3. Lavabo
4. Estar / jantar
5. Terraço
6. Dormitório
7. Cozinha
8. Lavanderia
9. Serviço

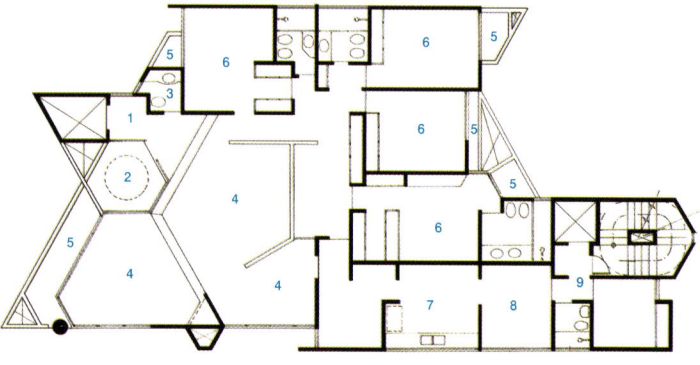

Apartamento tipo

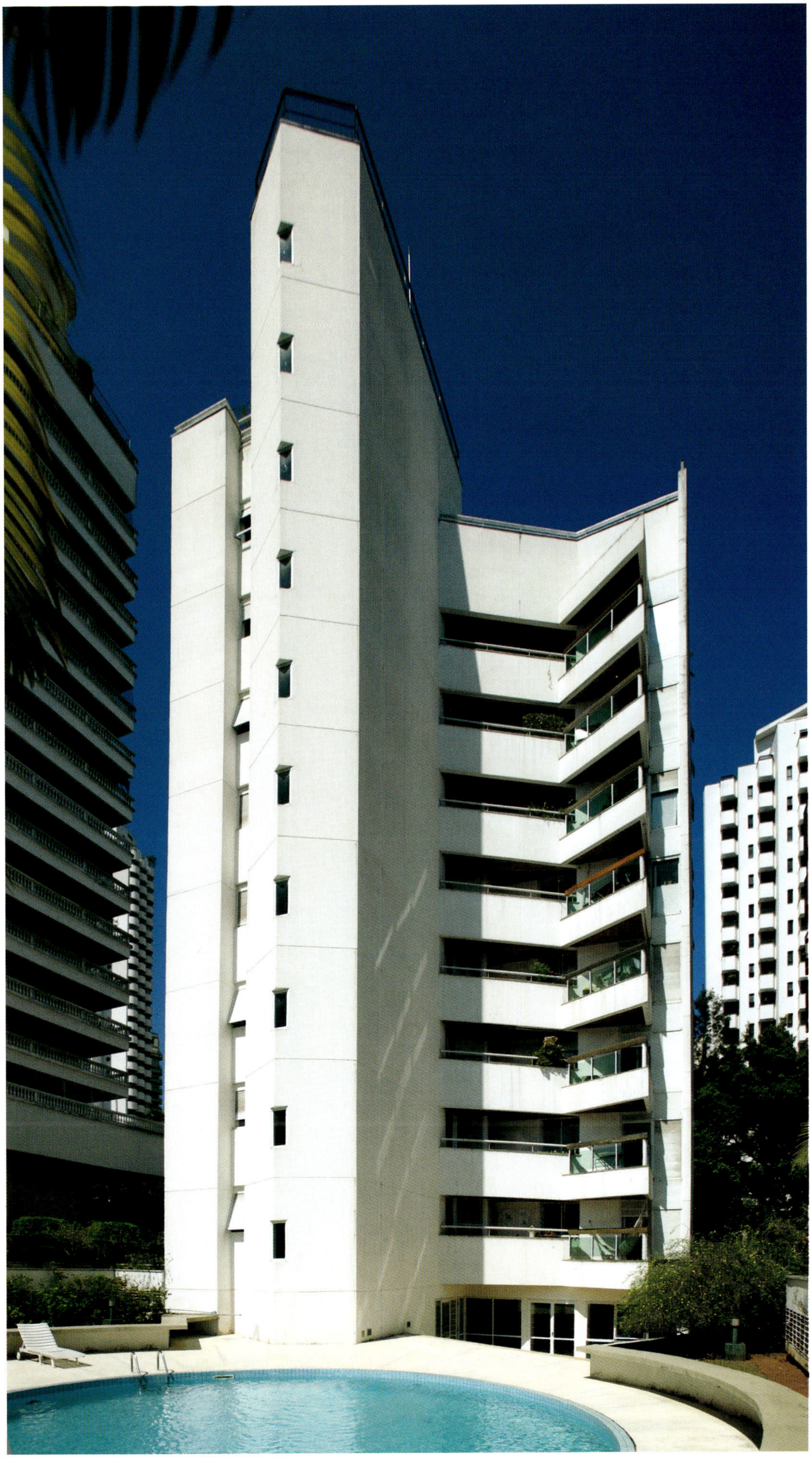

EDIFÍCIO RESIDENCIAL ADVANCE LIVING

São Paulo, SP, Brasil
1989

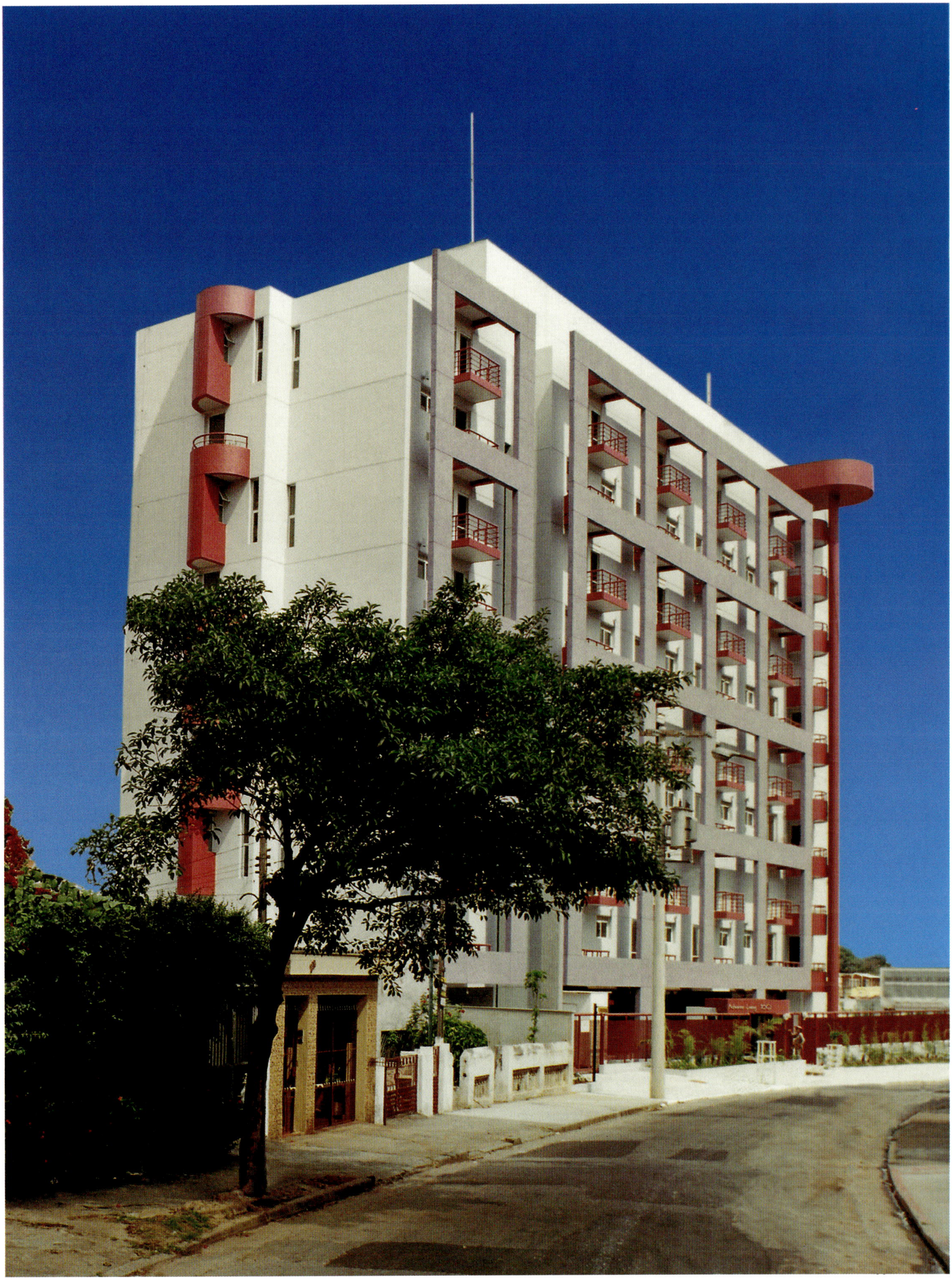

Em razão dos condicionantes iniciais de gabarito máximo permitido e recuos obrigatórios pela legislação, surge um edifício de estrutura em concreto em forma de lâmina que ganhou identidade através da configuração da composição da fachada.

Grelhas verticais em concreto armado foram justapostas, soltas das duas faces longitudinais do edifício, incluindo os pequenos terraços dos apartamentos. O elemento cria um espaço dinâmico, enfatizado pela composição cromática empregada nos volumes das unidades.

O edifício possui 12 apartamentos tipo dúplex, por pavimento, e os elevadores panorâmicos foram posicionados em extremidades opostas, servindo a seis unidades cada. A circulação de serviço central é acessada pelas duas alas, limitando o espaço, solucionando dessa forma o corredor comprido.

Uma articulação de elementos e recursos de linguagem simples que deu resultados.

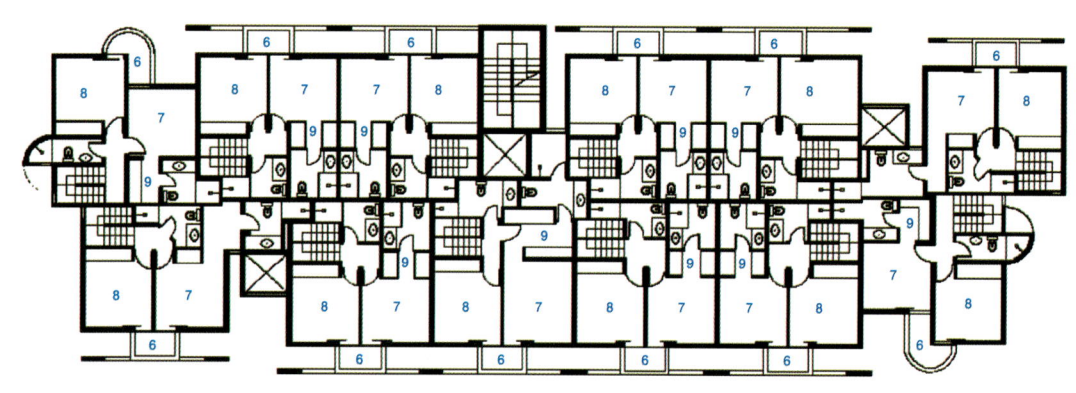

1. Hall social
2. Hall de serviço
3. Estar / jantar
4. Cozinha
5. Área de serviço
6. Terraço
7. Suíte
8. Dormitório
9. Closet

Pavimento tipo superior

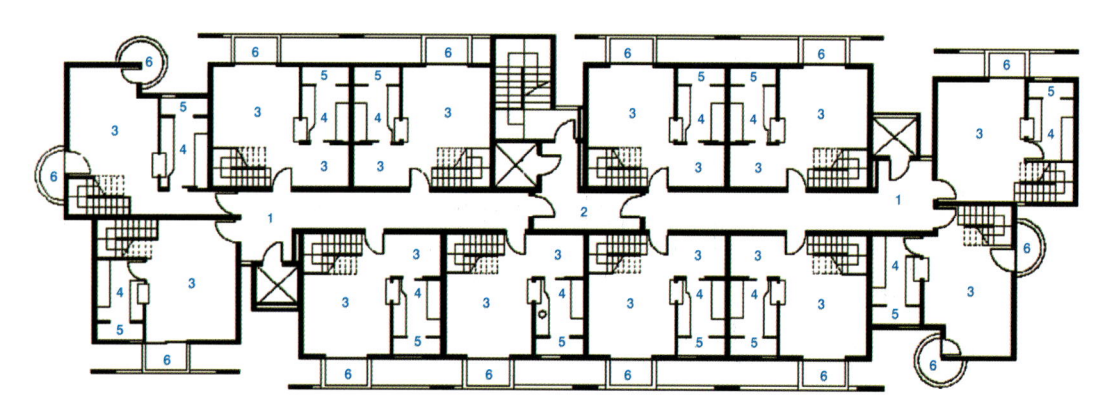

Pavimento tipo inferior

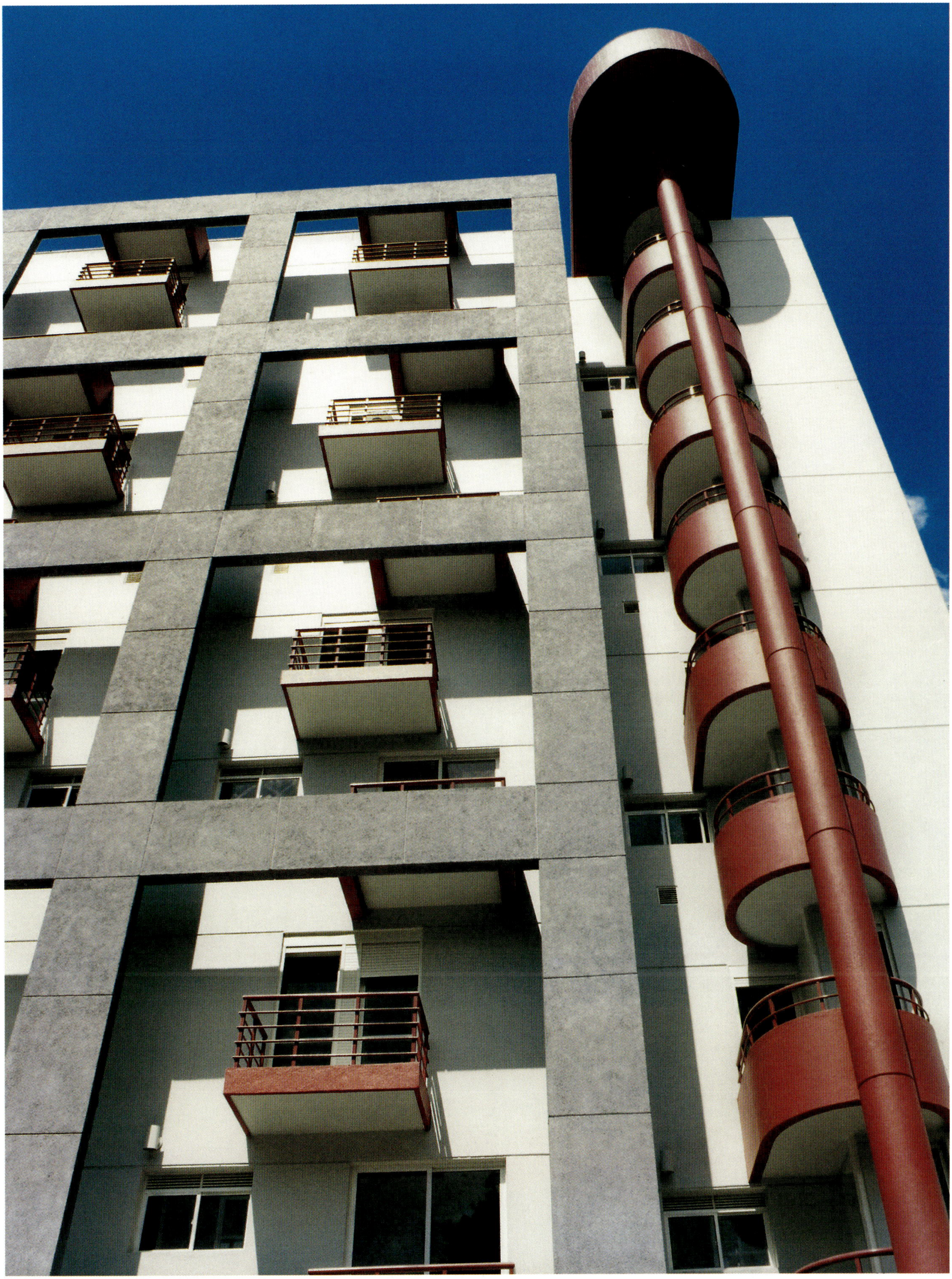

PRACTICAL OFFICE ITAIM

São Paulo, SP, Brasil
1990

Localizado junto aos muitos escritórios de empresas do bairro, o edifício se apresenta como um prisma de vidro. Com diversas inclinações de planos – posicionados entre a base e os pavimentos superiores –, passa da forma retangular ortogonal para a forma diagonal, num giro de 45º, o que acentua a sua verticalidade e gera contrastes com as empenas cegas.

Implantado em um lote retangular urbano estreito, a fachada esbelta, vista de frente, oculta a escala do edifício de dezoito pavimentos, que se revela quando observados de outros pontos. O coroamento, com volumes salientes que arrematam as cortinas de vidro laterais, se destaca, criando um efeito dinâmico.

O acesso é protegido por uma laje inclinada que avança em direção ao muro da divisa do lote. O sistema estrutural é composto de vigas e pilares em concreto.

Sala tipo 75 m²

Sala tipo 45 m²

1. Recepção
2. Escritório

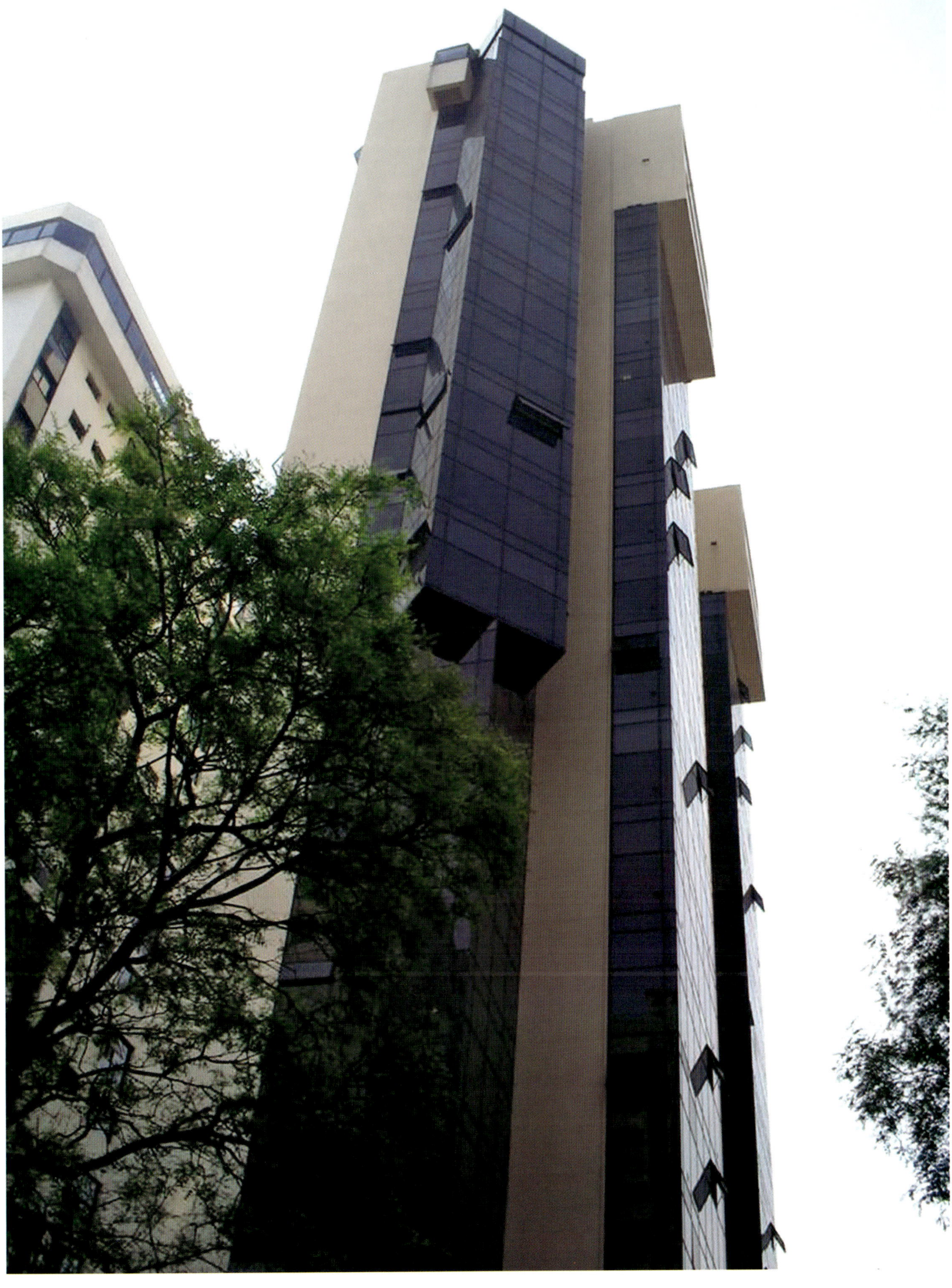

TORRE TRIANON

São Paulo, SP, Brasil
1990

Nesse projeto – apresentado para a Prefeitura de São Paulo no Centenário da Avenida Paulista, com a mesma linha de pensamento das proposições de François Mitterrand, presidente da França na década de 1980 – os arquitetos idealizaram um marco urbano que alteraria o *skyline* de São Paulo.

Consolidando a imagem e a vocação de centro de negócios, serviços e cultura, a proposta visa, com intervenções pontuais em sua infraestrutura, a reintegração e a continuidade dos espaços formados pelo Parque Siqueira Campos, pela Praça Alexandre de Gusmão e pelo Museu de Arte de São Paulo (Masp), prolongando-se até a avenida Nove de Julho, formando assim um conjunto urbanístico contínuo de 100 mil m².

Como apoio logístico da operação, propõe a construção de uma torre para serviços, escritórios, hotelaria e comunicações, baseada em três pontos equidistantes, encapsularia o Masp e marcaria o eixo visual da avenida Paulista.

O projeto também propõe uma praça, destinada a eventos socioculturais, passeios e encontros, ligando os pilotis do Masp ao Parque Siqueira Campos, com a execução de uma passagem em desnível, formada por oito pistas, com 330 m de extensão, entre as ruas Itapeva e Ministro Rocha Azevedo. Uma larga passarela também transpõe a alameda Casa Branca, ligando o parque à praça Alexandre de Gusmão, para a qual está prevista uma reformulação paisagística, com o adensamento de arborização e a construção de uma arena de espetáculos ao ar livre.

Aproveitando-se a diferença de nível existente na saída do túnel da avenida Nove de Julho, a ideia de erguer um edifício escalonado em quatro pavimentos reproduz o antigo Trianon, com suas escadarias, belvedere, salões para festas e eventos, tratamento paisagístico adequado, além da criação de um estacionamento para 1.600 veículos.

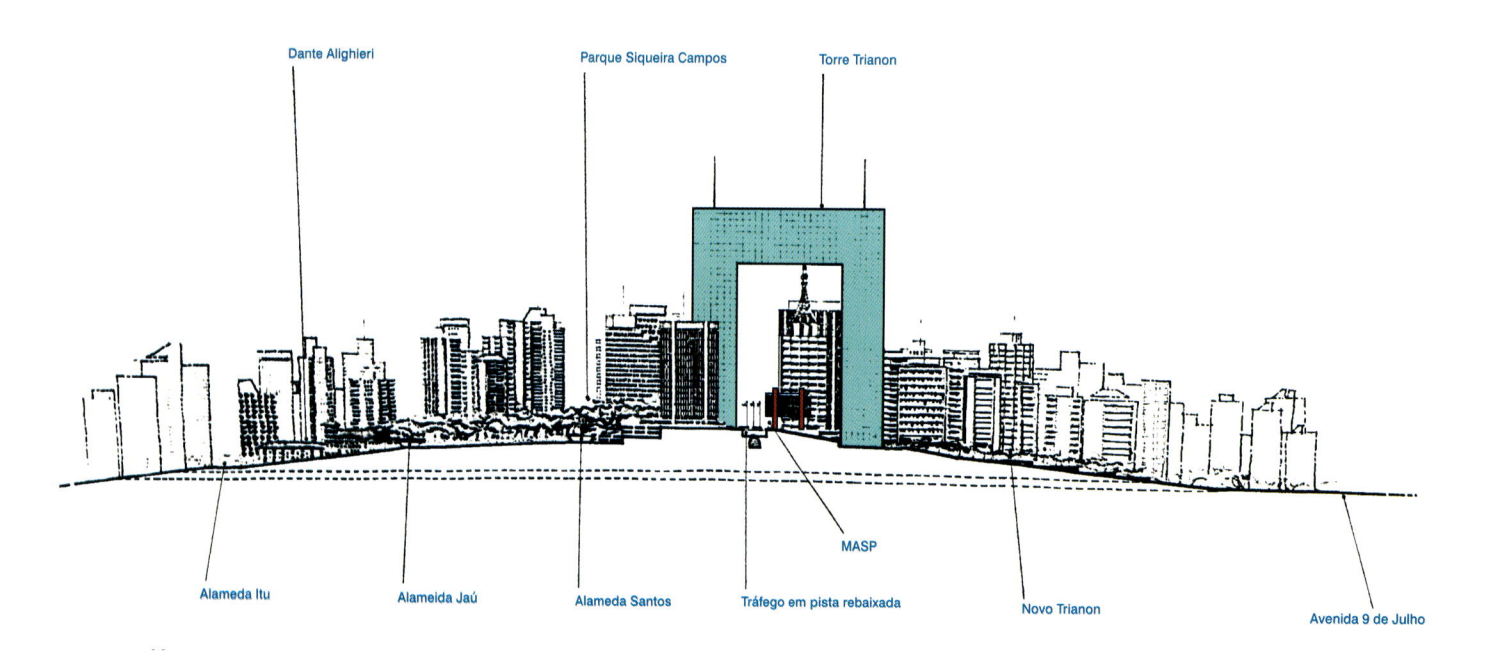

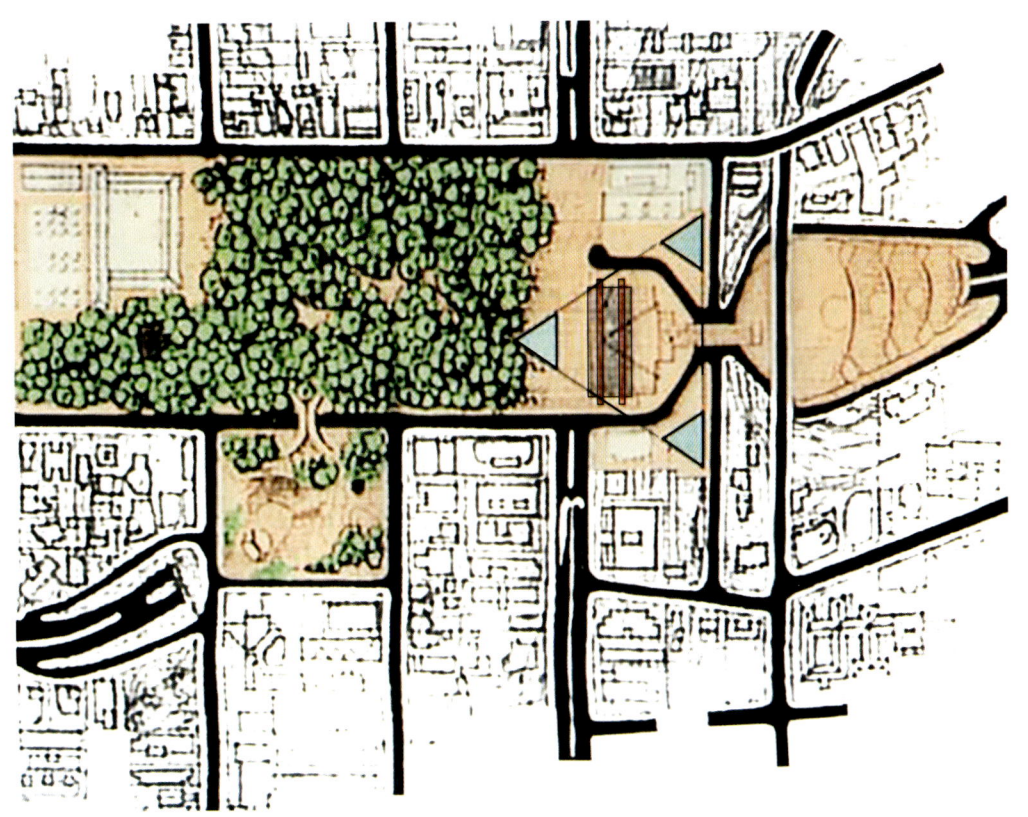

Implantação

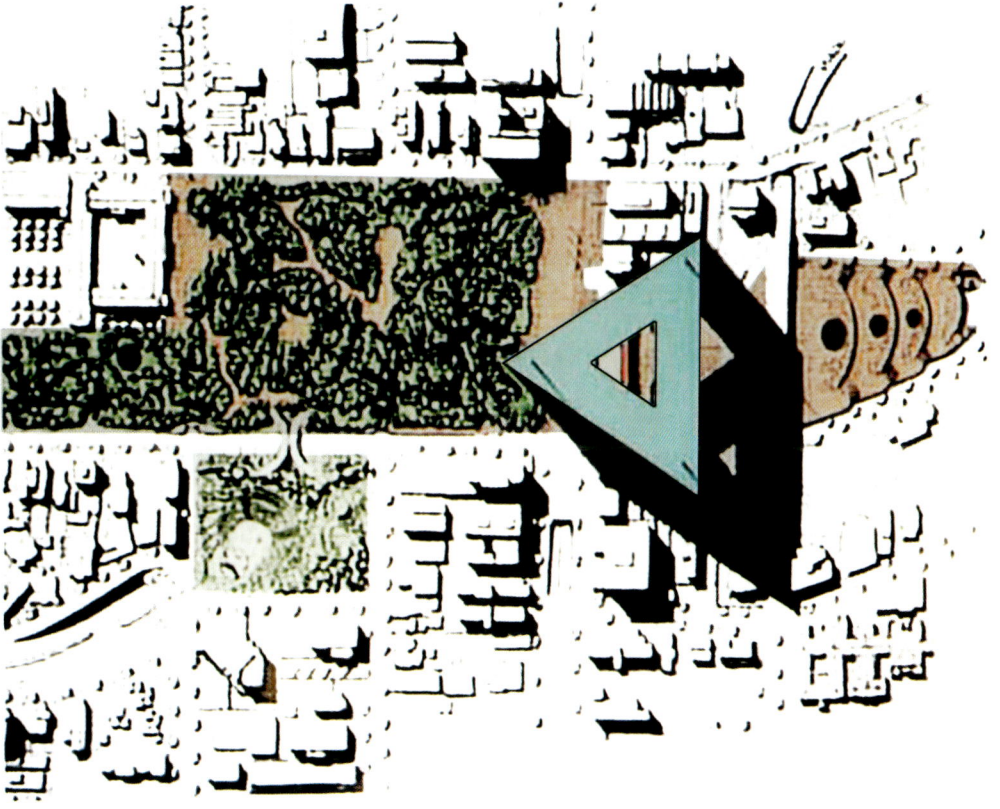

Planta cobertura

Um marco urbano no *skyline* da avenida Paulista.

A torre apoiada em três pontos equidistantes.

Encapsularia o Masp.

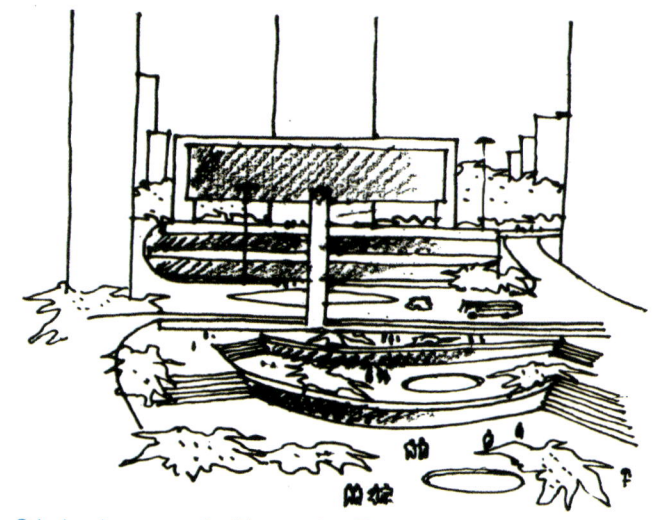

A criação de uma grande praça.

O belvedere reproduziria o antigo Trianon.

TORRE SÃO PAULO

São Paulo, SP, Brasil
1990

Idealizado pelo arquiteto italiano Gaetano Pesce para a Método Engenharia, o projeto inovador propunha a construção de uma torre pluralista, com a criação de uma rua vertical e uma casa por andar, assinado por onze arquitetos que representavam a arquitetura contemporânea.

No projeto, não construído, da Torre São Paulo, os arquitetos Vasco de Mello, Tito Lívio Frascino, assim como os arquitetos "Não Alinhados" Eduardo Longo, Roberto Loeb e Carlos Bratke, visivelmente demonstravam a atitude projetual contrastante que os afastava da arquitetura moderna paulista dos arquitetos Paulo Mendes da Rocha, Eduardo de Almeida, Marcos Acayaba e Ruy Ohtake. Pode-se pensar que esse edifício, com a hibridização de linhas de pensamento, estaria em sintonia mais com o espírito da época do que com a arquitetura moderna denominada "paulista".

No edifício de onze pavimentos tipo dúplex de 406,24 m², adotou-se o partido de setorização das lajes, divididas em torre serviço, torre jardim, torre apartamento e a entrada social localizada dentro do apartamento.

A estrutura foi projetada em concreto armado, permitindo uma laje com apenas quatro pilares, livre para a criação dos arquitetos. No cálculo dos elementos estruturais se previu a possibilidade de paredes em qualquer ponto das lajes, bem como a de apoiar nas mesmas a eventual estrutura de sustentação do mezanino (metálica, madeira, etc.). O pé-direito livre para os projetos, já deduzidos os elementos estruturais, era de 5,50 m.

Maquete

A Central de Projetos, que ocupa o 10º andar, estabeleceu um programa dividido em dois pavimentos: no inferior, a área social e de serviços, e, no superior, os dormitórios com terraços e sala íntima acessada por escada e elevador. Na fachada externa a cobertura de forma orgânica e os terraços circulares foram resolvidos como elementos de caracterização, atribuindo identidade ao apartamento.

Maquete do 10º pavimento

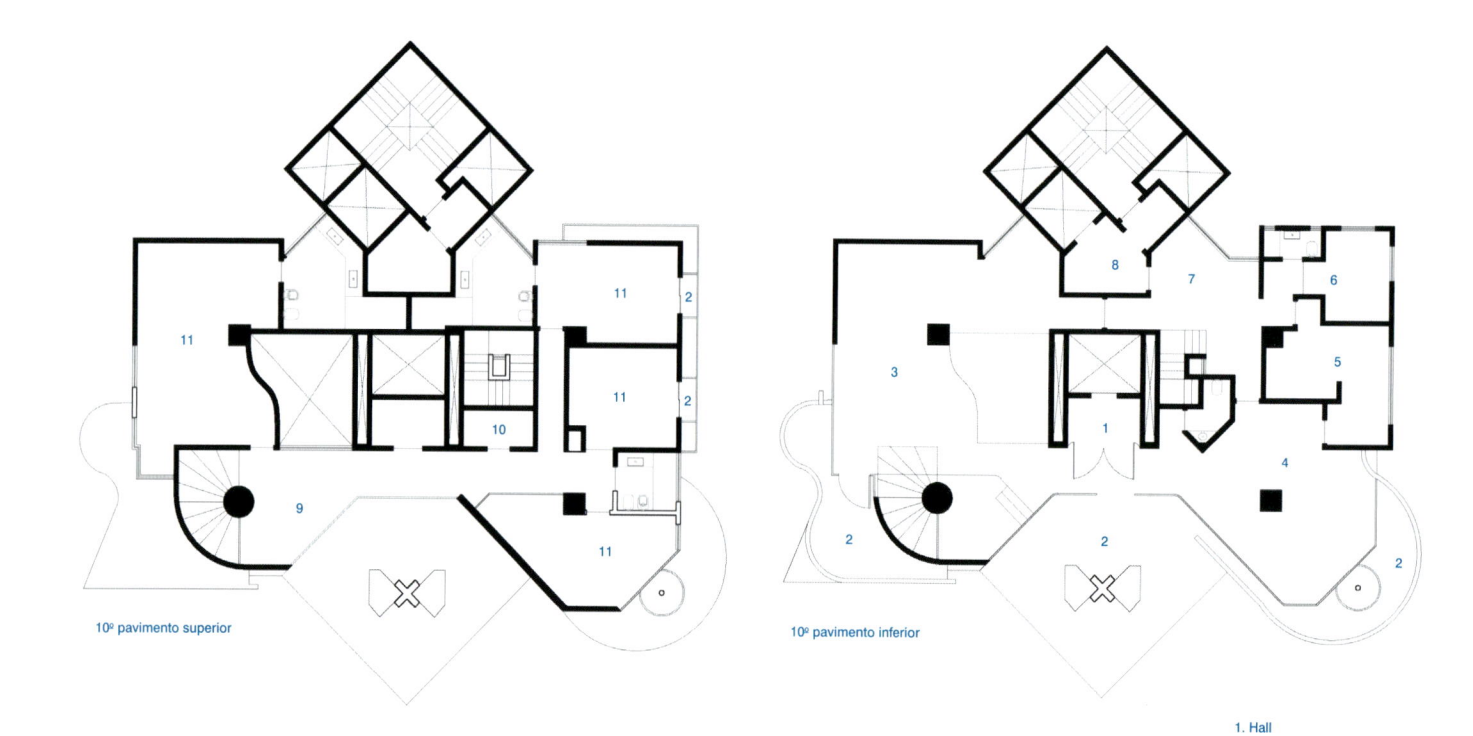

10º pavimento superior

10º pavimento inferior

1. Hall
2. Terraço
3. Estar
4. Jantar
5. Cozinha
6. Serviço
7. Lavanderia
8. Entrada de serviço
9. Escritório
10. Rouparia
11. Dormitório

SERVIÇO SOCIAL DO COMÉRCIO (SESC)

Santo André, SP, Brasil
1992

Reunindo as características do programa do Serviço Social do Comércio (Sesc), o projeto foi concebido para atender aos princípios da instituição baseados no bem-estar e na qualidade de vida dos comerciários. A unidade de Santo André se apresenta como polo regional devido a sua localização estratégica, capaz de atender às cidades vizinhas da região do ABC, com capacidade para acolher 6 mil usuários por dia.

O edifício surge em um contexto mais integrado ao ambiente natural, revelando a topografia e a configuração do terreno de acentuado declive, evidenciado pela ocupação horizontal. Um pórtico posicionado na entrada principal do conjunto define a transição entre as áreas públicas e internas, e articula as circulações de usuários, serviços e veículos.

Composto de três elementos volumétricos principais: o edifício principal, em forma de monobloco semicilíndrico, que abriga equipamentos de cultura e saúde; o complexo aquático; e o ginásio poliesportivo são ligados por uma rede de percursos verticais e horizontais, em cujos entroncamentos ou alargamentos se formam pista de corrida, *playground*, praça e pátios de encontros, tornando o conjunto dinâmico e variado.

Planta geral e implantação

1. Guarita
2. Pórtico de entrada
3. Estacionamento
4. Bilheteria
5. Recepção e foyer
6. Auditório
7. Salão de eventos
8. Convivência
9. Administração
10. Odontologia
11. Terraço
12. Solário pergolado
13. Cobertura da piscina
14. Piscinas e solário
15. Piscina de biribol
16. Área verde
17. Quadras cobertas
18. Bar das quadras
19. Sanitários
20. Pista de *cooper*
21. Sala de cursos
22. Vazio das áreas técnicas

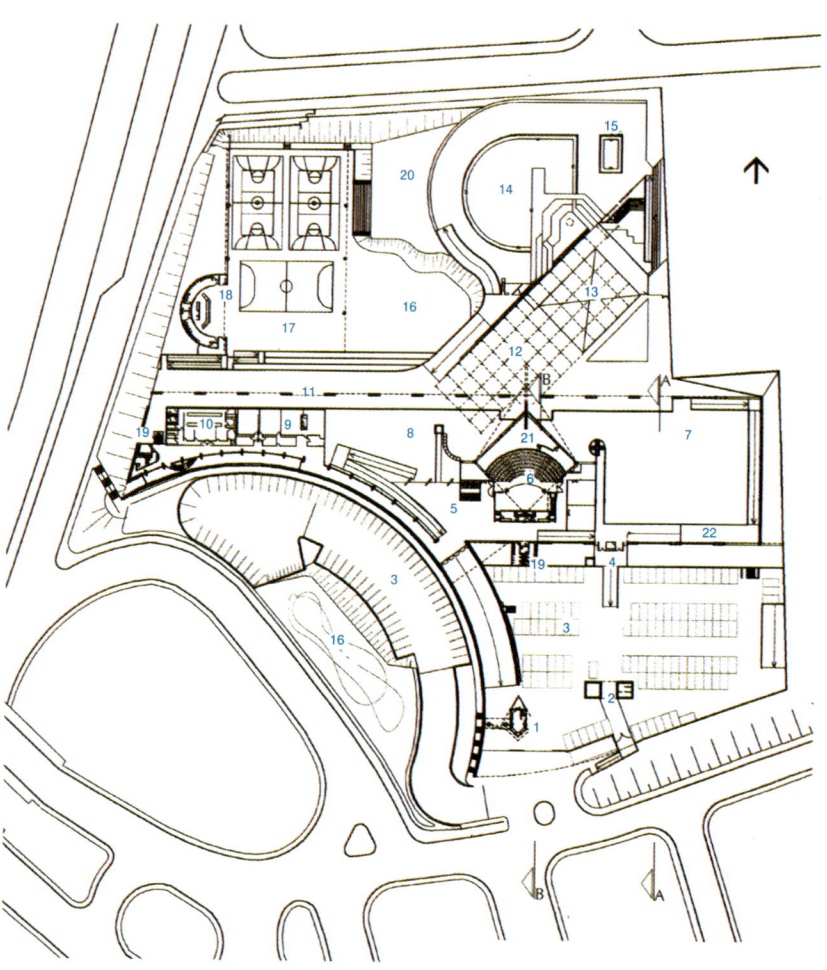

Elevação 02

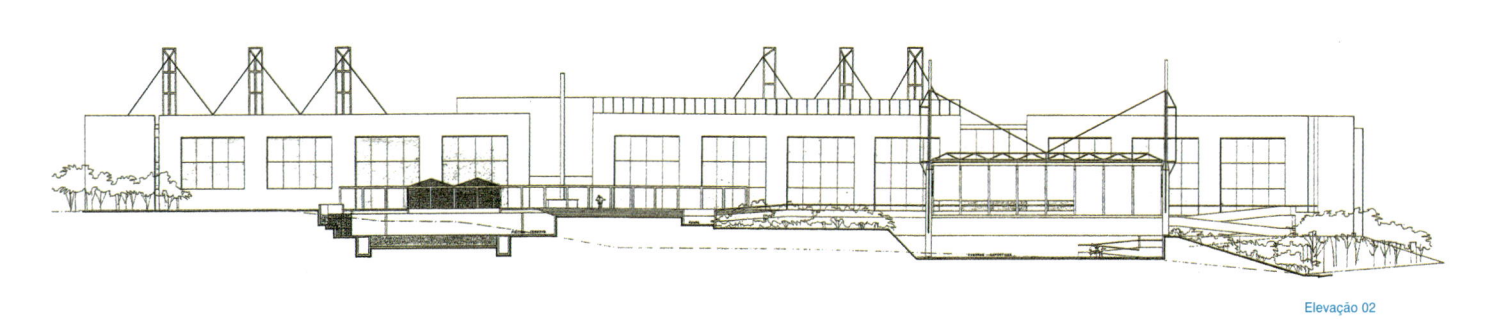

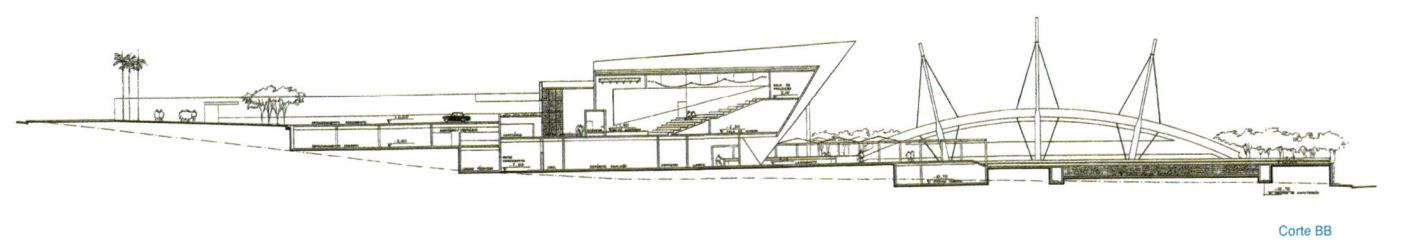

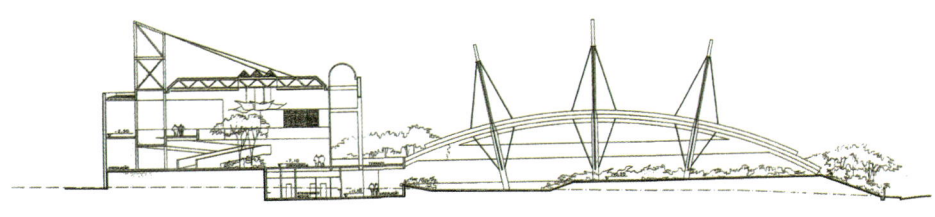

Corte BB

Corte CC

A distribuição espacial do conjunto é fluida e flexível, os espaços podem ser reconfigurados de acordo com as diversas exigências. Escadas, elevadores e rampas distribuem os acessos às funções coletivas, unificando os espaços, colocando-os em ligação visual direta com o exterior por meio de uma fachada de vidro.

Maquete

Os interiores são permeados de luz natural e apresentam colunas em forma de tronco de cone. Intervenções de artistas plásticos, como Luis Sacilloto, Takashi Fukushima, Chico Niedzielski, Glaucia Flugel, dominam o espaço de caráter cenográfico que, aliás, caracteriza todo o projeto.

A estrutura mista de concreto armado e estrutura metálica permite resolver da melhor forma o edifício: conforme os vãos aumentam, dos pavimentos inferiores para os superiores, os componentes metálicos assumem papel preponderante, vencendo vãos de 40 m, como no salão de eventos.

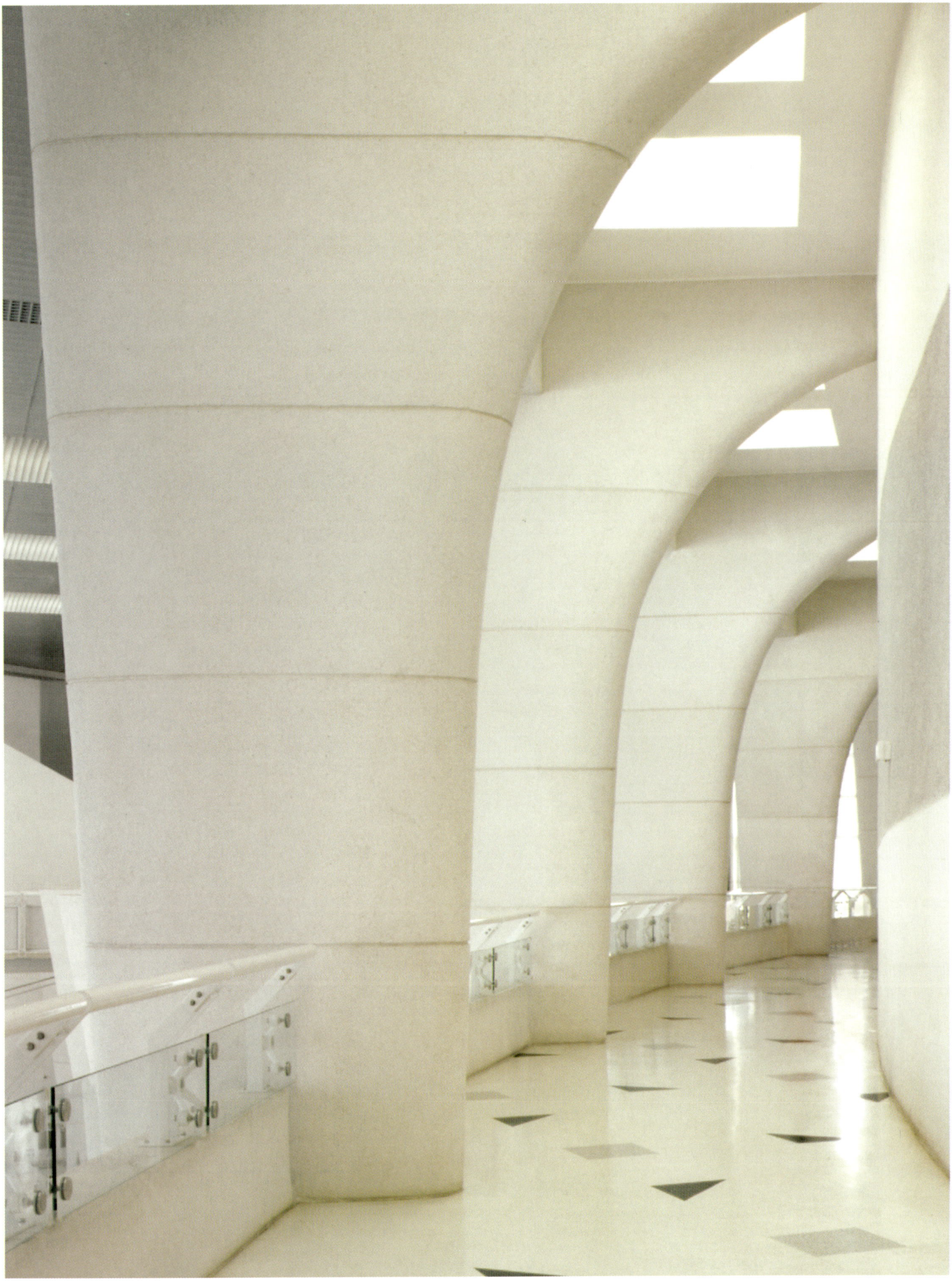

COMPLEXO COMERCIAL BRAHMA

São Paulo, SP, Brasil
1992

Acesso principal

Em uma área antes ocupada pela primeira fábrica da Brahma no estado de São Paulo, o projeto, não construído, previa a construção de um complexo multifuncional, condensando as relações e as atividades urbanas em um mesmo espaço.

A proposta explorava o potencial de verticalização permitido pela legislação. A implantação centralizada no terreno criava uma praça, um espaço público e priorizava o uso do pedestre. Uma entrada direta para a estação do metrô Paraíso diminuiria o fluxo de veículos na região, o que implicaria um projeto responsável em relação ao meio em que se inserem as suas condicionantes potencialidades.

Todas as funções previstas seriam distribuídas em pavimentos acima e abaixo do solo. Os níveis superiores, compostos de três torres de 40, 25 e 15 pavimentos, respectivamente, hospedariam os escritórios, as acomodações e os eventos, e nos sete pavimentos abaixo do solo ficariam os serviços do hotel, o *shopping center* e as garagens.

O complexo havia sido concebido como um marco visual na cidade, preservando a identidade da antiga fábrica ao criar duas chaminés no coroamento do edifício.

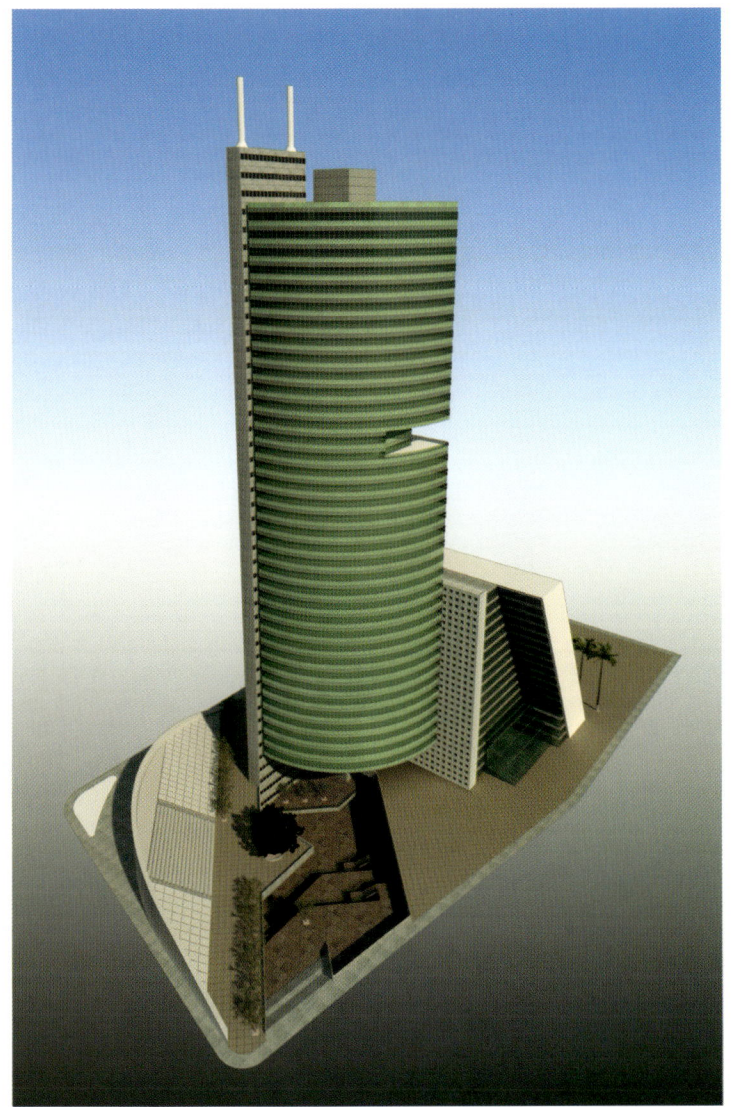

Perspectiva

Elevação

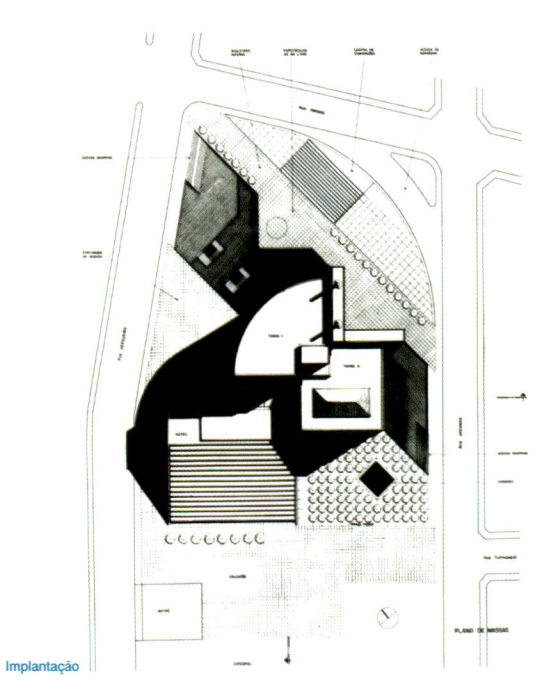

Implantação

COLÔNIA DE FÉRIAS DO BANCO DO BRASIL

CONCURSO FECHADO, 1º PRÊMIO
Campos do Jordão, SP, Brasil
1994

Localizado na Serra da Mantiqueira, a 170 km da cidade de São Paulo, Campos do Jordão é um dos principais destinos de inverno do país. Projeto ganhador em concurso fechado de arquitetura, a colônia de férias foi pensada para atender famílias de funcionários de todo o Brasil em seus 216 leitos.

Construído com características alpinas, conforme o desejo do comando do clube, todos os ambientes sociais e os apartamentos estão distribuídos ao longo da cobertura íngreme, em mansardas, cujos terraços estão voltados para a face norte, ensolarada e privilegiada pela vista da floresta de araucárias, típica da região.

Do lado oposto, pilares cilíndricos destacados das empenas demarcam a circulação interna, realçada pelas aberturas envidraçadas da fachada e pelas claraboias em linha na cobertura. A organização espacial dos elementos ilumina os interiores e abre vistas múltiplas para a paisagem do entorno.

No térreo se distribuem os mais variados ambientes sociais, aquecidos por lareiras, e no pavimento inferior estão o restaurante, a sauna e a piscina coberta, com vista e acesso ao lago.

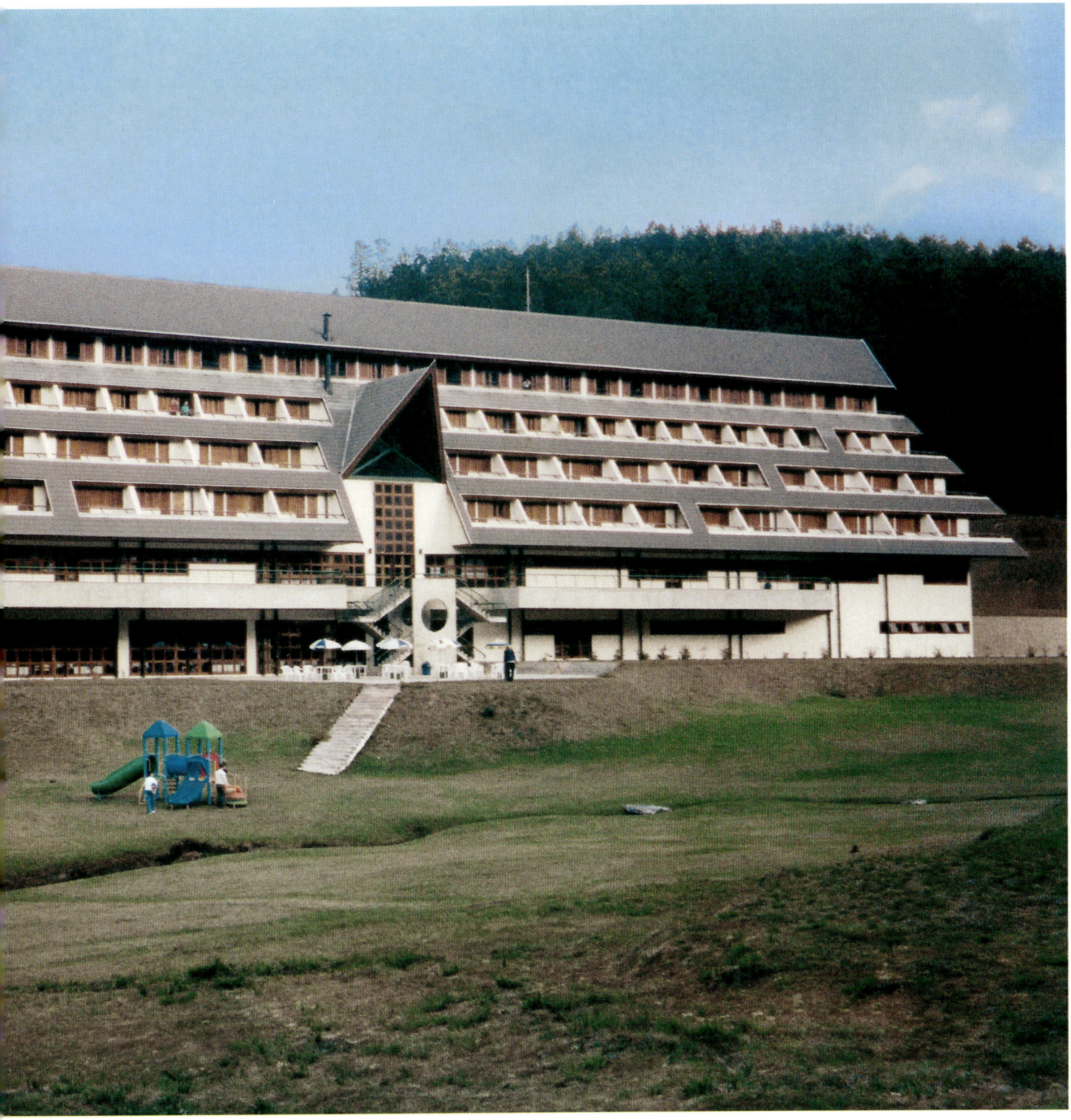

Corte transversal

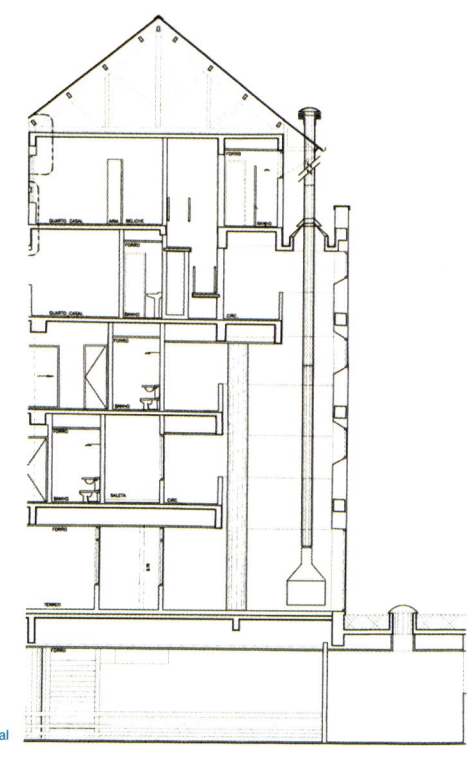

EDIFÍCIO PAULISTA BOULEVARD

São Paulo, SP, Brasil
1994

Situado na região da avenida Paulista, em um importante eixo de serviços e negócios de São Paulo, o edifício respondeu à demanda financeira do empreendimento, pelo aproveitamento máximo do potencial construtivo que se contrapõe, de forma singular, ao contexto geral das construções do entorno.

O lote retangular, com acentuada profundidade, influenciou na implantação longitudinal do edifício, com um grande recuo frontal, livre de gradis e muros ao longo do alinhamento.

O desenho busca a heterogeneidade das formas a partir da hibridização dos terraços retilíneos e curvilíneos na mesma fachada, evidenciado pelo coroamento, baseado em um volume circular que salta da regularidade do corpo, proporcionando ritmo e identidade à edificação.

No térreo uma parede côncava, em tijolos de vidro, emoldura as colunas que demarcam a entrada. O programa se organiza ao longo de vinte pavimentos, com duas tipologias em planta, cada qual dispondo basicamente de duas sequências de salas articuladas à circulação central.

O sistema estrutural de concreto armado, e a escolha da cor branca nos materiais construtivos e de acabamentos, permitiu um ordenamento de toda a arquitetura exterior – além de valorizar o delineamento das formas sob a luz solar, ressaltou a composição volumétrica a partir da relação claro-escuro.

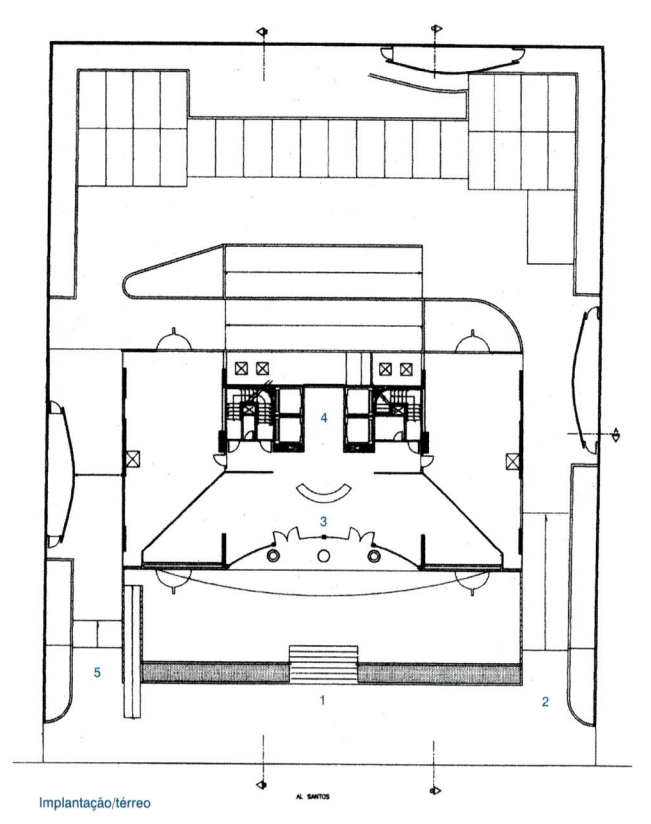

Implantação/térreo

1. Acesso social
2. Acesso garagem
3. Hall
4. Circulação vertical
5. Saída de veículos

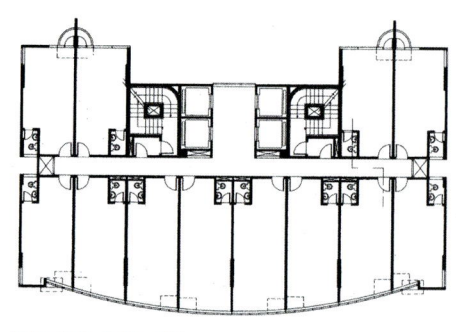

Pavimento tipo B (18º ao 20º)

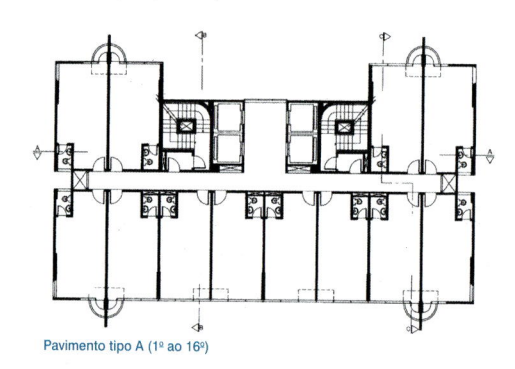

Pavimento tipo A (1º ao 16º)

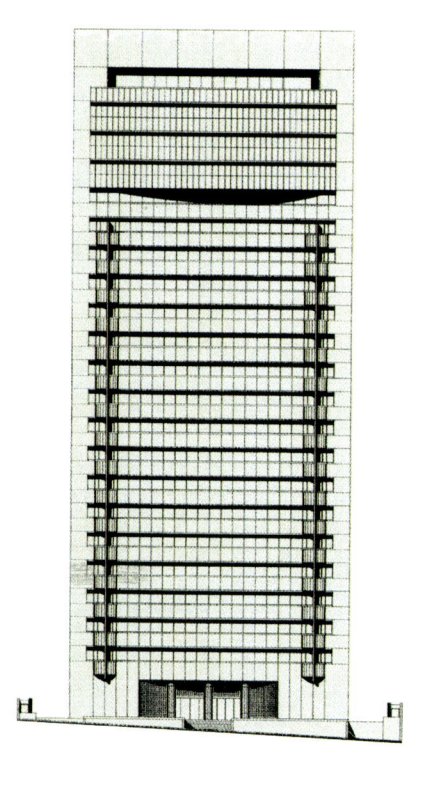

Elevação frontal

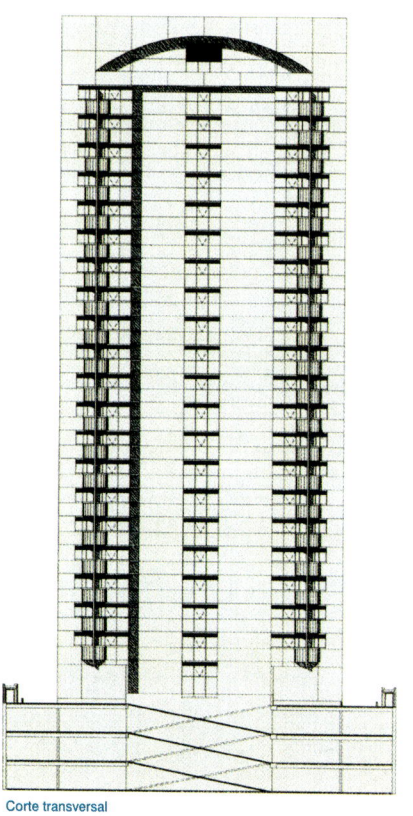

Corte transversal

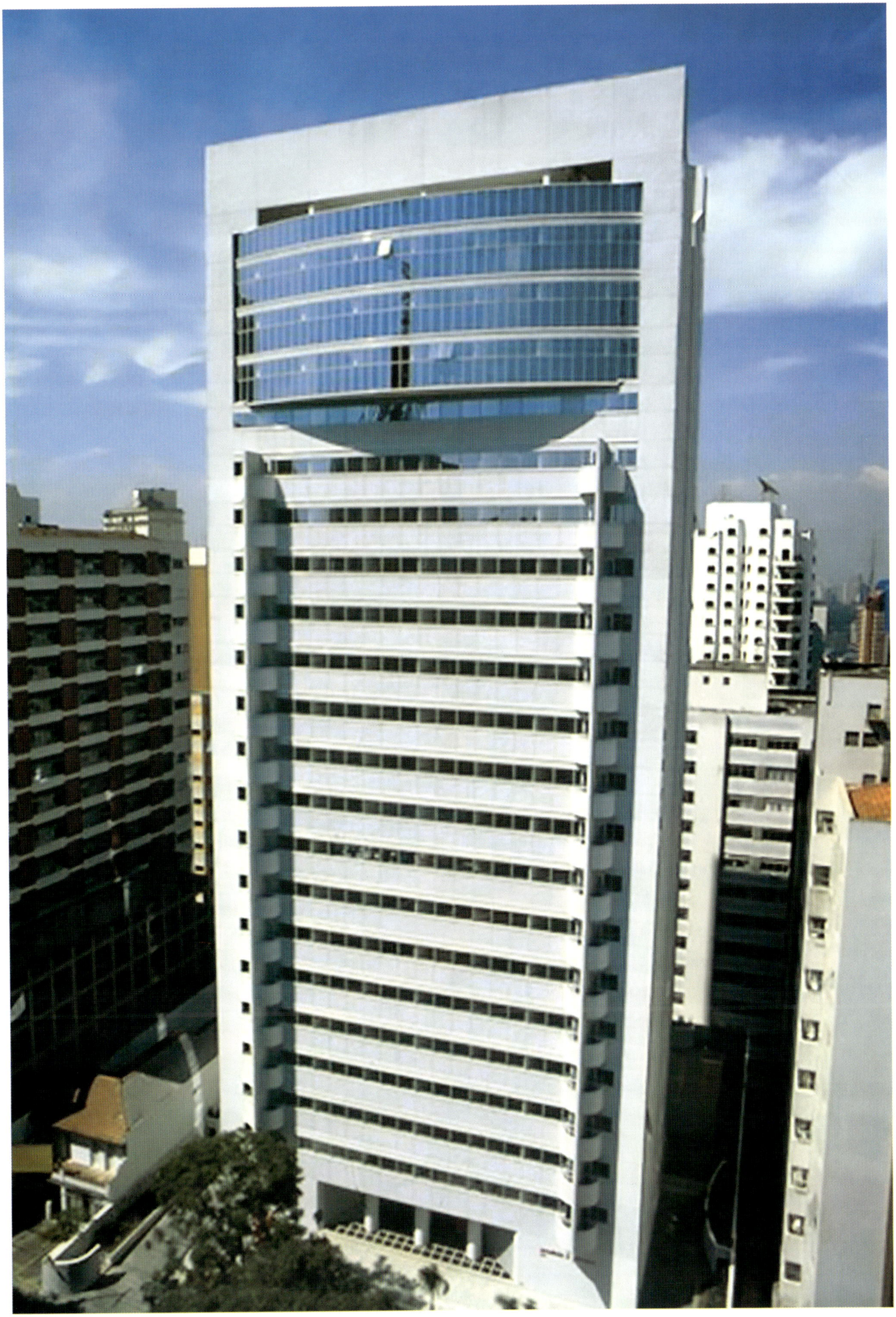

HANGAR VASP

VIAÇÃO AÉREA SÃO PAULO S/A (VASP)
Guarulhos, SP, Brasil
1995

Destinado a ser o maior hangar brasileiro com capacidade para a manutenção de vinte aeronaves comerciais A-380 simultaneamente.

O projeto desenvolvido organiza uma implantação eficiente ao propor a construção de um hotel de apoio aos funcionários e de um edifício administrativo de quatro pavimentos nas extremidades. Nos eixos dos pilares, que dividem os cinco hangares com 110 m de vão cada, quatro blocos de escritórios completam o programa.

A cobertura funciona como elemento unificador do edifício, vigas metálicas apoiadas em pilares de concreto de forma trapezoidal, estabelecendo o equilíbrio entre forma e função.

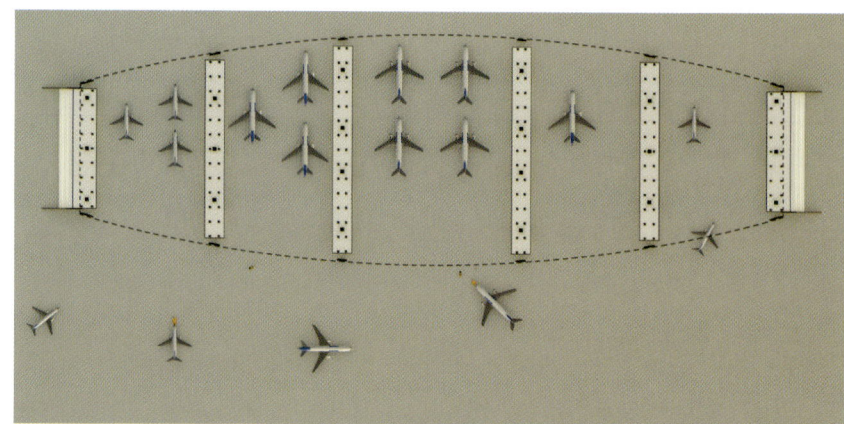

Planta térreo

Cobertura

Elevação

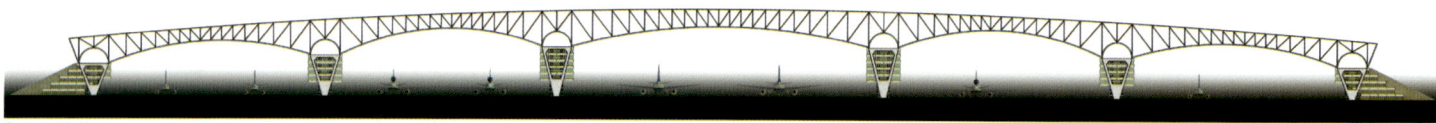

Corte longitudinal

Corte transversal

Perspectivas

CENTRO DE APOIO AOS ROMEIROS

Aparecida, SP, Brasil
1996

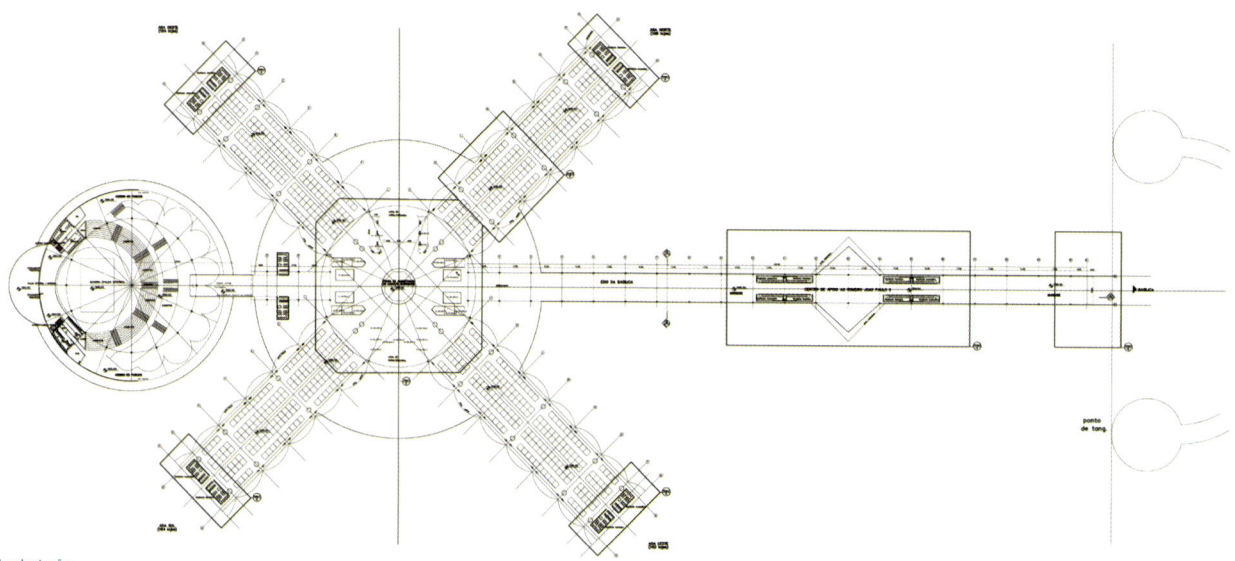

Implantação

O projeto foi encomendado pelos dirigentes da Basílica de Nossa Senhora Aparecida cujo plano geral previa uma estrutura capaz de fornecer conforto e serviços adequados para acolher o grande número de fiéis – que se juntam na peregrinação religiosa para reverenciar a Padroeira do Brasil – e espaço de apoio para os motoristas que circulam pela rodovia Presidente Dutra, importante eixo de ligação entre São Paulo e Rio de Janeiro.

O desenho proposto revela uma fluida sucessão espacial com a preocupação de sua integração com o ambiente circundante. Forma-se então uma relação interessante de espaços com a basílica em primeiro plano, definindo a transição entre o mundo cotidiano externo e o mundo sagrado interno.

Sua presença se impõe na conjugação dos elementos variados – coberturas abobadadas, grandes vitrais, iluminação zenital –, e, no estudo da composição cromática nos tons de gelo e terra, dissolve o impacto dos 40 mil m² de área construída na paisagem.

O partido arquitetônico proposto se desenvolve a partir de um grande eixo em continuação à avenida Monumental onde está localizada a basílica. No seu eixo central se destaca o edifício cilíndrico, com 80 m de diâmetro e pé-direito de 15 m; na área interna, uma praça de alimentação. Desse ponto são distribuídos os percursos horizontais.

Na face sudeste, encontra-se o centro de eventos dimensionado para megaespetáculos; na face nordeste da praça, uma grande marquise abriga postos de informações e sanitários e, em posição secundária em relação ao eixo, as asas norte, sul, leste e oeste acomodam as 718 lojas, de 9 m² cada, destinadas à comercialização de produtos variados, na sua maioria religiosos. Foram previstos quatro bolsões de estacionamento, para organizar o fluxo de carros e ônibus, cujos caminhos são integrados com o sistema viário circundante, além de projetos de infraestrutura, iluminação, som e comunicação visual.

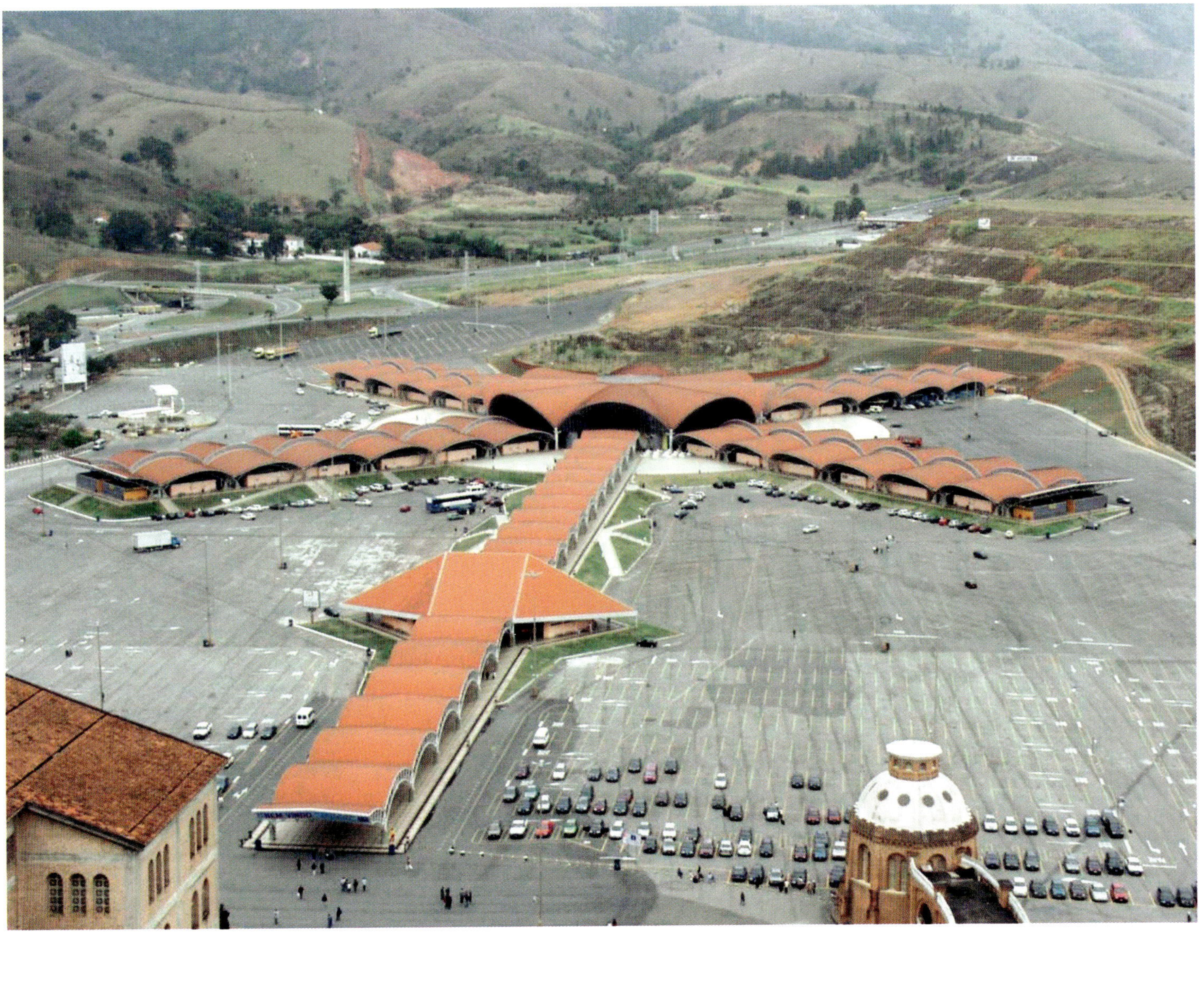

"O Centro de Eventos construído não faz parte do projeto original, foi projetado em desconformidade com os gabaritos previstos pelos arquitetos autores, interferindo na visibilidade na Basílica de Aparecida e prejudicando o conjunto da obra" (Mello, 2015-2016).

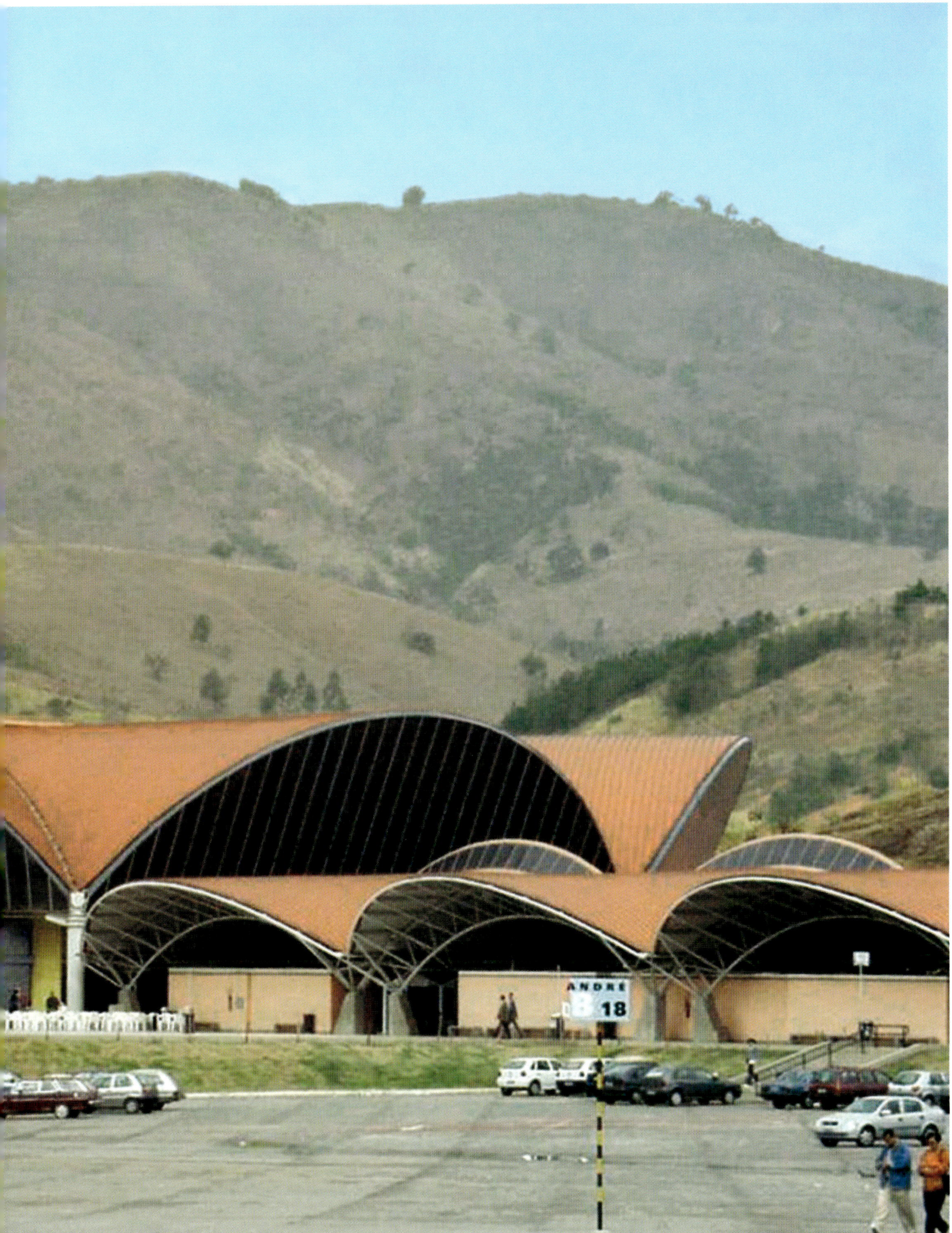
ANDRE
B 18

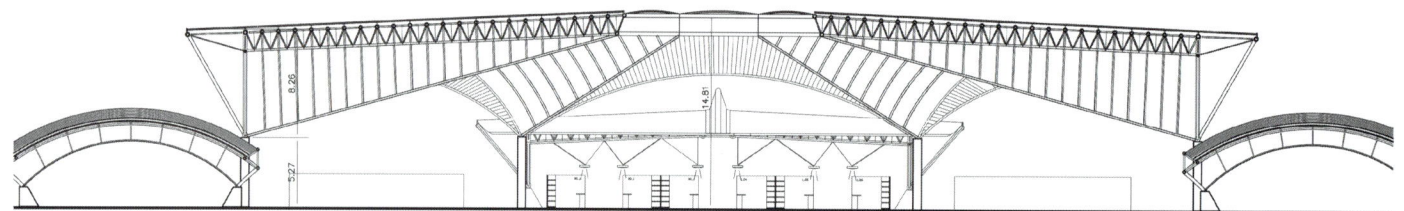

Corte ampliado do restaurante

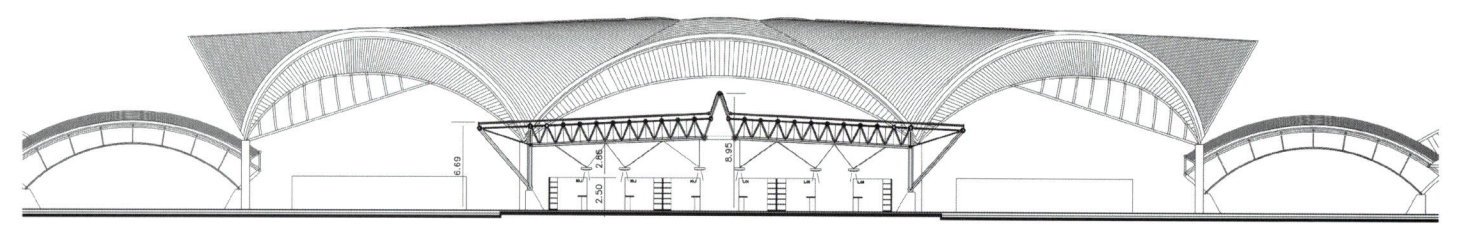

Elevação ampliada do restaurante

RESIDÊNCIA JKF

PRÊMIO 3ª BIENAL INTERNACIONAL DE ARQUITETURA
São Paulo, SP, Brasil
1997

Na residência, valoriza-se a unidade arquitetônica através de um amplo repertório de formas, expressas com vitalidade e inovação, enfatizando os cheios sobre os vazios, a opacidade sobre a transparência.

Implantada em um lote de meio de quadra, obedecendo aos recuos previstos na legislação, o muro alto da fachada impede a visão das funções internas da residência. Um volume cilíndrico, que se estende ao pavimento superior, sinaliza a entrada social.

O percurso interno é marcado pelas sucessivas mudanças de nível, cuja organização cria uma série de ambientes e consequentes pés-direitos, desembocando no vazio central.

Transparência e leveza qualificam os interiores, graças à iluminação zenital e ao arranjo das aberturas: janelas de canto, nesgas verticais, esquadrias de pleno vão e caixilharias que se projetam externamente até a cobertura.

Os pilares atendem ao duplo sentido, funcional e estético: ora deslocam-se lateralmente para pontuar a projeção da varanda, sugerindo a transição entre espaços internos e externos, ora omitidos nas paredes e lâminas laterais, ou ainda transformados num pórtico que mergulha na piscina.

Para acomodar a coleção de arte do morador, parte da garagem se transformou no acervo com controle de umidade e temperatura. A circulação social é feita por elevador, a escada atende à área de serviço.

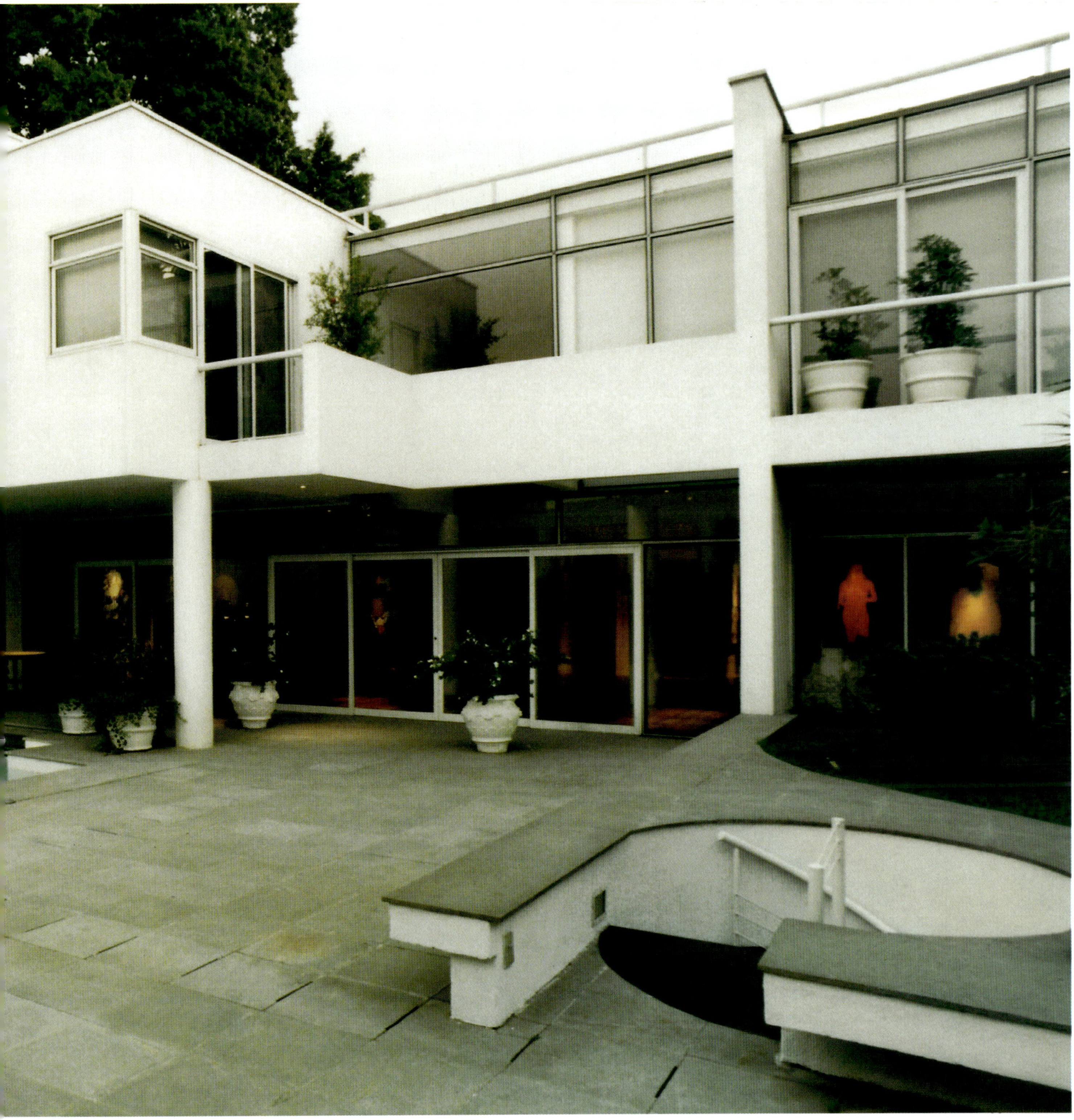

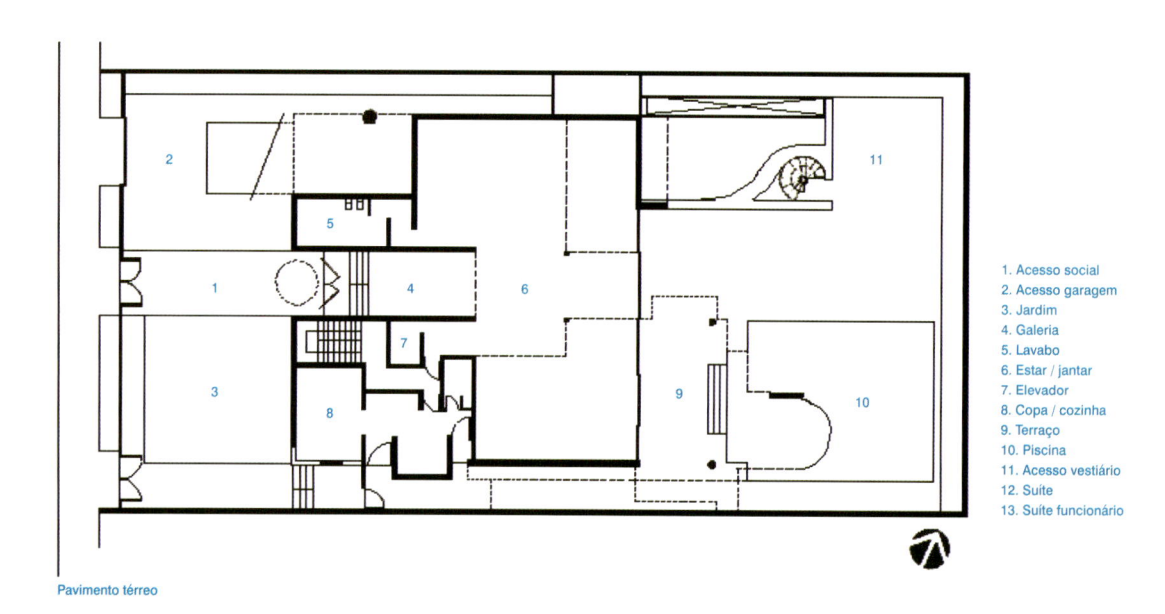

1. Acesso social
2. Acesso garagem
3. Jardim
4. Galeria
5. Lavabo
6. Estar / jantar
7. Elevador
8. Copa / cozinha
9. Terraço
10. Piscina
11. Acesso vestiário
12. Suite
13. Suite funcionário

Pavimento térreo

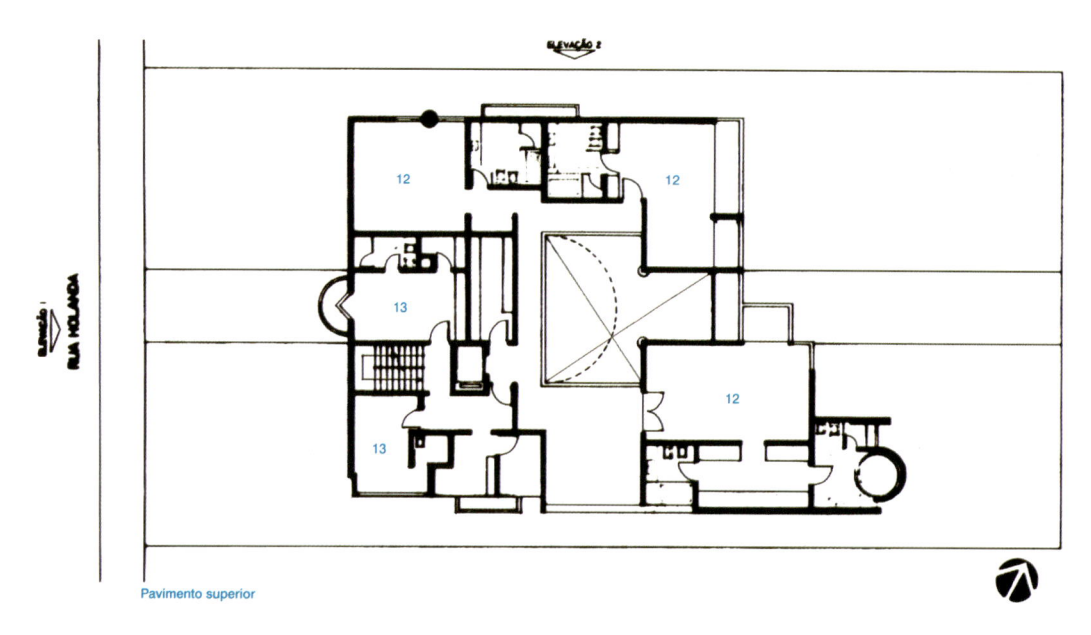

Pavimento superior

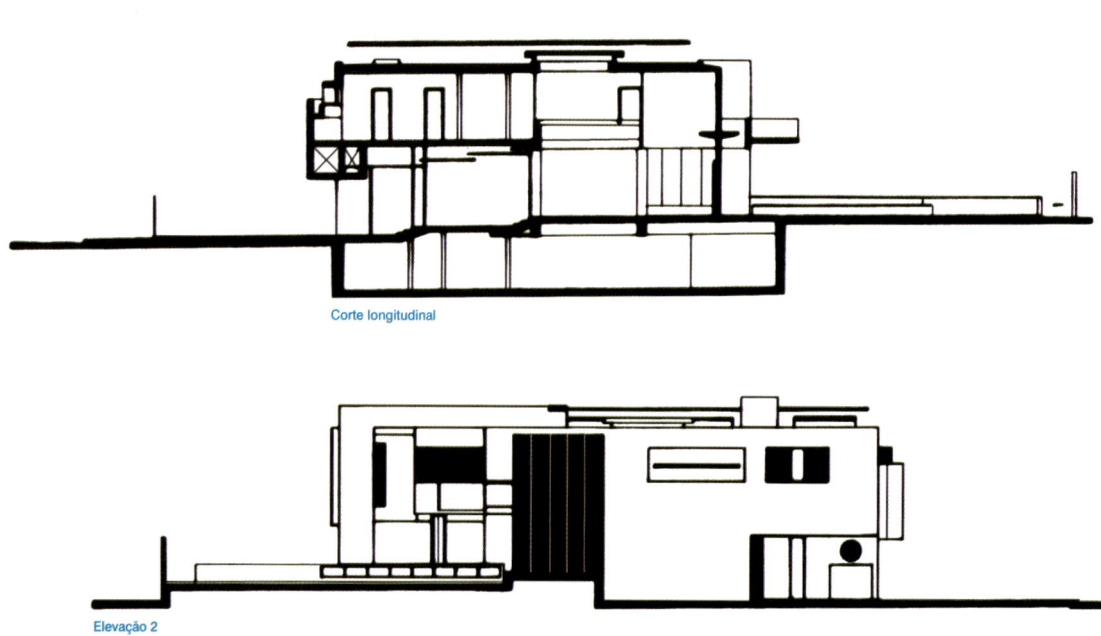

Corte longitudinal

Elevação 2

EDIFÍCIO RESIDENCIAL LOFT

Barueri, SP, Brasil
1997

O Edifício Residencial Loft, em Alphaville, possui uma fachada frontal dinâmica, que alterna cheios e vazios, empenas cegas e terraços, decorrentes dos apartamentos dúplex. Trata-se de um edifício em lâmina, com dois núcleos de circulação vertical, cada um dando acesso a seis apartamentos. Localizado em um condomínio residencial a 30 km de São Paulo, o edifício possui 127 apartamentos tipo dúplex, com área de 65 m², distribuídos em nove pavimentos. No projeto predomina a ideia de tornar as formas prismáticas mais expressivas num exercício lúdico de leitura e apreensão dos espaços, enfatizando os cheios sobre os vazios, a opacidade sobre a transparência. Essa equação resulta em uma configuração plástica espacial e volumétrica dinâmica.

A implantação perpendicular à rua, estreita na fachada principal e comprida na lateral, favorece a criação dos apartamentos jardim no térreo, com piscinas individuais.

A entrada é feita por dois núcleos independentes, dividindo os apartamentos em duas alas, proporcionando maior conforto aos moradores.

Pavimento tipo inferior

1. Acesso
2. Lavabo
3. Cozinha
4. Estar
5. Terraço
6. Suíte
7. Vazio

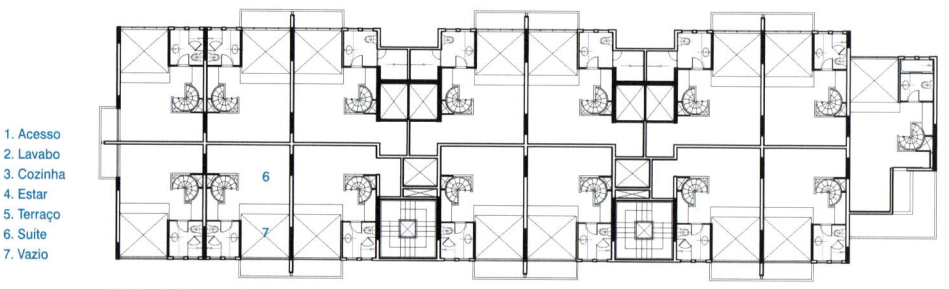

Pavimento tipo superior

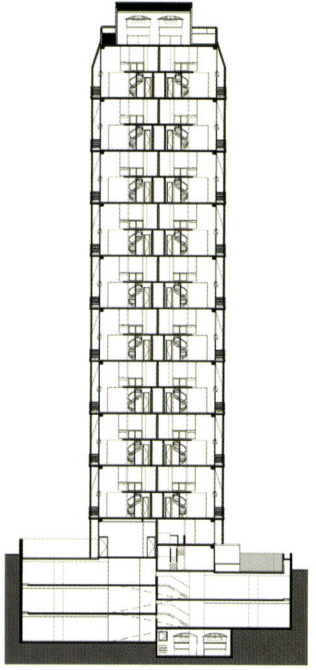

Corte transversal

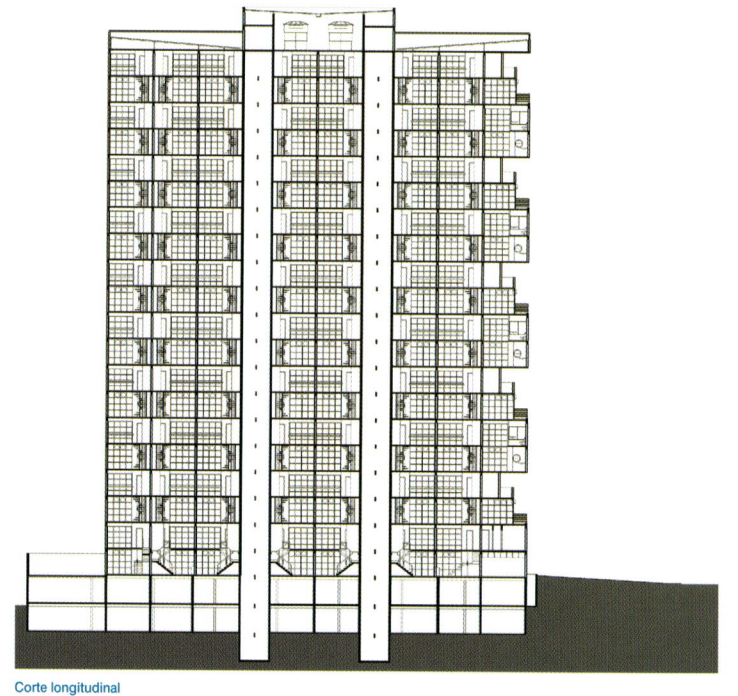

Corte longitudinal

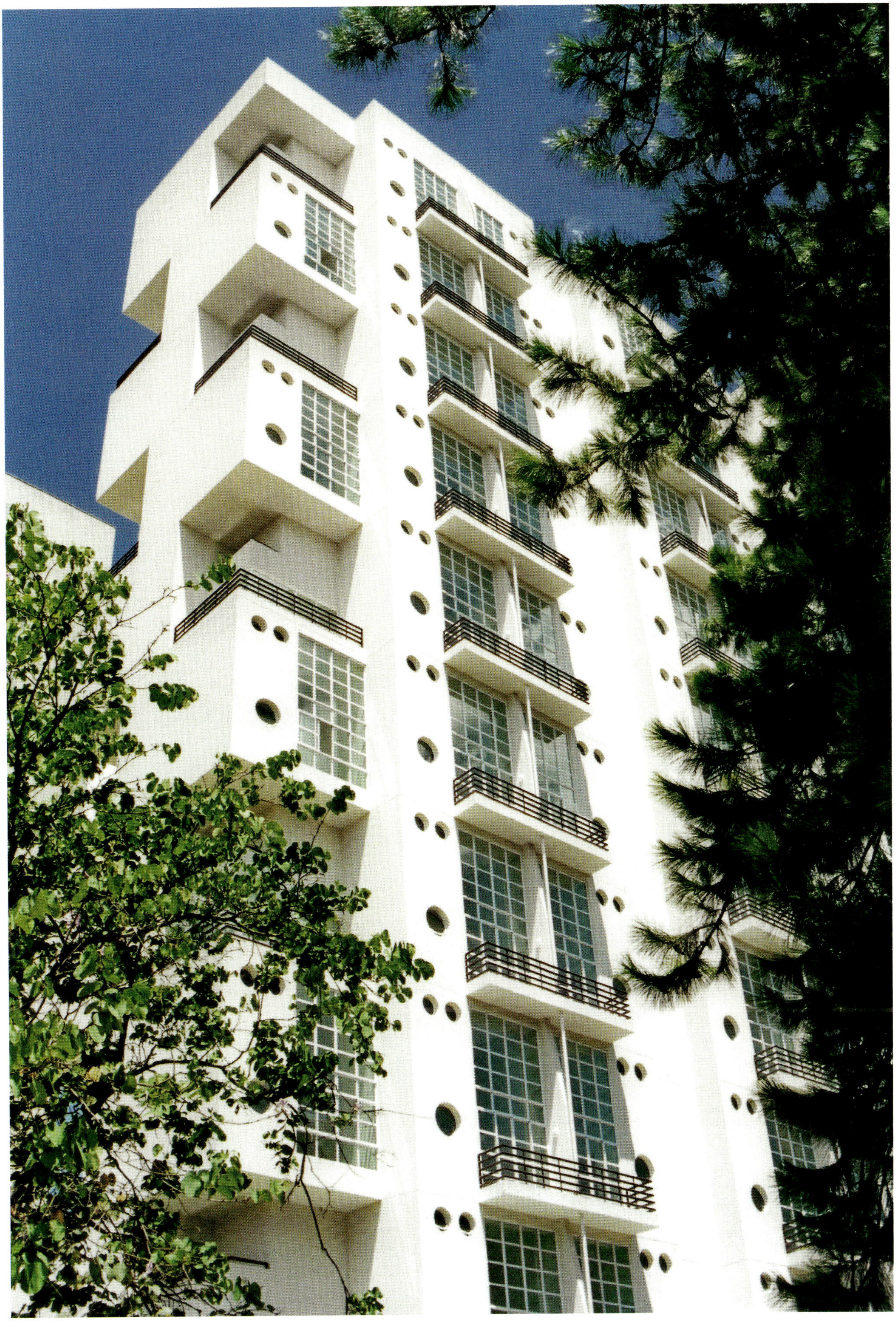

SEDE DA FAPESP

CONCURSO FECHADO, 2º PRÊMIO
São Paulo, SP, Brasil
1998

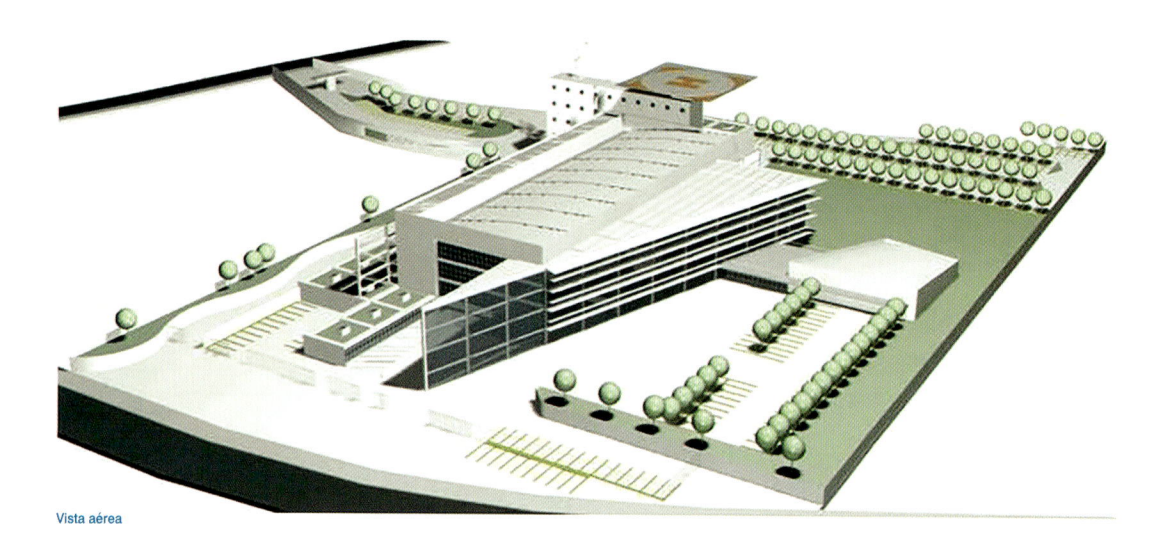

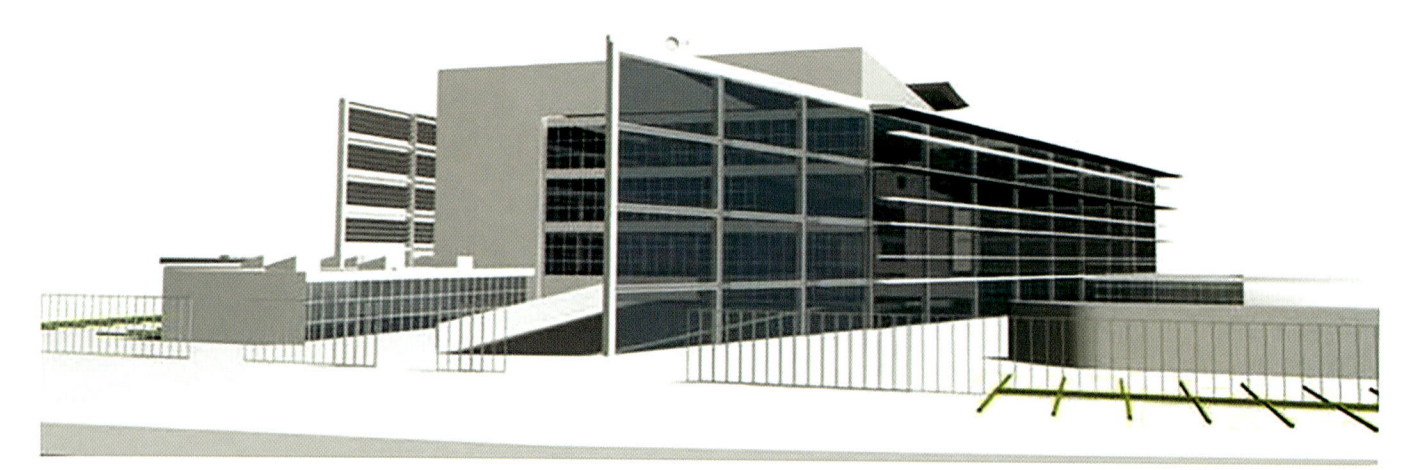

Vista aérea

Acesso principal

Objeto de concurso promovido pelo Fundo de Amparo à Pesquisa do Estado de São Paulo (Fapesp) a ser implantando na Universidade de São Paulo.

O partido adotado resolve o programa num bloco horizontal, implantado ao fundo, na faixa mais larga do terreno. À medida que a construção se aproxima do acesso à avenida, uma das laterais se afunila, demarcando o acesso principal.

O atendimento ao público fica restrito aos pavimentos inferiores. Um moderado convívio visual entre as áreas restritas e aquelas não restritas é possível graças ao vão central, que separa a ampla superfície envidraçada dos espaços de trabalhos internos. Filtros de luz e de som permitem o equilíbrio ambiental desse espaço.

Transparência e leveza caracterizam o projeto. Tais parâmetros culminaram na utilização de uma malha modular com vãos moderados, estrutura mista de concreto armado e estrutura metálica, esta última para o maior vão central.

TORRE MULTIFUNCIONAL

São Paulo, SP, Brasil
2000

Maquete

Implantado na região da Vila Olímpia, o edifício, preponderantemente de escritórios, contém em seu embasamento um extenso programa de apoio local e regional, desempenhando em seu interior diversas funções: escritórios, centro comercial, praça de alimentação e espaço de convenções. Todo este setor é coberto por telhas metálicas lisas, ajustadas em uma composição de pirâmides de várias alturas e formas por onde aspergem água, formando um paisagismo concretista.

O edifício é composto de duas torres de forma quadrada que emergem dessa paisagem construída e são compostas de 21 pavimentos cada, posicionadas e distanciadas entre si por suas arestas diagonais e interligadas por passarelas que abrigam os elevadores panorâmicos comuns às duas torres.

A partir do 16º pavimento, os volumes se interligam por lajes que seguem escalonadas até o 18º andar e fecham o polígono do 19º ao 21º. O coroamento é enfatizado pelo escalonamento, intensificando o jogo de luz e sombra nos diferentes graus de profundidade na fachada, revestida de painel de alumínio e pele de vidro refletivo na cor prata, acentuando a plasticidade da solução.

TERMINAL RODOFERROVIÁRIO

Francisco Morato, SP, Brasil
2002

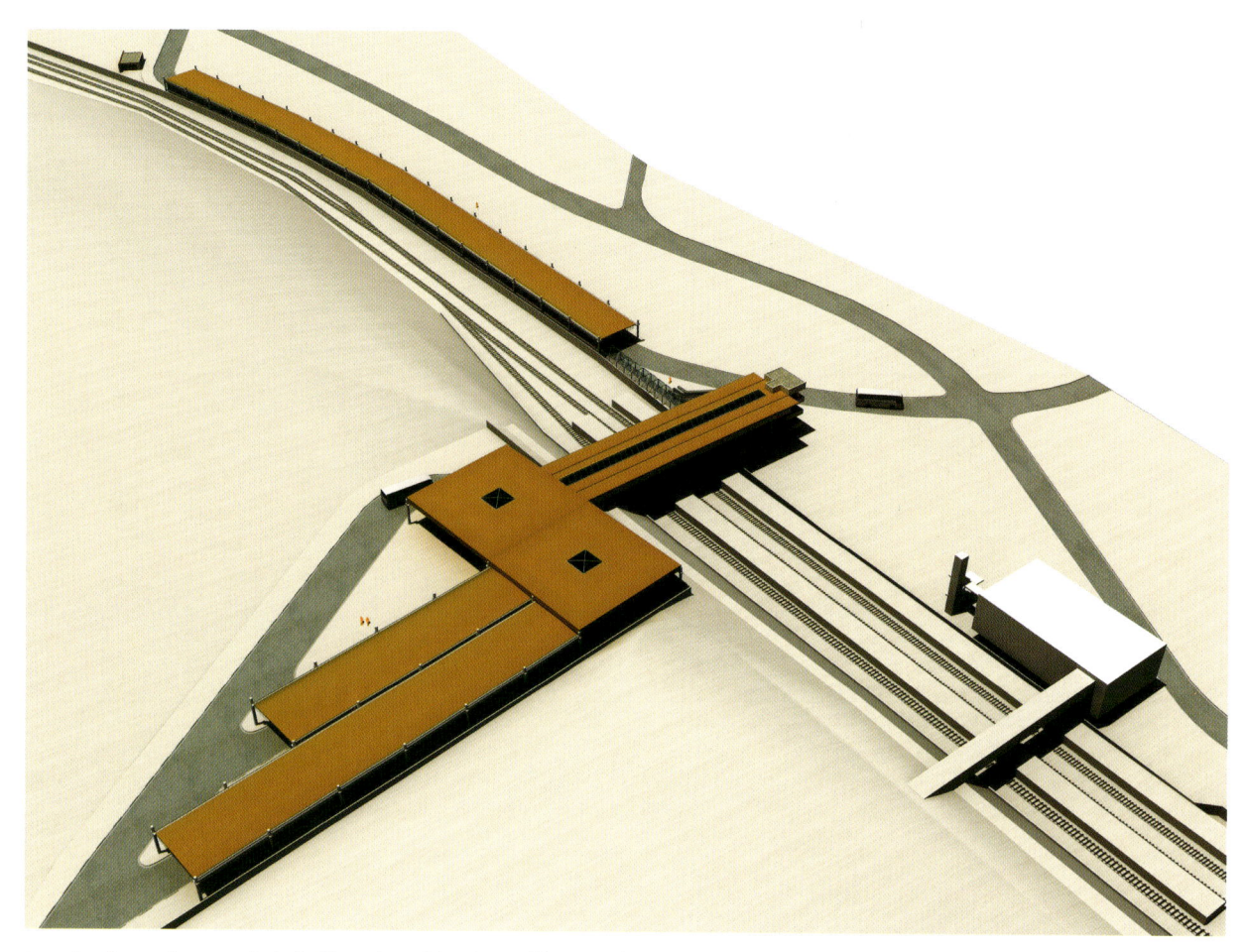

Localizado na área central de Francisco Morato, o projeto é composto pelo terminal leste, o terminal oeste, a passarela de integração com o sistema ferroviário, além do projeto paisagístico e de mobiliário.

Implantado em um terreno de topografia acidentada, característica da região, foi adotada como parte da solução para a questão de acessibilidade uma passarela de integração com 55,10 m de comprimento e 10 m de largura, perpendicular à via férrea que interliga os dois terminais através de um conjunto composto de escadaria fixa, duas escadas rolantes e um elevador.

Nos terminais a estrutura metálica compreende toda a área da cobertura, sendo composta de treliças metálicas cobertas com telhas metálicas, e sustentadas por postes de concreto armado – a solução técnica, pela sua simplicidade, viabilizou a obra.

A passarela de integração é constituída por uma bandeja de concreto sobre a via férrea, sustentada por pilares também de concreto armado; a cobertura é feita por telhas em aço galvanizado e o vão central, coberto com policarbonato alveolar.

Implantação

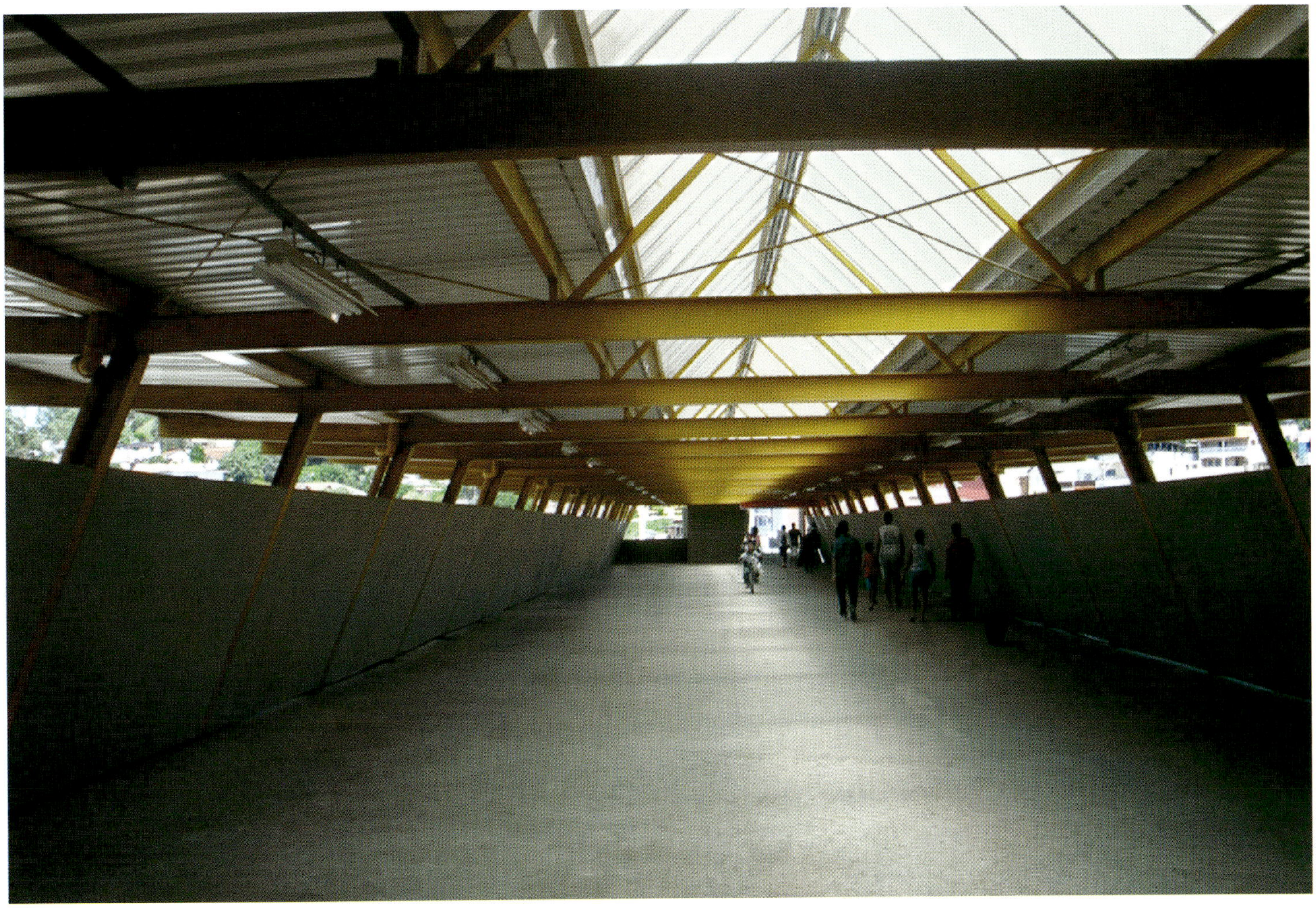

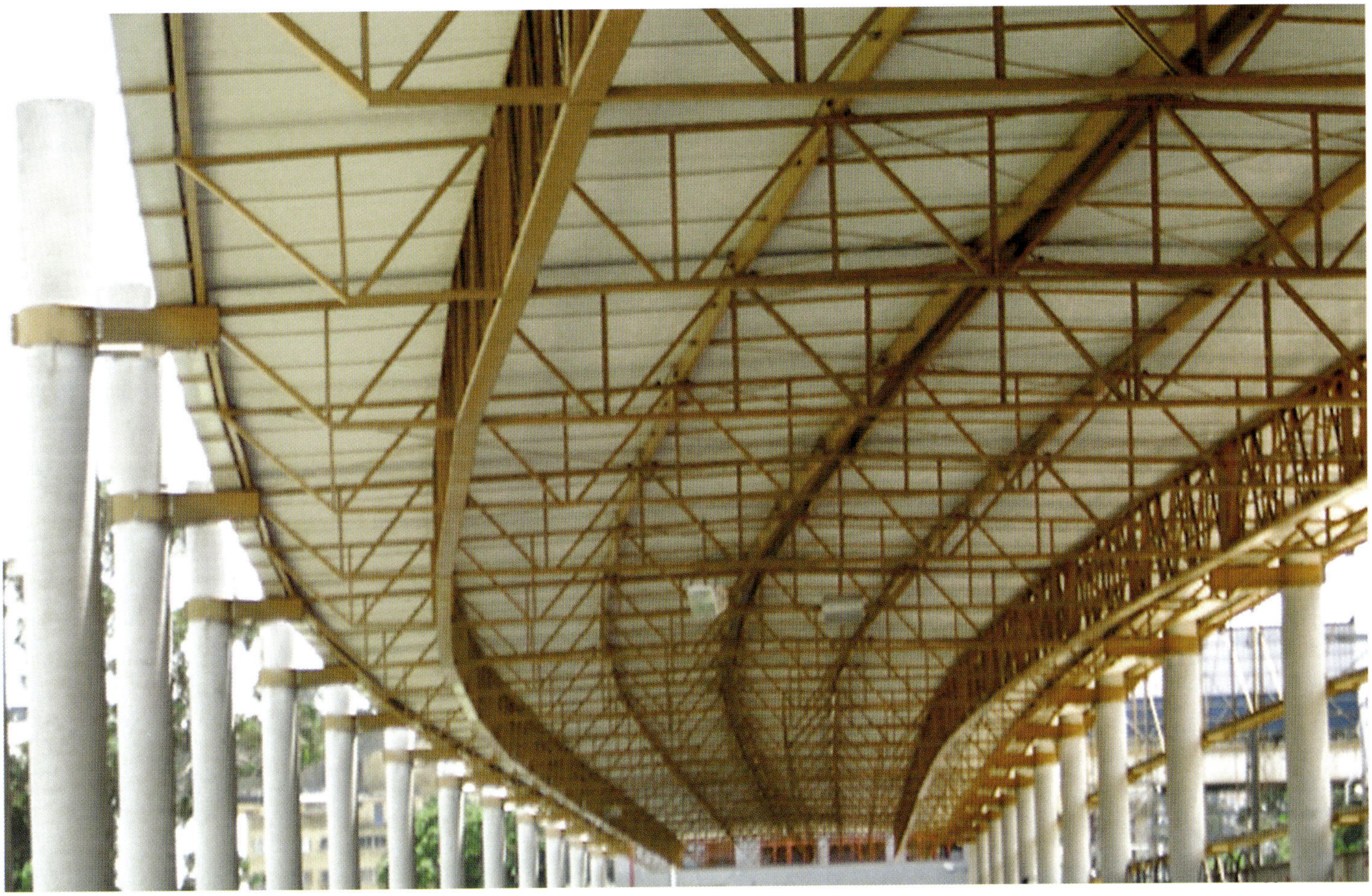

SEDE DO PNUD

CONCURSO NACIONAL
Brasília, DF, Brasil
2003

Vista aérea

A estratégia de implantação estabelece um eixo longitudinal no terreno, perpendicular à rua, ao longo do qual se organiza e distribui todo o conjunto arquitetônico.

O eixo toma de início a forma de uma praça de entrada e, sem que se altere sua geometria, se converte em uma saguão principal, de onde se acessam as áreas de uso comum e a recepção para, num terceiro momento, oferecer-se como um jardim interno, que é ao mesmo tempo um espaço de estar com climatização natural do edifício principal.

A circulação horizontal do edifício é feita por passarelas e pontes que se conectam longitudinal e transversalmente com todos os espaços. Estão previstas circulações verticais em todos os seus vértices.

O conjunto arquitetônico se compõe de um edifício principal, um local adequado para as garagens cobertas e dois pequenos anexos, sendo em grande parte circundado e permeado por um espelho de água que contribui na melhoria de qualidade do ar predominantemente seco de Brasília, além de acrescentar um elemento de beleza ao conjunto.

Acesso principal

A concepção estrutural adota uma malha de 6,25 m × 10,00 m para a estrutura de pilares de concreto, considerando este um vão ideal para o *layout* interno dos pavimentos e um vão econômico para a laje nervurada protendida. A cobertura e as passarelas foram projetadas em estrutura metálica.

RESIDÊNCIA VM

São Sebastião, SP, Brasil
2003

A residência de praia, projetada para a própria família, mostra expressões mais autorais. Nota-se um forte desejo de tornar as formas mais complexas e expressivas, como oportunidade de criar, provocar confrontos de texturas e luzes, deslocar, fundir as formas, de arriscar e de surpreender.

Implantada em um lote de duas frentes, uma é voltada para a rua e a outra, aberta para uma grande área ajardinada, que separa a edificação do mar. A integração com a natureza é evidenciada ao inserir a residência na topografia existente, distribuindo os ambientes em quatro meios níveis, interligados por escadas, que se desenvolvem no grande vazio do *living*, protegido por uma única cobertura, revelando a organização espacial.

Vista pela rua, a casa é um bloco uniforme e equilibrado, com o volume da caixa-d'água, mais recuado, marcando o eixo central da edificação. Na fachada social a cobertura metálica amarela, em forma de arco, e as paredes na cor hortênsia conferem à residência seu aspecto original.

A sala de estar com pé-direito de 7 m é acessada por uma galeria iluminada zenitalmente por visores e escotilhas que remetem esta passagem à linguagem naval: sobre elas está a piscina. Meio nível acima, um pequeno *hall* envidraçado cria uma zona de transição entre o interior e os espaços abertos, voltados para as montanhas, com pequenos jardins gramados, *deck*, piscina. A continuidade da escada alcança a passarela que se conecta à sala do mezanino e ao terraço, voltados para o jardim.

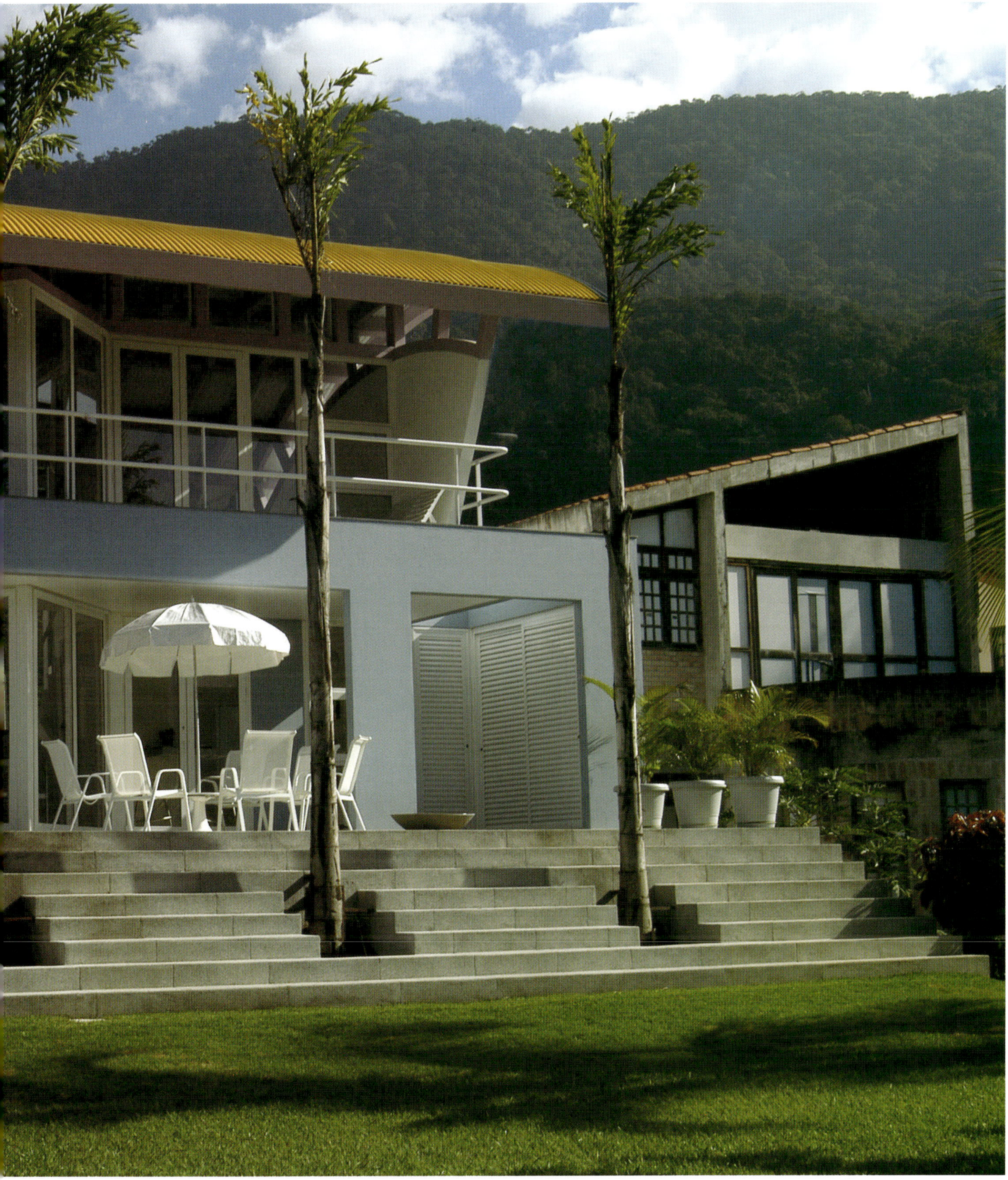

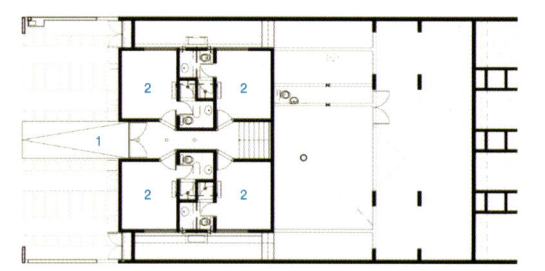

Planta nível 0,00

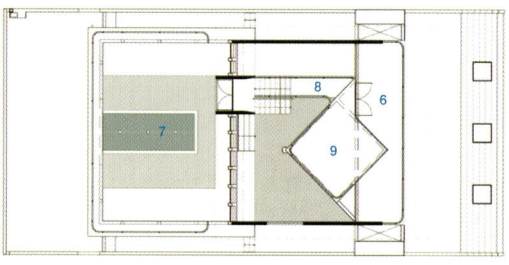

Planta nível 4,50

1. Acesso
2. Dormitório
3. Estar / jantar
4. Lavabo
5. Cozinha
6. Terraço
7. Piscina
8. Passarela
9. Sala de TV

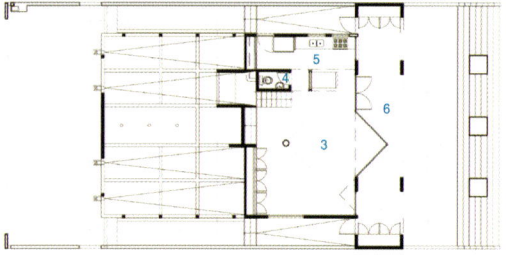

Planta nível 1,44

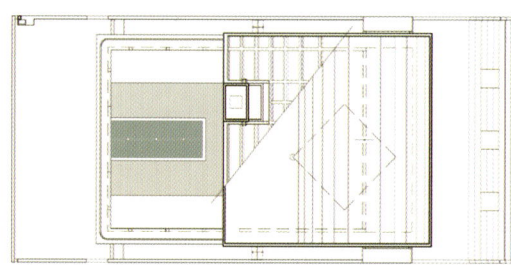

Cobertura

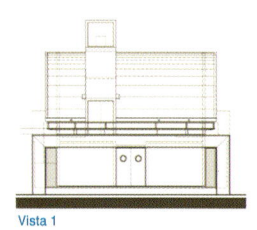

Vista 1

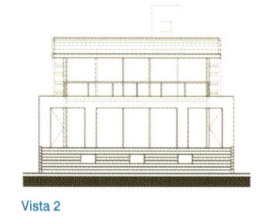

Vista 2

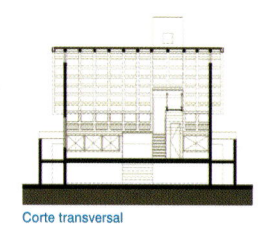

Corte transversal

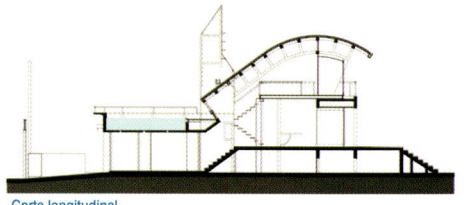

Corte longitudinal

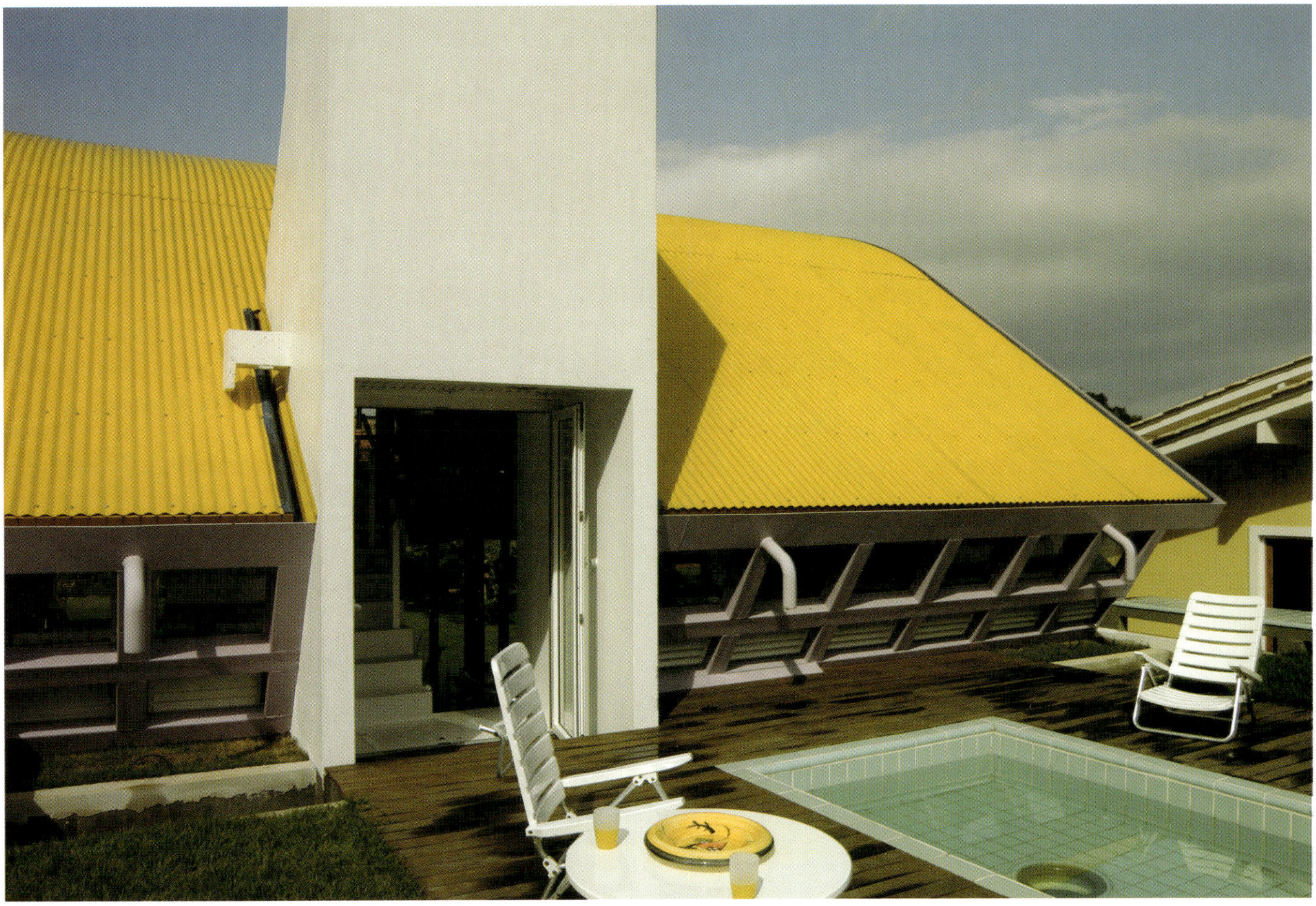

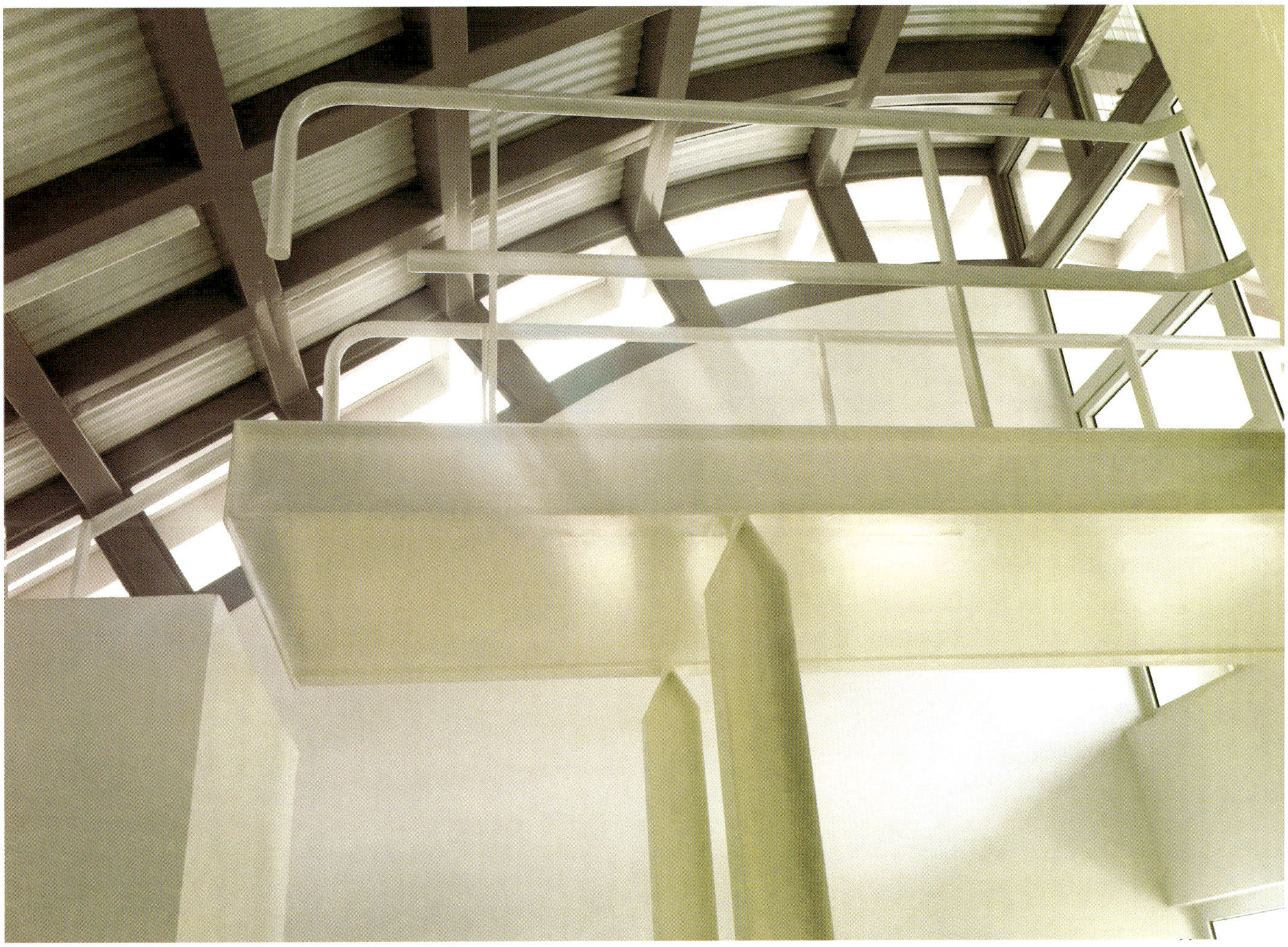

AGÊNCIA BANCÁRIA

MENÇÃO HONROSA NA PREMIAÇÃO
DA ASBEA, 2008
São Paulo, SP, Brasil
2004

O projeto concilia as demandas do proprietário e locatário, sem prejuízo à liberdade plástica. De linhas puras e composição geométrica, o desenho busca a identidade baseada na variação de sua materialidade, que o distingue corretamente em seu entorno próximo edificado.

Implantado entre um hotel e uma residência, o partido arquitetônico adotado procurou um isolamento dos edifícios vizinhos por meio de empenas cegas, posicionadas nas laterais da agência bancária. Suas aberturas se dão para a avenida Brigadeiro Faria Lima, e para o fundo do lote no primeiro e no segundo pavimentos, pois o térreo se projeta até o fundo do terreno, e sua cobertura é um jardim entremeado de iluminações zenitais.

Na fachada lateral, painéis de alumínio marcam o posicionamento do núcleo de circulação vertical do edifício. A adoção de caixilhos de vidro nas fachadas frontal e posterior, sombreados por brises de vidro jateado, desenhados pelo arquiteto, caracterizam o edifício. Composto de módulos de 0,88 cm × 0,88 cm, fixados aos caixilhos apenas em uma das arestas, destacados das peles de vidro, esses módulos reproduzem a forma de uma caixa.

As funções do programa foram dispostas conforme sua especificidade, hierarquizando os espaços dos clientes e aqueles restritos aos funcionários.

A estrutura é metálica, composta de pilares que se apoiam no embasamento de concreto da garagem, no subsolo, e vigas que sustentam lajes de concreto protendidas.

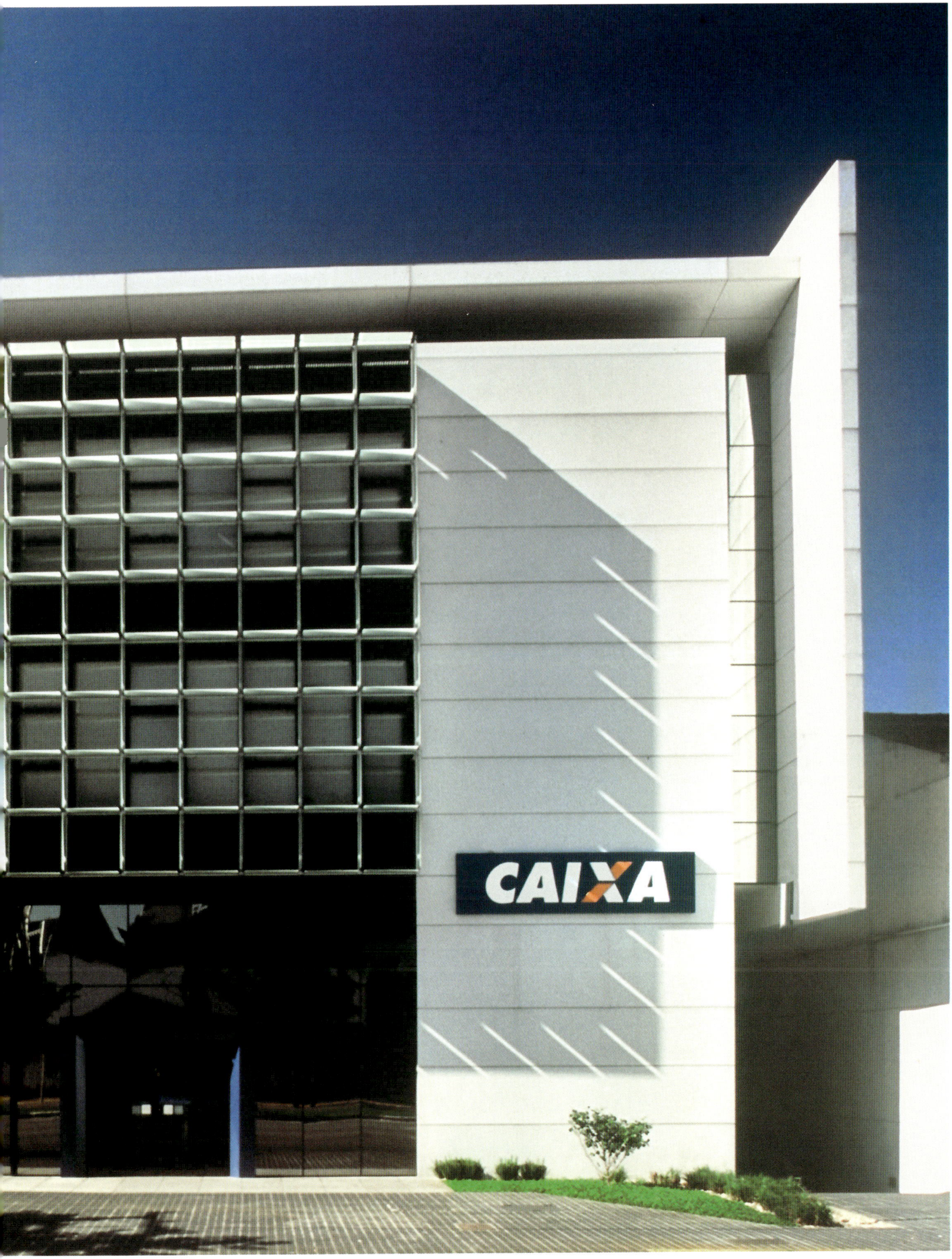
CAIXA

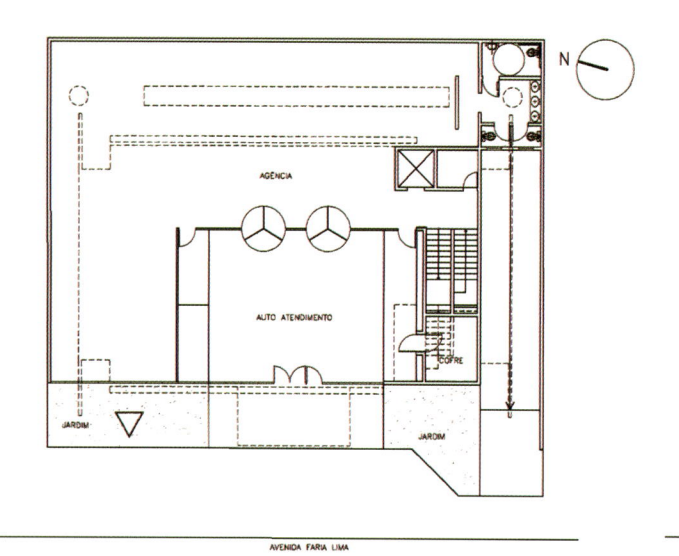

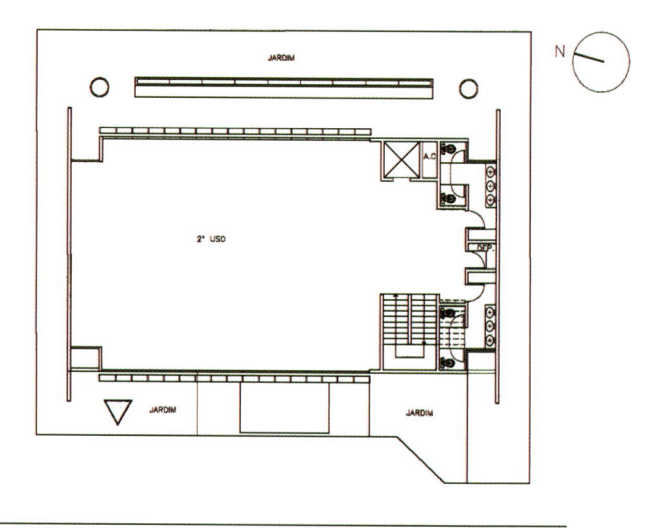

Planta do pavimento térreo

Planta do pavimento superior

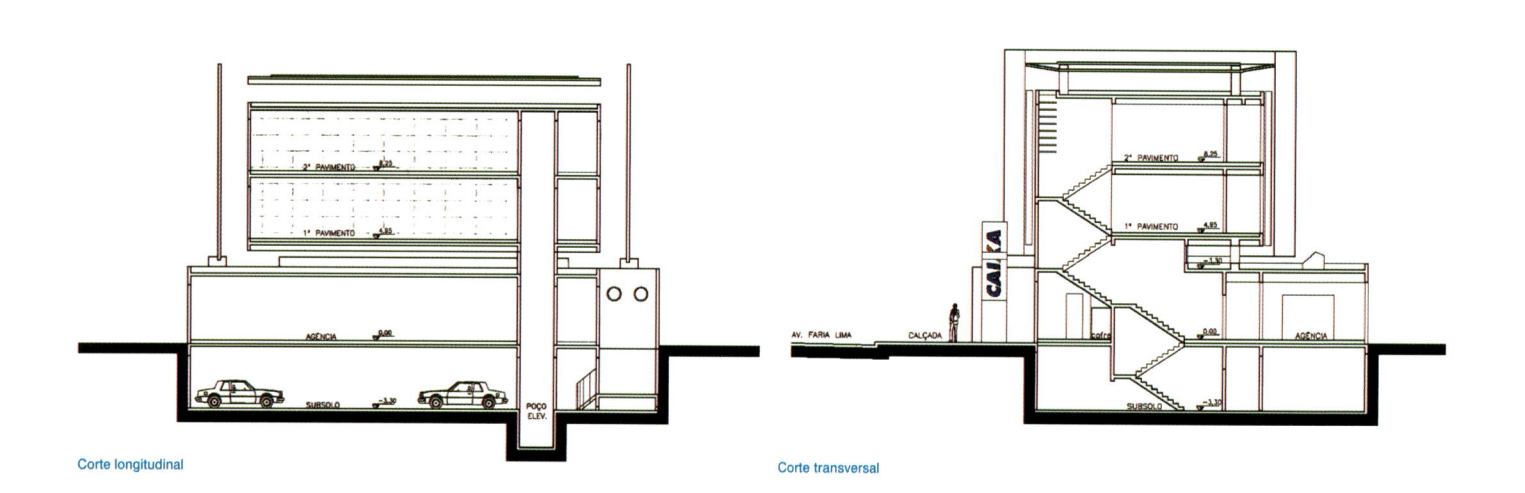

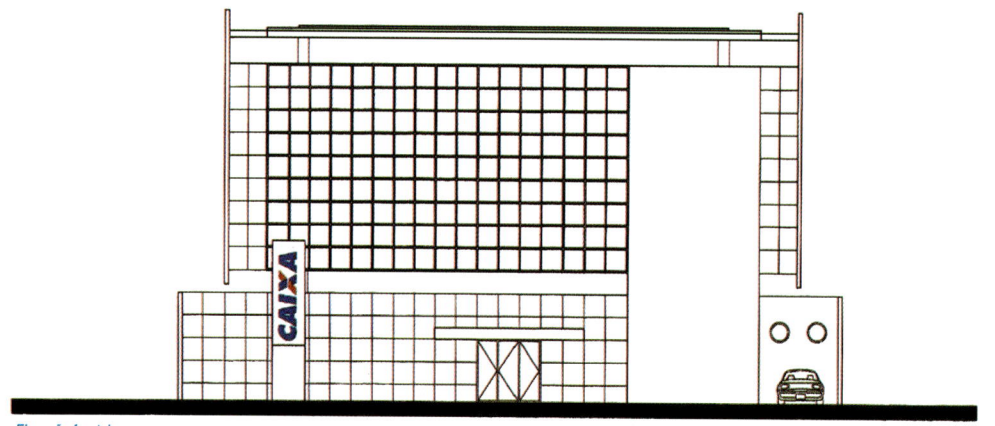

Corte longitudinal

Corte transversal

Elevação frontal

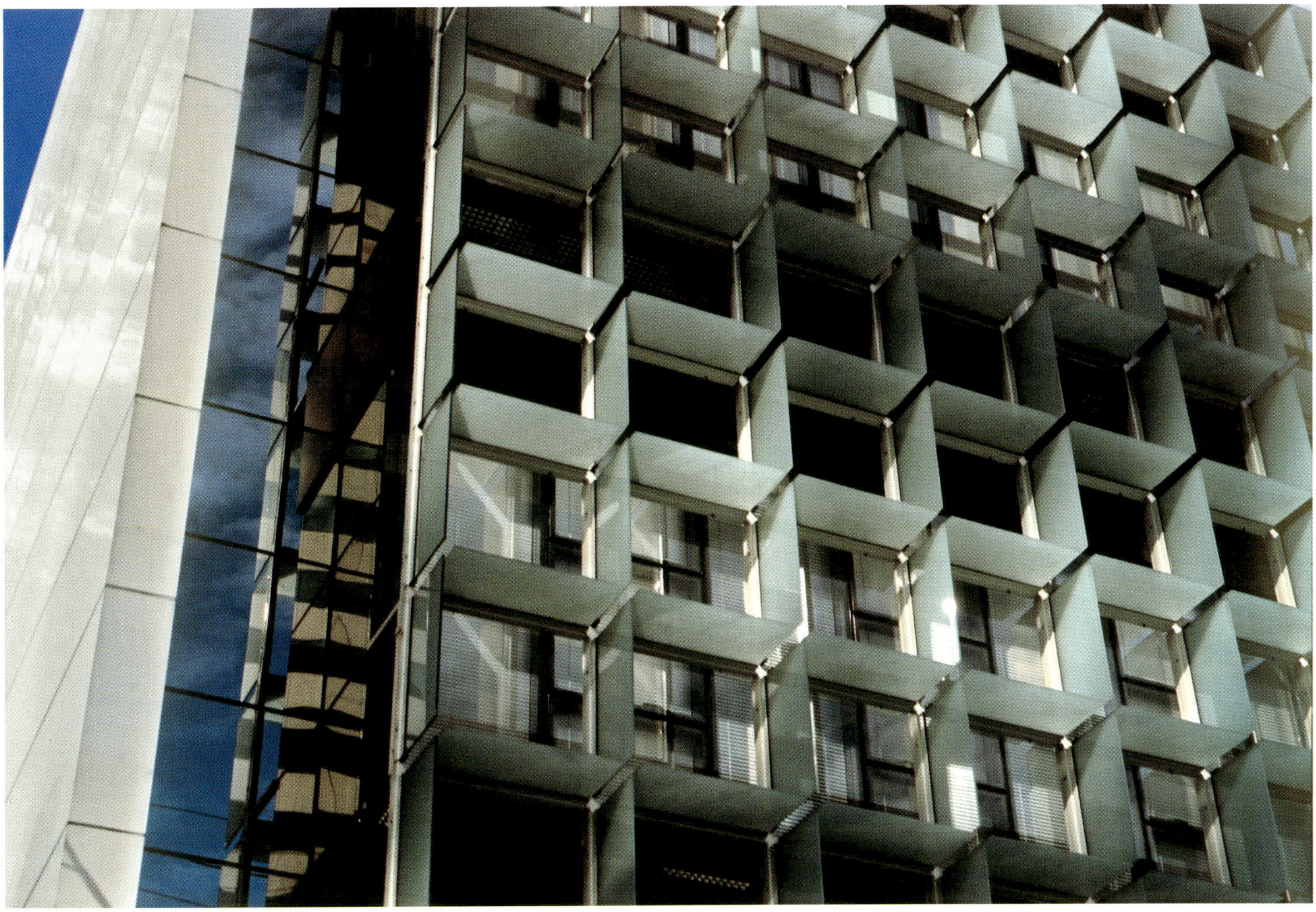

SEDE DA SIEMENS

São Paulo, SP, Brasil
2004

O estudo proposto para a intervenção na sede da Siemens é marcado por soluções arquitetônicas exemplares, sejam relativas à organização do percurso ou nas relações entre os volumes, sejam no aproveitamento dos desníveis e das complexidades topográficas do terreno.

A proposta abrange todo o lote. Um edifício semicilíndrico organiza a garagem, no subsolo, com iluminação zenital. Os escritórios ocupam os seis pavimentos superiores, escalonados, que acompanham a curvatura da garagem. Ao lado, encontra-se o clube dos funcionários, e, na frente, o restaurante e os serviços de engenharia, além de uma praça de integração, entre o edifício existente e os propostos.

A articulação dos espaços é feita por passarelas cobertas, integradas à vegetação que se conecta aos edifícios.

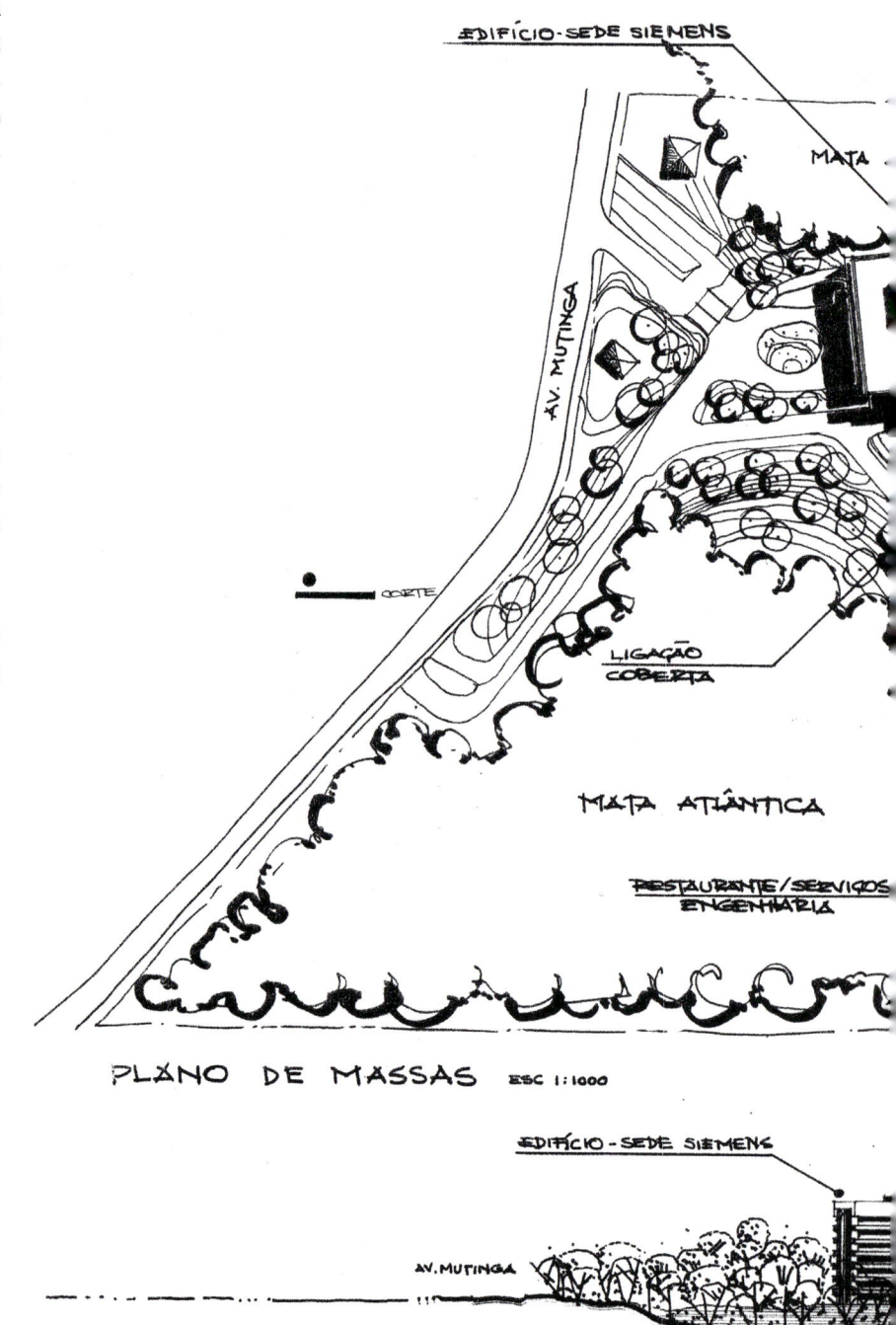

Croqui

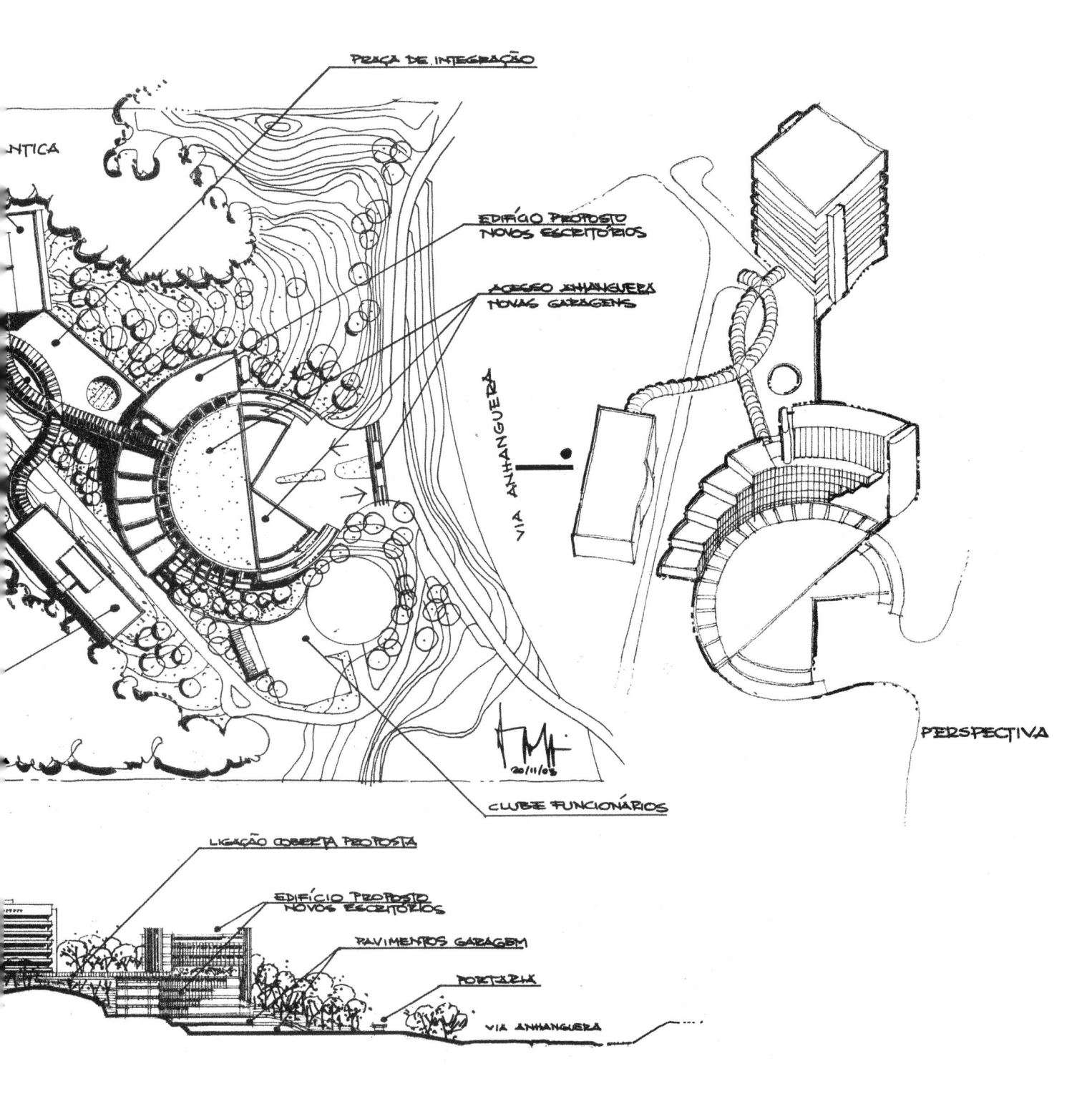

- PRAÇA DE INTEGRAÇÃO
- EDIFÍCIO PROPOSTO NOVOS ESCRITÓRIOS
- ACESSO ANHANGUERA NOVAS GARAGENS
- VIA ANHANGUERA
- CLUBE FUNCIONÁRIOS

PERSPECTIVA

- LIGAÇÃO COBERTA PROPOSTA
- EDIFÍCIO PROPOSTO NOVOS ESCRITÓRIOS
- PAVIMENTOS GARAGEM
- PORTARIA
- VIA ANHANGUERA

AGÊNCIA BANCÁRIA

São Paulo, SP, Brasil
2004

Localizado em um dos grandes centros financeiros da cidade, a agência bancária ocupa um terreno de esquina com dimensões reduzidas, contido entre empenas de edifícios com organização vertical.

O partido arquitetônico adotado resulta em um volume circular que se abre como um leque, acompanhando a curvatura determinada pelo meio-fio, com um pequeno escalonamento ao longo da rua lateral.

O sistema de sombreamento, estrategicamente posicionado, dita o ritmo da fachada. A solução cria com sucesso um espaço bem mediado entre a exposição e a proteção solar durante o dia e, à noite, se mostra transparente e luminoso.

O projeto dispõe de três pavimentos, garagem no subsolo e um terraço coberto destinado a pequenos eventos dos funcionários no coroamento.

A estrutura é mista de aço e concreto armado, e a estrutura metálica resolve com perfeição o volume curvo, por meio de vigas de bordo calandradas.

Maquete

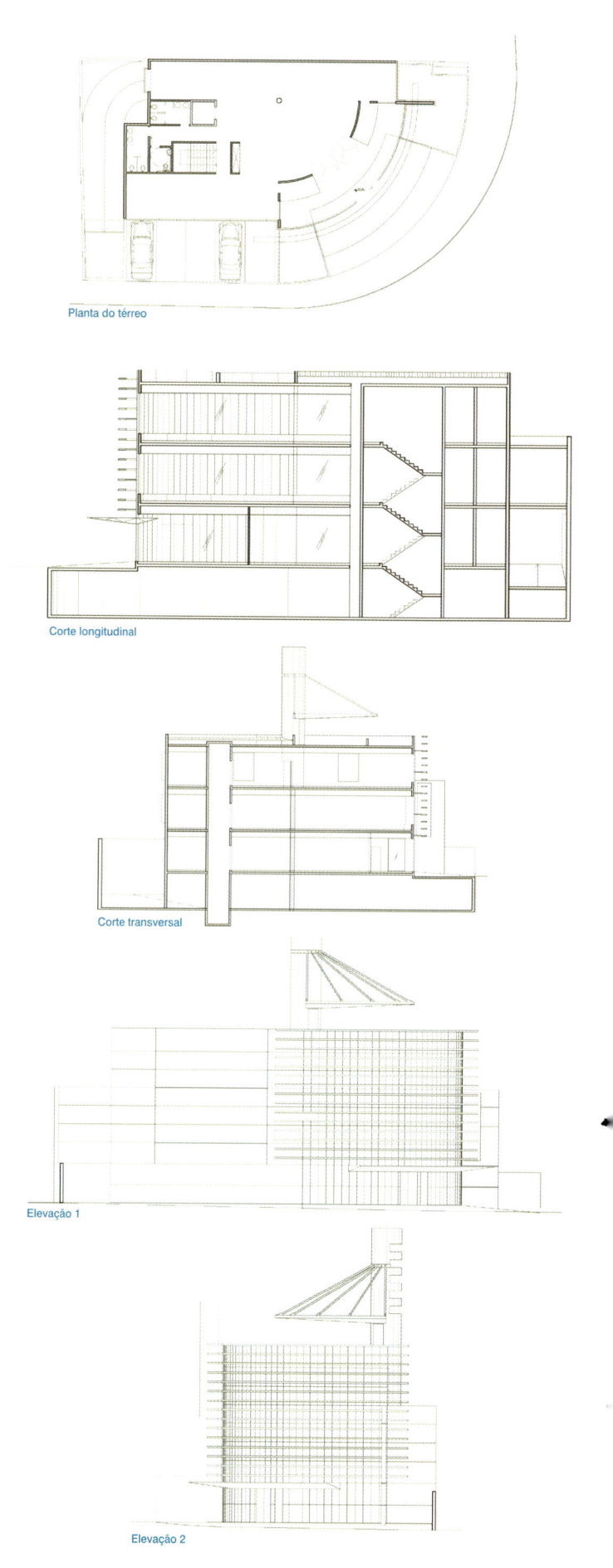

Planta do térreo

Corte longitudinal

Corte transversal

Elevação 1

Elevação 2

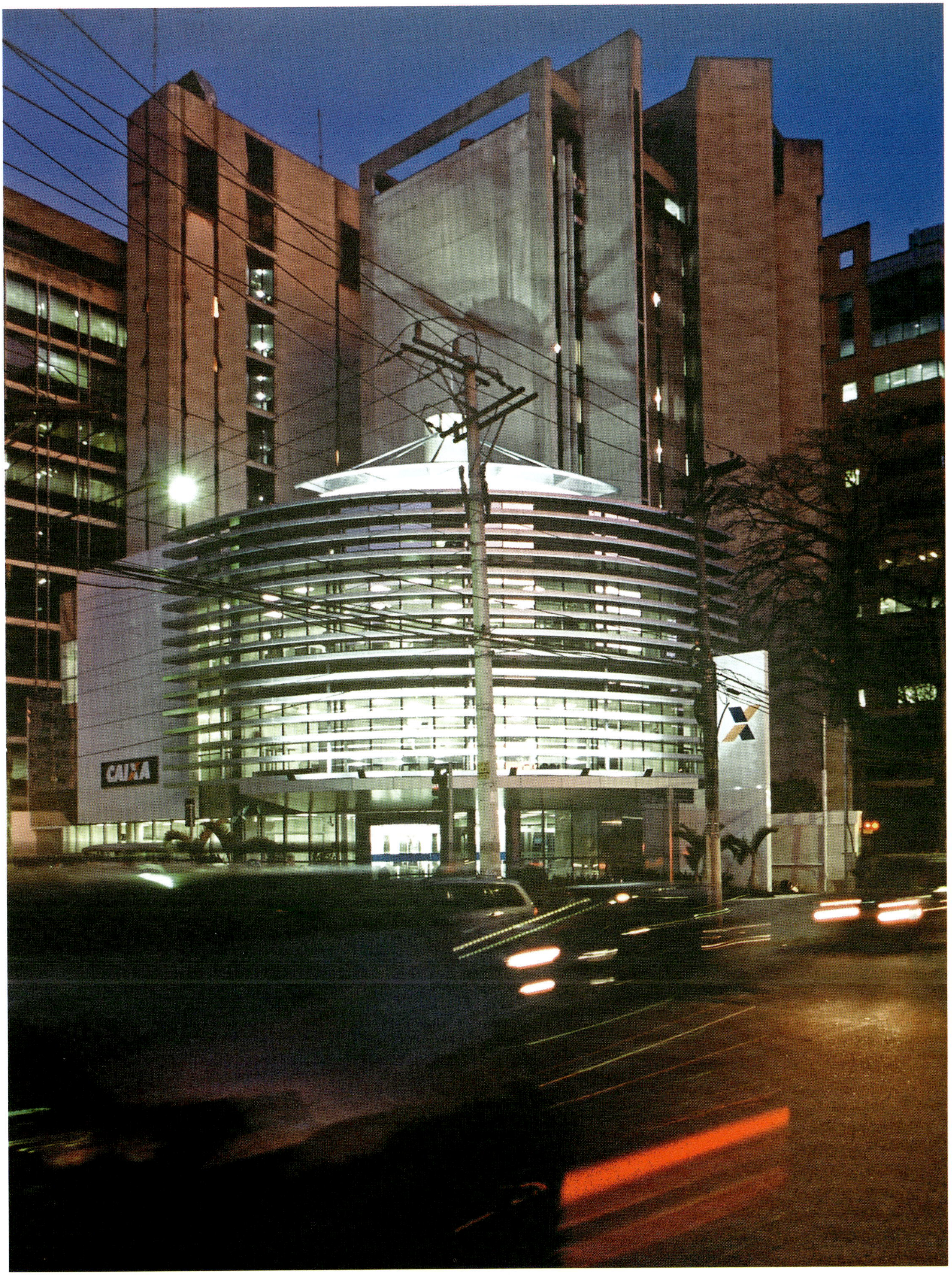
CAIXA

THE PARACHUTE PAVILLON

CONCURSO INTERNACIONAL
Coney Island, NY, USA
2004

Diante dos elementos construídos junto à área destinada ao pavilhão, procurou-se criar sua desarticulação, imprimindo na paisagem uma nova imagem, simples e forte, que prevalecesse sobre as já existentes.

Um globo entrecortado por planos organiza os percursos de seus usuários e os atrai para os espaços interiores transparentes, dedicados a diversão, cultura e necessidades momentâneas.

A tecnologia do projeto acompanha as vertentes contemporâneas da arquitetura e das engenharias e traz em seu desenho a factibilidade do edifício. Mas o que mais importa é o sentido que o novo edifício trará as pessoas.

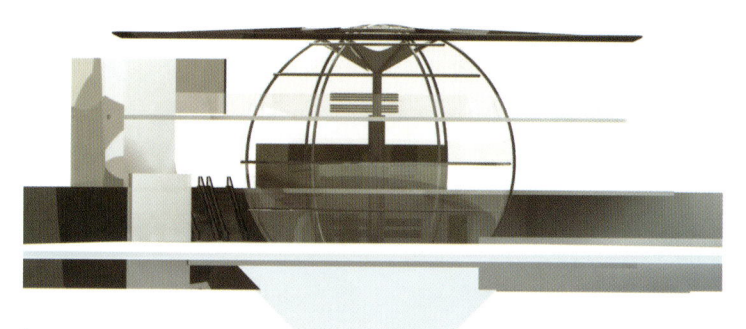

Perspectivas externas

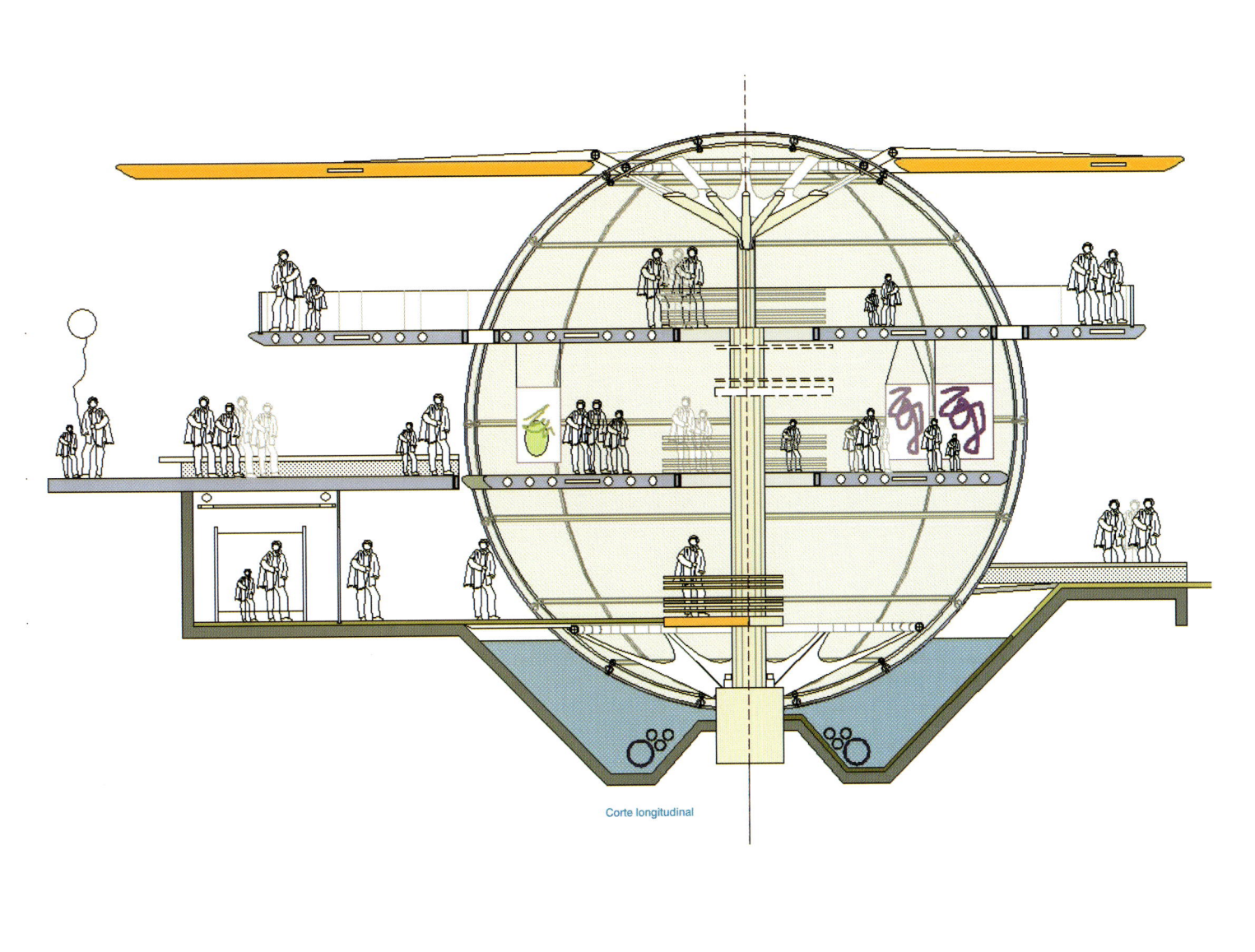

Corte longitudinal

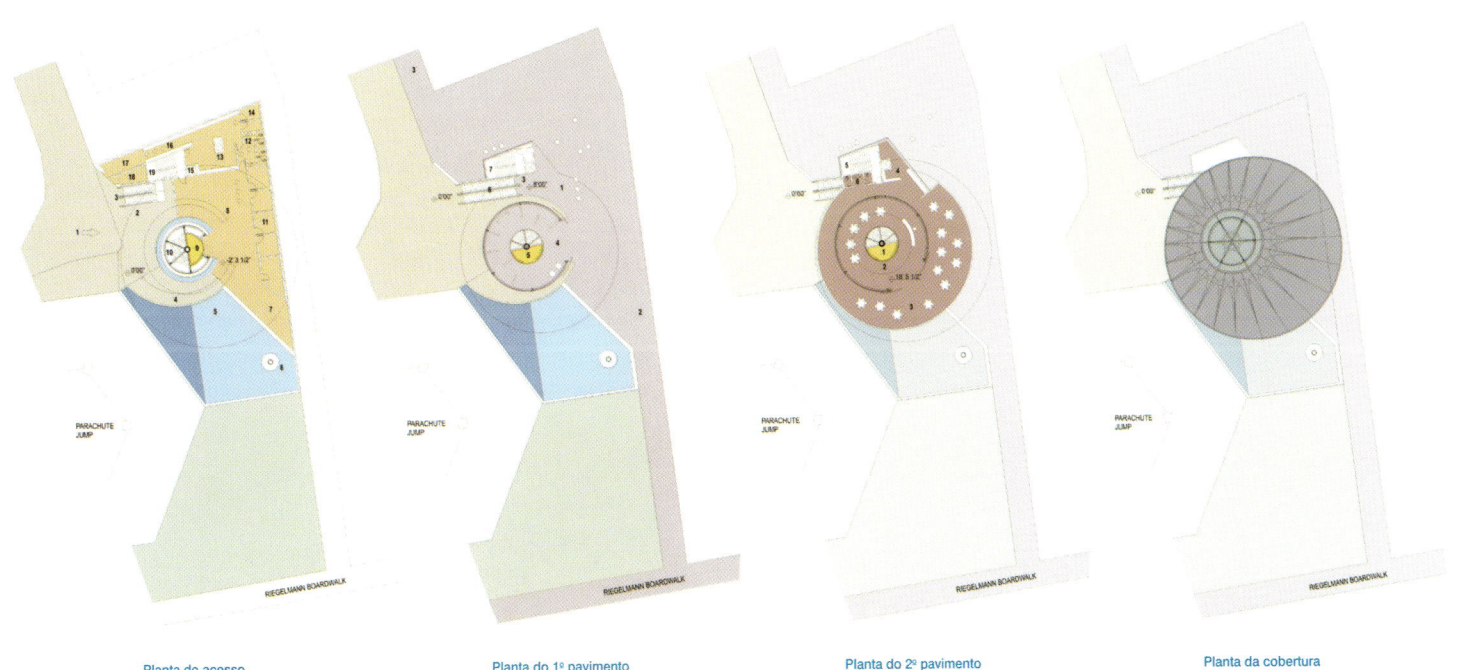

Planta de acesso | Planta do 1º pavimento | Planta do 2º pavimento | Planta da cobertura

219

ESTÁDIO ANACLETO CAMPANELLA

PARTICIPAÇÃO NA 7ª BIENAL DE ARQUITETURA
São Caetano do Sul, SP, Brasil
2006

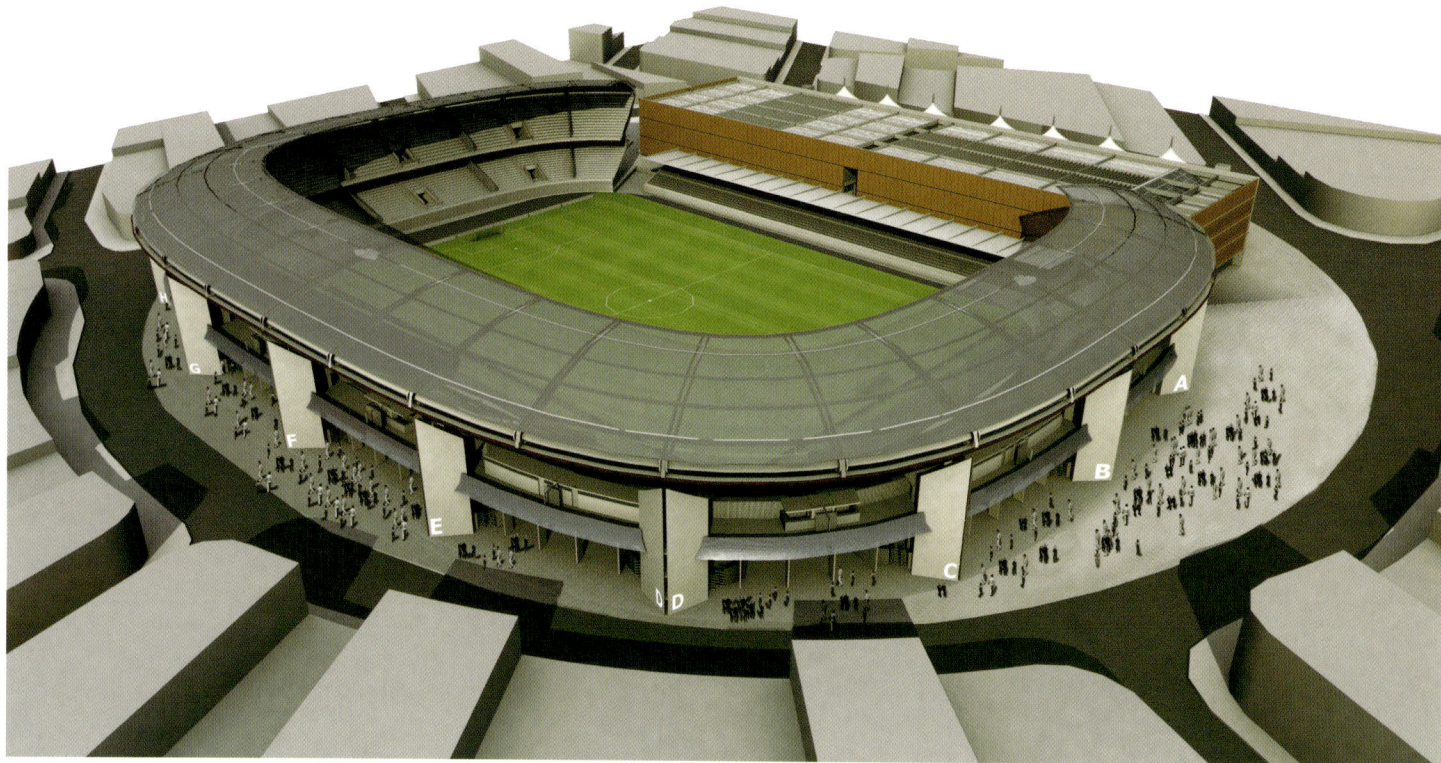

Vista aérea

O projeto, encomendado pela Prefeitura Municipal de São Caetano do Sul, se insere no plano de renovação arquitetônica e tipológica da Praça de Esportes de São Caetano do Sul. A interpretação dos procedimentos locais e a interação com o contexto real nortearam a conceituação do programa de intervenção. Localizado em uma área residencial, o estádio se destaca na paisagem por sua diferenciação tipológica. Composto de dois anéis que organizam as arquibancadas inferiores e superiores, a solução espacial proposta foi concebida tendo-se em conta as circulações verticais e horizontais. O percurso desenvolve-se ao nível da rua, um grande disco pousado sobre onze marcos verticais, que permitem, com facilidade, a localização e a identificação do acesso a determinado setor, aspectos importantes na concepção de arenas esportivas.

Por meio da adoção de uma geometria adequada, o projeto possibilita melhor visibilidade do campo de futebol e maior grau de conforto e segurança, não apenas nas arquibancadas como também nos demais acessos e equipamentos de apoio, tais como circulação, sanitários, segurança policial e bares.

O antigo setor, construído na década de 1950 em pórticos e lajes de cobertura em concreto, será preservado e modernizado.

Vista interna

Em sua estrutura inferior será instalada uma grelha com pilares de concreto armado e vigas metálicas, que suportam a arquibancada inferior e a rua superior, bem como disponibilizam o espaço livre sob a mesma para os programas sociais previstos.

Já a estrutura superior é mais leve e mais sofisticada, com vãos maiores. É composta de pilares de concreto armado que suportam transversinas e longarinas metálicas, revestidas de chapas de aço corten que unificam e contribuem na distribuição dos esforços estruturais.

Caso seja adotada para o novo estádio uma cobertura parcial sobre as arquibancadas, ela poderá ser aplicada através de nervuras metálicas, contraventadas por sistema de tirantes rígidos e flexíveis que sustentam um toldo translúcido de *teflon* estirado. Esse conjunto estrutural é leve e permite que seja aplicado parcialmente e ampliado a qualquer momento sem prejuízo do uso do estádio.

A concepção diferenciada dos componentes da fachada do edifício e da cobertura parcial e o contraste dos materiais e da estrutura ajudam a concretizar o desenho definitivo da obra.

INDÚSTRIA CRYOVAC

Campinas, SP, Brasil
2007

Elevação frontal

Encomendado pela empresa líder mundial em tecnologias de embalagens para alimentos, o projeto da nova fábrica prima pelo desenho e pela qualidade estrutural, comandados pela coordenação modular, como elemento ordenador da estrutura, dos percursos, das aberturas e do tratamento dos espaços internos e externos, garantindo melhor resultado plástico e conforto nas áreas de produção.

Localizado em uma grande área verde, o volume da fábrica organiza uma implantação flexível, minimizando o movimento de terra, cujos caminhos são integrados, proporcionando melhor visibilidade do conjunto.

A vedação em lâminas metálicas dissolve o impacto da construção, proporcionando uma atmosfera de acolhimento.

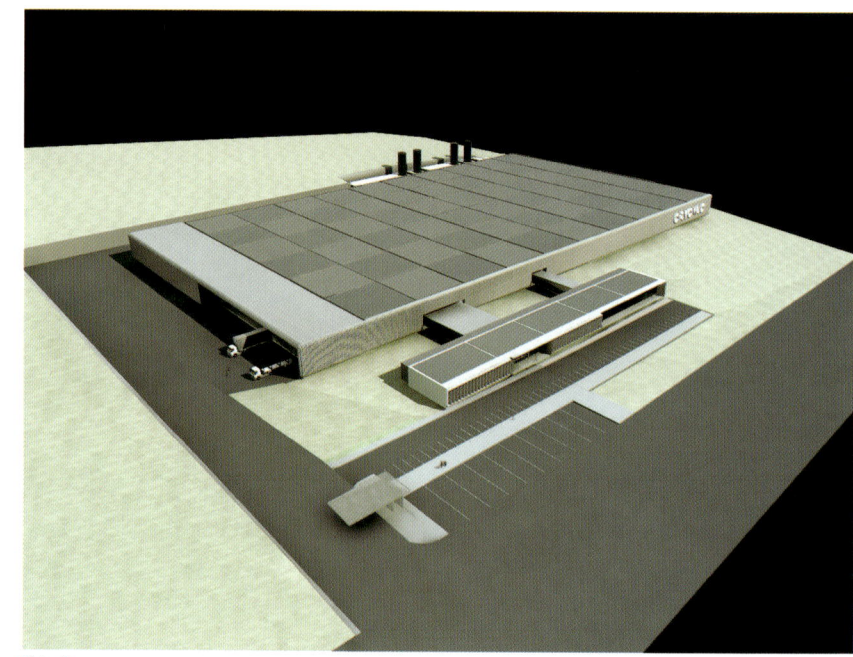

Vista aérea

INDÚSTRIA CBA

COMPANHIA BRASILEIRA DE ALUMÍNIO
Jundiaí, SP, Brasil
2007

Edifício industrial

Edifício administrativo

Carga e descarga

Com os mesmos cuidados dos demais edifícios industriais, o da Companhia Brasileira de Alumínio se distingue pelo tratamento dado aos caminhões que adentram o edifício para transportar ou depositar grandes volumes de materiais, sem que haja problema com as intempéries. As operações de carga e descarga se dão por meio de uma única pista e pontes rolantes por módulo.

A estrutura foi convenientemente dimensionada para dar suporte aos fechamentos da cobertura e das laterais, bem como às quatro pontes rolantes que são comandadas remotamente.

A fachada é caracterizada pelo volume que se projeta em balanço para a formação de pequenos escritórios, necessários à finalidade do edifício. Destacada do chão, uma pequena construção de estrutura leve e transparente, protegida por *brise-soleils*, abriga os departamentos comercial e administrativo.

NOVA CENTRALIDADE

Benfica, Angola
2008

Perspectiva

Situado entre o Novo Aeroporto e o Centro da Capital, o plano apresentado compreende o Estudo Conceitual Estratégico, o Estudo Preliminar e os Projetos Básicos de Gestão Territorial, Engenharias e Arquiteturas.

O estudo proposto reflete as ambições socioculturais da cidade e mostra o papel do futuro desenvolvimento urbano, que aproveita a existência sazonal de um caudaloso rio que corre no eixo onde está prevista a nova centralidade, acumulando e regulando o nível da água nos tempos de cheias e secas. O programa abrigará o centro universitário e tecnológico, a vila olímpica e as áreas comerciais e residenciais.

Elementos estruturadores, como marquise linear e eixo infraestrutural ao longo do rio, se definem como elementos unificadores entre os espaços públicos e a nova arquitetura, gerando núcleos urbanos humanizados e interligados.

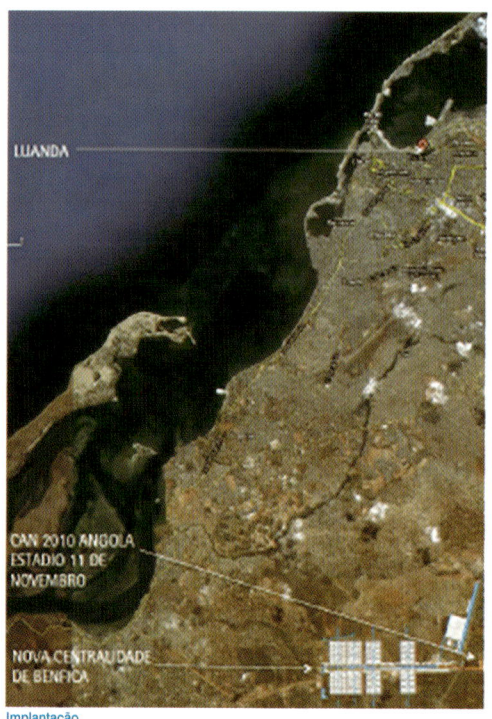

Implantação

EDIFÍCIO COMERCIAL

São Paulo, SP, Brasil
2009

O projeto é uma parceria do arquiteto com a Construtora Santa Luzia. Localizado em um bairro central, o edifício corporativo se afina com as necessidades do programa de flexibilidade e funcionalidade.

Constituído de onze pavimentos, apresenta andar tipo com área livre. A circulação e os banheiros foram distribuídos em um volume periférico do edifício, essa solução resolveu a organização dos espaços internos sem interferências.

Fruto de uma simplificação formal, o edifício se apresenta como um prisma de vidro, realçado pela composição de elementos geométricos que anima a configuração plástica da fachada.

Mais uma vez, destaca-se o coroamento no arremate da composição.

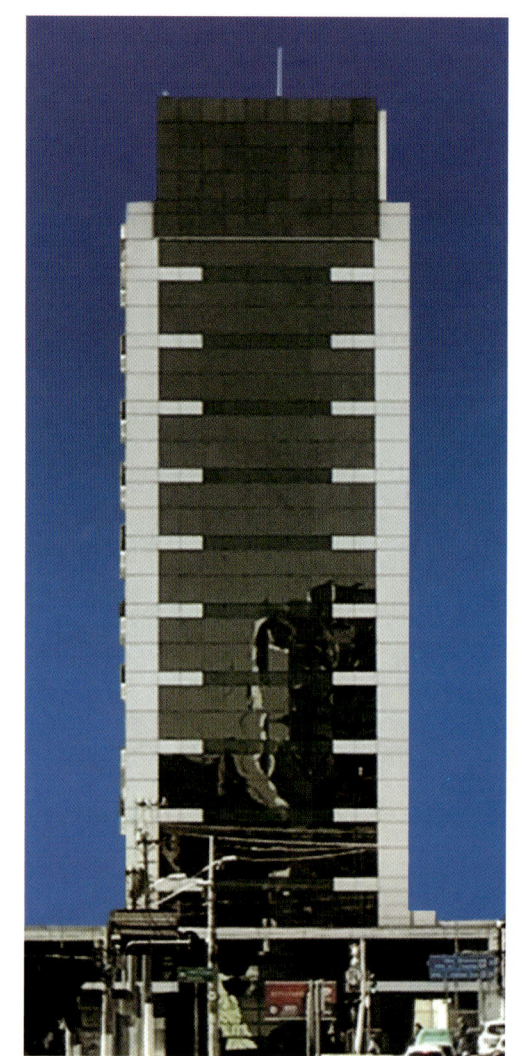

Elevação

Planta do pavimento tipo

PARQUE OLÍMPICO RIO 2016

CONCURSO FECHADO
Rio de Janeiro, RJ, Brasil
2011

Implantação modo olímpico

O partido proposto visa consolidar uma nova centralidade urbana na Barra da Tijuca, prevista no edital do concurso, com serviços e apoios para os atletas, o público e a imprensa, por meio de uma organização espacial na qual serão inseridos os edifícios de forma harmoniosa.

O Parque Olímpico foi definido por um quadrado cuja forma evoluiu de uma antiga ágora grega para uma praça olímpica contemporânea, que se transformará no centro de um novo bairro compacto e sustentável.

Previsto entre os modos olímpicos e legado, o *master plan* urbanístico utilizará a estrutura de uma marquise como uma força catalisadora da urbanização do bairro, com a expansão das redes viária e infraestrutural, das áreas verdes e um sistema de transporte coletivo local.

COMPLEXO TIRADENTES

São Paulo, SP, Brasil
2011

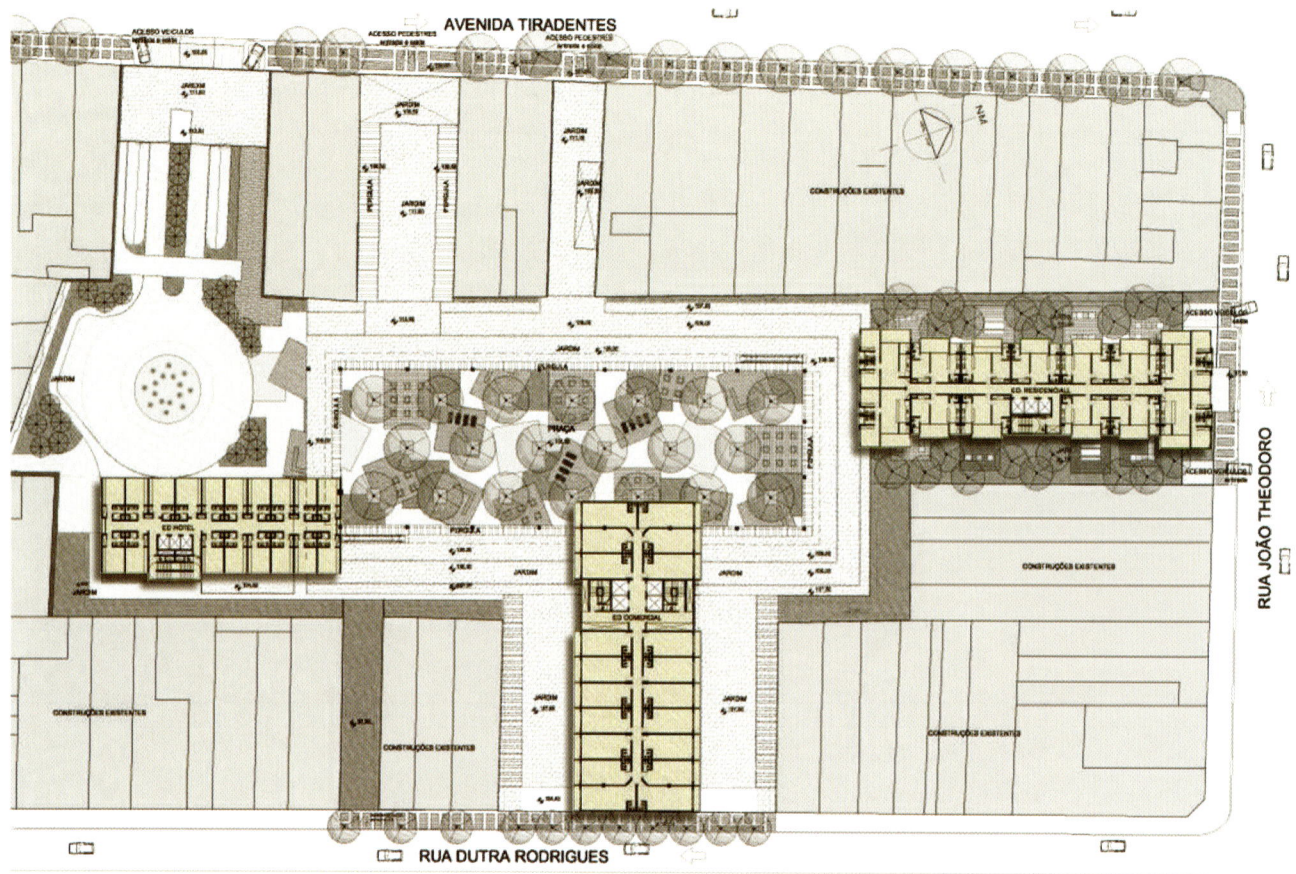

Planta do térreo

O novo complexo situa-se na região central de São Paulo, um lugar com forte identidade histórica que se encontra sem conservação. O projeto torna-se um propulsor para a requalificação da área urbana em um entorno conturbado.

O complexo é caracterizado pela multiplicidade de funções, organizadas em torre de escritórios, torre residencial e hotel.

Implantado em um interior de quadra, os edifícios estão posicionados de maneira a criar uma grande praça, aberta para a cidade, com restaurantes e lojas, tornando a distribuição espacial fluida e dinâmica. Uma marquise corresponde aos espaços destinados aos percursos, parecidos com ruas internas que se conectam com as torres.

No projeto, em andamento, as fachadas e os materiais não estão especificados, podemos identificar nas plantas que os volumes são resolvidos em dezoito pavimentos sobre pilotis.

Vista aérea

Vista da praça interna

CENTRO DE EXPOSIÇÕES E CONVENÇÕES

REESTRUTURAÇÃO E AMPLIAÇÃO
DO ANTIGO CAMPO DE AVIAÇÃO
Ilhabela, SP, Brasil
2015

Situado no litoral norte paulista, o projeto se insere no Plano de Reurbanização de Trechos Viários e de Orla para o município de Ilhabela. A nova estrutura prevê a restauração dos equipamentos existentes como quadras poliesportivas e campos de futebol, bem como a construção de novos equipamentos de mobilidade urbana, negócios e cultura.

Implantado na cabeceira sul do antigo campo de aviação, o Centro de Exposições será destinado a exposições e eventos comerciais, terminal intermodal de transporte marítimo e terrestre e restaurante.

Para atender ao programa de caráter multifuncional, um eixo transversal dividirá as atividades, servindo de passagem pública e acesso às atividades internas. De um lado se encontrarão a bilheteria do terminal intermodal e o restaurante, no mezanino, e do outro, com pé-direito duplo, o espaço de exposições.

O edifício será construído com arcos diagonais de madeira laminada, que servirão de estrutura e invólucro, cobertos com módulos triangulares de manta termoplástica, alternados com membrana. O sistema de sombreamento será realizado com barras de madeira, definindo a fachada do edifício e garantindo uma integração entre os ambientes internos e externos.

Implantação do campo de aviação

A. Remodelação do campo de aviação
B. Centro de exposições
C. Centro de convenções

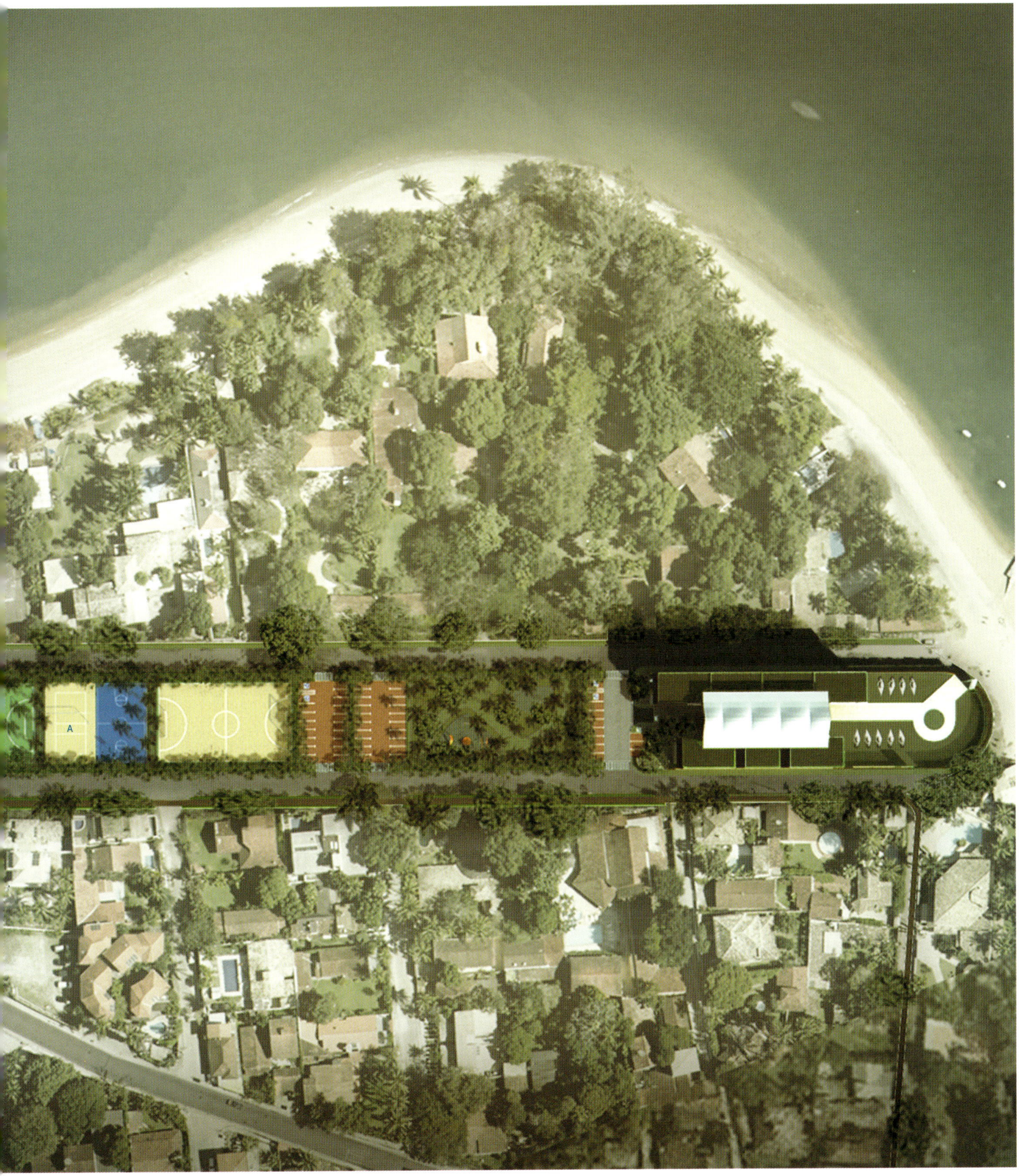
A

Centro de exposições

Integrado às atividades do Centro de Exposições, o Centro de Convenções, implantado do outro lado da avenida, será objeto de readaptação arquitetônica, visando dotar o equipamento cultural em conformidade com as normas de segurança e acessibilidade.

Constituído de três blocos articulados, desempenhará em seu interior diversas funções: auditórios, teatro, café e um terraço panorâmico.

Um arco de estrutura metálica, à qual se sobreporá o sistema de sombreamento na fachada, irá conferir unidade ao conjunto e privilegiar a relação com o mar, ao mesmo tempo em que irá estabelecer um diálogo volumétrico com o entorno.

Perspectiva externa

Centro de convenções

Corte transversal

MARINA PÚBLICA

CONCURSO NACIONAL, MENÇÃO
HONROSA EXPO-NUTAU, 2016
Ilhabela, SP, Brasil
2016

Ilhabela, conhecida como Capital Nacional da Vela, agora está se preparando para se tornar Capital Nacional de Náutica. O primeiro passo é a construção da nova marina pública, localizada na praia do Saco da Capela, para receber os navios de cruzeiro e os espaços de apoio terrestre aos turistas.

O programa é composto do "complexo água" – com capacidade para 280 embarcações de até 80 pés, um receptivo turístico de escaleres de navios de cruzeiro e um píer para turismo local, para escunas e saveiros – e do "complexo terra" – que abriga lojas, restaurante, vestiários e uma praça que articula os caminhos, perfeitamente, integrados com a natureza.

A marina será construída no sistema de flutuantes, pelo seu baixo índice de risco ambiental – que permite a passagem de sedimentos marinhos superficiais e profundos, preservando a movimentação natural do leito marinho – e pela eficácia no atendimento às embarcações.

Implantação

Corte longitudinal

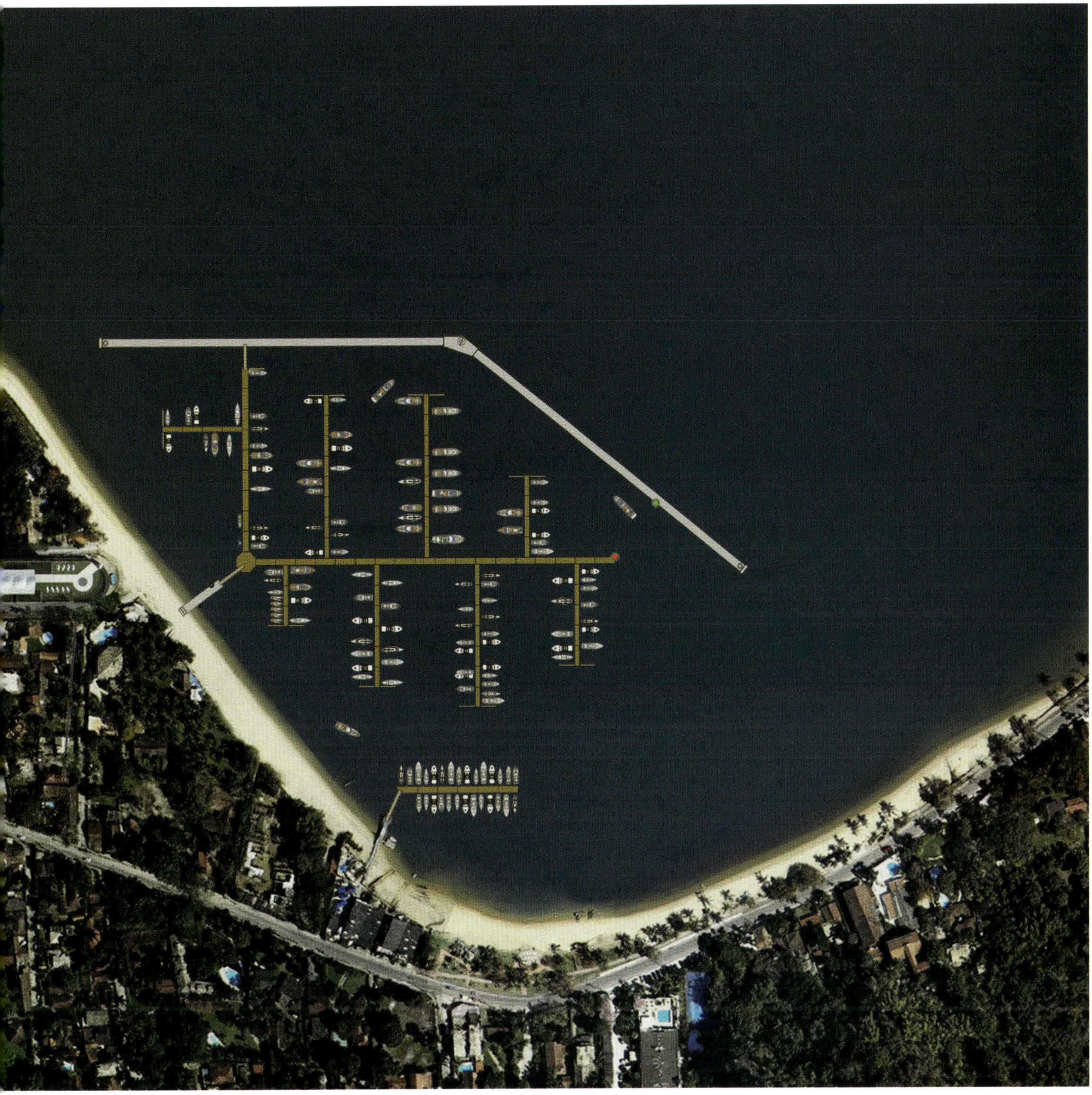

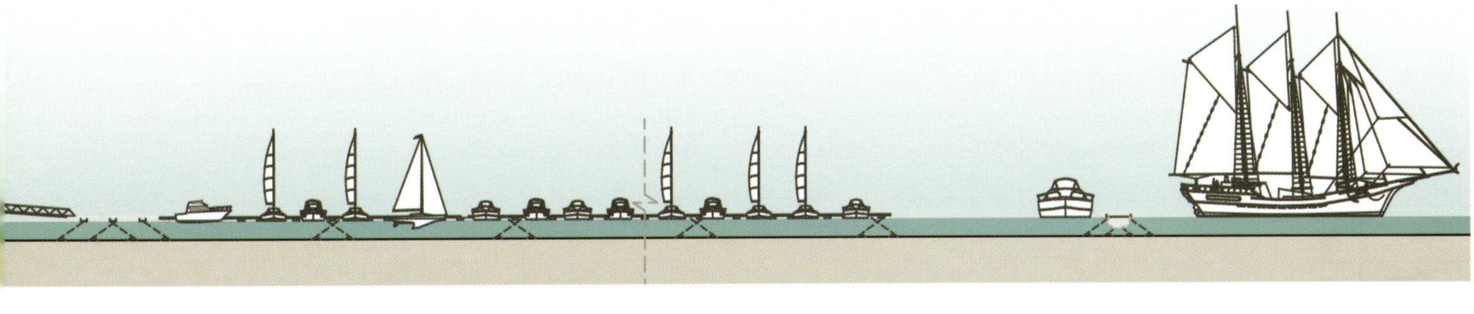

SEDE IAB+CAU

CONCURSO NACIONAL
Brasília, DF, Brasil
2016

Acesso principal

O conjunto proposto alia o fator tecnológico e equilíbrio ambiental da construção à humanização de seu próprio ambiente de trabalho, em conformidade com a nova agenda de sustentabilidade e ecologia numa escala global.

A estratégia de implantação estabelece no terreno um eixo longitudinal, perpendicular à rua, ao longo do qual se organiza e se distribui todo o conjunto arquitetônico.

Esse eixo toma, de início, a forma de uma praça de entrada com suas bandeiras. Transforma-se numa alameda arborizada que sugere a transição entre os espaços externos e internos. Sem alterar sua geometria, a alameda se converte na galeria comum aos seus usuários, caracterizada num átrio central de distribuição para todas as atividades de usos previstos no programa. Para então, num terceiro momento, oferecer-se como uma praça de convivência, que é, ao mesmo tempo, um espaço de estar climatizado naturalmente e também acesso aos ambientes internos.

As duas alas do edifício principal – a da esquerda do IAB DF, a da direita do CAU BR – são divididas em térreo, primeiro pavimento e cobertura, com largura ideal para distribuição do programa. Essa distribuição permite duas insolações ideais, um bloco voltado para a face nordeste e o outro, para a sudoeste.

A cobertura é ocupada pelo volume do plenário, bem como pelas áreas de *foyer*/estar, com café e vista para os jardins da cobertura e do seu entorno.

Vista aérea

Vista interna

RESIDÊNCIA RM

Itupeva, SP, Brasil
2017

Vista posterior

O projeto mais recente de Vasco de Mello, uma residência localizada em um condomínio fechado a 70 km de São Paulo, revela o repertório de soluções plásticas, técnicas e funcionais presentes ao longo de sua carreira com uma nova abordagem.

Implantado em um terreno arborizado, de acentuado declive, o desenho reforça a ideia de continuidade da paisagem existente, tendo em vista o equilíbrio entre arquitetura e natureza.

Esse diálogo se dá pela adoção de eixos que estabelecem a distribuição do programa e fluxo. Embora a residência seja organizada em dois volumes horizontais que se interpenetram, unidos entre si, o projeto concebe uma distância entre os ambientes íntimo e social, garantindo privacidade.

Os espaços externos são ligados pelo cruzamento de paredes que se transformam em pórticos que delineiam a residência e envolvem os percursos.

A entrada, praticamente cega, esconde a intensa vida interior, cuja organização espacial cria uma série de ambientes num único corpo amplo e luminoso, enriquecido pelos planos horizontais dos terraços e pátios que abrem vistas para as colinas verdes.

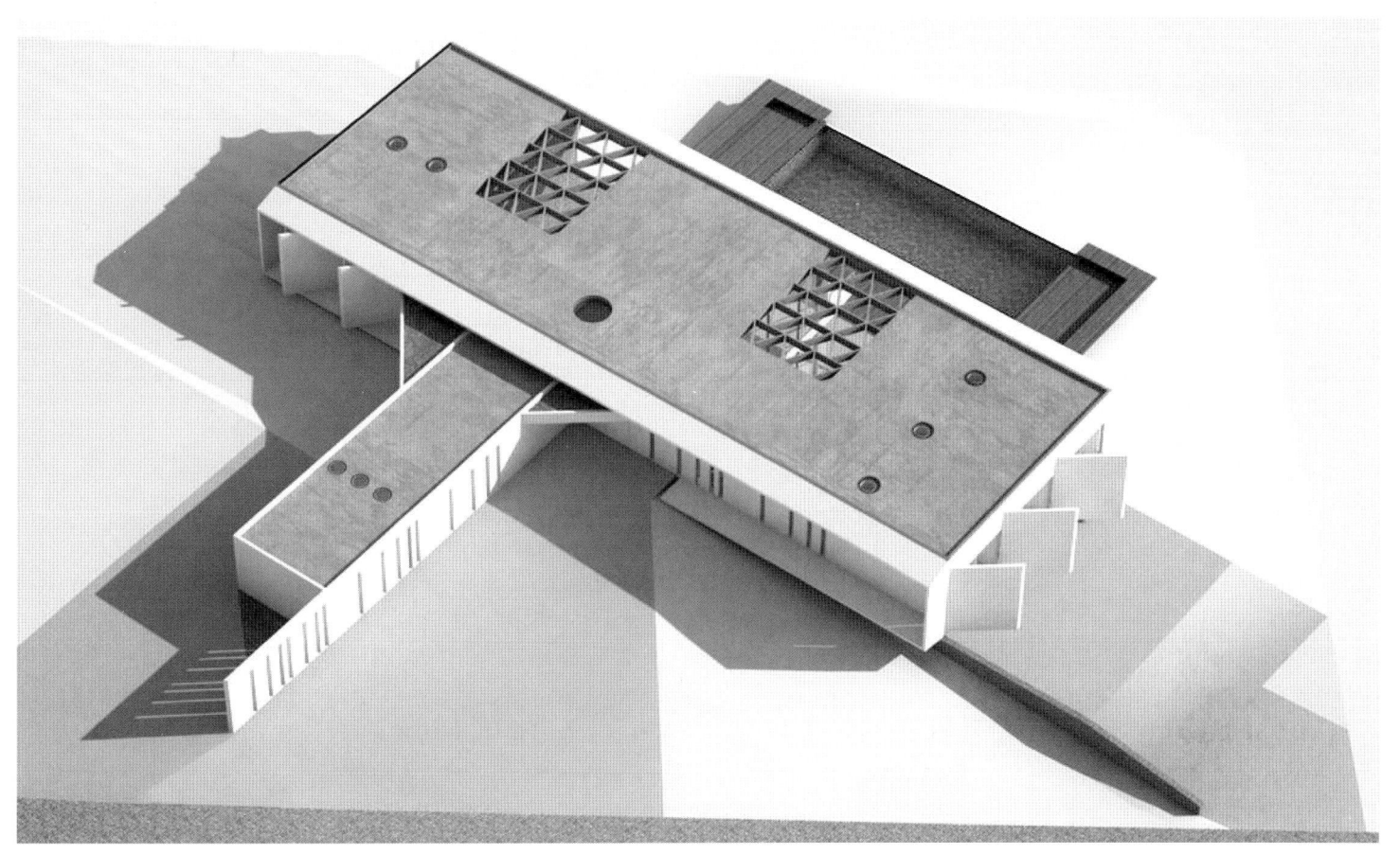

Vista aérea

A HIBRIDIZAÇÃO DAS FORMAS

BRISE-SOLEIL

Observa-se que o uso do *brise-soleil* é recorrente na obra de Vasco de Mello. O *brise-soleil* é associado a estratégias de conforto ambiental e de valorização compositiva do conjunto, demonstrando cuidado na resolução formal, seja nos brises horizontais, verticais ou oblíquos, seja nas cortinas e inúmeras outras combinações.

Na figura 1, a combinação dos elementos horizontais com os verticais cria com sucesso um espaço bem mediado entre exposição e proteção solar, revelando por meio da leveza do vidro a intensidade da luz nas diversas horas do dia.

Na figura 2, o volume circular do elemento de proteção solar em barras horizontais metálicas se abre como um leque. O volume proposto equilibra a relação do lote com a rua.

Na figura 3, o sistema de sombreamento, realizado com elementos cerâmicos, dita o ritmo da fachada, diluindo os limites internos e externos pelas transparências e reflexos.

Na figura 4, o brise trabalhado nos eixos vertical e horizontal é utilizado como elemento de valorização e dinamização compositiva, de concreto pré-fabricado atribui uma identidade específica ao edifício.

Na figura 5, a fachada é protegida da exposição excessiva do sol por meio de brises especificados em concreto pré-fabricado, compostos de lâminas verticais, seguindo as necessidades da orientação das fachadas e permitindo que a luz natural penetre nos ambientes.

Na figura 6, painéis flutuantes de concreto armado adaptam-se com fluidez à fachada. Dispostos longitudinalmente, afastados do corpo principal, impedem a penetração direta do sol e sugerem a transição entre os espaços externos e internos.

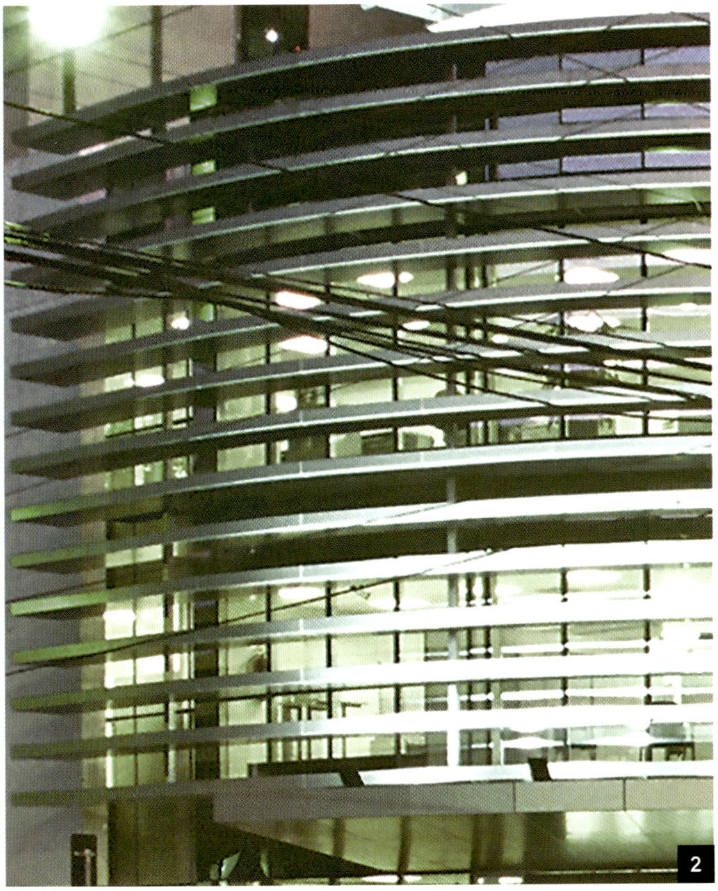

2

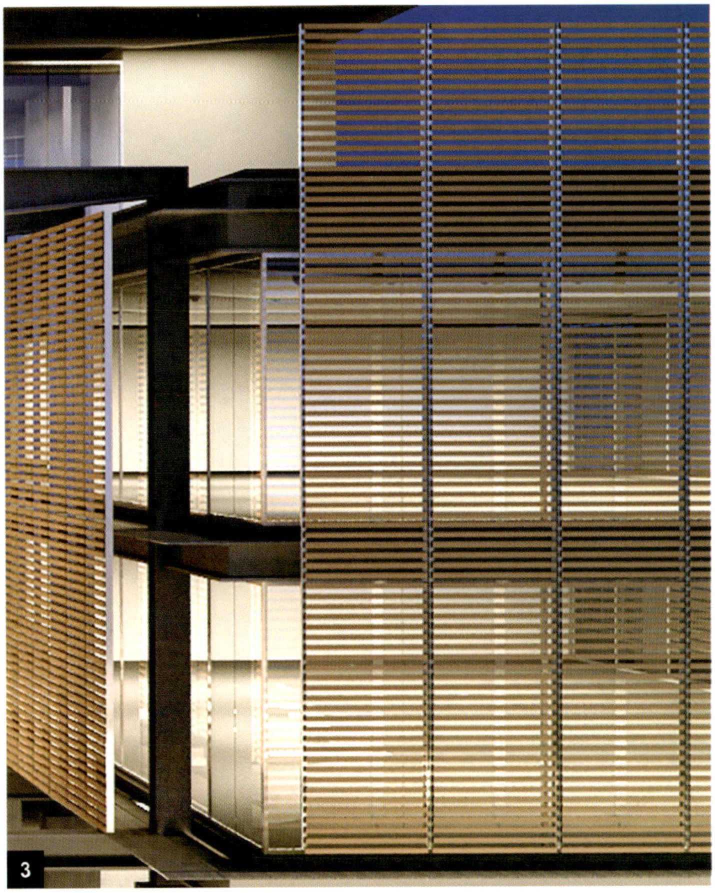

3

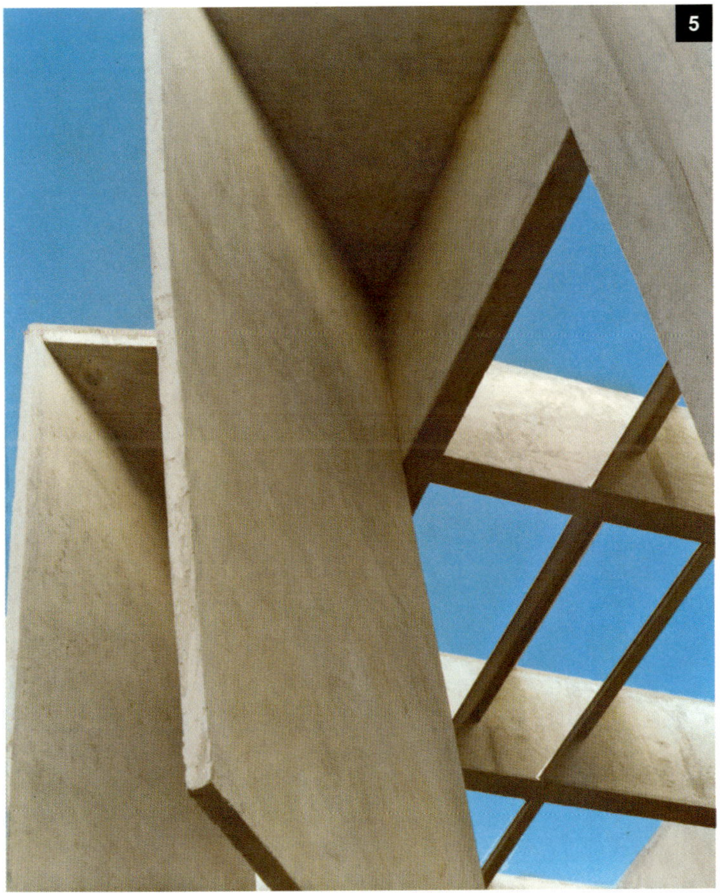

5

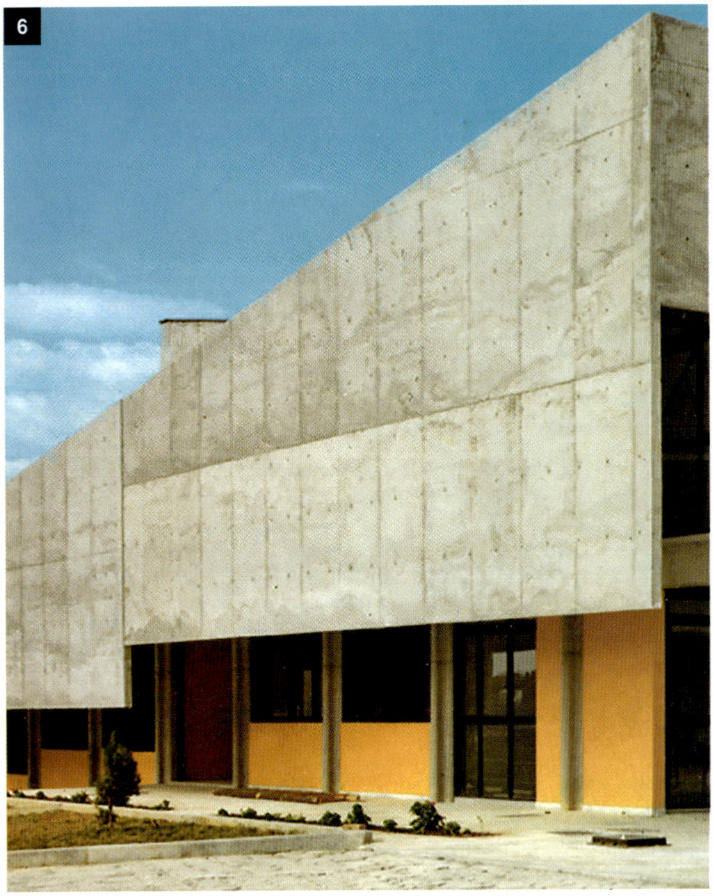

6

PERGOLADO

O pergolado é utilizado pelo arquiteto de forma modular o qual estabelece na maioria das vezes uma marcação de acesso, integrando o interior ao exterior por áreas intermediárias, prezando pela continuidade da linguagem arquitetônica.

Na figura 1, em concreto armado e pilares cruciformes, o pergolado influi na organização dos caminhos e nas relações entre os volumes horizontais do edifício. Fazendo parte do sistema compositivo, de um lado distribui as diferentes atividades internas e, de outro, procura relações visuais e físicas com o exterior.

Na figura 2, o uso do pergolado, realizado com elementos cerâmicos apoiados em vigas metálicas, conecta os blocos e atende a função de galeria.

Na figura 3, composto de painéis metálicos com elementos circulares (óculo) vazados, possui em seu arranjo alternâncias de cheios e vazios, proporcionando interessante efeito visual.

Na figura 4, o pergolado é usado como elemento de ligação e continuidade da arquitetura. Neste caso, a incidência de luz se dá de forma direta ou refletida, em decorrência da maior ou da menor densidade de folhas.

Na figura 5, os elementos estruturais são expostos intercalando espaços abertos e fechados, para criar uma variedade espacial e organizar os caminhos.

Na figura 6, a combinação de elementos arquitetônicos com função de proteção solar confere dinamismo visual aos espaços externos, gerado pelo jogo de luz e sombra que se formam ao atravessar as lâminas de concreto oblíquas e verticais, animando o percurso.

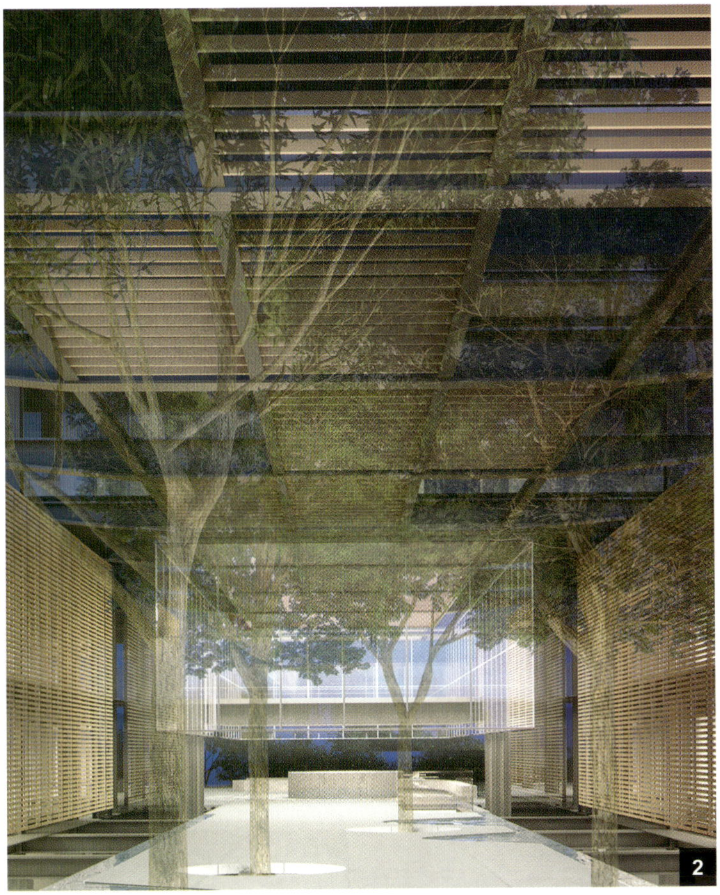
2

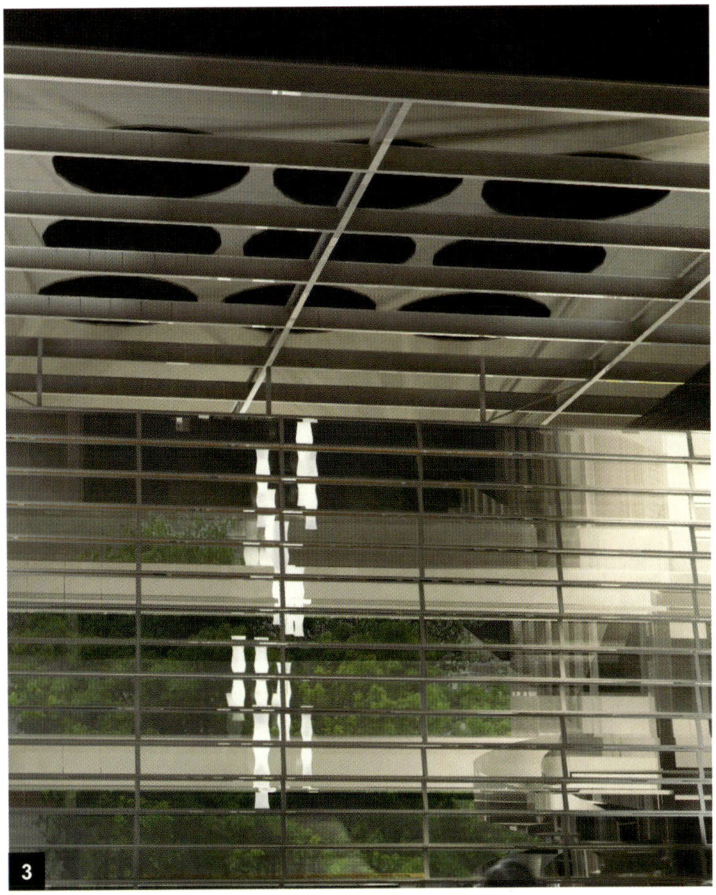
3

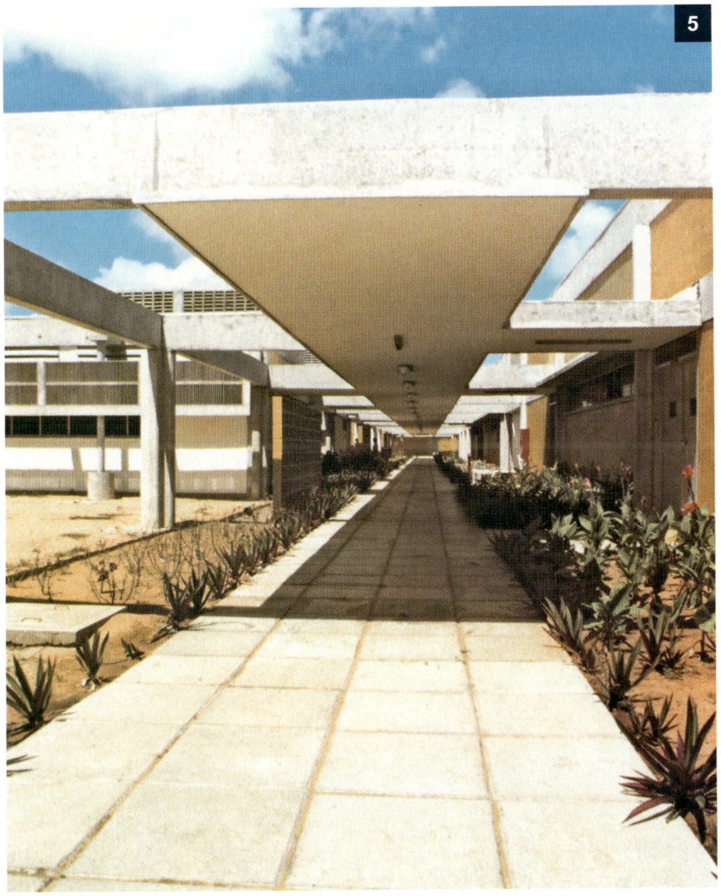
5

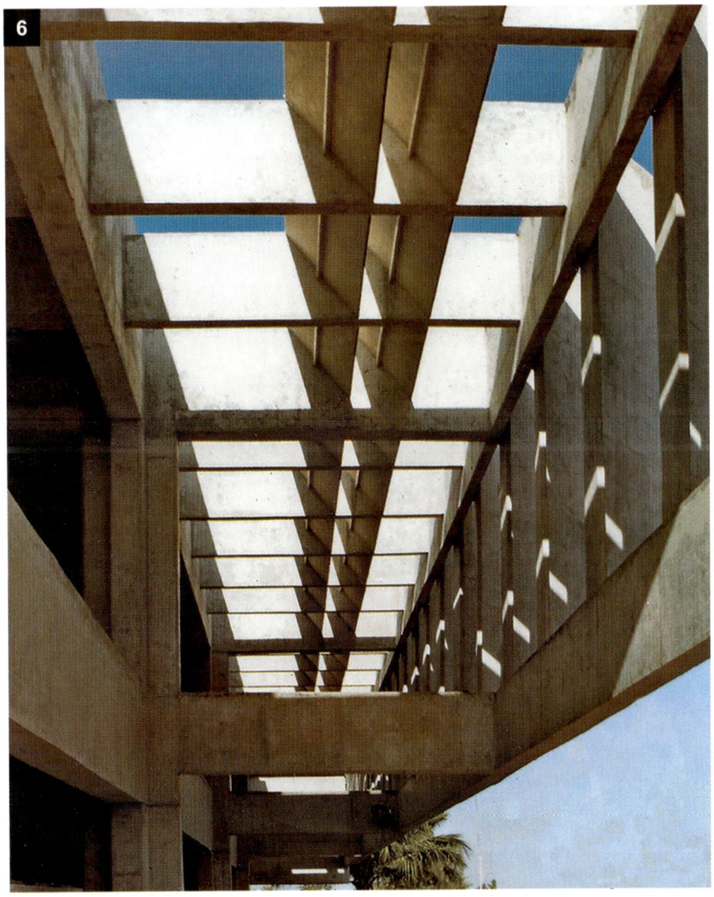
6

PILARES

Na produção arquitetônica de Vasco de Mello nota-se o uso do pilar como estrutura e invólucro, expresso como recurso de caracterização. Diante das variações de formato, uso de materiais, posição e modulação, conclui-se que há uma heterogeneidade de procedimentos para definir os pilares nos diferentes temas de projeto.

Na figura 1, o arquiteto faz uso de duas formas geométricas na composição do pilar, a forma trapezoidal e a forma cilíndrica. Essa equação resulta em um pilar com soluções espaciais e volumétricas originais, definindo a identidade da fachada.

Na figura 2, vê-se um recurso adotado com frequência pelo arquiteto: ao deslocar o pilar cilíndrico e apoiar a viga no eixo, rompe com a monotonia e transmite ao observador uma sensação de leveza.

Na figura 3, o uso de pilares cilíndricos, destacados das empenas e conectados por consoles, demarca o percurso principal, acentuado pelo uso de cor e textura.

Na figura 4, em forma de lâmina, o pergolado revela o entusiasmo do arquiteto ao explorar a possibilidade plástica do pilar mergulhado na piscina.

Na figura 5, em forma trapezoidal, o pergolado é usado como base para apoiar a estrutura metálica.

Na figura 6, a eleição dos pilares cruciformes por parte do arquiteto pode ser uma resposta funcional, para aliviar o volume do apoio; formal, pelo desejo de diferenciação; ou como recurso de caracterização, expresso como uma escultura, por meio da proporção generosa entre cheios e vazios.

2

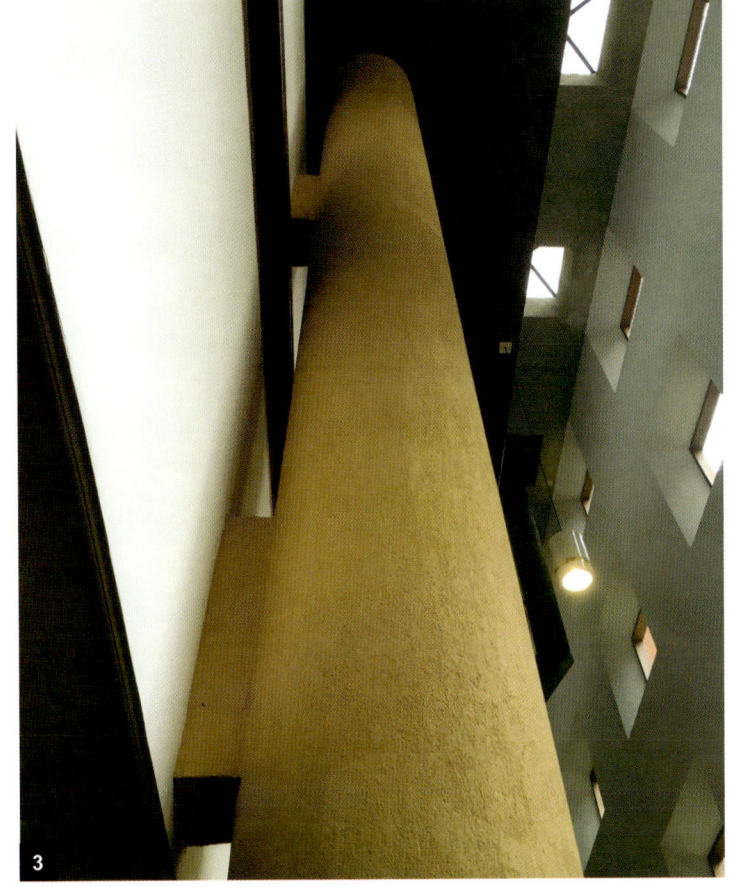

3

5

6

TERRAÇOS

O arquiteto enriquece a composição das fachadas a partir da hibridização das formas, proporcionando ritmo, organicidade e identidade à edificação, independentemente do tema do projeto

Na figura 1, o arquiteto compõe a volumetria de terraços retilíneos e curvilíneos na mesma fachada, resultando em formas dinâmicas e expressivas.

Na figura 2, a riqueza compositiva é resultado da adição de vários elementos na fachada, reforçada pelo uso de cores. Uma grelha solta do corpo principal do edifício abriga os dois terraços retilíneos do apartamento tipo dúplex: um se integra à própria grelha e o outro é coroado pelo vazio. Finalizam o conjunto terraços curvilíneos posicionados nas extremidades.

Na figura 3, o arquiteto explora os cruzamentos das vigas em alturas diferentes para criar os terraços em planos distintos. A intersecção resulta em uma fachada dinâmica, com personalidade marcante.

Na figura 4, terraços e caixilharias simétricos contrastam com o uso de janelas circulares e pilares trapezoidais, mantendo a unidade por meio da cor.

Na figura 5, a expressão é a de um terraço, porém, trata-se de volumes trapezoidais em balanço incorporados à fachada, que permitem modificar a forma geométrica do conjunto, animando a configuração plástica do edifício.

Na figura 6, o terraço semicircular garante uma relação harmoniosa ao conjunto, proporcionando maior luminosidade e sensação de espaço mais amplo, acentuada com o avanço do guarda-corpo de concreto aparente nas extremidades.

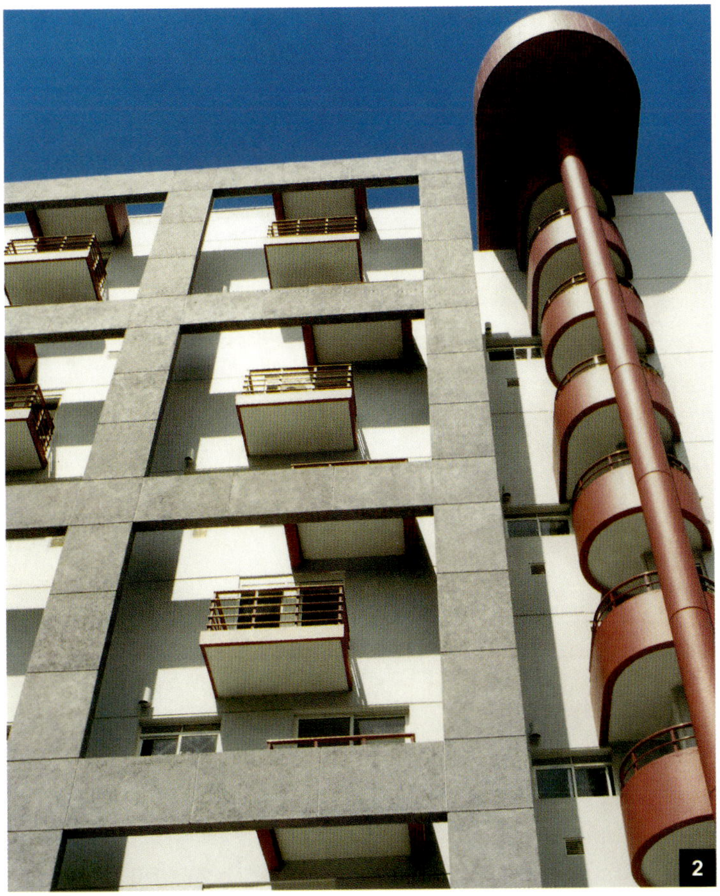
2

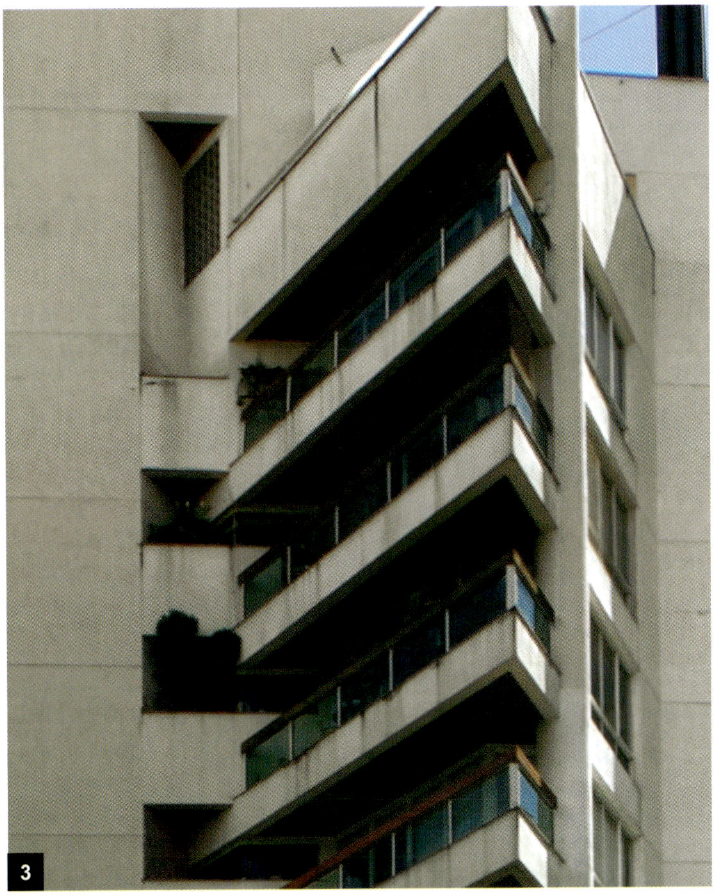
3

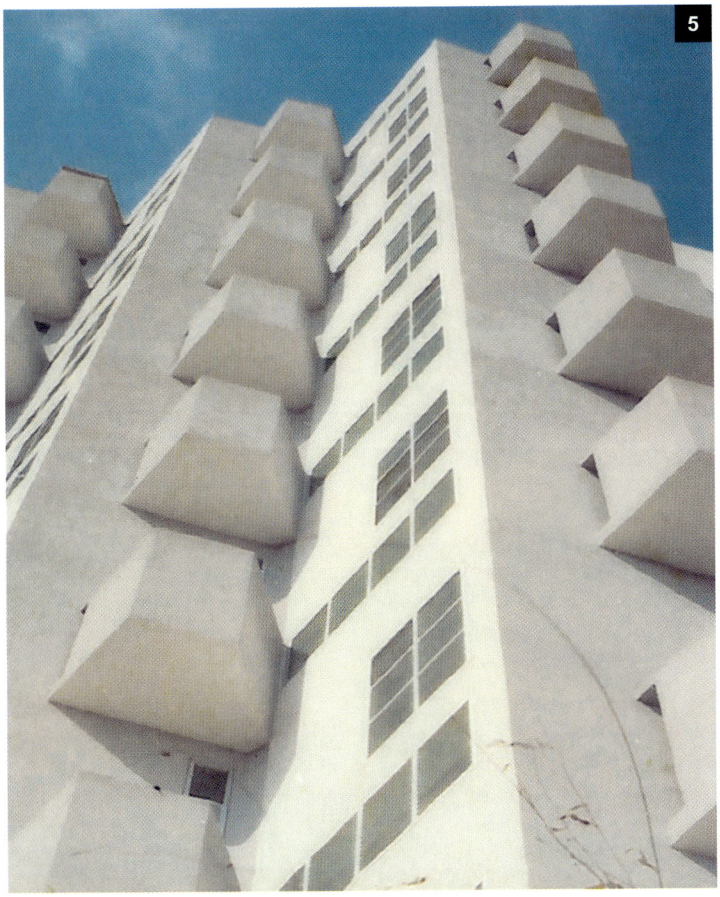
5

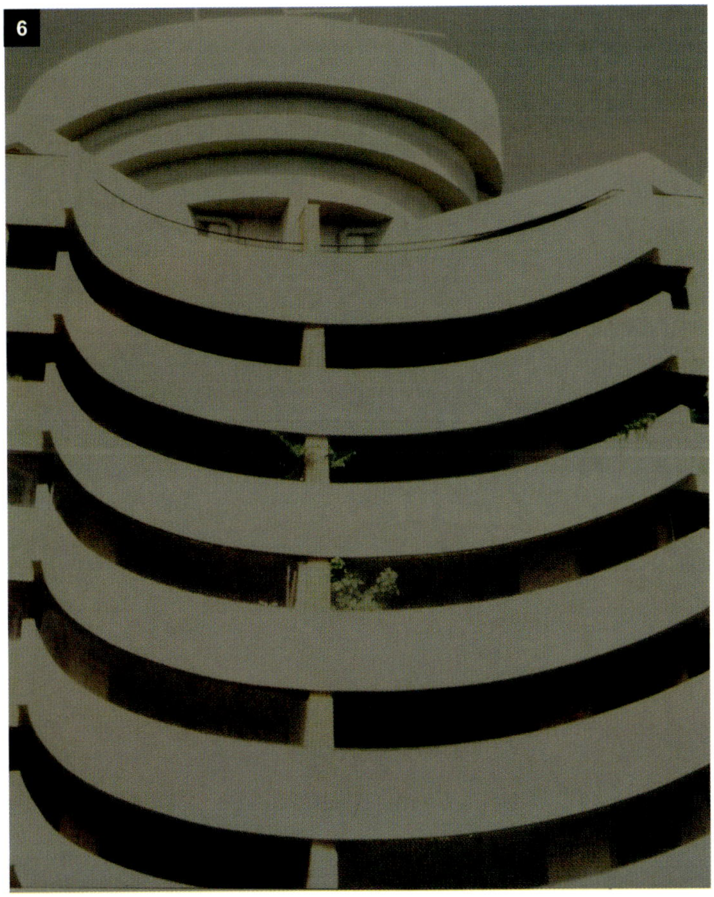
6

FORMAS ARQUITETÔNICAS

Na sua produção arquitetônica, o arquiteto faz uso de um amplo repertório de formas: prismáticas, curvilíneas, cúbicas, escalonadas ou a hibridização das mesmas, interseccionando planos, destacando elementos, unificando volumes distintos para criar um edifício com soluções espaciais e volumétricas originais.

Na figura 1, a fachada diferencia-se pela hibridização das formas, num exercício lúdico de leitura e apreensão dos espaços.

Nas figuras 2 e 3, a eleição das formas curvilíneas por parte do arquiteto pode ser uma resposta funcional, formal ou simbólica, uma ideia de unidade ou comunhão adequada ao programa.

Na figura 4, nota-se um forte desejo de tornar as formas prismáticas mais expressivas, enfatizando os cheios sobre os vazios, a opacidade sobre a transparência. Essa equação resulta em uma configuração plástica espacial e volumétrica original.

Na figura 5, uma explosão de formas circulares e trapezoidais ladeia a residência, conferindo identidade às composições e fachadas.

Na figura 6, revisitando os ancestrais arquitetônicos, Vasco de Mello desenvolve uma progressão de arcos permeados de luz; a configuração plástica cria um ritmo visual inspirado na paisagem circundante.

2

3

5

6

CORES E TEXTURAS

Valoriza-se a unidade arquitetônica por meio da composição cromática, no uso de texturas e revestimentos, esquadrias diferenciadas, sobreposição de elementos. Os materiais, portanto, não têm uma função meramente formal, são eficazes na relação de luz, resultando em uma arquitetura alegre e descontraída.

Na figura 1, a cartela de cores orquestra os materiais construtivos e de acabamento, valoriza o delineamento das caixilharias, que ordenam as pastilhas de revestimento, e ressalta a composição volumétrica do coroamento em forma orgânica; o projeto reúne várias referências arquitetônicas num mesmo lugar, usado como suporte para despertar a emoção.

Nas figuras 2 e 5, o emprego da cor, associada ao concreto aparente, enriquece plasticamente a fachada, confere ritmo e ordem e estabelece uma relação mais clara entre interior e exterior.

Na residência da figura 3, a experiência compositiva é expressa com vitalidade e inovação, sendo evidenciada pelo uso harmonioso e alegre das cores, delineando as formas sob a luz solar.

Na residência da figura 4, o arquiteto emprega o uso da cor para diferenciar planos e elementos.

Na figura 6, o arquiteto faz uso de cores primárias para destacar e integrar o reservatório como elemento compositivo do edifício.

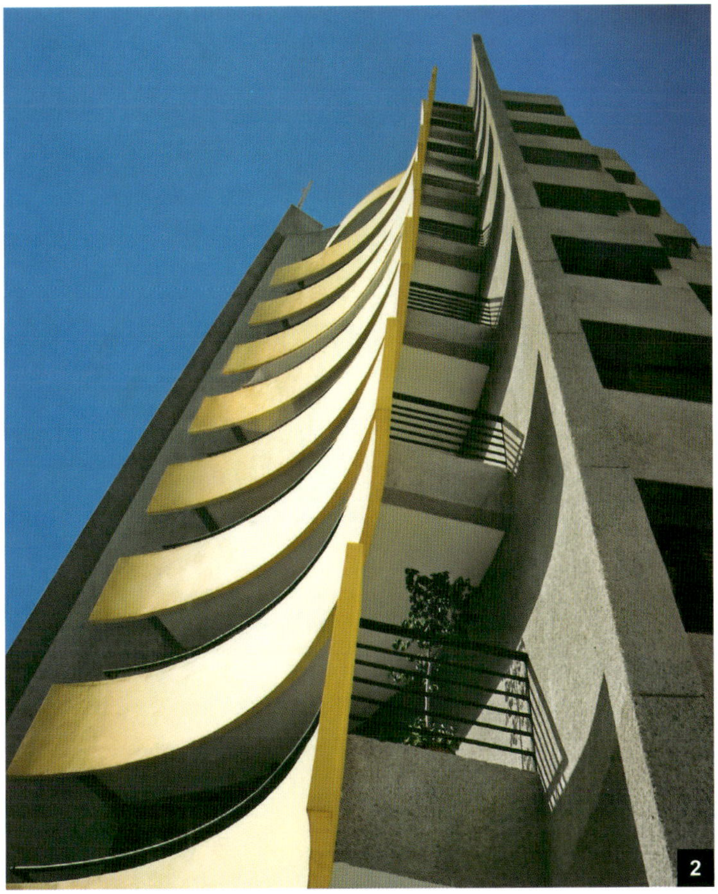
2

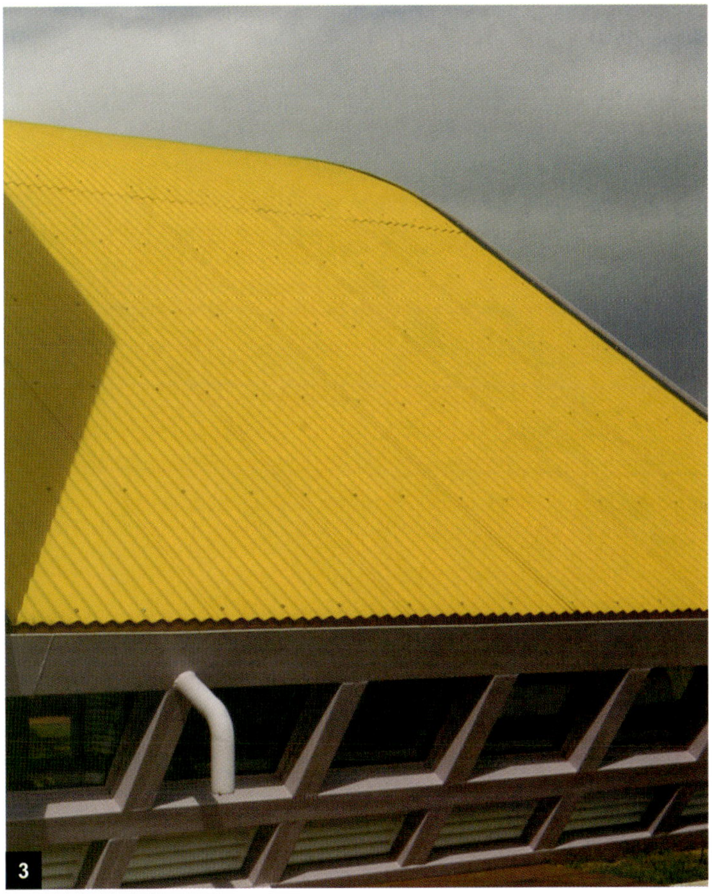
3

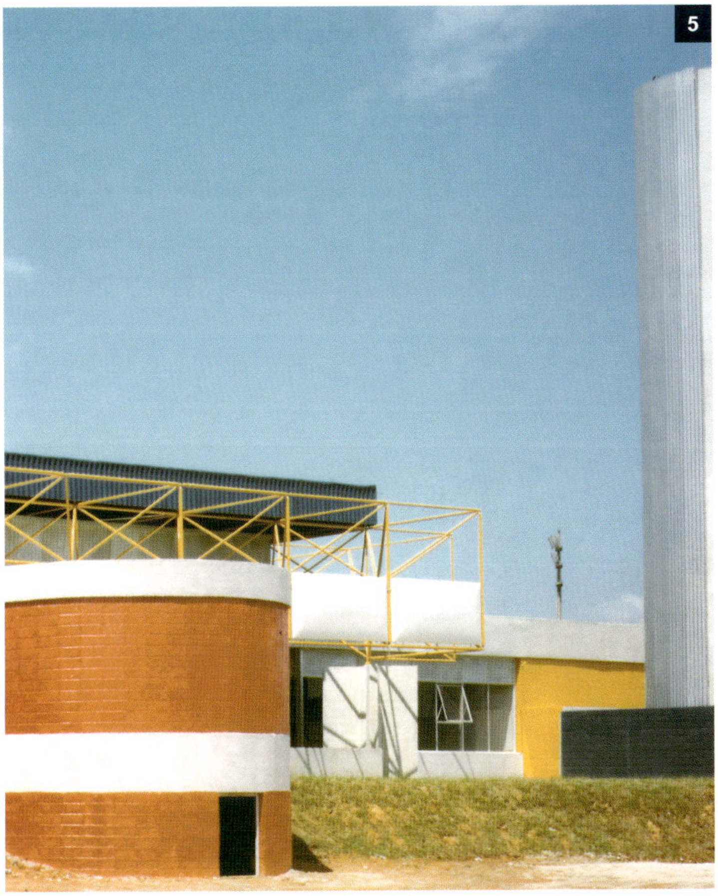
5

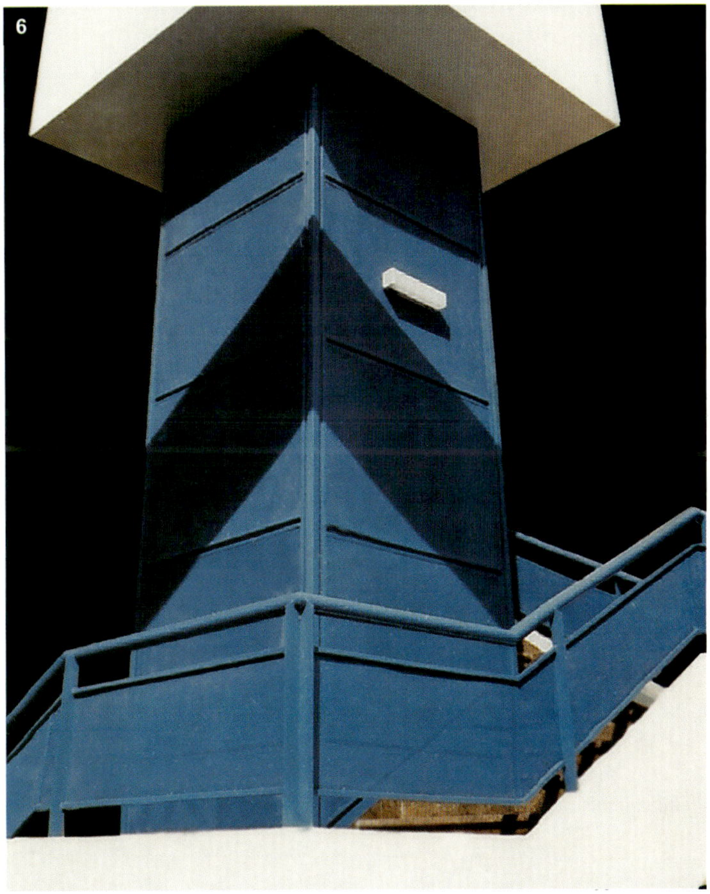
6

MARCAÇÃO DE TOPO E BASE

Recorrente na sua produção arquitetônica, a diferenciação entre topo ou base e outros pavimentos parece reler a arquitetura do passado; apesar disso, afasta-se de qualquer interpretação historicista, para elaborar uma versão original, seja pelo uso de texturas ou materiais diversos, seja pela composição cromática ou volumétrica.

Na figura 1, o arquiteto interpreta a monumentalidade dos primeiros modernos – um grande pórtico emoldura e enriquece sua imagem arquitetônica, não se importando com o entorno imediato; trata-se de uma arquitetura utópica e provocativa, a transgressão levada ao extremo.

Na figura 2, o coroamento com o tipo de laje utilizado constitui um elemento com vocações do que se praticou nos anos 1950. Mas o arquiteto utiliza a colagem com ironia, não há nenhuma pretensão de fixar um procedimento precedente.

Na figura 3, o arquiteto evidencia o coroamento do edifício comercial, baseado em um volume circular que salta da regularidade do corpo.

Nas figuras 4, 5 e 6, pode-se observar a diversidade de elementos e materiais na marcação dos acessos, nos mais variados programas: pórticos, formas cilíndricas, grelhas, como referencial ao usuário por meio de uma hierarquia dos espaços internos e externos.

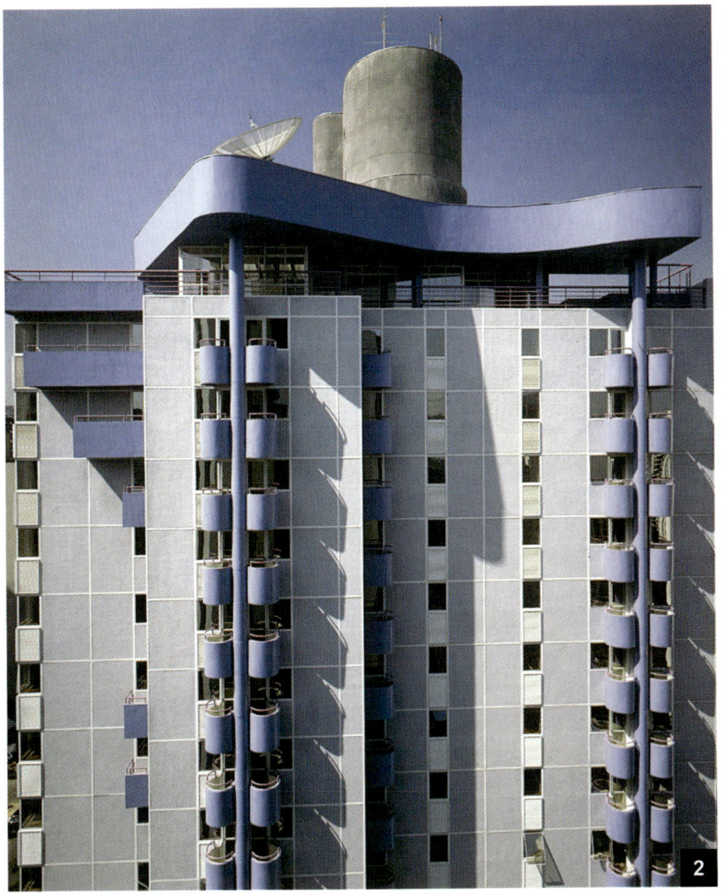
2

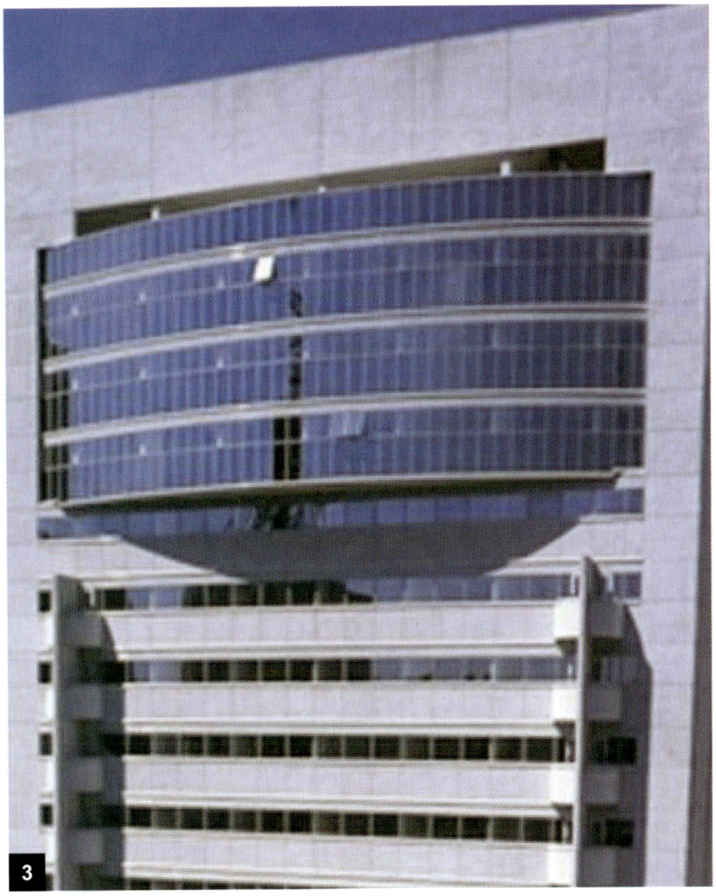
3

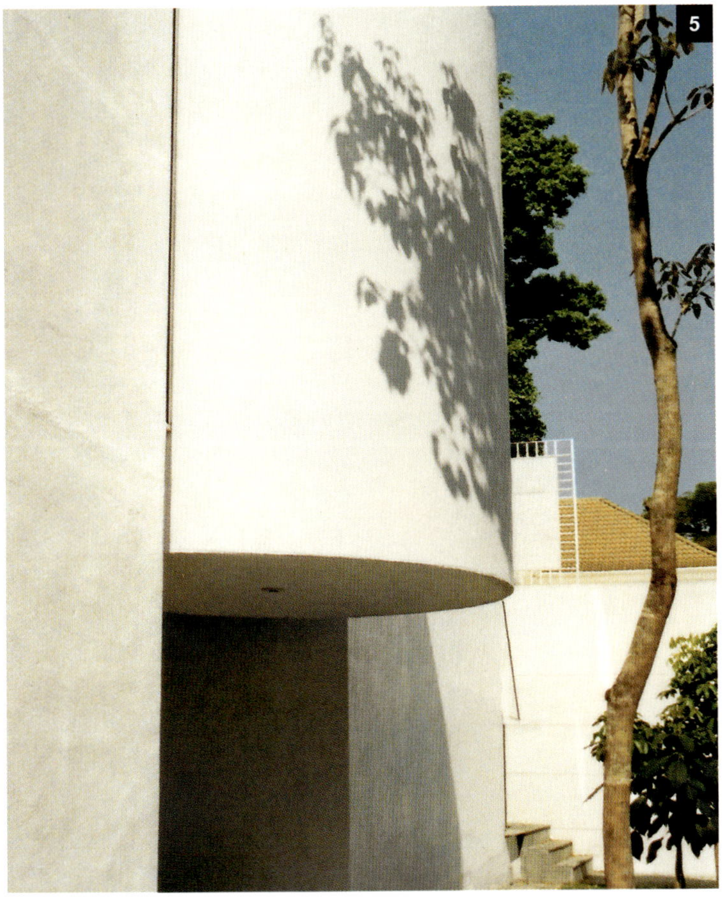
5

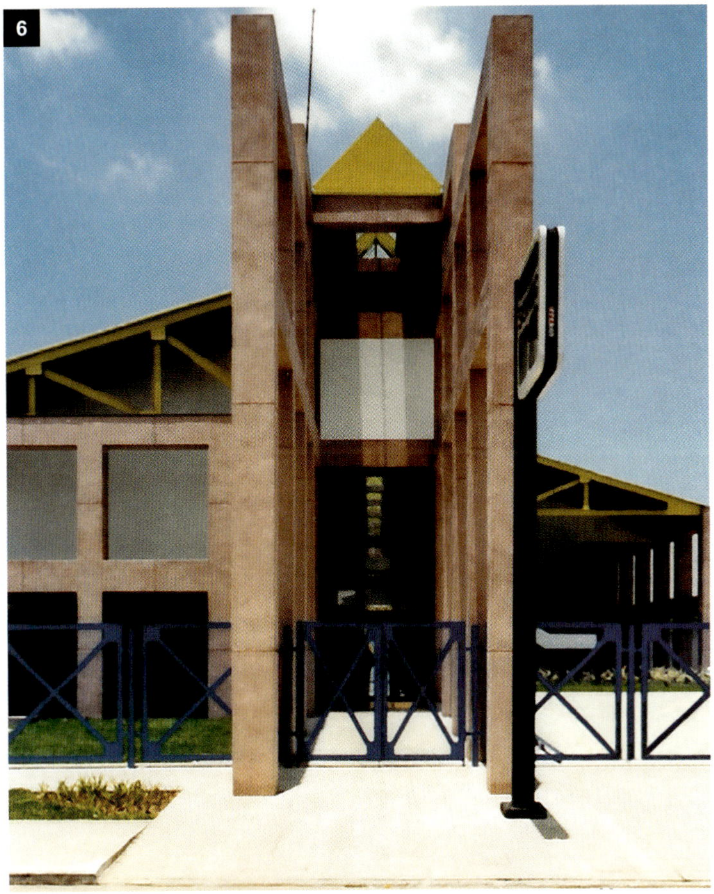
6

EIXOS

O arquiteto utiliza eixos como ponto de partida do projeto e, a cada situação, busca uma nova solução, ora simples e direta, ora complexa e sutil. Todas essas manifestações têm como foco organizar a modulação, a estrutura, a circulação, vistas, bem como gerar harmonia, tensões e, consequentemente, resolver a forma final de seus projetos.

Na figura 1, o eixo acentua a ideia de continuidade espacial; seu ordenamento imponente se dá de forma hierarquizada, indicando a entrada da Basílica de Aparecida, definindo a transição entre o mundo cotidiano externo e o mundo sagrado interno.

Nas figuras 2 e 3, com seus eixos, o arquiteto organiza a distribuição do programa e fluxos e estabelece um vínculo entre elementos próximos e distantes, proporcionando ao usuário diversas experiências.

Nas figuras 4 e 5, por meio da leitura das plantas baixas das edificações, os eixos partem do acesso principal e organizam a distribuição dos programas e fluxos de maneira simples e direta.

Na figura 6, a configuração de multieixos possibilita um jogo de relações espaciais, organizando os blocos e distribuindo as atividades funcionais.

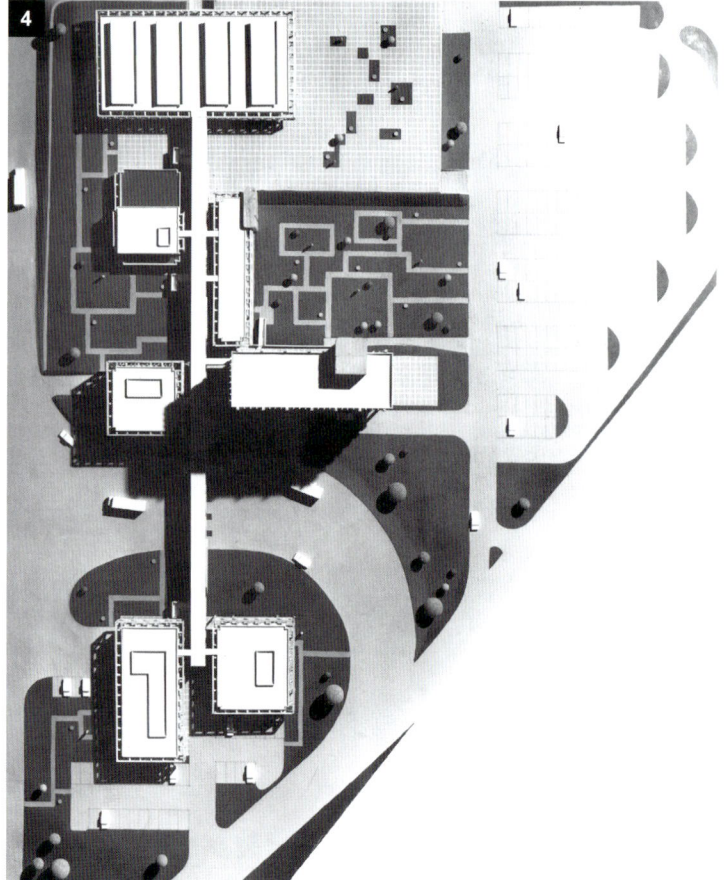

2

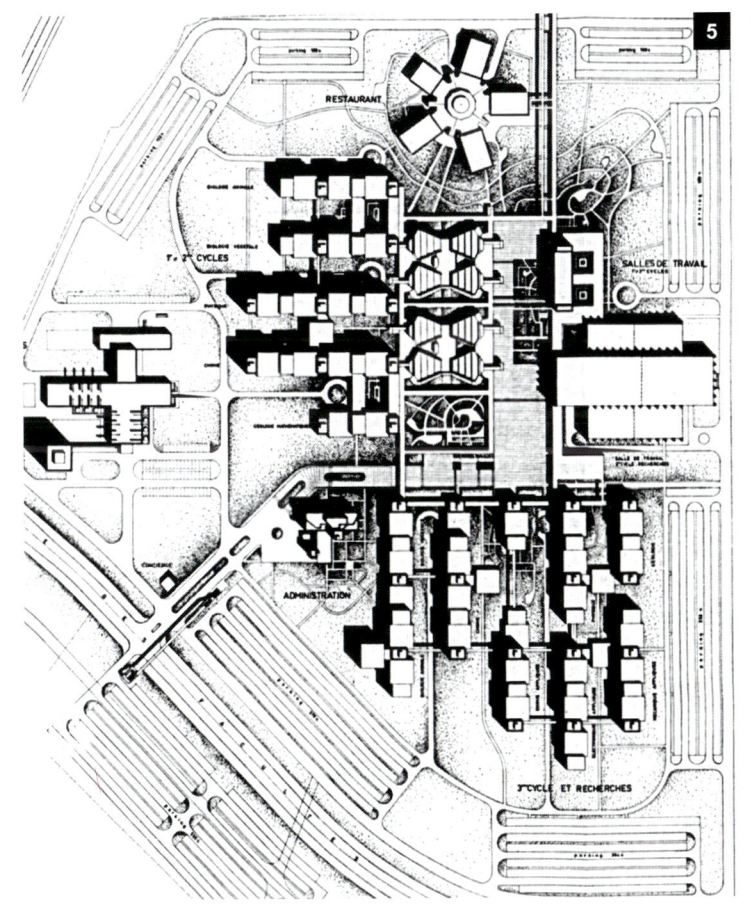

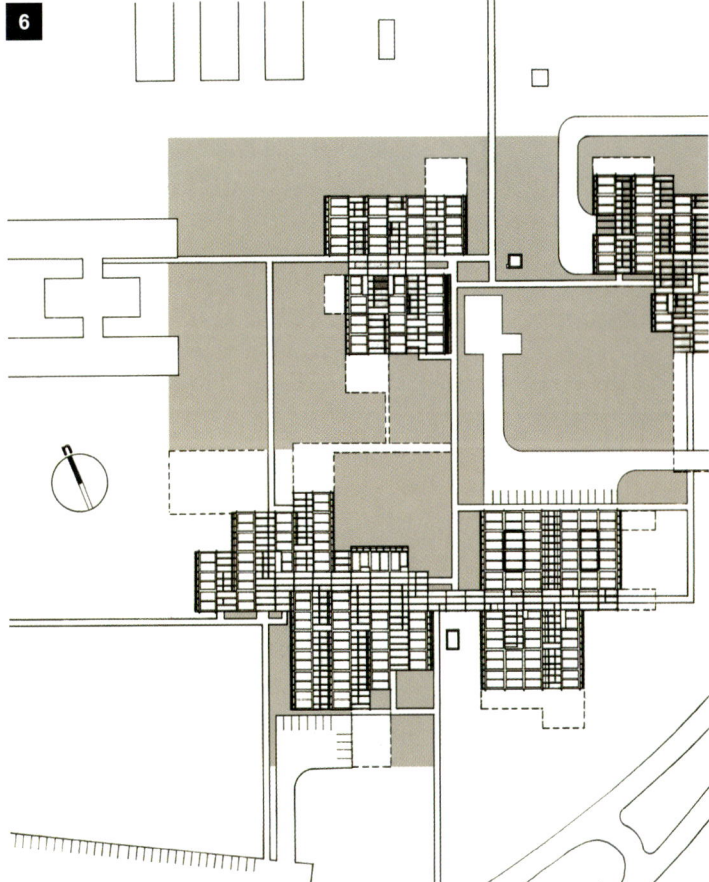

3

5

6

MODULAÇÃO

No processo projetual de Vasco de Mello, constataram-se diferentes abordagens na aplicação da modulação em sua obra, como elemento regulador da composição, sempre baseada na proporção, ritmo e harmonia entre a parte e o todo.

Nas figuras 1 e 4, pode-se reconhecer nos projetos elaborados no período em que o arquiteto trabalhou na Formaespaço S/A e na Promon S/A que o uso da modulação parte do sistema estrutural, garantindo certa racionalidade e ordem à estrutura formal e viabilizando a adoção do princípio da seriação e pré-fabricação.

Na figura 2, a modulação é apresentada não como uma simples repetição do módulo, mas definindo e posicionando os vários elementos arquitetônicos que compõem o edifício.

Nas figuras 3 e 5, a modulação é usada na racionalização do sistema estrutural como elemento ordenador dos percursos, das aberturas e no tratamento dos espaços internos e externos.

Nas figura 6, a modulação atua como um sistema compositivo e estrutural; os elementos arquitetônicos que compõem o edifício se espacializam para fora dos ambientes, em uma interação contínua entre interior e exterior.

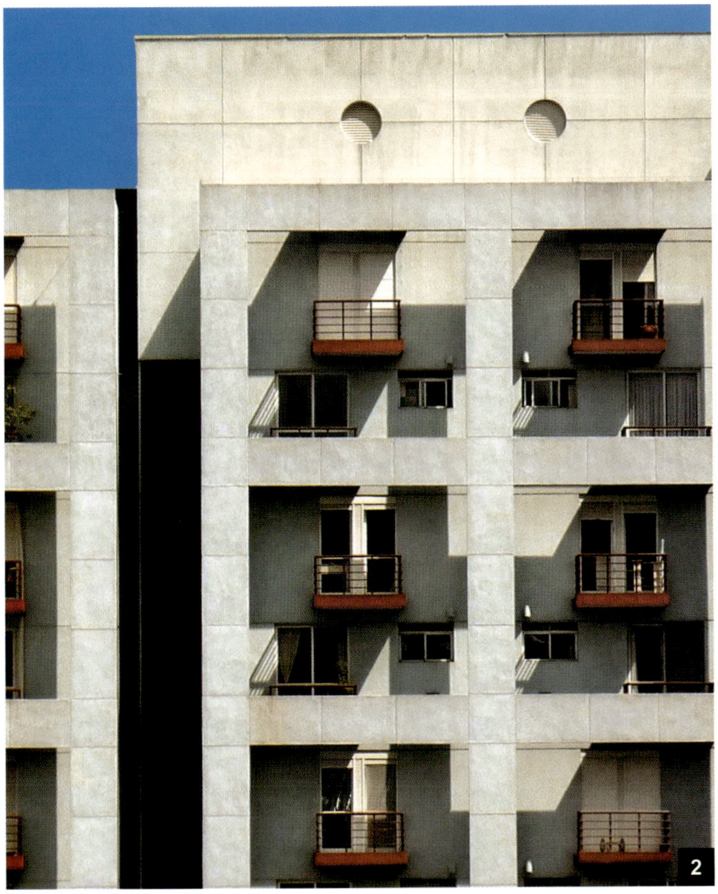
2

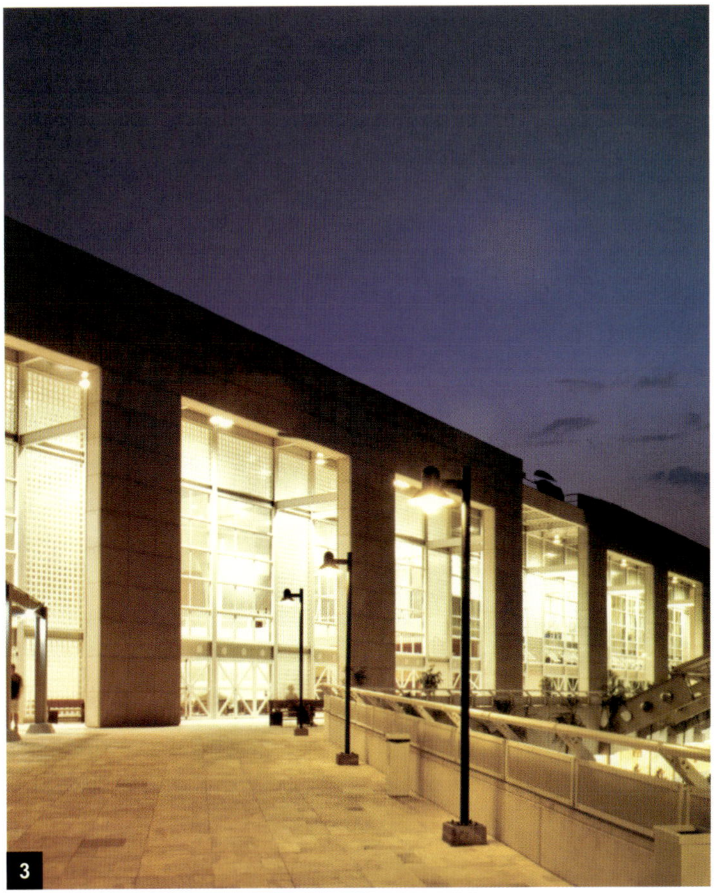
3

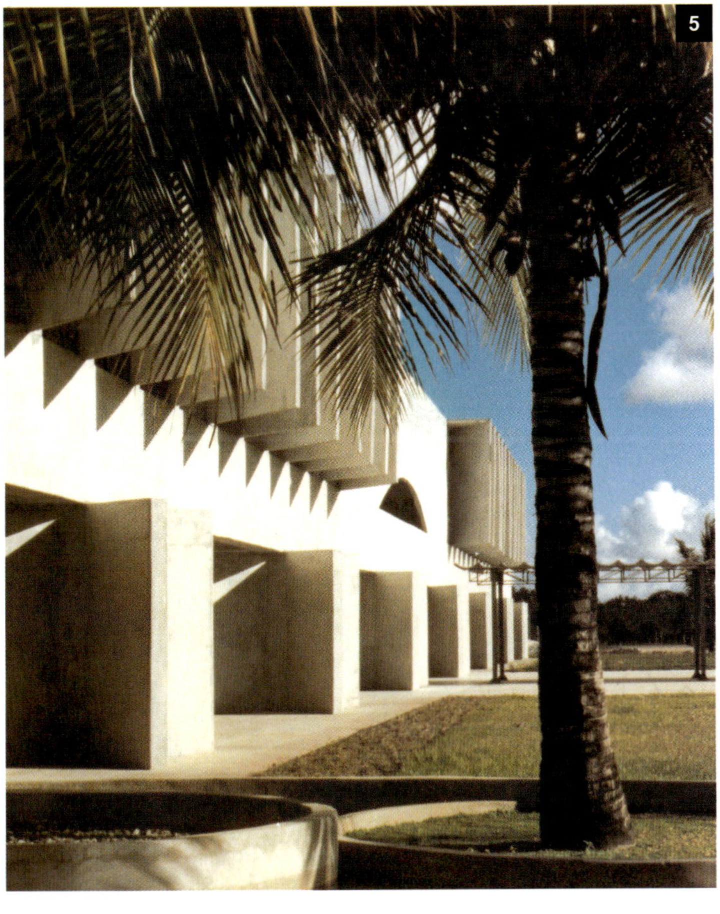
5

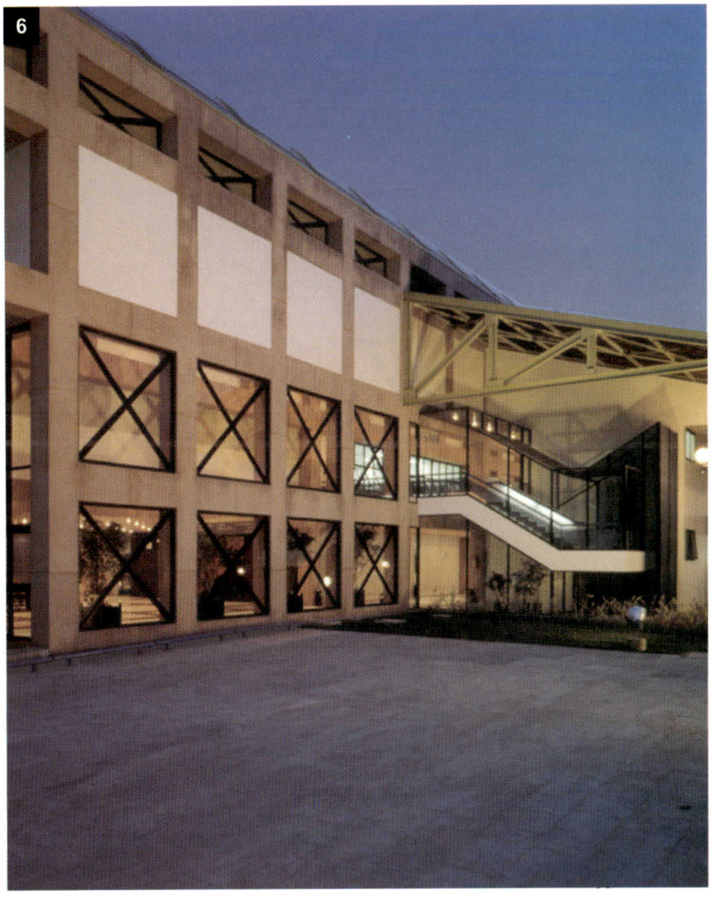
6

DE TODAS AS FORMAS

Após a realização do panorama cronológico da obra do arquiteto Vasco de Mello, foi possível identificar algumas importantes características presentes no conjunto de sua obra.

Tais características estão intimamente ligadas a aspectos ou formais, ou funcionais, ou ainda a aspectos técnico-construtivos. Ou seja, oscilam entre aspectos plásticos, usos ou tectônica. Nota-se visualmente que alguns procedimentos projetuais estão fortemente presentes em alguns projetos ao longo de sua carreira.

Primeiramente observa-se que o *brise-soleil* é um recurso recorrente em importantes obras do arquiteto. Do mesmo modo, a expressão estrutural destaca-se como um procedimento de valorização plástica.

A terceira característica é a presença de pergolados para estabelecer conexões entre espaços e ambientes e demarcar acessos.

Alguns tipos de terraços destacam-se como estratégia compositiva, valorizando a organização das formas no espaço.

É também importante destacar o protagonismo de formas variadas, puras ou híbridas, que de modo rico e articulado permite valorizar o jogo de luz e sombra, cheios e vazios, ritmos e proporções entre elementos construtivos.

Outra característica marcante presente em boa parte de sua produção arquitetônica é a exploração da textura e das cores dos materiais, para valorizar a composição das formas no espaço.

No caso dos edifícios, é marcante o destaque dado ao tratamento do embasamento e do coroamento.

Numa análise cuidadosa dos projetos, percebe-se a forte presença de eixos para estruturar a disposição dos vários setores no projeto, do sistema construtivo e das circulações.

Em decorrência da característica anterior, nota-se que a estratégia de modulação facilita a disposição dos elementos construtivos e a organização das formas no espaço.

Como foi possível notar, o arquiteto Vasco de Mello possui estratégias projetuais que se revelam apenas quando se realiza uma atenta leitura de cada uma de suas obras.

Os conhecimentos implícitos do arquiteto revelam-se num modo particular de expressar, plástica e tecnicamente, soluções projetuais a diferentes temas. O arquiteto emprega formas híbridas, ricas de significado, que ultrapassam o senso comum, vigente nas décadas de sua atuação profissional.

É visível a proposital complexidade ou heterogeneidade em várias de suas obras, denotando um questionamento ao racionalismo e funcionalismo enraizados na produção da arquitetura paulista do período.

Tais características enriquecem o repertório de soluções plásticas, técnicas e funcionais, demonstrando coragem e perseverança no enfrentamento de complexidades e contradições inerentes ao ofício do arquiteto.

Todos esses fatos demonstram que Vasco de Mello não privilegia um único modo de conceber sua arquitetura. Longe da monotonia e da imposição de formas puras e rígidas, ele explora uma ampla gama de formas e de espaços em sintonia com as transformações ocorridas durante as décadas.

PROJETOS E EQUIPES DE ARQUITETURA

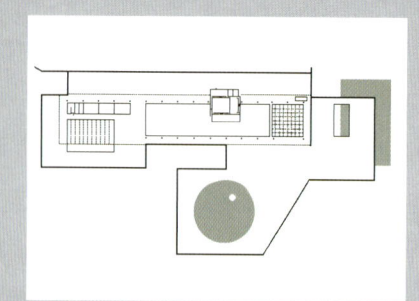

Jockey Clube de São Paulo
Sede do Clube de Campo
Concurso Nacional, 2º Prêmio
Campinas, SP, 1962
Fabio Penteado, Ubirajara Giglioli, José Carlos Ribeiro de Almeida, Vasco de Mello, Tito Lívio Frascino e Noêmio Xavier da Silveira Filho

Monumento à Fundação de Goiânia
Concurso, 2º Prêmio
Goiânia, GO, 1964
Vasco de Mello, Rogério Dorsa Garcia, Walter Caprera e Luiz Alcindo Teixeira Leite; Waldemar Cordeiro – paisagismo; Roberto R. Zuccolo – estrutura; Adilson C. Macedo, Carlos H. Heck e Conrado J. Heck – colaboradores
p. 58

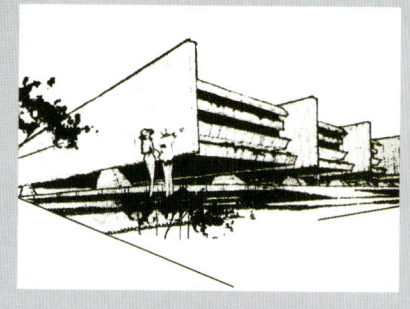

Centro Turístico no Aeroporto de Barajas
Madri, Espanha, 1965
Moisés Bembunan, Vasco de Mello e Rogério Dorsa Garcia

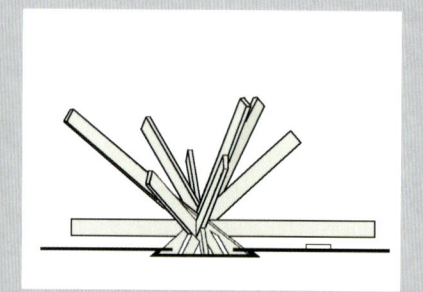

Monumento Playa Girón
Concurso Internacional, 2º Prêmio
Cuba, 1962
Fabio Penteado, Ubirajara Giglioli José Carlos Ribeiro de Almeida, Vasco de Mello, Tito Lívio Frascino e Noêmio Xavier da Silveira Filho

Sede do Quartel do Exército
5ª Região Ibirapuera
Concurso, Participação
São Paulo, SP, 1964
Vasco de Mello, Rogério Dorsa Garcia e Walter Caprera

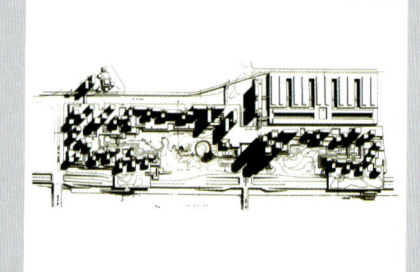

Plano Urbanístico de Bercy
Paris, França, 1966
Bernard H. Zerfuss, Daniel Kahane, Vasco de Mello e Claude Walch
p. 60

Residência EG
Rua Brejo Alegre, 48
Brooklin, São Paulo, SP, 1962
Área: 250 m²
Vasco de Mello, Rogério Dorsa Garcia e Walter Caprera

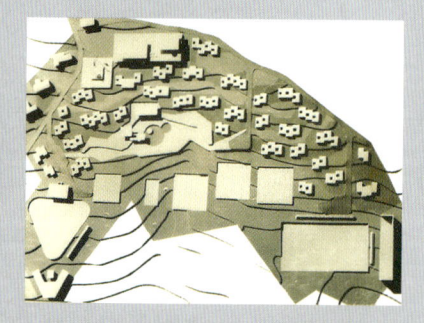

Club Residencial Cerro de las Nieves
Villaviciosa de Odón, Espanha, 1965
Moisés Bembunan, Vasco de Mello e Rogério Dorsa Garcia

Garonor Centre de Vie
93600 Aulnay-sous-Bois, França, 1966
Bernard H. Zerfuss, Vasco de Mello e Claude Walch; Consultor de Tecnologia: Jean Prouvé
p. 62

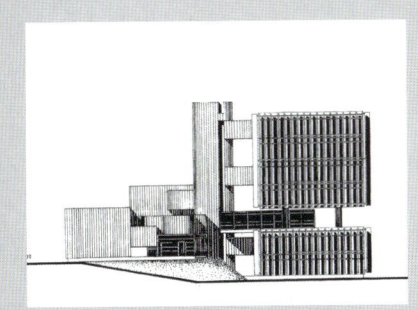

Faculdade de Arquitetura
Lyon, França, 1966
Bernard H. Zerfuss, Vasco de Mello e Claude Walch
p. 64

Linha Norte-Sul do Metrô de São Paulo
Estações Santana, Cruzeiro do Sul [Carandiru], Ponte Pequena [Armênia], Tiradentes, Luz, São Bento, Liberdade, São Joaquim, Vergueiro, Paraíso, Ana Rosa, Vila Mariana, Santa Cruz, Praça da Árvore, Saúde, São Judas, Conceição e Jabaquara
São Paulo, SP, 1967-1969
Promon Engenharia S/A
Marcello Fragelli, Luiz Gonzaga de Oliveira Camargo, Flávio Marcondes, Vasco de Mello, Tito Lívio Frascino, Rogério Dorsa Garcia João Martinez Correia, Álvaro de Macedo Neto, Silvio Hellbut, Ernani Mercadante, Jorge Utimura, Flavio Pastore, Gil Coelho, Marcos Pelaes, Luiz Antonio Vallandro Keating, Luiz Arnaldo Queiroz e Silva e Paulo Soares (o Baco)
p. 72

Torre de Controle do Pátio de Manobras da Linha Norte-Sul do Metrô
São Paulo, SP, 1967-1969
Promon Engenharia S/A
Vasco de Mello e Jorge Utimura, Boris Eduardo Petri Henrique (Companhia do Metrô)
p. 74

Conjunto Habitacional La Pommeraie
38, Rue de la Libération
Écouen, Ille-de-France, França, 1967
Bernard H. Zerfuss, Vasco de Mello e Claude Walch
p. 66

Edifício Administrativo do Pátio de Manobras da Linha Norte-Sul do Metrô
São Paulo, SP, 1967-1969
Promon Engenharia S/A
Vasco de Mello
p. 50

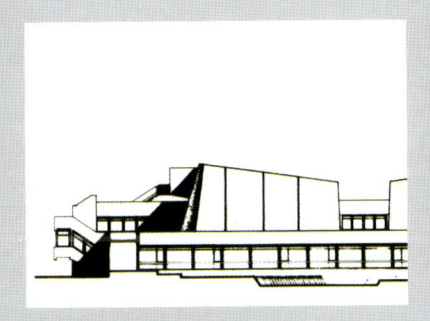

Faculdade de Ciências
Banlieue Nord, França, 1967
Bernard H. Zerfuss, Daniel Kahane e Vasco de Mello; Consultor de Tecnologia: Jean Prouvé
p. 268

Pátio de Manobras Oficinas e Manutenção da Linha Norte-Sul do Metrô
São Paulo, SP, 1967-1969
Área: 200.000 m²
Promon Engenharia S/A
Vasco de Mello
p. 74

Hotel de Turismo
Concurso Nacional, 2º Prêmio
Juazeiro, BA, 1968
Vasco de Mello, Flávio Marcondes, Luiz Gonzaga de Oliveira Camargo, Alfredo Parlato, Álvaro Macedo Neto, Luiz Gonzaga de Oliveira Camargo e Paulo C. Soares
p. 82

Monumento aos Mortos do Atlântico Sul
Concurso Nacional, 1º Prêmio
Salvador, BA, 1968
Vasco de Mello, Flávio Marcondes e Luiz Gonzaga de Oliveira Camargo
p. 83

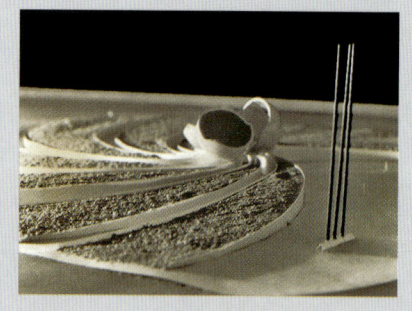

Monumento ao Expedicionário das Três Armas
Concurso Nacional
São Paulo, SP, 1970
Vasco de Mello, Flávio Marcondes e Luigi Villacechia

Shopping Center Welcome
São Paulo, SP, 1973
Merisa Projetos e Planejamento S/A
Vasco de Mello e Equipe

Pavilhão do Brasil, Expo 70
Concurso Nacional
Osaka, Japão, 1968
Vasco de Mello, Flávio Marcondes, Luiz Gonzaga de Oliveira Camargo e Flavio Pastore.
p. 86

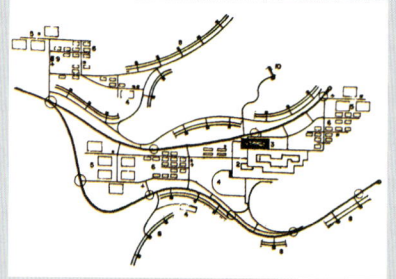

Parque Metropolitano Sul
Represa Billings - São Paulo, SP, 1972
Montreal Engenharia S/A
Área: 2.000 hectares
Vasco de Mello, Marta Maria Soban Tanaka, Tomio Tanaka e Rogério Dorsa Garcia, Walter Maffei

Edifício Residencial Penthouse II
Rua São Sebastião, 825
Alto da Boa Vista, São Paulo, SP, 1973
Área: 11.800 m²
Merisa Projetos e Planejamento S/A
Vasco de Mello e Martin Tresca
p. 92

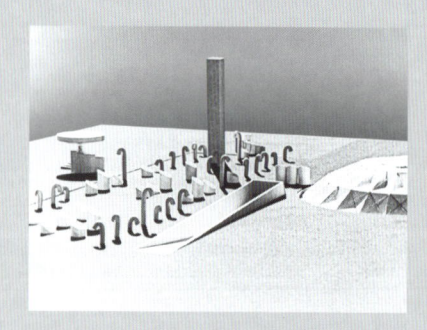

Laboratório de Fisiologia Vegetal da UnB
Brasília, DF, 1970
Vasco de Mello, Alberto Xavier e alunos da UnB
p. 90

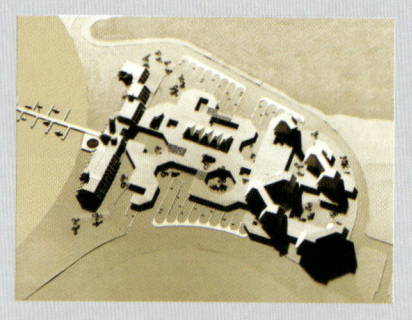

Aterro Nova Vitória, Centro de Lazer, Hoteleiro
Vitória, ES, 1972
Merisa Projetos e Planejamento S/A
Vasco de Mello e Equipe

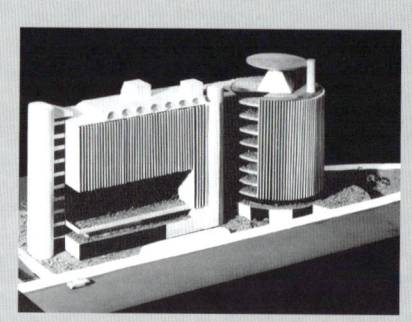

Hotel e Edifício Corporativo
São Paulo, SP, 1974
Merisa Projetos e Planejamento S/A
Vasco de Mello, Shimba e Equipe
p. 94

Remodelação dos Escritórios do Jornal o Estado de São Paulo
Concurso Fechado, 2º Prêmio
São Paulo, SP, 1975
Central de Projetos
Vasco de Mello José Carlos Ribeiro de Almeida, Mary Anne Ribeiro de Almeida, Flávio Marcondes, Tito Lívio Frascino e Vallandro Keating

Edifício Residencial Villaverde
Rua São José, 930
Alto da Boa Vista, São Paulo, SP, 1976
Área: 12.000 m²
Central de Projetos
Vasco de Mello e Tito Lívio Frascino

Biblioteca Central da Universidade Federal de Sergipe
Concurso Fechado, 1º Lugar
Aracaju, SE, 1977
Área: 5.000 m²
Central de Projetos
Vasco de Mello, Tito Lívio Frascino, Flávio Marcondes, José Carlos Ribeiro de Almeida, Edson Ueda e Roberto Paternostro
p. 102

Companhia de Construções Escolares do Estado de São Paulo – Conesp
1976-2000
66 Escolas Estaduais
Central de Projetos

Conjunto Habitacional Vila Caledônia
Rua Dr. Gentil Leite Martins, 180
São Paulo, SP, 1977
Área: 23.046 m²
Central de Projetos
Vasco de Mello, Tito Lívio Frascino, Flávio Marcondes e Roberto Paternostro

Laboratórios de Física, Geologia e Tecnologia do Campus da Universidade Federal do Rio Grande do Norte
Natal, RN, 1977
Área: 36.000 m²
Central de Projetos
Vasco de Mello, Tito Lívio Frascino, Noêmio Xavier da Silveira Filho, Flávio Marcondes, Edson Ueda e Cecília Parlato
p. 106

Serviço Nacional de Aprendizagem Comercial – Senac
Rua Barão de Piratininga, 555
Sorocaba, SP, 1976
Área: 5.800 m²
Central de Projetos
Vasco de Mello, Tito Lívio Frascino e Flávio Marcondes, Edson Ueda e Roberto Paternostro
p. 95

Flat Service Palazzo Gritti
Rua Gararu, 331
Vila Nova Conceição, São Paulo, SP, 1977
Área: 8.300 m²
Central de Projetos
Vasco de Mello, Tito Lívio Frascino, Flávio Marcondes, Roberto Paternostro e José Henrique Scortecci

Agências Viação Aérea São Paulo S/A – Vasp
Arquitetura de interiores
SP, RJ, DF, PE, PA,
1977-1982
Central de Projetos
Vasco de Mello, Tito Lívio Frascino, Roberto Paternostro e Carmem J. Costa

Sede da Radiobrás
Concurso Nacional, 2º Prêmio
Brasília, DF, 1977
Central de Projetos
Vasco de Mello, Tito Lívio Frascino, Edson Ueda e Roberto Paternostro
p. 108

Terminal Rodoviário
Secretaria de Transportes do Estado de São Paulo
Rio Claro, SP, 1978
Central de Projetos
Vasco de Mello, Tito Lívio Frascino, Edson Ueda e Roberto Paternostro
p. 114

Edifício Residencial Lorena
Alameda Lorena, 1867
Jardim Paulista, São Paulo, SP, 1980
Área: 2.700 m²
Central de Projetos
Vasco de Mello e Tito Lívio Frascino
p. 122

Terminal de Cargas da Viação Aérea São Paulo S/A – Vasp
Congonhas, São Paulo, SP, 1977
Área: 1.800 m²
Central de Projetos
Vasco de Mello e Tito Lívio Frascino

Sede da Ferrostaal
Concurso Fechado, 1º Prêmio
Av. das Nações Unidas, 22351
São Paulo, SP, 1980
Área: 5.949 m²
Central de Projetos
Vasco de Mello, Tito Lívio Frascino, Edson Ueda, Roberto Paternostro e Nadia Cahen
p. 115

Residência AAAC
Clube de Campo São Paulo
São Paulo, SP, 1980
Área: 150 m²
Central de Projetos
Vasco de Mello, Tito Lívio Frascino, Edson Ueda e Roberto Paternostro
p. 124

Residência WP
Barueri, SP, 1977
Área: 520 m²
Central de Projetos
Vasco de Mello, Tito Lívio Frascino, Edson Ueda e Roberto Paternostro
p. 110

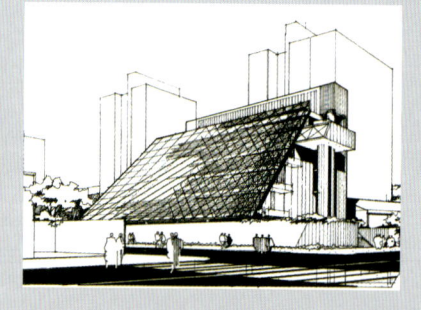

Sede da Hochtief
Concurso Fechado, 2º Prêmio
São Paulo, SP, 1980
Central de Projetos
Vasco de Mello, Tito Lívio Frascino, Nadia Cahen, Carmen Célia Janson Costa, Antonio J. Maiolo, Nuno A. R. Pinto, Françoise B. C. Murville, Ana Cintia G. Grimaldi e Marco Juliano e Silva
p. 120

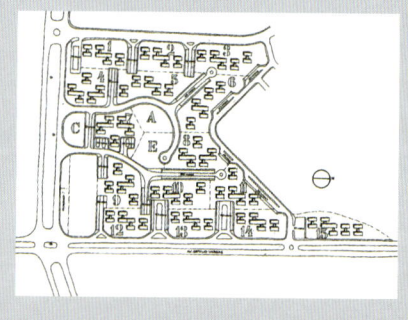

Companhia Metropolitana de Habitação de São Paulo – Cohab
3.761 unidades
Osasco, SP, 1980-1981
Área: 434.413 m²
Central de Projeto
Vasco de Mello e Tito Lívio Frascino

Residência RM
Praia de Guaecá
São Sebastião, SP, 1981
Área: 350 m²
Vasco de Mello

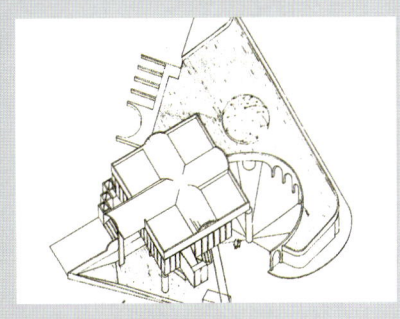

Posto Banespa e Drive-in de Passagens Vasp
Aeroporto de Congonhas
São Paulo, SP, 1982
Central de Projetos
Vasco de Mello e Tito Lívio Frascino

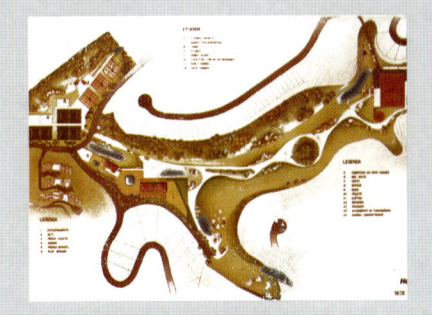

Lazer Champs-Privés Campo Limpo
Condomínio Residencial e Lazer Hobby
Sports Clube de São Paulo
São Paulo, SP, 1983
Central de Projetos
Vasco de Mello e Tito Lívio Frascino

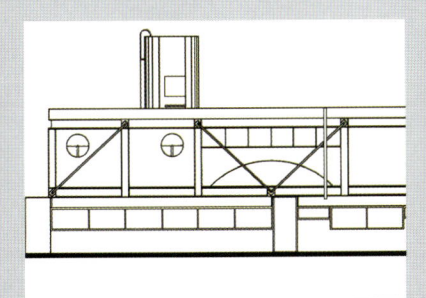

Residência ECP
Alphaville, Barueri, SP, 1980
Central de Projetos
Vasco de Mello e Tito Lívio Frascino

Centro Empresarial do Grupo Fenícia
Concurso Fechado, 1º Prêmio
Av. Otaviano Alves de Lima, 1824
São Paulo, SP, 1982
Área: 65.000 m²
Escritório Ariel Rubinstein e Central de Projetos
Ariel Rubinstein, Vasco de Mello, Tito Lívio Frascino, Teru Tamaki e Cecília Parlato
p. 132

Conjunto Habitacional Aldeia do Campo
São Bernardo do Campo, SP, 1983
Área: 120.000 m²
Central de Projetos
Vasco de Mello e Tito Lívio Frascino

Terminal de Aeronaves Executivas e Restaurante de Funcionários da Vasp
Aeroporto de Congonhas
São Paulo, SP, 1981
Área: 5.200 m²
Central de Projetos
Vasco de Mello, Tito Lívio Frascino e Carmem J. Costa
p. 128

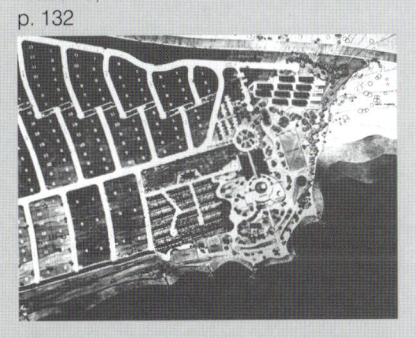

Champs-Privés Vila Pinhal
Condomínio Residencial e Lazer Hobby
Sports Clube de São Paulo
Itirapina, SP, 1983
Área: 15.000 m²
Central de Projetos
Vasco de Mello, Tito Lívio Frascino e Sergio Antonon de Souza

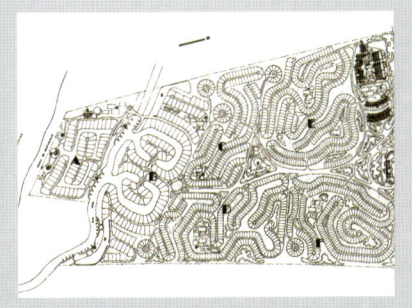

Condomínio Residencial
Praia do Ubatumirim
Ubatuba, SP, 1984
Central de Projetos
Vasco de Mello e Tito Lívio Frascino

Edifício Residencial Águas Claras
Rua Vanderlei, 631
Perdizes, São Paulo, SP, 1982
Área: 4.000 m²
Escritório Carlos Bratke e Central de Projetos
Carlos Bratke, Vasco de Mello e Tito Lívio Frascino
p. 134

Edifício de Escritórios Software Ltda.
São Paulo, SP, 1985
Área: Construída 3.000 m²
Escritório Carlos Bratke e Central de Projetos
Carlos Bratke, Vasco de Mello e Tito Lívio Frascino

Rede de Mini-Mercados Evolutivos
Secretaria Municipal de Abastecimento
São Paulo, SP, 1986
Área do Módulo: 740 m²
Central de Projetos
Vasco de Mello, Tito Lívio Frascino e Sergio Antonon de Souza

Edifício Residencial Parc Promenade
Alameda dos Arapanés, 982
São Paulo, SP, 1985
Área: 9.419 m²
Central de Projetos
Vasco de Mello, Tito Lívio Frascino e Sergio Antonon de Souza
p. 137

Residência AD
Presidente Prudente, SP, 1985
Área: 1.560 m²
Escritório Carlos Bratke e Central de Projetos
Carlos Bratke, Vasco de Mello e Tito Lívio Frascino

Edifício Residencial
Franca, SP, 1986
Área: 7.616 m²
Central de Projetos
Vasco de Mello, Tito Lívio Frascino e Sergio Antonon de Souza

Edifício Administrativo Grupo Fenícia S/A
Rua da Consolação, 1411
São Paulo, SP, 1985
Área: 33.000 m²
Central de Projetos
Vasco de Mello, Tito Lívio Frascino e Sergio Antonon de Souza
p. 138

Agência Bancária
Caxias do Sul, RS, 1985
Central de Projetos
Vasco de Mello, Tito Lívio Frascino, Renata Galbinski e Sergio Antonon de Souza

Edifício Residencial
Panamby, São Paulo, SP, 1986
Central de Projetos
Vasco de Mello, Tito Lívio Frascino e Sergio Antonon de Souza

Flat Augusta
São Paulo, SP, 1986
Central de Projetos
Vasco de Mello, Tito Lívio Frascino e
Sergio Antonon de Souza

Flat Service Crillon Plaza
Rua Haddock Lobo, 805
Jardim Paulista, São Paulo, SP, 1986
Área: 10.511 m²
Central de Projetos
Vasco de Mello, Tito Lívio Frascino, Sergio
Antonon de Souza e Pedro Villavecchia
p. 142

Residência da Voluta
Rua Lellis Vieira
Alto de Pinheiros, São Paulo, SP, 1986
Central de Projetos
Vasco de Mello, Tito Lívio Frascino e
Sergio Antonon de Souza
p. 151

Flat Service Bexiga
São Paulo, SP, 1986
Central de Projetos
Vasco de Mello, Tito Lívio Frascino e
Sergio Antonon de Souza

Art Plaza Flat Service
São Paulo, SP, 1986
Área: 7.895 m²
Central de Projetos
Vasco de Mello, Tito Lívio Frascino, Sergio
Antonon de Souza e Pedro Villavecchia
p. 150

Paço Municipal e Centro Cívico de Votorantim
Concurso Estadual, 3º Prêmio
Votorantim, SP, 1987
Central de Projetos
Vasco de Mello, Tito Lívio Frascino, Sergio
Antonon de Souza e Marianita Perrone
Pinheiro

Baden Baden Flat Service
Rua Vieira de Moraes, 294
São Paulo, SP, 1986
Área: 4.366 m²
Central de Projetos
Vasco de Mello, Tito Lívio Frascino e
Sergio Antonon de Souza
p. 142

Residência AK
Rua Marechal Renato Paquet, 437
São Paulo, SP, 1986
Área: 195 m²
Vasco de Mello e Miriam Gemignani
p. 146

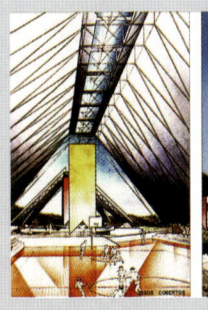

Clube da Turma
Governo do Estado de São Paulo
São Paulo, SP, 1987
Central de Projetos
Vasco de Mello, Tito Lívio Frascino e
Sergio Antonon de Souza

Serviço Nacional de Aprendizagem Comercial – Senac
Prêmio IAB, 1992
Marble Architectural Awards, 1995
São José dos Campos, SP, 1987
Área: 6.000 m²
Central de Projetos
Vasco de Mello, Tito Lívio Frascino, Sergio Antonon de Souza e Miriam Gemignani
p. 155

Edifício Residencial Piazza Navona
Rua São Paulo Antigo, 319
Morumbi, São Paulo, SP, 1988
Central de Projetos
Vasco de Mello e Tito Lívio Frascino e Sergio Antonon de Souza
p. 159

Edifício Residencial Advance Living
Rua Simpatia, 180
Vila Madalena, São Paulo, SP, 1989
Área: 6.300 m²
Central de Projetos
Vasco de Mello, Tito Lívio Frascino e Sergio Antonon de Souza
p. 162

Estúdio Radio Pan-Americana S/A
São Paulo, SP, 1988
Área construída: 4.500 m²
Central de Projetos
Vasco de Mello, Tito Lívio Frascino e Sergio Antonon de Souza

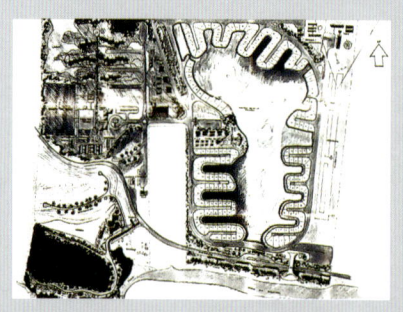

Condomínio Boraceia
Bertioga, SP, 1989
Central de Projetos
Vasco de Mello e Tito Lívio Frascino

Practical Office Itaim
Rua Jesuíno Arruda, 676
Itaim, São Paulo, SP, 1990
Área: 6.800 m²
Central de Projetos
Vasco de Mello, Tito Lívio Frascino e Sergio Antonon de Souza
p. 166

Barretos Shopping Center
Barretos, SP, 1988
Área: 22.524 m²
Central de Projetos
Vasco de Mello, Tito Lívio Frascino e Sergio Antonon de Souza

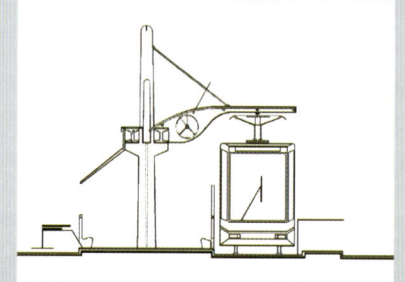

Veículo Leve sobre Trilhos – VLT
Goiânia, Goiás, 1989
Protran e Central de Projetos
Vasco de Mello, Tito Lívio Frascino, Jaime Waisman, José Roberto Baptista e Sergio Antonon de Souza

Torre Trianon
São Paulo, SP, 1990
Central de Projetos
Vasco de Mello, Tito Lívio Frascino, Carlos H. Heck, Flávio Marcondes, Sergio Antonon de Souza, Natasha Raiunec, Fernando A. Pires, Solange R. Rochat, Marcelo Todescan, Luciano Zoratti, Arthur Delgado, Monica B. Ramires e Rodrigo de Mello
p. 168

Torre São Paulo
Rua Gil Eanes, 80
Campo Belo, São Paulo, SP, 1990
Central de Projetos
Vasco de Mello, Tito Lívio Frascino e
Sergio Antonon de Souza
p. 171

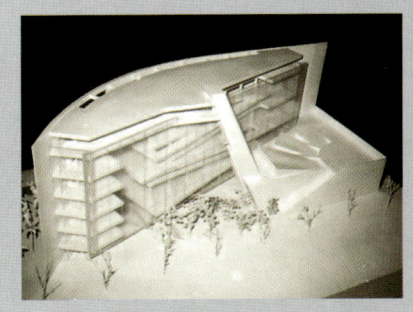

Pavilhão do Brasil, Expo 92
Concurso, Menção Honrosa
Sevilha, Espanha, 1991
Central de Projetos
Vasco de Mello, Tito Lívio Frascino, Ciro
Pirondi, Fernando A. Pires, Solange R.
Rochat, Rosimes Magaly Passaro e
Katia H. Faria

City Park Village
São Paulo, SP, 1991
Área: 2.513.794 m²
Escritório Carlos Bratke e Central de
Projetos
Carlos Bratke, Vasco de Mello e Tito Lívio
Frascino

Edifício Residencial Alcantarilla Hills
Vila Andrade, São Paulo, SP, 1990
Central de Projetos
Vasco de Mello, Tito Lívio Frascino e
Sergio Antonon de Souza

Marina Boca Juniors
Concurso Internacional
Buenos Aires, Argentina, 1991
Escritório Carlos Bratke e Central de
Projetos
Carlos Bratke, Vasco de Mello e Tito Lívio
Frascino

Serviço Social do Comércio – Sesc
Santo André, SP, 1992
Área: 23.000 m²
Central de Projetos
Vasco de Mello, Tito Lívio Frascino,
Fernando A. Pires, Arthur Delgado,
Alexandre Stefani, Paulo Saraiva e Katia
H. Faria
p. 173

Victoria Mall
Moema, São Paulo, SP, 1990
Área construída: 27.485 m²
Central de Projetos
Vasco de Mello, Tito Lívio Frascino e
Sergio Antonon de Souza

Residência WFR
Praia Dura, Ubatuba, SP, 1991
Central de Projetos
Vasco de Mello e Tito Lívio Frascino

Complexo Comercial Brahma
São Paulo, SP, 1992
Central de Projetos
Vasco de Mello e Tito Lívio Frascino
p. 178

Colônia de Férias Banco do Brasil
Concurso fechado, 1º Lugar
Campos do Jordão, SP, 1994
Área: 21.425 m²
Central de Projetos
Vasco de Mello, Tito Lívio Frascino e
Patrícia Galvão
p. 180

Souks
Concurso Internacional
Beirute, Líbano, 1995
Central de Projetos
Vasco de Mello Tito Lívio Frascino,
Rogério Dorsa Garcia, Rodrigo de Mello,
Paulo Goyano de Faria, Eduardo Teiman,
Marino Barros, Andrea Castanheira,
Eduardo Belizia e Patrícia Galvão

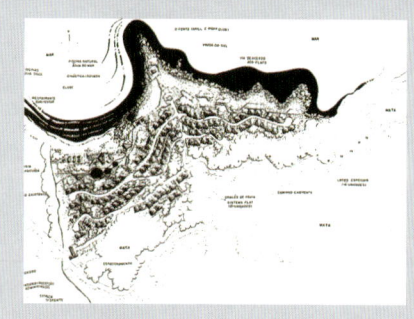

Condomínio Praia de Pacuíba
Ilhabela, SP, 1995
Central de Projetos
Vasco de Mello, Tito Lívio Frascino e
Alexandre Stefani

Edifício Comercial Paulista Boulevard
São Paulo, SP, 1994
Área: 15.000 m²
Central de Projetos
Vasco de Mello, Tito Lívio Frascino,
Patrícia Galvão e Monica Sella Roveri
p. 183

Edifício Residencial Bretano
São Paulo, SP, 1995
Central de Projetos
Vasco de Mello e Tito Lívio Frascino

Hangar Vasp
Guarulhos, SP, 1995
Central de Projetos
Vasco de Mello, Tito Lívio Frascino,
Antonio Carlos Moraes de Castro e Luis
Carlos Coelho Cruvinel
p. 186

Hospital Público de Sapopemba
São Paulo, SP, 1995
Área: 10.000 m²
Central de Projetos
Vasco de Mello, Tito Lívio Frascino e
Patrícia Galvão

Edifício Residencial
Vila Mariana, São Paulo, SP, 1995
Central de Projetos
Vasco de Mello, Tito Lívio Frascino,
Alexandre Stefani e Patrícia Galvão

Centro de Apoio aos Romeiros da Basílica de Aparecida
Aparecida, SP, 1996
Área: 40.000 m²
Central de Projetos
Vasco de Mello e Tito Lívio Frascino;
Colaborador Arthur Delgado e Patrícia
Galvão
p. 188

Sesc Tatuapé
São Paulo, SP, 1996
Central de Projetos
Vasco de Mello, Tito Lívio Frascino, Arthur D. da Costa, Ana Silvia Stoche, Roberta Luporini, Alexandre Stefani, Monica Sella Roveri, Renata Ferreira Couto, Andrea dos Santos Castanheira, João Carlos Bonaldi Cano e Patrícia Galvão

Edifício Residencial Loft
Rua Itapecuru, 515
Alphaville, Barueri, SP, 1997
Área: 10.500 m²
Central de Projetos
Vasco de Mello, Tito Lívio Frascino e Patrícia Galvão
p. 197

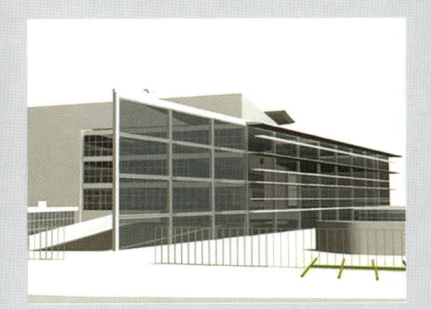

Sede da Fapesp
Concurso, 2º Prêmio
São Paulo, SP, 1998
Central de Projetos
Vasco de Mello, Tito Lívio Frascino, Edson Ueda, Renata Ferreira Couto, Alexandre Stefani, Sandro Rogério Machado e Thais Keiko Monteiro
p. 200

Hotel das Mangueiras
Ribeirão Preto, SP, 1996
Área: 12.500 m²
Central de Projetos
Vasco de Mello e Tito Lívio Frascino

Centro Comercial Alpha Mall
Campinas, SP, 1998
Área: 3.913 m²
Central de Projetos
Vasco de Mello e Tito Lívio Frascino

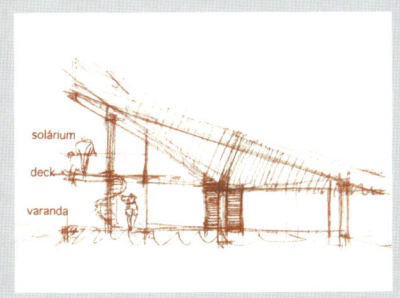

Casa 8 × 8
Estudo para Pós-graduação na Belas Artes, 1999
Vasco de Mello

Residência JKF
Prêmio 3ª Bienal Internacional de Arquitetura
Rua Holanda, 189, Jardim Europa
São Paulo, SP, 1997
Área: 908 m²
Central de Projetos
Vasco de Mello e Tito Lívio Frascino; colaboradores: Kátia Faria, Marilisa Funari e Maria Regina Ferraro
p. 193

Portaria Alphaville
Campinas, SP, 1998
Central de Projetos
Vasco de Mello e Tito Lívio Frascino

Torre Multifuncional
Rua Atílio Innocenti
Itaim, São Paulo, SP, 2000
Área: 37.000 m²
VMAA
Vasco de Mello, Rodrigo de Mello e Orlando de Sá de Souza
p. 201

Monumento em Homenagem aos Imigrantes e Migrantes
Concurso
Rodovia dos Imigrantes, km 29 e 30
São Paulo, SP, 2000
VMAA
Vasco de Mello, Rodrigo de Mello e
Orlando de Sá de Souza

Fábrica de Casas
Luanda, Angola, 2002
VMAA
Vasco de Mello e Rodrigo de Mello

Terminal Rodoferroviário – Km 21
Divisa entre Carapicuíba e Osasco, SP,
2002
VMAA
Vasco de Mello, Rodrigo de Mello,
Marcela Costa Amorim e Engenheiro
Otávio Alves Amorim Filho
p. 202

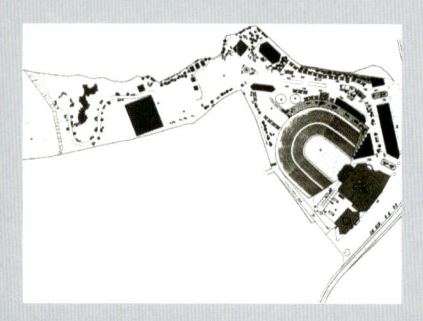

Max Ville Country
Santa Isabel, SP, 2000
VMAA
Vasco de Mello e Rodrigo de Mello

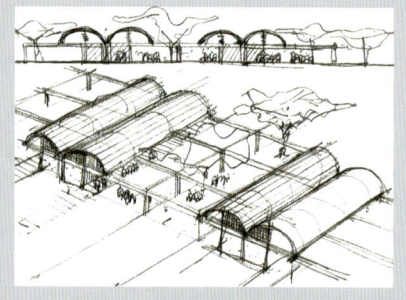

Terminais Agrícolas
Luanda, Angola, 2002
VMAA
Vasco de Mello e Rodrigo de Mello

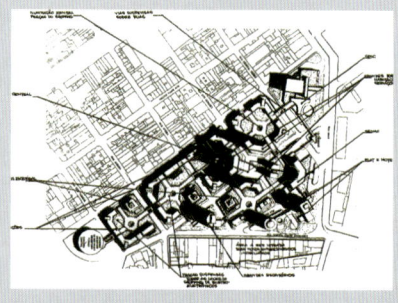

Projeto Reluz
São Paulo, SP, 2002
Febasp/Sehab/Pro Centro
Vasco de Mello, Jairo Ludmer, Lélio
Machado Reiner e alunos da Belas Artes

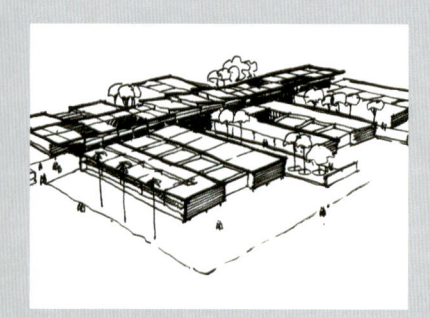

Hospital da Rede Integrada de Saúde – Tipologias
Guatemala, 2001
VMAA
Vasco de Mello e Rodrigo de Mello

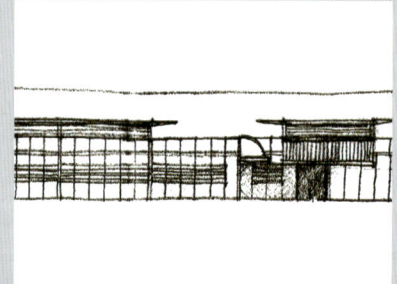

Centro de Saúde e Hospital
Luanda, Angola, 2002
VMAA
Vasco de Mello e Rodrigo de Mello

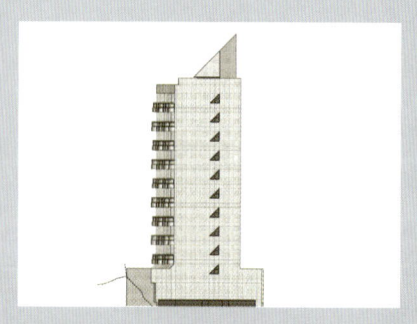

Edifício Residencial Conde I
Alphaville, Barueri, SP, 2002
VMAA
Vasco de Mello e Rodrigo de Mello

Sede do PNUD
Concurso
Brasília, DF, 2003
VMAA e Biselli & Katchborian
Vasco de Mello, Rodrigo de Mello
e Renata Castanho Calfat; Arthur
Katchborian e Mario Biselli
p. 204

Agência Bancária CEF
Av. Brigadeiro Faria Lima, 1355
São Paulo, SP, 2004
Área: 1.200 m²
VMAA
Vasco de Mello, Renata Castanho Calfat,
Rodrigo de Mello, Rachel Rodrigues e
Marcelo Nazari
p. 210

Agência Bancária CEF
Rua Funchal, 491
São Paulo, SP, 2004
Área: 1.422,80 m²
VMAA
Vasco de Mello, Renata Castanho Calfat,
Rodrigo de Mello, Rachel Rodrigues e
Marcelo Nazari
p. 216

Residência VM
Rua Tamandaré, 250
Praia de Guaecá, São Sebastião, SP, 2003
Área: 182 m²
VMAA
Vasco de Mello e Rodrigo de Mello
p. 206

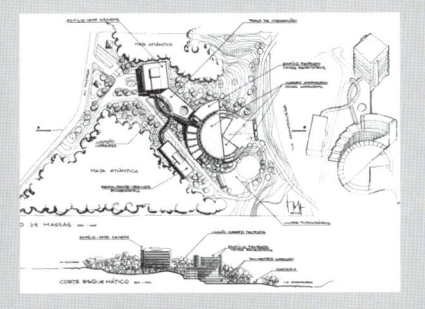

Sede da Siemens
Av. Mutinga, 3800
Pirituba, São Paulo, SP, 2004
VMAA
Vasco de Mello
p. 214

The Parachute Pavillon
Concurso Internacional
Coney Island, Nova York, USA, 2004
VMAA
Vasco de Mello, Rodrigo de Mello, Arthur
Delgado e Renata Castanho Calfat
p. 218

Agência Bancária HSBC
Av. Brigadeiro Faria Lima, 3320
São Paulo, SP, 2003
Área: 671,70 m²
VMAA
Vasco de Mello, Renata Castanho Calfat,
Rodrigo de Mello e Tomas Berlanga

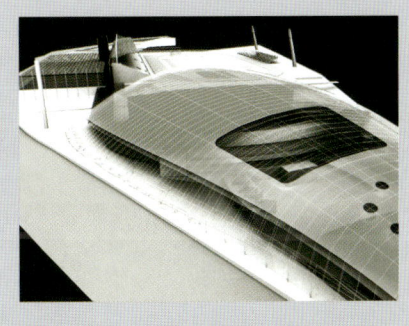

**Complexo de Desporto e Lazer
Unisinos**
Concurso, Menção Honrosa
São Leopoldo, RS, 2004
Biselli & Katchborian e VMAA
Arthur Katchborian, Mario Biselli e Vasco
de Mello

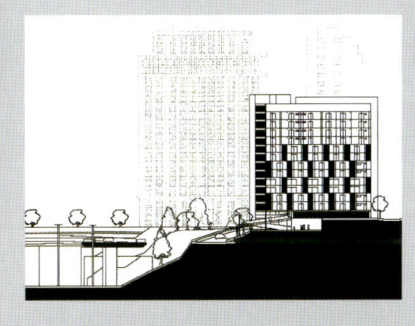

Habita Sampa
Concurso, Menção Honrosa
São Paulo, SP, 2004
Arthur Katchborian, Mario Biselli, Vasco de
Mello, Cristiana Rodrigues, Daniel Corsi,
Laura Barreto, Thais Silva, Ana Carolina
Pudenzi e André Sauaia

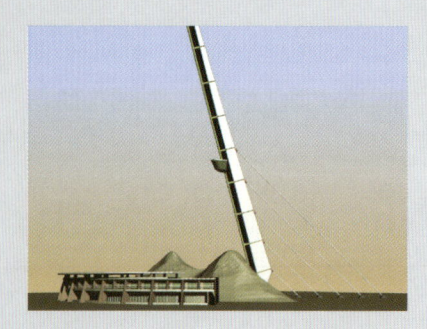

NAZCA
Concurso Internacional
Deserto de Nazca, Peru, 2005
VMAA
Vasco de Mello, Rodrigo de Mello e
Renata Castanho Calfat

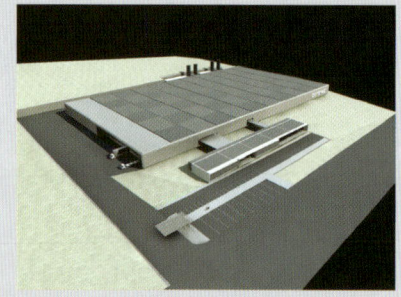

Edifício Industrial da Cryovac
Campinas, SP, 2007
Área: 36.000 m²
VMAA
Vasco de Mello, André Biselli Sauaia,
Daniel Corsi e Renata Castanho Calfat
p. 222

Serviço Social do Comércio – Sesc
Concurso Nacional
Guarulhos, SP, 2009
VMAA
Vasco de Mello, Heloisa Bloch, Luis Bloch
e Equipe

Estádio Anacleto Campanela
Participação na 7ª Bienal de Arquitetura
São Caetano do Sul, SP, 2006
VMAA
Vasco de Mello, Arthur Delgado, Giovanni
Campari, Renata Castanho Calfat,
Vanessa Quirico e Mila Santos Oliveira
p. 220

Edifício Industrial da CBA
Jundiaí, SP, 2007
VMAA
Vasco de Mello, André Biselli Sauaia e
Daniel Corsi e Renata Castanho Calfat
p. 223

Edifício Comercial
Rua Vergueiro, 101
São Paulo, SP, 2009
Área: 8.336 m²
VMAA
Vasco de Mello e Rodrigo de Mello
p. 225

**Estação de Integração Rodoferroviária
de Osasco e Pavilhão de Exposições
Oeste**
Osasco, SP, 2007
VMAA
Vasco de Mello e Renata Castanho Calfat

**Plano Diretor da Nova Centralidade de
Benfica**
Benfica, Angola, 2008
Vasco de Mello, Mario Biselli e Carlos
Leite
p. 224

Parque Olímpico Rio 2016
Concurso Internacional
Rio de Janeiro, RJ, 2011
Vasco de Mello, Bruno Padovano, Rodrigo
de Mello, Orlando de Souza, Sidney
Linhares, Roberto Righi e Jhessy Costa
p. 227

Complexo Multifuncional Tiradentes
São Paulo, SP, 2011
Área: 47.500 m²
PPMS e VMAA
Pedro Paulo de Melo Saraiva, Vasco de Mello, Rodrigo de Mello, Pedro de Melo Saraiva, Fernando de Magalhães Mendonça; paisagismo Rosa Grena Kliass e Evani Kuperman
p. 228

Edifício Residencial
Piracicaba, SP, 2014
Área: 27.764 m²
VMAA
Vasco de Mello, Rodrigo de Mello, Sandra Maalouli Hajli, Arthur Justiniano de Macedo e Renata Naomi Narimatu

Marina Pública
Ilhabela, SP, 2016
Área: 95.000 m²
PPMS e VMAA
Pedro Paulo de Melo Saraiva, Vasco de Mello, Pedro de Melo Saraiva, Fernando de Magalhães Mendonça, Rodrigo de Mello, Sandra Maalouli Hajli, Arthur Justiniano de Macedo e Renata Naomi Narimatu
p. 234

Sesc
Concurso
Ribeirão Preto, SP, 2012
Vasco de Mello, Daniel Corsi e Dani Hirano e equipe

Remodelação do Campo de Aviação
Ilhabela, SP, 2015
Área construída: 18.000 m²
PPMS e VMAA
Pedro Paulo de Melo Saraiva, Vasco de Mello, Pedro de Melo Saraiva, Fernando de Magalhães Mendonça, Rodrigo de Mello, Sandra Maalouli Hajli, Arthur Justiniano de Macedo e Renata Naomi Narimatu
p. 230

Sede IABDF + CAUBR
Brasília, DF, 2016
Área: 18.000 m²
VMAA, PPMS e Villavecchia Arquitetos
Vasco de Mello, Pedro de Melo Saraiva, Fernando de Magalhães Mendonça, Pedro Luis Moraes Villavecchia, Leonardo Paioli, Sandra Maalouli Hajli, Renata Naomi Narimatu, Lucas Pires de Lemos
p. 236

Clube Damha
Marília, SP, 2014
VMAA
Vasco de Mello, Rodrigo de Mello, Sandra Maalouli Hajli e Arthur Justiniano de Macedo

Centro de Convenções e Exposições
Ilhabela, SP, 2015
Pedro Paulo de Melo Saraiva, Vasco de Mello, Pedro de Melo Saraiva, Fernando de Magalhães Mendonça, Rodrigo de Mello, Sandra Maalouli Hajli, Arthur Justiniano de Macedo e Renata Naomi Narimatu
p. 230

Residência RM
Itupeva, SP, 2017
Área: 700 m²
VMAA
Vasco de Mello e Sandra Maalouli Hajli
p. 238

CRONOLOGIA

Diplomado pela Faculdade de Arquitetura Mackenzie. São Paulo, 1964.

Colaborador do Arquiteto Moisés Bembunan. Madri, Espanha, 1965.

Colaborador do Arquiteto Jean Parois. Nantes, França, 1966.

Colaborador do Arquiteto Bernard H. Zehrfuss. Paris, França, 1966-1967.

Arquiteto da Promon Engenharia S/A. São Paulo, 1967-1969.

Professor contratado pelo Instituto de Artes e Arquitetura da Universidade de Brasília, DF, 1969-1971.

Membro do Departamento de Arquitetura e Urbanismo da UnB/DF, junto ao Conselho do Ceplan, Brasília, DF, 1970.

Representante da UnB/DF, junto à Universidade Federal do Piauí, para implantação do Campus da UFPI, Brasília, DF, 1970.

Professor contratado pela Faculdade de Arquitetura da Universidade Mackenzie. São Paulo, 1971-1985.

Chefe do Departamento de Projeto da Faculdade de Arquitetura da Universidade Mackenzie. São Paulo, 1983-1985.

Chefe do Departamento de Arquitetura da Montreal Engenharia S/A. São Paulo, 1972.

Gerente da Divisão de Arquitetura da Merisa S/A. São Paulo, 1972-1975.

Membro do Conselho Fiscal IAB-SP. São Paulo, 1974-1975.

Constitui a Central de Projetos Ltda. São Paulo, 1975-1999.

Representante do IAB-SP junto ao DOP-SP. São Paulo, 1985-1988.

Professor contratado pela Faculdade de Arquitetura Belas Artes de São Paulo desde 1986.

Membro do Conselho do Crea-SP. São Paulo, 1987-1990.

Diretor da Asbea. São Paulo, 1988-1990.

Membro da Commissão Consultiva de Arte do Metrô. São Paulo, 1990-2005.

Diretor Nacional do Sinaenco. São Paulo, 1994.

Vice-presidente do IAB-SP. São Paulo, 1994-1995.

Constitui a VMAA. São Paulo, 1999 – Atual.

Vice-presidente do IAB-SP. São Paulo, 2006-2007.

Representante do IAB junto ao Conpresp. São Paulo, 2007-2010.

Membro do Conselho Fiscal da Asbea. São Paulo, 2009-2011.

Conselheiro Suplente do CAU/SP. São Paulo, 2015-2017.

Representante do CAU/SP junto ao Ceuso. São Paulo, 2016-2017.

PARTICIPAÇÃO EM CONGRESSOS INTERNACIONAIS

I Congresso Internacional de Estudantes de Arquitetura/VII Congresso Internacional de Arquitetura, promovido pela UIA
Havana, Cuba, 1963

VII Congresso Internacional de Arquitetos, promovido pelo UIA
Paris, França, 1965

IX Congresso Internacional de Arquitetos, promovido pelo UIA
Praga, Checoslovaquia, 1966

XVIII Congresso Internacional de Arquitetos, promovido pela UIA
Chicago, Estados Unidos, 1993

PRÊMIOS

2º Prêmio Concurso Nacional, IAB, Monumento à Fundação de Goiânia, Goiás, 1964

1º Prêmio Concurso Nacional Monumento em Memória aos Mortos do Atlântico Sul
Salvador, Bahia, 1968

2º Prêmio Concurso Nacional, IAB, Hotel de Turismo
Juazeiro, Bahia, 1968

3º Prêmio Concurso Estadual Sede Regional de Araçatuba
São Paulo, 1976

2º Prêmio Concurso Nacional Edifício Sede da Radiobrás
Brasília, DF, 1977

1º Prêmio Concurso fechado Edifício Sede da Ferrostaal do Brasil S/A
São Paulo, 1980

1º Prêmio Premiação do IAB-SP "Edifício para Fins de Serviços" - Edifício Sede da Ferrostaal do Brasil S/A
São Paulo, 1983

3º Prêmio Concurso Nacional IAB-SP Paço Municipal de Votorantin
São Paulo, 1987

Menção Honrosa Concurso Nacional Pavilhão do Brasil na Exposição Universal de Sevilha, Espanha
São Paulo, 1991

1º Prêmio Premiação do IAB-SP Edificações – Obra Construída, Escola Senac de São José dos Campos
São Paulo, 1992

1º Prêmio Concurso fechado Sede da Colônia de Férias do Banco do Brasil em Campos do Jordão
São Paulo, 1994

Special Mention Marble Architectural Awards, com a obra Senac – São José dos Campos, São Paulo, Brasil
Carrara, Itália, 1995

Menção Honrosa Concurso de Propostas para a Valorização Urbana da Avenida Paulista
São Paulo, 1996

1º Prêmio Edifício Residencial em São Paulo – III Bienal Internacional de Arquitetura
São Paulo, 1997

2º Prêmio Concurso Público de Arquitetura Sede Fapesp
São Paulo, 1998

Prêmio Asbea 2008 Agência Caixa Econômica Federal, Av. Brigadeiro Faria Lima
São Paulo, 2008

Menção Honrosa Nutau/USP 2016 Marina Pública de Ilhabela
São Paulo, 2016

PUBLICAÇÕES EM REVISTAS

"520 m² em 3 meios níveis resultaram projeto leve e integrado". *Casa & Jardim*, São Paulo, n. 316, p. 88-93, maio 1981.

"A arquitetura na torre de escritórios: qualificando a escala do pedestre como a paisagem urbana". *Projeto*, São Paulo, n. 196, p.46-51, maio 1996.

"À margem do rio". *AU*, São Paulo, n. 191, p. 46-53, fev. 2010.

"Arquitetura brasileira atual, Sede da Ferrostaal". *Projeto*, São Paulo, n. 53, p. 97, jul. 1983.

"As últimas em Shopping Centers, Shopping de Barretos, SP". *Projeto*, São Paulo, n. 119, p. 95-97, mar. 1989.

"Bienal 87, Buenos Aires". *Projeto*, São Paulo, n. 105, p. 71, nov. 1987.

"Central de Projetos, Traço Livre". *AU*, São Paulo, n. 23, p. 102-105, abr. 1989.

"Centro de Formação Profissional do Senac, Sorocaba, SP". *Projeto*, São Paulo, n. 31, p. 26-28, jul. 1981.

"City Park Village". *A Construção São Paulo*, São Paulo, n. 2171, p. 10-13.

"Como uma onda, Casa Guaecá, São Sebastião, SP". *Casa & Construção*, São Paulo, n. 18, p.100-107, out. 2006.

"Concurso da Ferrostaal: O projeto vencedor". *Projeto*, São Paulo, n. 21, p. 17-20, jul. 1980.

"Concurso Opera Prima 1991, Orientador". *Projeto*, São Paulo, n. 142, p. 38-39, jun. 1991.

"Concurso Paço Municipal e Centro Cívico de Votorantim, SP, 3º Prêmio". *AU*, São Paulo, n. 16, p. 86-95, fev. 1988.

"Concurso para hotel, 2º Prêmio". *Acrópole*, São Paulo, n. 371, p. 25, mar. 1970.

"Concurso para o novo edifício da Fapesp, 2º lugar". *Projeto*, São Paulo, n. 222, p. 70-71, jul. 1998.

"Concurso Pavilhão do Brasil na Expo 92 de Sevilha, Menção Honrosa". *Projeto*, São Paulo, n. 139, p. 62-74, mar. 1991.

"Concurso Sede do Grupo Fenícia, Projeto Vencedor". *A Construção São Paulo*, São Paulo, n. 1877, p. 4-7, jan. 1984.

"Curador da mostra Casa Office". *Casa Office*, São Paulo, n. 1, carta ao leitor, p.10-15, nov. 2008.

"É preciso sacudir a poeira, criticar, discutir, se encontrar". *Projeto*, São Paulo, n. 42, p. 78-89, ago. 1982. Edição Especial de 10 Anos/1972-1982.

"Edifício em Perdizes, SP". *Projeto*, São Paulo, n. 141, p. 66-67, maio 1991.

"Edifícios de escritórios Paulista Boulevard". *Casa Vogue,* São Paulo, n. 131, p. 144-147, abr. 1996.

"Edifício-Sede do Grupo Fenícia". *Projeto*, São Paulo, n. 103, p. 113-115, set. 1987.

Em busca de um vetor de integração, Central de Projetos. *Projeto*, São Paulo, n. 182, p. J1-J8, jan./fev. 1995.

"Exame aponta Fademac como melhor do setor, Senac São José dos Campos, SP". *Projeto*, São Paulo, n. 157, p. 104, out. 1992.

"Exposições, Painéis e debates mostraram a arquitetura do Brasil e Argentina". *Projeto*, São Paulo, n. 57, p. 40, nov. 1983.

"Flat Crillon Plaza, SP". *AU*, São Paulo, n. 36, p. 19-23, jun./jul. 1991.

"Flat Crillon Plaza". *Casa Vogue*. São Paulo, n. 3, p. 144-147, 1991.

"Flats Crillon Plaza e Baden-Baden". *Projeto*, São Paulo, n. 151, p. 38-40, abr. 1992.

"História da FAU/Mackenzie sintetiza transformação da arquitetura paulista nos últimos cinquenta anos". *Projeto*, São Paulo, n. 212, p. 37-49, set. 1997.

"Índice 1977-1997". *Projeto*, São Paulo, n. 216, p. 63, jan. 1998.

"Liberdade plástica, Bamerindus Seguros". *Casa Vogue,* São Paulo, n. 137, p. 162-163, nov. 1996.

"Livre, Casa Guaecá, São Sebastião, SP". *Decorar*, São Paulo, n. 7, p. 82-83, jul. 2007.

"Menção Honrosa", *Concurso Habita Sampa*. São Paulo, p. 44, 2004.

"Menção Honrosa, Senac São José dos Campos, SP". *Marble Architectural Awards 1995*, Itália, p. 28-37, mar. 1995.

"Monumento à cidade de Goiânia, 2º Prêmio". *Arquitetura*, Rio de Janeiro, n. 28, p. 19-21, out. 1964.

"Monumento à fundação de Goiânia, 2º Prêmio". *Acrópole*, São Paulo, n. 312, p. 38-39, nov. 1964.

"Monumento à Vitória de Cuba, Playa Girón, 1962". *Projeto*, São Paulo, n. 110, p. 115-118, maio 1988.

"Monumento aos Mortos do Atlântico Sul, 1º Prêmio". *Acrópole*, São Paulo, n. 353, p. 28-29, ago. 1968.

"Mostra da Revista Projeto recebeu prêmio de divulgação do IAB-SP, Sede Ferrostaal". *Projeto*, São Paulo, n. 58, p. 19, dez. 1983.

"Novos escritórios da Ferrostaal do Brasil". *Projeto*, São Paulo, n. 62, p. 61-64, abril 1984.

"Opera Prima 2003, Orientador". *Projeto*, São Paulo, n. 284, p. 102, out. 2003.

"Os Anos 70/Tendências: Biblioteca Central, Universidade Federal de Sergipe". *Projeto*, São Paulo, n. 42, p. 117, ago. 1982. Edição Especial de 10 Anos/1972-1982, Concorrência Pública Nacional.

"Panorama sobre a especificação de materiais de construção". *Asbea*, São Paulo, n. 115, p. 2, ago. 2006.

"Participantes da Mostra da Arquitetura Brasileira Atual". *Projeto*, São Paulo, n. 55, p. 51, set. 1983.

"Portaria de Alphaville Campinas Residencial, SP". *Alphaville Campinas Residencial*, São Paulo, n. 7, p. 7, set. 2007.

"Portaria de Alphaville Campinas Residencial, SP". *Revista Alphaville*, São Paulo, n. 3, p. 19, set. 1999.

"Premiação anual do IAB, São Paulo, Estação do Metrô Paulista". *Acrópole*, São Paulo, n. 346, p. 19, dez. 1967.

"Premiação IAB-SP 1992, Senac São José dos Campos, SP". *Projeto*, São Paulo, n. 161, p. 53, mar. 1993.

"Prêmio Asbea 2008, Caixa Econômica Federal/ Agência Faria Lima". *Projeto Design*, São Paulo, n. 346, p. A54, dez. 2008.

"Residência Jardim Europa, SP". *Arquitetura e Construção*, São Paulo, n. 06, p. 42-49, jun. 2006.

"Residência no Jardim Europa, SP". *AU*, São Paulo, n. 75, p. 70-71, dez./jan. 1998.

"Reurbanização de Ilhabela". *Projeto*, São Paulo, n. 429, p.102-107, jan. 2016.

"Sede da Ferrostaal do Brasil". *Projeto*, São Paulo, n. 117, p. D-16, dez. 1988.

"Senac São José dos Campos, SP". *AU*, São Paulo, n. 45, p. 37-49, dez. 1992/jan.1993.

"Sesc Santo André, SP". *AU*, São Paulo, n. 101, p. 50-57, abr./maio 2002.

"Sesc Santo André, SP". *Finestra Brasil*, São Paulo, n. 29, p. 72-76, abr./jun. 2002.

"Simetria estrutural; Centro de Apoio aos Romeiros da Basílica de Aparecida, SP". *Finestra Brasil*, São Paulo, n. 14, p. 98-103, jul./set. 1998.

"Torre Trianon/Prédio sobre o Masp, Projeto Reurbanização". *Projeto*, São Paulo, n. 149, p. 104-105, jan./fev. 1992.

"Torres Residenciais, Edifício Advance Living, Vila Madalena, SP". *Projeto*, São Paulo, n. 183, p. 54-56, mar. 1995.

"Transportes Urbanos, Trilhos em Goiânia". *A Construção São Paulo*, São Paulo, n. 2136, p. 10-17, jan. 1989.

"Um Flat Paulistano, Edifício Baden-Baden". *Projeto*, São Paulo, n. 86, p. 47, abril 1986.

"Vias e estações na primeira fase". *Acrópole*, São Paulo, n. 359, p. 28-34, mar. 1969.

PUBLICAÇÕES EM JORNAIS

"Arquitetos de São Paulo vencem concurso na Bahia". *Folha de S.Paulo*, São Paulo, n. 14.296, 7 ago. 1968.

"Arquitetos do metrô recebem homenagem dos seus colegas". *Folha de S.Paulo*, São Paulo, n. 14.084, 7 jan.1968.

"Arquitetos paulistas que venceu concurso do Monumento aos Mortos do Atlântico Sul". *Folha de S.Paulo*, São Paulo, n. 14.276, 17 jul.1968.

"Arquitetos paulistas que venceu concurso do Monumento aos Mortos do Atlântico Sul". *Jornal da Bahia*, Salvador, n. 2.852, 23 jul. 1968.

"Arquitetos se reúnem IAB". *O Estado de São Paulo*, São Paulo, 12 jul. 1968.

"Arquitetura de jovens para o metrô paulista". *Folha de S.Paulo*, São Paulo, p. 20, 8 jan. 1967. 1º caderno.

"Bahia homenageia os Mortos do Atlântico Sul". *Correio da Manhã*, Rio de Janeiro, 9 ago. 1968. 2º caderno.

"Bahia terá monumento". *O Estado de São Paulo*, São Paulo, n. 28.625, 4 ago. 1968.

"Equipe do metrô ganha prêmio pela linha N/S". *Noticias Populares*, São Paulo, n. 1.320, 27 dez. 1967.

"Estação do metrô remodelará totalmente o Largo São Bento". *Folha de S.Paulo*, São Paulo, n. 14.084, 7 jan. 1968.

"Estação do Metrô dá prêmio a arquitetos". *O Estado de São Paulo*, São Paulo, n. 28.437, 26 dez. 1967.

"Marble Architectural Awards, Senac São José dos Campos, SP". *Il Tirreno*, Itália, 17 maio 1995.

"Monumento aos Mortos do Atlântico Sul". *Diário da Noite*, São Paulo, n. 13.177, 14 ago. 1968.

"Uma proposta para a Avenida Paulista". *O Dafam*, São Paulo, n. 1, p. 4, nov. 1992.

BIBLIOGRAFIA

ANDERSON, J. R.; REDER, L. M.; SIMON, H. A. "Situated Learning and Education". *Educational Researcher*, v. 25, n. 4, 1996, pp. 5-11.

DESMOULINS, Christine. *Bernard Zehrfuss*. Editions du Patrimoine: Paris, 2008.

DORFMAN, Cesar. *Havana 63*. Porto Alegre: Movimento, 2013.

EVANS, Robin. *Translation from Drawing to Building and other Essays*. Architectural Association Publications/The MIT Press, 1997.

FRAGELLI, Marcello. *Quarenta anos de prancheta*. São Paulo: Romano Guerra, 2010.

GREGOTTI, V. *Il disegno come strumento del progetto*. Milão: Christian Marinotti Edizioni, 2014.

HAJLI, S. M. *Reencontro dos Não Alinhados*. Entrevista com os arquitetos Carlos Bratke, Roberto Loeb, Eduardo Longo, Pitanga do Amparo, Tito Lívio Frascino e Vasco de Mello. Data: 19/6/2016.

HERTZBERGER, Herman. *Lições de arquitetura*. São Paulo: Martins Fontes, 2006.

KIRKEBY, I. M. "Transferable Knowledge: an Interview with Bent Flyvbjerg". *Architectural Research Quarterly*, v. 15, n. 1, 2011, pp.9-14.

KOLB, A. Y.; KOLB, D. A. "Learning Styles and Learning Spaces: Enhancing Experiential Learning in Higher Education". *Academy of Management Learning & Education*, v. 4, n. 2, 2005, pp.193-212.

LYOTARD, J-F. *The Postmodern Condition: A Report on Knowledge*. Minneapolis: University of Minnesota Press, 1997. [Título original: *La condition postmoderne: rapport sur le savoir*.] Paris: Minuit, 1979.

MELLO, V. "Arquitetos, uni-vos". *Projeto*, v. 42, p. 82, 1982.

MERRILL, Michael. *Louis Kahn. Drawing to Find Out. The Dominican Motherhouse and the Patient Search for Architecture*. Baden: Lars Müller Publishers, 2010.

POLANYI, M. *The Tacit Dimension*. Gloucester: Peter Smith, 1983.

REBER, A. S. "Implicit Learning and Tacit Knowledge". *Journal of Experimental Psychology: General*, v. 118, n. 3, 1989, pp. 219-235.

ROWE, C. "Introduction to Five Architects". HAYS, K. M. *Architecture Theory since 1968*. Massachusetts: The MIT Press, 1998, pp.74-84.

SCHÖN, D.; WIGGINS, G. "Kinds of Seeing and Their Functions in Designing". *Design Studies*, v. 13, n. 2, 1992, p.135-156.

WISSENBACH, V. "É preciso sacudir a poeira, criticar, discutir, se encontrar". *Projeto*, v. 42, 1982, p.78-89. DANON, Diana Dorothéa; FRAGELLI, Marcello. *O Metrô de São Paulo*. Companhia Editora Nacional: São Paulo, 1975.

XAVIER, Alberto; BRITTO, Alfredo; NOBRE, Ana Luiza. *Arquitetura moderna no Rio de Janeiro*. São Paulo: Pini/Fundação Vilanova Artigas; Rio de Janeiro: Rioarte, 1991.

DOCUMENTÁRIO E ENTREVISTAS

HAJLI, S. M. *"Não Alinhados"*, encontro dos "Não Alinhados" promovido pela autora Sandra Maalouli Hajli em junho de 2015.

HAJLI, W. *et al. Vasco de Mello, arquiteto*. Documentário realizado em dezembro de 2015, e cedido pela autora para o acervo da Faculdade de Belas Artes.

MELLO, Vasco. *Entrevistas*. Série de entrevistas concedidas por Vasco de Mello à autora Sandra Maalouli Hajli no período entre 2015-2016.

SOBRE OS AUTORES

SANDRA MAALOULI HAJLI. Formada em arquitetura e urbanismo pela Faculdade de Belas Artes (2014); mestre em arquitetura e urbanismo pela Faculdade de Arquitetura e Urbanismo da Universidade Presbiteriana Mackenzie – FAU-Mackenzie (2016), com o tema "Vasco de Mello: percurso, panorama e análise de sua obra"; e arquiteta na VM Arquitetos Associados desde 2013.

WILSON FLORIO. Formado em arquitetura e urbanismo pela FAU-Mackenzie (1986); mestre em arquitetura e urbanismo pela mesma instituição (1998) e doutor em arquitetura e urbanismo pela Faculdade de Arquitetura e Urbanismo da Universidade de São Paulo – FAU-USP (2005). É docente na graduação da FAU-Mackenzie, onde leciona projeto desde 1992, e professor permanente do Programa de Pós-Graduação em Arquitetura e Urbanismo da FAU-Mackenzie. Coautor dos livros *Projeto residencial moderno e contemporâneo* (2002), *Oscar Niemeyer: possíveis outros olhares* (2016) e *Vilanova Artigas: projetos residenciais não construídos* (2017).

CRÉDITOS

Acervos
Vasco de Mello pp. 1, 2, 22, 23, 41, 42, 43, 44, 45, 47, 48, 49, 56, 58, 59, 62, 63, 70, 72, 73, 76, 78, 84, 85, 90, 91, 94, 95, 96, 97, 99, 100, 101, 103, 104, 105, 106, 107, 108, 109, 111, 112, 113, 114, 120, 121, 122, 123, 124, 125, 126, 127, 129, 132, 133, 134, 136, 138, 140, 141, 150, 151, 158, 163, 165, 167, 168, 169, 170, 171, 173, 174, 175, 176, 177, 179, 181, 182, 183, 184, 185, 189, 191, 192, 196, 197, 198, 199, 200, 201, 202, 203, 204, 207, 208, 209, 213, 216, 218, 219, 220, 221, 222, 223, 224, 225, 226, 227, 228, 229, 230, 232, 233, 234, 236, 237 • Carlos Bratke p. 135.

Desenhos CAD/3D
Renata Naomi Narimatu pp. 83, 230, 232, 233, 234 • Rodrigo de Mello pp. 86, 87, 88, 89, 178, 179 • Sandra Maalouli Hajli pp. 92, 134, 136, 146, 166, 238, 239 • Arthur Justiniano de Macedo pp. 172, 234 (planta) • Lucas Lemos pp. 236, 237.

Desenhos Vasco de Mello
pp. 14, 15, 17, 19, 25, 26, 29, 30, 33, 35, 37, 77, 214.

Fotos
Carlos Fadon pp. 7, 115, 116, 119, 134, 139, 143, 144, 145, 152, 153, 154, 155, 156, 157, 193, 195, 211, 213, 217 • Nelson Kon pp. 74, 75 • Rodrigo de Mello p. 12, 52, 55, 93, 159, 160, 161, 186, 187 • Renata Naomi Narimatu pp. 52, 182, 209, 246 (fig. 2) • Marcello Ramon pp.147, 148 • Wilis Tomy Miyasaka p. 55 (esq.) • Luci Antonacio p. 161 • Paulo Caruso p. 21 • Google Earth pp. 66 (acesso 2017), 79 (acesso 2017), 224 (acesso 2008).

Tratamento de imagens
Rosangela Bego pp. 1, 22, 23, 41, 42, 43, 44, 45, 47, 48, 49, 52 (dir. e abaixo), 59, 70, 76, 77, 95, 96, 97, 100, 101, 103, 104, 105, 106, 107, 111, 113, 115, 116, 119, 122, 123, 124, 125, 127, 129, 130, 136, 139, 140, 141, 143, 144, 145, 147, 148, 152, 153, 154, 162, 163, 165, 167, 173, 174, 175, 177, 180, 182, 183, 185, 189, 191, 192, 193, 195, 197, 199, 203, 211, 213, 217, 225 • Renata Naomi Narimatu p. 25, 26, 29, 30, 33, 35, 37, 56, 58, 62, 64, 65 (cortes), 66, 67, 69, 72, 73, 78, 79, 96 (cortes e elevações), 98, 104 (plantas), 105 (elevações e cortes), 107 (implantação), 108, 109, 112, 114, 118, 120, 121, 126, 131, 150, 158, 168, 169, 171, 172 (maquete), 174 (planta), 175 (elevações e cortes), 179 (implantação), 182, 184, 188, 192, 196, 202, 212, 226, 228 • Rodrigo de Mello pp. 63, 90, 91, 94, 109 (maquete) • Sandra Maalouli Hajli pp. 2, 14, 15, 17, 19, 64, 65, 68, 84, 85, 99, 132, 133, 138, 140 (planta), 142, 160 (planta), 164, 170, 176, 198, 208 (plantas), 216.

ADMINISTRAÇÃO REGIONAL DO SENAC NO ESTADO DE SÃO PAULO
Presidente do Conselho Regional: Abram Szajman
Diretor do Departamento Regional: Luiz Francisco de A. Salgado
Superintendente Universitário e de Desenvolvimento: Luiz Carlos Dourado

EDITORA SENAC SÃO PAULO
Conselho Editorial: Luiz Francisco de A. Salgado
　　　　　　　　　Luiz Carlos Dourado
　　　　　　　　　Darcio Sayad Maia
　　　　　　　　　Lucila Mara Sbrana Sciotti
　　　　　　　　　Jeane Passos de Souza

Gerente/Publisher: Jeane Passos de Souza (jpassos@sp.senac.br)
Coordenação Editorial/Prospecção: Luís Américo Tousi Botelho (luis.tbotelho@sp.senac.br)
　　　　　　　　　　　　　　　　Márcia Cavalheiro Rodrigues de Almeida (mcavalhe@sp.senac.br)
Administrativo: João Almeida Santos (joao.santos@sp.senac.br)
Comercial: Marcos Telmo da Costa (mtcosta@sp.senac.br)

Edição e Preparação de Texto: Adalberto Luis de Oliveira
Coordenação de Revisão de Texto: Luiza Elena Luchini
Revisão de Texto: Kimie Imai, Karinna A. C. Taddeo
Editoração Eletrônica: Antonio Carlos De Angelis
Impressão e Acabamento: Finaliza Indústria Gráfica

Proibida a reprodução sem autorização expressa.
Todos os direitos reservados à
EDITORA SENAC SÃO PAULO
Rua 24 de Maio, 208 – 3º andar – Centro – CEP 01041-000
Caixa Postal 1120 – CEP 01032-970 – São Paulo – SP
Tel. (11) 2187-4450 – Fax (11) 2187-4486
E-mail: editora@sp.senac.br
Home page: http://www.editorasenacsp.com.br

© Editora Senac São Paulo, 2017

Dados Internacionais de Catalogação na Publicação (CIP)
(Jeane Passos de Souza – CRB 8ª/6189)

Hajli, Sandra Maalouli
　　Vasco de Mello / Sandra Maalouli Hajli, Wilson Florio. – São Paulo: Editora Senac São Paulo, 2017.

　　ISBN 978-85-396-1981-8 (impresso/2017)

　　1. Arquitetos – Biografia 2. Arquitetura 3. Arquitetura – História (1960-2016): Vasco de Mello I. Título.

	CDD-720.92
17-628s	BISAC ARC006000

Índice para catálogo sistemático:
1. Arquitetos : Biografia e obra　720.92